READER'S DIGEST

# TIERLEXIKON

von Hans Peter Thiel

Mit Illustrationen von

Johann Brandstetter und Arno Kolb

DEUTSCHLAND · SCHWEIZ · ÖSTERREICH

Dieses Lexikon wurde von Grundschulkindern im Unterricht getestet.
An dieser Stelle danken wir den Schülerinnen, Schülern, Lehrerinnen und
Lehrern der Klassen 2a, 2b, 2c, 3b, 4a, 4b und 5 der Grund- und Hauptschule
Dr.-Albert-Finck-Schule in Neustadt, Hambach, für ihre Unterstützung.

**Hans Peter Thiel** ist 1939 in Würzburg geboren. Er war zunächst als
Journalist tätig. Nach einigen Jahren als Sachbuch- und Schulbuchredakteur
wurde er freier Schriftsteller. Heute lebt er in Tutzing am Starnberger See.
Im Jahr 1993 erhielt er für seine Verdienste um die Entwicklung und
Gestaltung von Kinderlexika den Großen Preis der Deutschen Akademie
für Kinder- und Jugendliteratur.

**Johann Brandstetter** ist 1959 in Altötting geboren. Nach einer Ausbildung
in klassischer Malerei und Restauration arbeitete er zunächst als Restaurator
und Freskenmaler. Mehrere Reisen nach Zentralafrika führten ihn zur
Naturmalerei. In den letzten Jahren illustrierte er verstärkt Kinderbücher.

**Arno Kolb** ist 1964 in Rendsburg geboren. Seit seiner Ausbildung als Diplom-
Grafikdesigner arbeitet er als freischaffender Illustrator mit dem Schwerpunkt
auf realistischen Naturdarstellungen. Arno Kolb hat bereits zahlreiche Kinder-
sachbücher illustriert.

Chefredakteurin: Dr. Beate Varnhorn
Projektleitung: Anke Braun, Denise Spindelndreier
Fachliche Beratung: Ursula Rzepka

Gesamtredaktion und Bildredaktion:
Irmingard Seidel-Reisner, Agentur für Kindermedien, München
Gesamtgestaltung und Layout: Petra Dorkenwald, München
Covergestaltung: Peter Waitschies, Reader's Digest
Bilddokumentation: Ulrike Rohland
Reproduktion: PixelArt & Composing, München
Herstellung: Marcel Hellmund, Michael Schack
Druck und Bindung: MOHN Media · Mohndruck GmbH, Gütersloh

Autorisierte Sonderausgabe 2007 für Reader's Digest – Deutschland, Schweiz, Österreich
Verlag Das Beste GmbH – Stuttgart, Zürich, Wien
www.readersdigest.de

© 2007 Wissen Media Verlag GmbH, Gütersloh/München
Alle Rechte vorbehalten – Printed in Germany
ISBN: 978-3-89915-417-7

Liebe Kinder,

wusstet ihr, dass drachenähnliche Meerechsen nicht etwa eine Erfindung von Harry Potter sind und ein Nasenfrosch kein Schimpfwort? Diese Tiere gibt es wirklich. Zugegeben – bei uns sind sie nicht zu finden. Ihr müsstet schon, wie ich das als Tierfilmer mache, um die Welt reisen, um sie zu entdecken. Aber auch bei uns gibt es Spannendes in der Natur zu erleben; etwa den Nashornkäfer oder die Blindschleiche. Auf eurer Entdeckungsreise in die Natur könnt ihr beobachten, wie Spinnen ihre Netze und Ameisen ihre Straßen bauen. Ihr lernt die Behausungen von Dachs und Fuchs kennen und erlebt Fledermäuse – unsere Kobolde der Nacht – bei ihrer Jagd.

Bücher wie das vorliegende Bertelsmann Kinder-Tierlexikon vertiefen einerseits eure Erlebnisse und regen andererseits zum Entdecken an. Geht raus in den Garten oder in den Wald und erlebt spannende Abenteuer in der Natur!

Viele Tiere und Pflanzen sind bei uns selten geworden oder bereits verschwunden. Deshalb lade ich junge Menschen wie euch dazu ein, ebenso wie ich in meiner Jugend mit offenen Augen und Ohren die Natur zu erleben. Es gibt unendlich viel über die Tiere zu erfahren. Ihr werdet als Kind und auch noch als Erwachsene immer wieder Neues lernen und immer wieder Fragen stellen. Gut, wenn ihr dann wisst, wo die Antwort steht. Denn nur das, was wir kennen und lieben gelernt haben, werden wir auch in Zukunft bereit sein zu schützen.

Ich wünsche euch viel Freude bei eurer Begegnung mit den Tieren
– im Buch wie im Freien.

Euer
Prof. Heinz Sielmann

## Wie benutze ich mein Lexikon? 6

## Das Tierreich 10

## Säugetiere 14

Affen und Halbaffen 18
    Menschenaffen 18 • Affen 20 • Halbaffen 24
Elefanten 26
Seekühe 27
Huftiere 28
    Flusspferde 28 • Kamele 29 • Schweine 30
    Hirsche 32 • Giraffen 35 • Antilopen 36
    Ziegen 38 • Schafe 40 • Rinder 42
    Nashörner 44 • Tapire 45 • Pferde 46
Raubtiere 48
    Bären 48 • Hunde 52 • Hyänen 55
    Schleichkatzen 56 • Katzen 58 • Marder 62
    Robben 66
Nagetiere 68
    Hörnchen 68 • Echte Mäuse 70
    Mäuseartige 72 • Biber 75
    Stachelschweine und Meerschweinchen 76
Hasentiere 78
Fledertiere 80
Insektenfresser 84
Beuteltiere 86
Eier legende Säugetiere 89
Nebengelenktiere 90
Schuppentiere 91
Zahnwale 92
Bartenwale 96

## Vögel 98

Pinguine 100 • Sturmvögel 102
Ruderfüßer 103 • Gänsevögel 104
Lappentaucher 105 • Laufvögel 106
Stelzvögel, Kranichvögel und Flamingos 107
Greifvögel 110 • Tauben 113 • Hühnervögel 114
Möwen und Alken 118 • Watvögel 119
Kuckucke 120 • Trogons 121 • Papageien 122
Eulenvögel 124 • Kolibris und Seglervögel 126
Rackenvögel 127 • Spechte 128
Sperlingsvögel 129

## Reptilien 140

Krokodile 142 • Echsen 144
Doppelschleichen 151 • Brückenechsen 152
Schlangen 153 • Schildkröten 158

## Amphibien 160

Frösche 162 • Kröten 165
Unken und Verwandte 166
Salamander, Molche und Olme 167

## Fische 170

Haie 172 • Rochen 174 • Plattfische 175
Aalfische 176 • Welse 177 • Heringsfische 178
Dorschfische 179 • Lachsfische 180
Anglerfische 182 • Panzerwangen 183
Karpfenfische 184 • Ährenfischartige 185
Stichlinge 186 • Buntbarsche 187
Barschartige 188 • Kugelfische 193

## Insekten  194

Käfer 196
Schmetterlinge 202
Hautflügler 208
　Ameisen 208 • Wespen 209 • Bienen 210
Schaben und Termiten 212
Heuschrecken 213
Zweiflügler 214
　Fliegen und Mücken 214
Libellen 215
Flöhe und Läuse 216
Wanzen 217

## Krebse  218

Krabben 220
Langschwanzkrebse 222 • Garnelen 224
Mittelkrebse 225 • Kleinkrebse 226

## Spinnentiere  228

Spinnen 230 • Skorpione 235 • Milben 236
Tausendfüßer 237

## Weichtiere  238

Schnecken 240 • Muscheln 244
Tintenfische 247

## Stachelhäuter  250

Seeigel 252
Schlangensterne und Seesterne 254

## Nesseltiere und Schwämme  256

Korallen 258 • Seerosen 260 • Quallen 262
Schwämme 263

## Würmer  264

Ringelwürmer 266 • Rundwürmer 268
Plattwürmer 269

## Ausgestorbene Tiere  270

… vor 65 000 000 Jahren 270
… vor 10 000 Jahren 272
… seit 500 Jahren 274

## Fachbegriffe 276

## Register 282

# WIE BENUTZE ICH MEIN LEXIKON?

## Die Übersichtsseiten

Das Tierreich mit seinen vielfältigen Arten erscheint uns unüberschaubar. Doch manche Tiere haben Ähnlichkeiten miteinander: Einige besitzen zum Beispiel acht statt vier oder sechs Beine, andere werden als Junge mit Milch gesäugt. Nach solchen Ähnlichkeiten oder Unterscheidungsmerkmalen ist das Tierreich in große Gruppen unterteilt. Danach ist auch dieses Tierlexikon in einzelne Kapitel geordnet.
Jedes neue Kapitel beginnt mit einer doppelseitigen Übersicht über die jeweilige Tiergruppe. Daran anschließend werden die einzelnen Tierarten beschrieben.

*Hier rechts siehst du die Übersichtsseiten des Kapitels Amphibien.*

**Inhaltsverzeichnis**
Eine ausführliche Übersicht über die einzelnen Tiergruppen findest du im Inhaltsverzeichnis und auf den Seiten 10 bis 13.

### 1 Symbol
Jede Tiergruppe hat ihr eigenes Symbol: ein kleines Bild, das dir auf diesen Doppelseiten zum ersten Mal begegnet und das dich durch das ganze Kapitel begleitet. Auf den nachfolgenden Seiten findest du das gleiche Symbol immer links und rechts oben.

### 2 Erkennungsfarbe
Jedes Kapitel dieses Buchs hat eine Erkennungsfarbe. So ist die Farbe für das Kapitel „Amphibien" zum Beispiel Grün, die für die Säugetiere Rot. Die erste Doppelseite eines Kapitels ist ganz mit dieser Erkennungsfarbe unterlegt. Auf den nachfolgenden Seiten wiederholt sich die Farbe oben in einem Balken.

### 3 Bilder
Die farbigen Illustrationen auf den Einleitungsseiten zeigen dir ganz unterschiedliche Vertreter der Tiergruppe in ihrem Lebensraum. Die anschaulichen Zeichnungen erklären dir Besonderheiten, zum Beispiel die Entwicklung vom Ei bis zum Frosch.

# WIE BENUTZE ICH MEIN LEXIKON?

### 4 Bildunterschriften
Bei jeder Illustration steht ein kurzer Text. Hier wird der Bildinhalt erklärt. So kannst du das Gezeigte besser verstehen.

### 6 Lesetexte
Die Lesetexte auf den Übersichtsseiten informieren ausführlich über eine bestimmte Tiergruppe, zum Beispiel über die Amphibien, die Reptilien oder die Vögel. Hier lernst du die wesentlichen Merkmale einer Tiergruppe kennen und erfährst gleichzeitig viel über erstaunliche Besonderheiten einzelner Arten. Die Texte sind in kurze Sinnabschnitte unterteilt. So kannst du auf Entdeckungsreise gehen und Schritt für Schritt dein Wissen über die Geschichte und Lebensweise der Tiere erweitern.

### 5 Info-Kästen über die Arten
In diesen Kästen siehst du auf einen Blick, wie viele verschiedene Tierarten der Tiergruppe angehören und wie die wichtigsten Untergruppen heißen. Immer an der gleichen Stelle wird auch das jeweils kleinste beziehungsweise größte Tier einer Gruppe aufgeführt.

## Immer dabei: Papiti
Das ist Papiti, der lustige Lexikopard. Du kennst ihn vielleicht schon aus dem Bertelsmann Kinderlexikon. Dieser wissensdurstige kleine Kerl begleitet dich auch durch dieses Buch. Neugierig wie er ist, schaut er immer ganz genau hin: Wie lang ist ein Tier, was und wie viel frisst es, wo lebt es, wie versteckt es sich, wie viele Junge bekommt es? – und so weiter!

Also mach's ihm nach, schau dir alles an und probier alles aus!

Die Redaktion

# WIE BENUTZE ICH MEIN LEXIKON?

## Die Tierarten

Nach jeder farbigen Doppelseite, die ein neues Kapitel eröffnet, findest du auf den Folgeseiten die genaue Beschreibung vieler Tierarten aus der genannten Gruppe. Da selbst in einem hundertbändigen Werk nicht alle Tierarten Platz hätten, hat der Autor die wichtigsten und für Kinder interessantesten ausgewählt. So findest du dich in diesem Lexikon zurecht:

### ❶ Symbol der Tiergruppe
Das Symbol der Tiergruppe ist auf jeder Doppelseite oben links und rechts angebracht. Du kennst dieses Symbol bereits von der Übersichtsseite am Kapitelanfang. Dazu ist der Name der Tiergruppe angegeben.

### ❷ Farbiger Balken
Die Erkennungsfarbe des Kapitels wiederholt sich hier. So siehst du schon beim schnellen Durchblättern, welches Kapitel du gerade aufschlägst.

### ❸ Untergruppen
Die großen Tiergruppen sind in Untergruppen eingeteilt. Jede neue Untergruppe beginnt mit einem Einleitungstext. Oben im Farbbalken ist sie nochmals genannt.

### ❹ Auf einen Blick
Bei jeder Tierart findest du unter dem Namen eine Zeile mit Symbolen:
- 🌐 Lebensraum des Tiers: z.B. Erdteile, Länder, Inseln oder Meere
- ↔ Länge des Tiers: bei Säugetieren vom Kopf bis zum Schwanzansatz, bei anderen Tieren die Gesamtlänge
- ↕ Höhe des Tiers: bei großen Säugetieren die Schulterhöhe, bei einigen vom Scheitel bis zur Sohle

↔ Flügelspannweite bei Schmetterlingen

❗ Tiere mit diesem Symbol sind giftig. Einige können sogar Menschen gefährlich werden.

Bei den Größenangaben werden immer die erreichbaren Höchstwerte genannt. Selbstverständlich gibt es von jeder Tierart verschieden große Exemplare.

# WIE BENUTZE ICH MEIN LEXIKON?

**6   Lesetext**

Im Text erfährst du das Wichtigste und Interessanteste über ein Tier, zum Beispiel wie es lebt, wer seine Feinde sind oder welche erstaunlichen Fähigkeiten es hat. Hier und da begegnet dir im Text ein kleiner Pfeil: → Dieser verweist dich zu einem Speziallexikon auf Seite 276. Dort kannst du nachlesen, was die jeweiligen Fachbegriffe bedeuten.

**5   Abbildungen**

Zu jedem Tier im Lexikon gibt es mindestens eine Abbildung – ein Farbfoto mit dem Tier in seiner natürlichen Umgebung oder eine genaue Illustration. In den dabeistehenden Bildunterschriften findest du zusätzlich interessante Informationen.

**7   Sonderkästen**

Farbig unterlegte und eingerahmte Kästen halten ganz besondere Informationen für dich bereit:

### Superwissen

*Hier findest du ganz spezielle Infos, mit denen du andere verblüffen kannst.*

### Erzählung

*Hier gibt es unterhaltsame Geschichten. Manche führen in die Vergangenheit zurück.*

### Naturbeobachtung

*Hier kommst du selbst der Natur auf die Spur. Mit einfachen Anregungen und Tipps.*

### Kinderfrage

*Hiermit bringst du Erwachsene ganz schön ins Schwitzen – aber du selbst weißt genau Bescheid!*

## Wie finde ich was?

Dieses Tierlexikon ist nicht von A bis Z, sondern nach Tiergruppen geordnet. Wenn du nicht weißt, zu welcher Gruppe ein Tier gehört, sieh einfach hinten im Register nach. Dort sind alle in diesem Buch beschriebenen Tierarten von A bis Z mit den dazugehörigen Seitenzahlen aufgeführt.

# Das Tierreich

Man kennt heute rund 1,5 Millionen Tierarten. Diese sind genau beschrieben und Wissenschaftlern in aller Welt bekannt. Man vermutet aber, dass es mindestens fünf Millionen Tierarten auf der Erde gibt. Bis vor 250 Jahren kannten die Zoologen nur etwa 4 200 Tierarten. Viele Naturvölker wussten jedoch von Tieren, von denen die Zoologen bis dahin noch nie etwas gehört hatten. Erst im zwanzigsten Jahrhundert wurden die meisten Tierarten von Wissenschaftlern entdeckt und genau beschrieben.

### Vom Einzeller zum Vielzeller

Alle Tiere bestehen aus winzigen Zellen. Je höher ein Tier entwickelt ist und je größer es ist, desto mehr Zellen besitzt es. Die Zellen hoch entwickelter Tiere übernehmen im Körper ganz bestimmte Aufgaben: Eine Gruppe von Zellen baut zum Beispiel die Knochen auf, eine andere die Muskeln. Wieder andere Zellen bilden die Haut oder ein inneres Organ wie das Gehirn oder die Leber. Die einfachsten Lebewesen bestehen nur aus einer einzigen Zelle. Diese muss alle wichtigen Aufgaben erfüllen: Sie muss Nahrung aufnehmen und Abfallstoffe ausscheiden. Sie muss atmen, wachsen und sich vermehren. All dies kann ein → Einzeller. Einzellige Lebewesen findet man heute im Meer, in Flüssen und Seen oder im feuchten Boden. Im Wasser sind sie auch vor unvorstellbar langer Zeit enstanden. Aus solchen einzelligen Lebewesen entwickelten sich im Laufe von vielen Millionen Jahren Tiere, Pflanzen und Pilze.

### Der Stammbaum der Tiere

Aus den frühen tierischen Einzellern wurden einfache Tiere wie die Urschwämme. Damals entstanden auch schon höher entwickelte Tiere wie die Urkorallen und die Urquallen. Einige Arten veränderten sich im Laufe der Entwicklungsgeschichte weiter. Sie passten sich ihrer veränderten Umwelt an. Auf diese Weise entstanden erste Würmer und Weichtiere, Gliedertiere und schließlich die Wirbeltiere. Alle Tiere stammen von gemeinsamen Vorfahren ab. Allerdings kennen wir nicht alle Übergangsformen. Der vereinfachte Stammbaum zeigt, welche Tierarten miteinander verwandt sind. Tierarten, die auf demselben Ast des Stammbaumes sitzen, sind am nächsten miteinander verwandt. So sind die Reptilien näher mit den Vögeln verwandt als mit den Fröschen. Affen und Menschen entwickelten sich zuerst gemeinsam. Vor rund zehn Millionen Jahren trennte sich ihr Weg. Damals erschienen auf der Erde die ersten menschenähnlichen Lebewesen.

# Erdzeitalter

**Erdzeitalter** Vor vier Milliarden Jahren kühlte sich die glühende Erde langsam ab. Jetzt konnten sich die ersten Lebewesen entwickeln. Zuerst besiedelten Bakterien die Erde. Dann folgten einzellige Lebewesen. Aus den Einzellern entwickelten sich schließlich alle Lebewesen bis hin zum Menschen. Darüber vergingen Hunderte von Millionen Jahren. In dieser unvorstellbar langen Zeit hatte die Erde viele Gesichter. Auf ihr

**vor 4 Milliarden Jahren** — **vor 550**

Die Erde ist aus einer Gas- und Staubwolke entstanden. Etwa 500 Millionen Jahre vergehen, bis sich auf ihrer Oberfläche Wasser bildet. Bakterien und Algen entstehen.

In den warmen Meeren leben die ersten Stachelhäuter und Krebse. Es entwickeln sich die ersten Weichtiere sowie die ersten Wirbeltiere.

**vor 250** — **200**

Große Gebirge entstehen auf der Erde. Es wird wärmer. Die ersten Dinosaurier und die ersten säugetierähnlichen Lebewesen entwickeln sich. Sie sterben wieder aus.

Auf der Erde herrscht teilweise trockenes Wüstenklima. Die Saurier entwickeln sich zu Riesentieren. Die Säugetiere bilden kleine Formen aus.

**vor 60** — **35** — **25**

Auf der Erde herrscht feuchtwarmes Klima. Nadel- und Laubbäume breiten sich aus. Alle Wirbeltierarten sind vorhanden. Es entstehen zahlreiche Säugetierarten.

Die Erde kühlt sich ab, und es entstehen Steppen. Viele Vögel und vor allem die Säugetiere entwickeln sich zu Riesenformen. Sie sterben aber wieder aus.

# ERDZEITALTER

lebten unzählige Tiere, Pflanzen und Pilze. Sie verschwanden wieder und machten neuen Arten Platz. Viele von ihnen hinterließen Spuren im Gestein. Wir bezeichnen diese Überreste aus vergangenen Zeiten der Erdgeschichte als Fossilien. Mit Hilfe der Fossilien können Wissenschaftler heute beschreiben, wie die Welt vor Millionen von Jahren ausgesehen hat. Dadurch wissen wir auch, welche Tiere in welchen Erdzeitaltern gelebt haben.

**450**            **350**            **Millionen Jahren**

Panzerfische, Knorpelfische und Knochenfische erscheinen in den Meeren. Auf dem sumpfigen Land wachsen Wälder aus Farn. Die Insekten entwickeln sich.

Die Amphibien tauchen aus dem Wasser auf und gehen auf das Land. Aus ihnen entwickeln sich die Reptilien. Die Insekten bilden zahlreiche Arten.

**150**            **65**            **Millionen Jahren**

Aus den Reptilien entwickeln sich die Urvögel. In den Meeren leben riesige Fischsaurier. Die Dinosaurier beherrschen die Erde. Erste Blütenpflanzen treten auf.

In Europa herrscht fast tropisches Klima. Die Dinosaurier sterben plötzlich aus. Viele Arten von Reptilien und Vögeln entstehen.

**10**            **Millionen Jahren**            **vor 10 000 Jahren**

Die Säugetiere werden den heutigen Formen immer ähnlicher. Affen und erste menschenähnliche Wesen tauchen auf. Auf der Erde gibt es immer wieder Eiszeiten.

Der moderne Mensch entwickelt sich. Die letzte Eiszeit beginnt vor 70 000 Jahren. Zahlreiche Säugetierarten wie das Mammut sterben aus.

# Säugetiere

*Das größte fliegende Säugetier ist der Kalong. Der Flughund hat eine Spannweite von 1,40 m.*

Die Säugetiere sind die am höchsten entwickelte Tiergruppe der Erde. Sie erschienen vor rund 200 Millionen Jahren auf unserem Planeten und waren damals noch sehr klein. Erst nach dem Aussterben der Dinosaurier konnten sie sich ausbreiten. Als gleichwarme Tiere eroberten sie jeden Lebensraum. Es gibt Säugetiere auf dem Land, im Wasser und in der Luft.

## Brüste, Euter oder Zitzen

Säugetiere unterscheiden sich von allen anderen Tieren dadurch, dass sie Milchdrüsen haben. Darin entwickelt sich die Milch, mit der sie ihre Jungen gleich nach der Geburt säugen. Bei der Kuh heißt die Milchdrüse Euter, bei Affen spricht man von Brustwarzen, bei Hunden und Katzen von Zitzen. Mit der Muttermilch bekommt das Junge alle wichtigen Nährstoffe. Die Milch enthält auch viele Stoffe, die das Junge vor Krankheiten schützen. Die Neugeborenen müssten ohne die Milch der Mutter sterben. Der Mensch verträgt auch die Milch von Kühen, Schafen und Ziegen.

*Kühe können über 5 000 Liter Milch im Jahr geben.*

*Wale und Delfine sind die intelligentesten Meerestiere. Obwohl sie keine Haare, sondern eine glatte Haut haben und im Wasser leben, sind sie Säugetiere. Am häufigsten ist der Grönlandwal.*

## Ein großes Gehirn

Bei Säugetieren ist das Großhirn besser entwickelt als bei anderen Tieren. Das Großhirn ist der Teil des Gehirns, der zum Beispiel für das „Denken" zuständig ist. Natürlich können Tiere nicht denken wie wir. Aber Menschenaffen können manche ihrer Handlungen steuern. Sie besitzen also eine Art Intelligenz. Durch ihr Gehirn haben viele Säugetiere die Fähigkeit, bestimmte Dinge zu lernen. Sie wurden dadurch anderen Tieren überlegen.

## Es gibt über 4000 Arten von Säugetieren

**Die wichtigsten Säugetiere sind**

| | |
|---|---|
| Affen und Halbaffen: | rund 200 Arten |
| Elefanten: | 2 Arten |
| Seekühe: | 4 Arten |
| Huftiere: | rund 240 Arten |
| Raubtiere: | rund 270 Arten |
| Nagetiere: | rund 1700 Arten |
| Hasentiere: | 58 Arten |
| Fledertiere: | rund 950 Arten |
| Insektenfresser: | rund 360 Arten |
| Beuteltiere: | rund 270 Arten |
| Eier legende Säugetiere: | 3 Arten |
| Nebengelenktiere: | 29 Arten |
| Schuppentiere: | 7 Arten |
| Zahnwale und Bartenwale: | rund 90 Arten |

**Größtes Säugetier:**
Blauwal, bis zu 30 m lang und 130 Tonnen schwer

**Kleinstes Säugetier:**
Etruskerspitzmaus, mit Schwanz 7 cm lang und 2 Gramm schwer

Das kleinste Säugetier ist die Etruskerspitzmaus. Sie wiegt nur zwei Gramm. Das größte Säugetier, der Blauwal, ist 65 Millionen Mal schwerer.

### Anpassung an Kälte und Wärme

Vögel haben Federn, Schlangen haben Schuppen, Käfer haben einen Panzer aus hornähnlichem Stoff. Aber nur Säugetiere haben Haare. Sie erhalten ihre Körpertemperatur sowohl bei Kälte als auch bei großer Hitze aufrecht. Bei den meisten Säugetieren ist der gesamte Körper behaart. Sie tragen einen Pelz wie der Bär. Säugetiere können auch als Einzige schwitzen. Sie besitzen Schweißdrüsen in der Haut.

Beuteltiere wie das Wallaby sind urtümliche Säugetiere. Sie brüten ihre Jungen in einer Bauchtasche aus.

### Auf vier Beinen

Alle Säugetiere sind Vierbeiner. Bei manchen sind die zwei vorderen Beine zu Armen umgebildet. Sie können dann aufrecht gehen wie Menschenaffen. Seekühe, Wale und Delfine haben Flossen anstelle von Armen. Ihre hinteren Gliedmaßen sind verkümmert. Dafür haben sie eine waagerechte Schwanzflosse gebildet, die Fluke.

### Kleine und große Kinder

Säugetiere bringen lebende Junge zur Welt. Die ➔ Embryos entwickeln sich im Mutterleib. Es gibt zwei Ausnahmen: die Schnabeltiere und die Ameisenigel. Diese urtümlichen Säugetiere legen Eier, aus denen die Jungen schlüpfen. Die Jungen des Kängurus sind bei der Geburt so groß wie ein Fingernagel. Sie kriechen in den Brutbeutel der Mutter, wo sie gesäugt werden und weiterwachsen. Ein Elefantenbaby oder ein Blauwaljunges ist dagegen riesig.

Der Löwe ist ein Raubtier. Das Männchen gilt als König der Tiere. Diesen Ruf hat es, obwohl zum Beispiel der Tiger größer und kräftiger ist. Aber kein Tier brüllt so laut und Furcht erregend wie ein Löwenmännchen.

# SÄUGETIERE

Auch an den Hufen können wir Tiere erkennen:

Am Gebiss lässt sich feststellen, was Tiere fressen.

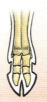  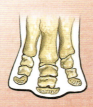 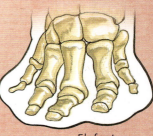

Kuh    Kamel    Nashorn    Elefant

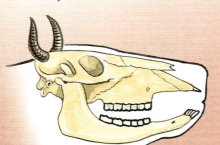

*Gebiss eines Pflanzenfressers: Kuh*

*Gebiss eines Raubtiers: Löwe*

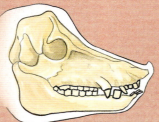

*Gebiss eines Allesfressers: Schwein*

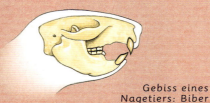

*Gebiss eines Nagetiers: Biber*

## Pflanzenfresser – Fleischfresser – Allesfresser

Die größten Säugetiere, die Bartenwale, ernähren sich von den kleinsten Lebewesen. Sie verzehren tonnenweise Krill. Das sind winzige Krebschen, die im → Plankton der Meere treiben. Die meisten Säugetiere sind aber Pflanzenfresser. Je nach Größe müssen sie gewaltige Mengen an Pflanzen zu sich nehmen, um satt zu werden. Ein ausgewachsener Elefant etwa braucht täglich bis zu 300 Kilogramm Grünfutter. Die Fleischfresser unter den Säugetieren können länger hungern als die Pflanzenfresser. Denn nicht immer haben sie das Glück, ein Tier zu erbeuten und sich satt zu fressen. Besser haben es da die Allesfresser. Sie nehmen pflanzliche und tierische Nahrung zu sich. Ein bekannter Allesfresser ist das Schwein, das manchmal sogar die eigenen Jungen frisst. Auch manche Raubtiere wie die Bären sind Allesfresser. Viele Bären nehmen sogar überwiegend pflanzliche Kost zu sich. Ob Tiere Pflanzenfresser oder Fleischfresser sind, erkennen wir am Gebiss.

## Das Heer der Nager

Die Nagetiere sind die größte Säugetiergruppe und überwiegend Pflanzenfresser. Sie umfassen fast die Hälfte aller Säugetierarten. Manche sind sehr klein wie die Zwergmaus, die mit Schwanz nur zehn Zentimeter lang wird. Am größten wird das Wasserschwein mit 1,20 Meter Länge. Man unterscheidet drei Gruppen von Nagetieren: Mäuse, Hörnchen, Stachelschweine mit Meerschweinchen sowie deren jeweilige Verwandte. Alle besitzen sie Nagezähne. Das sind die oberen und unteren Schneidezähne. Da sie sich stark abnutzen, wachsen sie ständig nach. Wenn Nagetiere nichts zu nagen haben, wachsen die Zähne immer weiter und versperren dem Tier schließlich das Maul.

SÄUGETIERE

## Raubtiere

Raubtiere jagen und fressen andere Tiere. Dazu hetzen sie ihre Beute oder sie schleichen sich an. Man erkennt die Raubtiere an ihren dolchartigen Eckzähnen und den Reißzähnen. Fast alle besitzen scharfe, kräftige Krallen, mit denen sie ihre Beute schlagen. Eines der kleinsten Raubtiere ist das Mauswiesel. Es wird nur etwa 20 Zentimeter lang und ist ein Marder. Das größte Raubtier ist eine Robbe: der Seeelefant. Außer Mardern und Robben zählen Bären, Hyänen, Schleichkatzen, Katzen und Hunde zu den Raubtieren. Hundeartige Raubtiere sind zum Beispiel Wölfe und Füchse, katzenartige sind Löwen, Tiger und Leoparden.

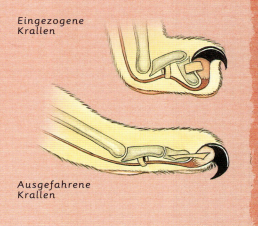

Mit Ausnahme des Gepards können alle Katzen ihre Krallen einziehen.

Eingezogene Krallen

Ausgefahrene Krallen

Die Urpferde hatten noch vier Zehen. Unser heutiges Pferd läuft nur noch auf der Mittelzehe. Der Zehennagel ist vom Huf umschlossen.

## Auf einem, zwei, drei oder vier Hufen

Die für den Menschen wichtigsten Pflanzenfresser sind die Huftiere. Wir haben viele von ihnen zu Haustieren gemacht. Auf dem Rücken von Pferden wurden große Teile der Welt entdeckt. Pferde zogen Wagen und Pflug. Die Rinder hat der Mensch gezähmt, weil sie ihm Fleisch, Milch und Häute geben. Pferd und Rind sind Huftiere. Das Pferd gehört zu den Unpaarhufern wie das Nashorn und der Tapir. Pferde haben nur einen Hornschuh, der die Mittelzehe umgibt. Nashörner laufen auf drei Zehen, Tapire vorn auf vier und hinten auf drei. Sie haben also unpaarige Hufe. Die Kuh ist ein Paarhufer. Bei ihr tragen die dritte und vierte Zehe einen Huf. Zu den Paarhufern zählen auch Schafe und Ziegen, Hirsche und Schweine, Giraffen, Antilopen und Kamele.

### Kennst du die Namen?

| Tier | Männchen | Weibchen | Junges |
|---|---|---|---|
| Hund | Rüde | Hündin | Welpe |
| Katze | Kater | Kätzin | Kätzchen |
| Pferd | Hengst | Stute | Fohlen |
| Rind | Stier | Kuh | Kalb |
| Schaf | Widder | Schaf | Lamm |
| Schwein | Eber | Sau | Ferkel |
| Ziege | Bock | Geiß | Kitz |
| Fuchs | Rüde | Fähe | Welpe |
| Hirsch | Hirsch | Hirschkuh | Kalb |
| Reh | Bock | Ricke | Kitz |
| Wildschwein | Keiler | Bache | Frischling |

AFFEN UND HALBAFFEN: MENSCHENAFFEN

# Menschenaffen

Unsere nächsten Verwandten im Tierreich sind die Menschenaffen. Nach dem Menschen sind sie die am höchsten entwickelten Lebewesen. Sie besitzen auch ein hoch entwickeltes Gehirn. Menschenaffen können aufrecht gehen und gebrauchen ihre Hände. Sie lachen und weinen fast wie wir. Man unterscheidet drei Arten Großer Menschenaffen sowie die Gibbons.

### Orang-Utan

⊕ Südostasien  ▲ bis 1,80 m

„Orang-Utan" ist malaiisch und bedeutet Waldmensch. Er lebt im ➔ Regenwald und hält sich als Einziger der Großen Menschenaffen nur in den Baumwipfeln auf. Heute findet man den Orang-Utan eher im Zoo als in seiner Heimat auf den Inseln Borneo und Sumatra. Dort sind die Orang-Utans vom Aussterben bedroht. Weibchen und Jungtiere hangeln sich im Familienverband durch die Bäume. Erwachsene Männchen sind meist Einzelgänger. Nur wenn man sie reizt, fletschen sie die Zähne und brüllen. Dann ist es besser, sich zurückzuziehen.

Weißhandgibbons sind wahre Artisten. Mit Hilfe ihrer langen Arme schwingen sie sich wie Trapezkünstler von Ast zu Ast.

### Weißhandgibbon

⊕ Asien  ▲ bis 60 cm

Gibbons sind Kleine Menschenaffen und bilden eine eigene Gruppe. Es gibt fünf Arten. Der Weißhandgibbon wiegt nur acht Kilogramm. Er schwingt sich am elegantesten durch die Baumwipfel. Ein Gibbon kann bis zu zwölf Meter weit durch die Luft schnellen und trotzdem sicher auf einem Ast landen. Bei seinen Luftsprüngen ergreift der Affe auch noch Früchte oder fängt sogar Vögel. Auf dem Boden läuft er dagegen recht unbeholfen. Dabei fuchtelt er mit den langen Armen herum und balanciert so seinen Gang aus.

### Gorilla

⊕ Afrika  ▲ bis 2 m

Gorillas sind die größten Menschenaffen. Ein ausgewachsenes Gorillamännchen ist aufgerichtet größer als ein Mensch und wiegt bis zu 275 Kilogramm. Mit seinen Armen kann es jeden Mann umfassen und erdrücken. Denn Gorillas sind sehr stark.

Ein Orang-Utan-Weibchen kümmert sich liebevoll um den Nachwuchs. Es trägt sein Junges stets mit sich und säugt es drei Jahre lang.

## AFFEN UND HALBAFFEN: MENSCHENAFFEN

Aber sie sind friedlich. Tagsüber ziehen sie in der Familiengruppe umher. Nachts bauen sie sich ein Schlafnest am Boden. Die Gorillagruppe wird von einem starken Männchen angeführt. Ein Blick von ihm genügt, und alle anderen Tiere kuschen. Der Anführer ist meist ein Silberrücken mit

*Schimpansenmütter umsorgen ihre Kinder zärtlich. Meist bekommt das Weibchen nur ein Junges, gelegentlich aber auch Zwillinge.*

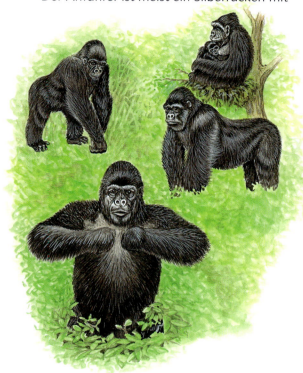

*Gorillas leben in Familienverbänden. Der Anführer ist ein Gorillamännchen. Alle Mitglieder der Gruppe ordnen sich ihm unter.*

grauen Rückenhaaren. Er steht in der
➔ Rangordnung am höchsten. Wenn sich die Gruppe bedroht fühlt, greift der Silberrücken ein: Er schüchtert einen Gegner zuerst ein, indem er ihn scharf anschaut. Hilft das nichts, trommelt er sich mit den Fäusten auf die Brust, reißt Pflanzen aus und wirft sie in die Luft. Dazu stößt er laute Schreie aus. Zieht der Gegner noch nicht ab, dann greift ihn der Gorilla an.

### Schimpanse
🌐 Afrika  📏 bis 1,70 m

Schimpansen sind den Menschen am ähnlichsten. Sie sind Bodentiere und wandern auf allen vieren weit umher. Auf Bäume klettern sie nur, um Früchte zu pflücken oder ein Schlafnest zu bauen. Schimpansen sind die intelligentesten Menschenaffen. Sie lernen viele Dinge durch Nachahmen und gebrauchen auch Werkzeuge. Zum Beispiel klopfen sie Nüsse mit Steinen auf.

*Die Schimpansen stochern mit einem Stöckchen Termiten aus ihrem Bau, um sie zu verspeisen.*

19

SÄUGETIERE

AFFEN UND HALBAFFEN: AFFEN

## Affen
Die rund 135 Affenarten sind auf drei Erdteilen zu Hause: In Afrika und Asien leben die Schmalnasen, in Südamerika die Breitnasen. Die Schmalnasen haben nach unten gerichtete Nasenlöcher. Bei den Breitnasen stehen die Nasenlöcher seitwärts.

*Paviane gehören zu den Schmalnasen. Das Männchen des Mantelpavians geht mutig sogar auf Leoparden los.*

### Mantelpavian
🌐 Afrika   ▶ bis 90 cm

Die Paviane haben eine hundeähnliche Schnauze. Sie werden deshalb auch Hundskopfaffen genannt. Zu diesen weit verbreiteten Affenarten in Afrika gehört der Mantelpavian. Wie alle Paviane fällt er durch sein leuchtendes Hinterteil auf. Bei ihm ist es rot gefärbt. Paviane bewohnen die offene Landschaft und ziehen meist in Horden von bis zu 200 Tieren umher. Sie werden dabei von kräftigen Männchen angeführt. Diese gelten als sehr angriffslustig. Die Weibchen halten zeitlebens Kontakt zu ihren Müttern, auch wenn sie selbst schon Junge haben.

### Rotgesichtsmakak
🌐 Japan   ▶ bis 70 cm

Die Makaken bilden eine große Gruppe von Affen in Afrika und Asien. Der Rotgesichtsmakak lebt in Japan und ist damit der Affe, der am weitesten nördlich vorkommt. Im Sommer baden und tauchen Rotgesichtsmakaken im Meer. Sie fressen dann auch Muscheln. Im Winter schneit es in ihrem Gebiet. Dann suchen sie unter der Schneedecke nach Wurzeln. Die Japanmakaken sind dafür bekannt, dass sie ihre Nahrung waschen, bevor sie diese fressen.

*Schnee und Kälte scheinen den Rotgesichtsmakaken nichts auszumachen. Sie kuscheln sich dann aneinander, um sich zu wärmen.*

AFFEN UND HALBAFFEN: AFFEN

## Rhesusaffe

🌐 Asien   ↔ bis 55 cm

Der Rhesusaffe zählt zu den Makaken. Er ist nicht sehr groß. Früher sah man ihn oft auf Jahrmärkten, wo er die Drehorgel drehte. Die Rhesusaffen dienen auch als medizinische Versuchstiere. Viele haben für die Forschung ihr Leben lassen müssen. Auch als die ersten Raumschiffe ins Weltall starteten, waren Rhesusaffen an Bord. In

*Rhesusaffen bilden stets größere Horden. Wenn sie gemeinsam ruhen, betreiben sie Fellpflege und lausen sich gegenseitig.*

ihrer indischen Heimat streifen diese Affen in großen Horden umher. Viele leben auch in Dörfern und Städten und dringen in Gärten und sogar Häuser ein. Am Abend ziehen sie sich auf ihre Schlafbäume zurück.

## Blaumaulmeerkatze

🌐 Afrika   ↔ bis 58 cm

Es gibt etwa 20 Arten von Meerkatzen. Sie gehören zu den geschicktesten Kletterern und springen von Baumwipfel zu Baumwipfel. Alle haben lange Schwänze, mit denen sie sich aber nicht festhalten. Die Blaumaulmeerkatze ist besonders auffällig. Sie hat ein blaues Gesicht und einen weißen Streifen auf der Oberlippe. Dadurch sieht sie aus wie ein Clown. Blaumaulmeerkatzen

*Blaumaulmeerkatzen halten sich fast ständig auf Bäumen auf und betreten den Boden nur selten.*

bilden Gruppen von sechs bis zehn Tieren. Sie ernähren sich vor allem von Blättern, Früchten und Samen. Am liebsten fressen sie das Mark der Palmnuss. Sie plündern aber auch Vogelnester.

### Nasenaffe

*Der Nasenaffe ist 70 cm lang und hat einen ebenso langen Schwanz. Er lebt im →Regenwald auf der Insel Borneo und fällt durch seine gewaltige Gurkennase auf. Sie hängt ihm über das Maul und stört ihn oft beim Fressen. Die Riesennase dient als Schallkörper. Sie verstärkt das Geheul des Nasenaffen.*

AFFEN UND HALBAFFEN: AFFEN

### Schwarzer Brüllaffe

🌐 Südamerika ↔ bis 60 cm

Brüllaffen sind die größten Affen Südamerikas. Wenn ein Brüllaffe im → Regenwald zu singen anfängt, wird daraus schnell ein schauerliches Gebrüll. Denn die ganze Affenhorde stimmt in den Gesang ihres Vorsängers und Anführers ein. Die Affen haben einen stark vergrößerten Kehlkopf und ihr Gebrüll ist kilometerweit zu hören. Die Tiere hängen bei ihrem

*Der Spinnenaffe gebraucht seinen Wickelschwanz wie eine fünfte Hand.*

### Spinnenaffe

🌐 Brasilien ↔ bis 63 cm

Der Spinnenaffe zählt zu den Klammerschwanzaffen. Die schlanken Affen vollführen die tollsten Verrenkungen wie Schlangenmenschen im Zirkus. Spinnenaffen leben nur in den Wäldern Südostbrasiliens. Sie sind so scheu, dass man sie fast nie zu sehen bekommt.

### Weißstirnkapuziner

Dieses Kapuzineräffchen gehört zu einer Gruppe südamerikanischer Affen. Die meisten Kapuziner werden 40 bis 50 cm groß und haben einen langen Schwanz. Der Weißstirnkapuziner ist sehr intelligent und lebhaft. Wie alle Kapuziner kann er lächeln und weinen.

*Es gibt fünf Arten von Brüllaffen. Am bekanntesten sind der Rote und der Schwarze Brüllaffe, bei dem aber die Jungen und Weibchen hellbraun sind.*

Konzert oft an Ästen und halten sich mit ihrem Wickelschwanz fest. Alle südamerikanischen Affen haben Schwänze, die fast ebenso lang sind wie ihr Körper. Die großen Affen benutzen diese auch zum Greifen und haben so eine fünfte Hand.

AFFEN UND HALBAFFEN: AFFEN

## Löwenäffchen

🌐 Südamerika  ↔ bis 20 cm

Das Löwenäffchen gehört zu den Krallenaffen. Es sieht tatsächlich einem Löwen recht ähnlich. Wenn es zornig ist, stellt es seine Mähne auf und fletscht die Zähne. Sein Fell glänzt wie Gold in der Sonne. Löwenäffchen gelten als die schönsten Affen und waren als Spieltiere sehr beliebt. Sie ernähren sich von Blättern und Früchten, jagen aber auch Eidechsen und Vögel und fressen Eier. Wenn sie durch die Baumwipfel springen, erinnern sie an Eichhörnchen. Nachts schlafen sie in einer Baumhöhle.

Das Löwenäffchen gehört zu den seltensten Krallenaffen. Es lebt im → Regenwald, doch sein Lebensraum wird immer kleiner.

## Kaiserschnurrbarttamarin

🌐 Südamerika  ↔ bis 25 cm

Die kleinen Krallenaffen besitzen keine Finger- und Zehennägel wie andere Affen. Sie haben stattdessen scharfe Krallen. Zu den merkwürdigsten dieser Krallenaffen gehört der Kaiserschnurrbarttamarin. Sein schneeweißer Schnauzbart reicht ihm bis auf den Bauch. Der verspielte Affe lebt im → Regenwald des Amazonas und turnt in den höchsten Bäumen herum. Dort sucht er Blätter und Früchte. Die Weibchen

Der Kaiserschnurrbarttamarin frisst vorwiegend junge Pflanzen. Er verschmäht aber auch Insekten und andere Kleintiere nicht.

bringen gewöhnlich Zwillinge zur Welt. Wenn diese gestillt werden sollen, trägt sie der Vater auf dem Rücken zur Mutter. Auch in der übrigen Zeit schleppt meist der Vater den Nachwuchs herum.

### Wie intelligent sind die Affen?

Viele höhere Tiere lernen durch Erfahrung und Probieren. Die meisten Affen drehen Steine um und suchen darunter nach Insekten. Affen lassen sich auch leicht dressieren. Man kann Rhesusaffen dazu bringen, eine Drehorgel zu bedienen oder eine Trommel zu schlagen. Schimpansen lernen sogar durch Einsicht: Legt man einem Schimpansen eine Banane vor das Käfiggitter und gibt ihm einen Stock, dann versucht er die Banane mit den Armen zu erreichen. Gelingt dies nicht, beginnt er zu überlegen. Nach einiger Zeit kommt er auf die Idee, den Stock zu benützen. Er wird sich die Banane mit Hilfe des Stocks in den Käfig ziehen.

23

AFFEN UND HALBAFFEN: HALBAFFEN

# Halbaffen
Nur in Afrika und Asien leben Halbaffen. Die meisten finden sich auf der Insel Madagaskar vor Afrika. Dort sind mehr als die Hälfte aller Säugetiere Halbaffen. Diese Tiere gab es schon vor über 60 Millionen Jahren. Mit den echten Affen sind sie nur entfernt verwandt. Viele Halbaffen sind Nachttiere mit riesigen Augen.

### Katta
🌐 Madagaskar ▸ bis 35 cm

Die meisten Halbaffen auf Madagaskar sind Makis. Dazu zählen die Kattas. Sie erinnern mit ihrem geringelten Schwanz an Waschbären. Weil sie manchmal wie Katzen miauen, nennt man sie fälschlich auch Katzenmakis. Das sind aber andere, ➔ nachtaktive Halbaffen. Kattas sind am Tag aktiv. Meist streifen etwa ein Dutzend Tiere gemeinsam umher und suchen nach Früchten. Sie klettern vorzüglich und wagen auch auf glatten Felsen weite Sprünge. Am liebsten halten sie sich in der Sonne auf. Wenn es ihnen kalt wird, kuscheln sie sich aneinander. Die Kattas haben an den Unterarmen Duftdrüsen, die Männchen auch an den Oberarmen. Dort reiben sie jeden Gegenstand ab, der ihnen fremd ist. Sie nehmen ihn auf diese Weise in Besitz. Die Kattajungen werden von allen Weibchen der Gruppe betreut, und sogar der fremde Nachwuchs wird von ihnen gesäugt.

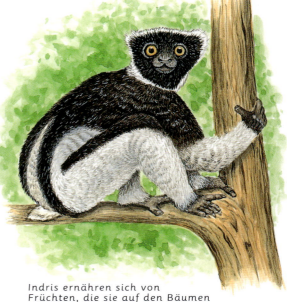

Indris ernähren sich von Früchten, die sie auf den Bäumen pflücken. Angeblich sollen sie auch Vögel fangen.

### Indri
🌐 Madagaskar ▸ bis 80 cm

Der Indri ist der größte Halbaffe. Er hat einen auffallend kleinen fuchsähnlichen Kopf. Indris sind Tagtiere, die in Familien oder paarweise umherziehen. Auf dem Boden hüpfen sie wie Kängurus, weil ihre Hinterbeine viel länger sind als die Arme. Früh am Morgen klettern sie auf Bäume und beginnen ihr Konzert. Ihre Rufe klingen wie Hundegebell. Die Menschen Madagaskars verehrten sie als heilige Tiere.

In Ruhestellung schlagen die Kattas ihren Schwanz unter den Körper und dann nach rückwärts. Wenn sie laufen, halten sie ihn wie eine Fahne hoch.

**AFFEN UND HALBAFFEN: HALBAFFEN**

### Von Geistern und Affen

Die alten Römer glaubten, dass die Geister der Toten sich in der Nacht umhertrieben. Die guten Geister nannten sie Laren, die bösen Lemuren. Die Lemuren erschreckten die Menschen durch ihre Stimmen. Diese fühlten sich von ihnen beobachtet und bedroht. Um sie zu besänftigen, brachten die Römer den Lemuren Opfer dar. Als die Forscher vor Jahrhunderten auf der Insel Madagaskar die ersten nachts umherschweifenden Halbaffen fanden, gaben sie ihnen den Namen Lemuren.

## Plumplori

🌐 Asien ▶ bis 37 cm

Der Plumplori ist ein Halbaffe, der vor allem in Indonesien vorkommt. Wie sein kleiner Verwandter, der Schlanklori, bewegt er sich im Zeitlupentempo. Dennoch ist er ein geschickter Kletterer. Wird er verfolgt, dann flüchtet er rückwärts einen Baum hinauf. So behält er den Gegner stets im Blick. Plumploris sind Allesfresser, die nachts auf Nahrungssuche gehen. Vor allem haben sie es auf Vögel abgesehen. Da sich die Plumploris sehr langsam bewegen und anschleichen, nehmen die Beutetiere sie oft gar nicht wahr. Dann aber beißt der Plumplori blitzschnell zu.

## Zwerggalago

🌐 Afrika ▶ bis 14 cm

Die Galagos heißen auch Buschbabys, weil sie wie Babys schreien. Der Zwerggalago ist der kleinste unter ihnen und damit der kleinste Halbaffe überhaupt. Er hat kaum noch Ähnlichkeit mit seinen Verwandten und sieht fast aus wie eine Springmaus. Das Nachttier hat riesige Augen. Sie leuchten im Dunkeln wie glühende Kohlen. Beim leisesten Geräusch stellen Galagos ihre Ohren auf. Kaum eine Beute entgeht ihnen. Sie jagen Insekten und Kleintiere.

Der Plumplori gilt auf der Insel Java als Unheilbringer. Doch er ist ein harmloses Tier.

Der winzige Zwerggalago macht auch im Dunkeln bis zu 4 m weite Sprünge, um ein Tier zu erbeuten. Dabei helfen ihm seine scharfen Sinne.

SÄUGETIERE

ELEFANTEN

# Elefanten
Die Elefanten sind die größten und schwersten Säugetiere auf dem Land. Heute gibt es noch drei Arten dieser Rüsseltiere: den Afrikanischen und den Asiatischen Elefanten sowie den Waldelefanten. Bis vor 10 000 Jahren lebten auch in Europa Elefanten – die Mammuts.

### Afrikanischer Elefant
🌐 Afrika   ▶ bis 4,50 m

Afrikanische Elefanten leben in Gruppen von zehn bis zwölf Weibchen und ihren Kälbern. Die Anführerin ist eine erfahrene Elefantenkuh. Die Bullen bilden eigene Gruppen. Mit etwa 25 Jahren pflanzen sie sich fort. Sie kommen dann für kurze Zeit zur Herde. Die Tiere der Herde begrüßen sich, indem sie ihre Rüssel umeinanderwickeln und sich gegenseitig an Kopf und Körper betasten. Über größere Entfernung lassen sie ständig dumpfe Laute hören. So halten sie miteinander Verbindung. Wenn es still wird, droht Gefahr. Sind Elefanten gereizt, schütteln sie den Kopf, spreizen die Ohren ab und scharren mit den Füßen.

*Elefanten haben gewaltige Kräfte. Der Asiatische Elefant muss deshalb schwer arbeiten.*

### Asiatischer Elefant
🌐 Asien   ▶ bis 4 m

Der Asiatische Elefant ist kleiner als der Afrikanische. Nur die Männchen tragen Stoßzähne. Asiatische Elefanten hat man schon vor 2 000 Jahren zu Arbeitstieren gemacht. Elefanten sind sehr intelligent und gelehrig und lassen sich leicht dressieren. Berühmt sind sie für ihr Gedächtnis. Auf ihren Wanderungen benutzen Elefanten stets dieselben Pfade wie schon ihre Vorfahren. Und selbst in einer großen Herde kennen sich alle Tiere untereinander.

*Vom Afrikanischen Elefanten gab es einst riesige Herden. Noch vor zwanzig Jahren lebten 1,3 Millionen Elefanten in der ➔ Savanne, heute sind es gerade noch 500 000 Tiere. Viele fallen Wilderern zum Opfer, die es auf die Stoßzähne abgesehen haben. Da die Menschen in Afrika immer mehr Land beanspruchen, bleibt für die Elefanten immer weniger übrig. Die Dickhäuter brauchen aber bis zu 300 kg Grünfutter am Tag und fressen täglich bis zu 20 Stunden lang.*

ELEFANTEN/SEEKÜHE

### Elefanten-Steckbrief

**Füße:** Das Männchen des Afrikanischen Elefanten wiegt bis zu sieben Tonnen – so viel wie ein Lastwagen. Dieses Gewicht federn Polster in den Füßen ab. So tritt der Elefant trotzdem leicht und leise auf.

**Rüssel:** Den Rüssel benutzen Elefanten als Arm. Sie können damit einen Baumstamm heben. Das Rüsselende hat beim Afrikaner zwei, beim Asiaten einen Finger. Damit führen sie ihre Blätternahrung zum Mund. Sie saugen bis zu sechs Liter Wasser in den Rüssel ein.

**Stoßzähne:** Diese verlängerten Schneidezähne aus Elfenbein werden über 3 m lang und 100 kg schwer. Die vier Backenzähne wachsen bis zu sechsmal nach.

*Afrikanischer Elefant*

*Asiatischer Elefant*

**Ohren:** Wenn der Elefant mit den Ohren fächelt, kühlt er sich ab. Die Ohren des Afrikanischen Elefanten sind doppelt so groß wie die des Asiatischen.

## Seekühe
Die Seekühe sind mit den Elefanten verwandt. Vor 60 Millionen Jahren lebten sie noch auf dem Land. Dann gingen sie ins Wasser. Ihre Arme wurden zu Flossen. Die Beine verkümmerten. Eine Schwanzflosse entstand.

### Dugong
🌐 Indischer Ozean, Pazifik  ▶ bis 4 m

Den Dugong bekommt man nur selten zu Gesicht. Er liegt die meiste Zeit am flachen Meeresgrund. Dort weidet er die Algen ab. Nur zum Luftholen taucht er alle paar Minuten auf. Früher hielten Seefahrer die auftauchenden Seekühe aus der Ferne für Menschen. So entstand die Sage von den Meerjungfrauen.

Die Dugongs sind vom Aussterben bedroht. Die plumpen Tiere mit dem walzenförmigen Körper wiegen bis zu 400 Kilogramm.

### Manati
Manatis fressen Wasserpflanzen. Sie unterscheiden sich von Dugongs durch ihre runde Schwanzflosse. Manatis leben an warmen Küsten des Atlantiks, zum Beispiel in Florida.

## Flusspferde

**Flusspferde** Die Flusspferde sind näher mit den Schweinen als mit den Pferden verwandt. Sie haben einen mächtigen Kopf und einen Körper wie ein Fass. Auf ihren kurzen, dicken Beinen laufen sie recht schnell. Die großen Flusspferde nennt man auch Nilpferde, da sie früher im Nil sehr häufig waren.

### Flusspferd

🌐 Afrika  ➡ bis 4 m

Von einem Flusspferd ragen meist nur die Nasenlöcher, die Augen und Teile des Rückens aus dem Wasser. Das Tier wiegt ein bis zwei Tonnen. Trotzdem schwimmt und taucht es sehr gut. Auf dem Grund seichter Gewässer läuft es hin und her und weidet Wasserpflanzen ab. Das reicht meist nicht zum Sattwerden. Ein ausgewachsenes Flusspferd braucht bis zu 70 Kilogramm Futter täglich. Deshalb steigt es nachts aus dem Wasser, um an Land noch Gras zu fressen.

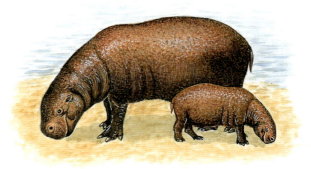

Das Zwergflusspferd kommt nur noch an wenigen Stellen in Afrika vor. Es ist schon beinahe ausgerottet.

### Zwergflusspferd

🌐 Afrika  ➡ bis 1,50 m

Das Zwergflusspferd lebt im ➜ Regenwald und verbringt die meiste Zeit auf dem Land. Auch wenn es verfolgt wird, geht es kaum ins Wasser. Es versteckt sich lieber in einem Gebüsch. Das Tier ist nur etwa ein Viertel so groß wie sein Vetter, das Nilpferd, und ein Einzelgänger. Gegen Artgenossen ist es meist recht angriffslustig.

Bei Kämpfen unter ➜ Rivalen gehen die Flusspferd-Männchen mit ihren scharfen Hauern aufeinander los. Dabei verletzen sich die Bullen gegenseitig oft schwer.

---

### Schleifpapier und Peitsche

Flusspferde haben eine sehr dicke Haut. Wenn sie lange nicht ins Wasser kommen, scheiden Drüsen eine rote Flüssigkeit aus. Sie schützt die haarlosen Tiere vor dem Austrocknen. Man glaubte früher, die Tiere schwitzten Blut. Die Haut schnitt man in Streifen und machte daraus die berühmten Nilpferdpeitschen. Nach dem Gerben war das Leder so hart, dass man es zum Schleifen benutzen konnte.

# HUFTIERE: KAMELE

**Kamele** Die Kamele nennt man wegen ihres schaukelnden Ganges auch Wüstenschiffe. Es gibt vier Arten. Von den Großkamelen lebt je eine Art in Afrika und Asien. In Südamerika kommen wilde Kleinkamele vor. Vor 5 000 Jahren hat der Mensch das Kamel zum Haustier gemacht. Es trägt Lasten und dient zum Reiten.

**Dromedar**
Das einhöckerige Kamel oder Dromedar gibt es heute nur noch als Haustier. Es wird bis zu 3,40 m lang und rund 2 m hoch. Dromedare können lange dursten. Wenn sie zu trinken bekommen, nehmen sie in kurzer Zeit 100 Liter Wasser auf und speichern es im Magen. Der Höcker dient als Fettspeicher. Als Reitkamele legen sie täglich bis zu 140 Kilometer zurück.

**Trampeltier**
Das bis zu 3,10 m lange Trampeltier hat zwei Höcker. In der Wüste Gobi in Asien leben noch einige dieser Kamele wild. Im Gegensatz zum Dromedar hat das Trampeltier langes, zotteliges Haar. Und wie dieses kann es die Nasenlöcher fest verschließen. Auf diese Weise übersteht es einen Sandsturm in der Wüste.

**Vikunja/Alpaka**
Das Vikunja ist ein Hochgebirgstier, das bis auf 5 500 m steigt. Es wird etwa 2 m lang und 1 m hoch. Die Leithengste haben ein Dutzend Weibchen, die sie gegen andere Hengste verteidigen. Junghengste bilden eigene ➔ Rudel, bis sie eine Herde gewinnen. Vikunjas liefern die feinste Kamelhaarwolle. Ob das Alpaka, das man wegen seiner Wolle als Haustier hält, vom Vikunja oder Guanako abstammt, ist nicht ganz klar.

**Guanako/Lama**

🌐 Afrika   ↔ bis 2,20 m

Das Guanako kommt in den Grassteppen Südamerikas vor. Die Kleinkamele klettern bis in 4 000 m Höhe. Ein Männchen führt ein ➔ Rudel mit etwa zehn Weibchen an. Es bekämpft ➔ Rivalen, indem es sie beißt, ihnen in die Augen spuckt und sie boxt. Aus dem Guanako haben schon die Inka das Lama als Haustier gezüchtet. Es dient den Indianern noch heute als Tragtier.

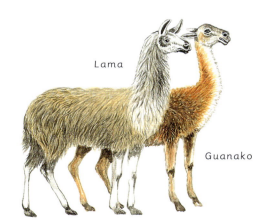

HUFTIERE: SCHWEINE

## Schweine
Die Schweine sind Paarhufer wie die Rinder. Im Unterschied zu diesen sind sie aber keine Wiederkäuer, sondern Allesfresser. Man erkennt sie an der rüsselförmigen Schnauze. Fast überall auf der Erde kommen wilde Schweine vor. Es gibt neun Arten von Schweinen sowie drei Arten Nabelschweine oder Pekaris.

### Hirscheber
🌐 Indonesien ▶ bis 1,10 m

Hirscheber leben in sumpfigen ➔ Regenwäldern auf einigen indonesischen Inseln. Sie können gut schwimmen und rennen recht schnell. Man nennt sie Babirusas. Das männliche Wildschwein besitzt zwei merkwürdige, nach oben gebogene Eckzähne. Sie wachsen ihm durch den Rüssel und bogenförmig nach hinten. Manchmal wachsen die Spitzen von oben wieder in den Kiefer hinein. Man weiß nicht, wozu diese recht brüchigen Zähne dienen. Einheimische behaupten, die Hirscheber würden sich damit an Äste hängen und schaukeln. Das Männchen hat im Unterkiefer noch zwei gebogene Hauer.

Hirscheber fressen Blätter, Nüsse und Früchte. Sie können gut schwimmen und schnell rennen. Durch Jagd und Abholzen der Wälder sind diese Schweine vom Aussterben bedroht.

### Warzenschwein
🌐 Afrika ▶ bis 1,50 m

Das Warzenschwein hat seinen Namen von großen Warzen im Gesicht. Es bewohnt Erdhöhlen, die es selten selbst gräbt. Meist besetzt es den Bau eines anderen Tieres. In diesen schlüpft das Warzenschwein stets

Das Warzenschwein hat zwei mächtige Hauer. Damit wühlt es nach Wurzeln und Knollen.

rückwärts hinein. So kann es notfalls schnell fliehen. Bei der Flucht erreicht es Geschwindigkeiten von über 30 Stundenkilometern. Seinem Hauptfeind, dem Löwen, entkommt es dennoch nicht.

### Halsbandpekari
Die Pekaris kommen in drei Arten in Amerika vor. Sie sind kleiner als unsere Wildschweine. Werden sie angegriffen, dann beißen sie. Das Halsbandpekari hat seinen Namen von dem gelblichen Band an der Kehle. Pekaris heißen auch Nabelschweine. Sie haben als Gegenstück zum Nabel eine Duftdrüse auf dem Rücken.

HUFTIERE: SCHWEINE

*Pinselohrschweine gelten wegen ihrer Farbigkeit als „Clowns" unter den Wildschweinen.*

### Pinselohrschwein

🌐 Afrika  ↔ bis 1,50 m

Dieses afrikanische Wildschwein hat einen sehr großen Kopf mit einer langen Schnauze. An den Ohren wachsen ihm lange weiße Borsten wie Pinsel. Auf dem Rücken trägt das Tier eine borstige Mähne, die es bei Erregung aufstellt. Es lebt im afrikanischen Busch und durchwühlt die Erde nach allem Essbaren. Seine Eckzähne sind sehr scharf, da sie sich ständig an den oberen Zähnen wetzen.

### Wildschwein

🌐 Europa, Asien  ↔ bis 1,70 m

Wildschweine haben ein grauschwarzes Borstenfell. Der Jäger nennt sie deshalb auch Schwarzkittel. Bis zu 50 Weibchen und Jungtiere bilden eine ➜ Rotte. Die Männchen heißen Keiler und sind Einzel-

*Wenn eine Bache Junge hat, ist sie gefährlich. Sie geht dann auf jeden Störenfried los.*

## Vom Wildschwein zum Hausschwein

Das Wildschwein wurde in Europa vor etwa 6 000 Jahren zum ersten Mal domestiziert. Domestizieren bedeutet, dass man ein Wildtier zähmt und durch die Auswahl der Nachkommen allmählich zu einem Haustier züchtet. Das dauert lange und ist bei vielen Tieren gar nicht möglich. Das Wildschwein war leicht zu zähmen, weil es ein geselliges Tier ist. Zieht man ein Wildschweinjunges mit der Flasche auf, dann betrachtet es den Menschen als Artgenossen und schließt sich ihm an. Es bleibt auch als erwachsenes Tier zahm. Wählt man stets die besten Tiere für die Paarung aus, dann erhält man Haustiere. Vom Schwein züchtete man rund 200 ➜ Rassen.

gänger. Das Weibchen heißt Bache. Die jungen Wildschweine nennt man Frischlinge. Man erkennt sie am hellbraunen Fell mit den weißen Streifen. Wildschweine verbergen sich tagsüber im Unterholz. Nachts suchen sie Nahrung. Sie fressen alles, was sie finden, auch Mäuse und tote Tiere. Manchmal brechen sie in einen Kartoffelacker ein. Mit ihren kräftigen Rüsseln wühlen sie den Acker oft ganz um. Dabei hört man sie vor Behagen grunzen.

SÄUGETIERE

HUFTIERE: HIRSCHE

# Hirsche
Die Hirsche zählen zu unseren größten heimischen Säugetieren. Außer in Europa kommen Hirsche auch in Asien und Amerika vor. Es gibt über 35 Hirscharten. Die Männchen tragen ein Geweih. Es wird jedes Jahr abgeworfen und wächst mit mehr Enden wieder nach. Dadurch kann man das Alter eines Hirsches am Geweih ablesen.

## Rothirsch
🌐 Europa ➡ bis 2,50 m ⛰ bis 1,50 m

Der Rothirsch lebt auf der nördlichen Erdhälfte. Es gibt über 20 Unterarten. Im Herbst sind die Hirsche in der ➔ Brunft. Die Männchen paaren sich nun mit den Weibchen. Zuvor kämpfen sie um die Hirschkühe und gehen mit den Geweihen aufeinander los. Manchmal verhaken sie sich so, dass sie nicht mehr auseinanderkommen. Sie müssen dann zusammen verhungern. Der stärkste Hirsch legt sich einen ➔ Harem von mehreren Weibchen zu. Jede befruchtete Hirschkuh bringt nach acht Monaten ein Hirschkalb zur Welt.

## Reh
🌐 Europa ➡ bis 1,40 m ⛰ bis 75 cm

Das Reh ist unsere kleinste Hirschart. Der Rehbock trägt ein kleines Geweih, das man auch Gehörn nennt. Er hat jeweils nur ein Weibchen, die Ricke. Sie bringt im Mai ein oder zwei Kitze zur Welt. Diese setzt sie in einem Nest auf einer Wiese oder in einem Getreidefeld ab. Wenn man ein solches Kitz findet, darf man es nicht berühren. Die Mutter ist immer in der Nähe. Der Geruch von Menschen vertreibt sie, und

*Die Ricke betreut ihr Kitz den ganzen Sommer über. Wenn das Junge von Menschen berührt wird, nimmt die Mutter es nicht mehr an.*

das Kitz muss dann vielleicht verhungern. Schon bald kann das Kitz laufen und folgt dem ➔ Rudel in den Wald. Die Rehe sind scheue Tiere. Sie kommen in der Dämmerung auf Wiesen und Felder, um dort zu fressen (äsen). In unseren Wäldern leben über eine Million Rehe. Sie können in einem Wald großen Schaden anrichten, weil sie die Triebe und Knospen der Bäume abfressen. Deshalb müssen Jäger immer wieder Rehe schießen.

*In der Brunftzeit hört man den Hirsch laut röhren. Das weit dröhnende Gebrüll soll die ➔ Rivalen vertreiben.*

HUFTIERE: HIRSCHE

**Davidshirsch**
Der zwei Meter große Davidshirsch stammt aus China und wurde dort ausgerottet. Noch vor 150 Jahren lebten im Park des Kaiserpalasts in Peking die letzten Davidshirsche. Dort entdeckte sie der französische Missionar David. Nach ihm tragen sie auch ihren Namen. Einige der Hirsche gelangten nach Europa. In einem Wildpark in England konnten sie vor dem Aussterben bewahrt werden.

**Wie das Hirschgeweih wächst**

Die männlichen Hirsche werfen jedes Jahr nach der Paarung ihr Geweih ab. Im Frühjahr schieben sich die Rosenstöcke nach. Sie sind vom Bast umgeben, einer samtartigen Haut. Im Laufe des Sommers wächst das Geweih heran und bekommt mehr Enden als zuvor. Im Spätsommer fegt der Hirsch die Reste der Basthaut an Baumstämmen ab. Mit dem neuen Geweih führt er nun die Kämpfe aus.

Frühjahr   Spätsommer   Winter

**Weißwedelhirsch**
🌐 Amerika ↔ bis 2 m

Den Weißwedelhirsch kennt wohl jedes Kind, das den Film „Bambi" von Walt Disney gesehen hat. Der Schwanz dieses Hirsches ist auf der Unterseite weiß. Daher hat er seinen Namen. Man nennt ihn auch Virginiahirsch. Wenn das Tier aufgeschreckt davonspringt, stellt es den Schwanz auf. Die weiße „Fahne" ist dann als Signalzeichen für andere Hirsche des ➔ Rudels weithin sichtbar. Weißwedelhirsche sind vor allem in Nordamerika weit verbreitet und kommen bis ins nördliche

Die Männchen der Weißwedelhirsche führen wie alle Hirsche in der Brunftzeit heftige Kämpfe um die Weibchen aus.

Südamerika vor. Früher haben Indianer diese Hirsche gejagt. In den USA gehören sie heute zu den häufigsten Tieren. Sie vermehren sich sehr stark, da die Weibchen häufig Zwillinge bekommen. Manchmal haben sie sogar drei Junge. Die Jungen können sofort nach der Geburt laufen und folgen immer ihrer Mutter. Wie die meisten Hirschkälber sind sie weiß gefleckt. Die weißen Flecken im braunen Fell dienen ihnen als ➔ Tarnung. Dadurch können die Jungtiere im hohen Gras von Feinden nicht so leicht entdeckt werden.

SÄUGETIERE

HUFTIERE: HIRSCHE

### Ren/Karibu
🌐 Nordeuropa, Kanada, Asien ↔ bis 2,20 m
Das Ren oder Rentier heißt in Amerika auch Karibu. Sowohl die Männchen als auch die Weibchen tragen ein Geweih. Die Rentiere leben in den kalten Gebieten der Erde. Im Winter haben sie ein helles, sehr dichtes Fell mit einer langen Mähne. Mit den kräftigen Vorderhufen scharren sie unter dem Schnee nach Moosen und Flechten. Im Frühjahr ziehen die Rentiere in riesigen Herden von Tausenden von Tieren in die baumfreie ➔ Tundra. Im Herbst wandern sie in die Waldgebiete zurück.

*Die Lappen in Schweden und Norwegen haben das Ren zum Haustier gemacht. Ihre Rentierherden liefern ihnen alles, was sie zum Leben brauchen: Fleisch, Fett und Milch, Felle und Leder sowie Knochen für Werkzeuge.*

### Moschustier
Die Moschustiere in China sind etwas kleiner als unsere Rehe. Sie klettern in Felswänden so sicher wie Gämsen. Der männliche Hirsch erzeugt in einem Beutel am Bauch einen Duftstoff. Dieser Moschus war für die Herstellung von Parfüm früher sehr begehrt. Man hat diese Tiere deshalb stark gejagt.

*Der Elch geht gern ins Wasser, um dort Wasserpflanzen zu fressen. Im Wasser ist er auch vor einem Angriff von Wölfen sicher.*

### Elch
🌐 Europa, Asien, Nordamerika
↔ bis 3,10 m ↕ bis 2 m
Der Elch ist der größte Hirsch und eines der größten Landtiere. Ein Bulle kann über eine halbe Tonne wiegen. Er trägt ein mächtiges, schaufelförmiges Geweih. Die Elchkühe haben kein Geweih. Der Elch bewohnt Sumpfwälder und geht gern ins Wasser. Junge Bäume nimmt er zwischen die Beine, läuft weiter und drückt sie um. Dann frisst er die Blätter und Knospen.

### Pudu
Der südamerikanische Pudu ist der kleinste Hirsch der Welt. Er wird kaum größer als ein Fuchs. Pudus leben in den Hochgebirgswäldern in 3 000 m Höhe. Man bekommt sie nur selten zu Gesicht. Heute sind sie durch rücksichtslose Jagd fast ausgerottet.

HUFTIERE: GIRAFFEN

## Giraffen

Giraffen gibt es nur in Afrika. Sie leben dort in der Savanne. In der Regenzeit finden sie in diesem Grasland genug Nahrung. Mit ihrem langen Hals erreichen sie mühelos ihre Blätternahrung in den Baumkronen. Es gibt mehrere Rassen. Sie unterscheiden sich durch das Fellmuster.

*Die einzelnen Unterarten der Giraffe sind an dem Muster ihres Fells zu erkennen. Die Männchen werden im Alter immer dunkler.*

*Netzgiraffe*

*Sterngiraffe*

Alle Unterarten können sich miteinander paaren und fruchtbare Nachkommen haben.

*Die Beine der Giraffe sind länger als ihr Hals. Obwohl sie über 750 kg wiegt, ist sie auf kurzen Strecken im Galopp 50 km/h schnell.*

weitere hinter den Ohren. Giraffen bilden kleine Herden von mehreren Weibchen und Jungtieren. Alte Bullen leben meist einzeln. Wenn die Männchen um die ➔ Rangordnung kämpfen, schlagen sie ihre Hälse gegeneinander und versuchen, sich mit den Hörnern zu treffen. Greifen zum Beispiel Löwen an, dann verteidigen sich die Giraffen mit heftigen Tritten. Ein solcher Tritt kann für Löwen tödlich sein.

### Giraffe
🌐 Afrika  ↕ bis 3,30 m  ⬆ bis 6 m

Die Giraffe ist das höchste Säugetier der Erde. Sie könnte zum Beispiel Wasser aus der Dachrinne eines Hauses trinken. Um aus einem Fluss zu trinken, kniet sich die Giraffe hin oder grätscht die Beine sehr weit. Männchen und Weibchen tragen kurze, mit Fell überzogene Hörner. Einige ➔ Rassen haben zwischen den Augen ein drittes Horn, andere sogar noch zwei

### Okapi
Diese Waldgiraffe aus dem afrikanischen ➔ Regenwald wird 2 m lang und nur 1,70 m hoch. Man könnte sie für eine Mischung aus Esel und Zebra halten. Wie ihr großer Vetter, die Steppengiraffe, hat das Okapi eine lange blaue Zunge. Damit rupft es Blätter von den Bäumen. Das scheue Tier wurde erst vor etwa 100 Jahren entdeckt.

HUFTIERE: ANTILOPEN

# Antilopen
Die Antilopen sind Hornträger wie die Rinder, Ziegen und Schafe. Die Tiere benutzen ihre Stirnwaffen selten zur Verteidigung. Sie dienen vielmehr für Rangkämpfe unter den Männchen. Die rund 70 Antilopenarten sind unterschiedlich groß. Sie haben auch unterschiedliche Hörner: gebogene oder gerade, gedrehte oder gewundene.

## Kronenducker
⊕ Afrika ▶ bis 1,15 m ▲ bis 70 cm

Die Ducker sind in ganz Afrika verbreitet. Diese kleinen Antilopen schlüpfen nachts lautlos durch den Buschwald. Um nicht entdeckt zu werden, kriechen sie sogar auf dem Bauch über den Boden. Tagsüber verbergen sie sich im Gebüsch. Die kleinste dieser Antilopenarten wird kaum größer als ein Hase. Der rehgroße Kronenducker bewohnt nur die Steppe. Wie alle Ducker zieht er nachts alleine umher. Er wird von Raubtieren, Vögeln und Schlangen gejagt.

*Der Kronenducker verbirgt sich am Tag im hohen Gras und sucht nachts Nahrung.*

## Gnu
⊕ Afrika ▶ bis 2,50 m

Die Gnus sehen aus wie eine Mischung aus Pferd und Rind. Das Weißbartgnu lebt in großen Herden in der Steppe. Ständig ziehen Tausende dieser Antilopen auf der Suche nach Wasser umher. Häufig sieht man sie mit Zebras und Straußen zusammen. Diese Tiere sind besonders wachsam und warnen auch die Gnus bei Gefahr. Gnus haben aber außer dem Löwen und dem Menschen kaum Feinde. Die Männchen tragen Kämpfe um die Weibchen aus. Dazu fallen sie auf die Knie und ringen sich mit den Hörnern gegenseitig nieder.

*An einer Wasserstelle versammeln sich oft Hunderte von Gnus, um zu trinken.*

## Weiße Oryx
⊕ Arabien ▶ bis 1,60 m ▲ bis 1,10 m

Die Oryxantilopen sind Wüstentiere. Wegen ihrer etwa einen Meter langen Hörner heißen sie auch Spießböcke. Die Weiße Oryx kann nahezu ohne Wasser auskommen. Die Flüssigkeit, die sie mit den Pflanzen aufnimmt, genügt ihr. Mit Hufen und Hörnern gräbt sie im Wüstensand ein Loch, um sich vor der Sonne zu schützen. Die großen Antilopen lebten einst in Scharen in der arabischen Wüste.

# HUFTIERE: ANTILOPEN

*Die Weiße Oryx ist eine der seltensten Antilopen. Man schätzt, dass es nur noch ein paar Hundert Tiere gibt.*

Leider haben Beduinen sie vom Auto und sogar vom Flugzeug aus gejagt und fast ausgerottet. Die Hörner und das weiße Fell der Tiere sind sehr begehrt. Auch ihr Fleisch wird hoch geschätzt. Heute ist die Jagd auf Oryxantilopen streng verboten und die Tiere sind geschützt.

## Rappenantilope

🌐 Afrika ➡ bis 2,30 m ⬆ bis 1,40 m

Ein Rappe ist ein schwarzes Pferd, daher hat diese Pferdeantilope ihren Namen. Aber nur die männlichen Tiere sind schwarz. Die Weibchen und die Jungen sind dagegen meist rotbraun gefärbt. Die Tiere bilden größere ➜ Rudel in der ➜ Savanne. Sowohl Männchen als auch Weibchen haben Hörner. Diese sind nach hinten gebogen und werden beim Männchen bis zu 1,70 Meter lang. Die Männchen setzen sie nur bei Kämpfen zwischen ➜ Rivalen als Waffe ein. Dazu lassen sich die Bullen der Rappenantilope wie die Gnus auf die Knie nieder und ringen miteinander. Gegen Feinde verteidigen sich die Rappenantilopen durch heftige Schläge mit den Hufen. Vor diesen Huftritten ergreifen selbst Löwen die Flucht.

### Giraffengazelle
Gazellen sind kleine, pfeilschnelle Antilopen. Die Giraffengazelle hat einen sehr langen Hals und die längsten Beine von allen Antilopen. Wie die echte Giraffe ernährt sie sich fast nur von Blättern der Bäume. Um sie zu erreichen, stellt sie sich oft auf die Hinterbeine und richtet sich zur vollen Größe von 2,50 m auf.

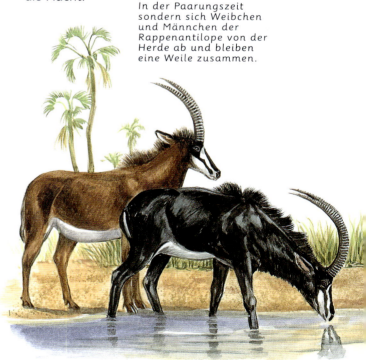

*In der Paarungszeit sondern sich Weibchen und Männchen der Rappenantilope von der Herde ab und bleiben eine Weile zusammen.*

# HUFTIERE: ZIEGEN

## Ziegen
Die meisten Ziegen haben Hörner und können gut klettern. Sie sind Gebirgstiere wie der Steinbock oder die Gämse. Vier Arten von Ziegen kommen wild vor. Sie sind über die ganze nördliche Erdhälfte verbreitet. Es gibt aber auch über hundert Rassen von Hausziegen.

### Bezoarziege
🌐 Asien  ▶ bis 1,60 m

Die Bezoarziegen nehmen es im Klettern leicht mit Steinböcken und Gämsen auf. Früher kamen sie in großen ➔ Rudeln in den Gebirgen von Griechenland bis Indien vor. Aber man hat sie seit Jahrhunderten stark bejagt und fast ausgerottet. Neben dem Fleisch und dem Fell hatte man es auf die Bezoare abgesehen. Das sind „Steine" im Magen der Ziegen. Sie entstehen, wenn diese sich die Haare ablecken und verschlucken. Man hielt die Bezoare früher für eine Wundermedizin.

Die Bezoarziege ähnelt dem Alpensteinbock. Sie gilt als Stammmutter aller europäischen Hausziegen.

### Schraubenziege
🌐 Asien  ▶ bis 1,60 m

Die Hörner der Schraubenziege sind wie bei einem Korkenzieher gedreht. Beim Bock werden sie 1,50 Meter lang. Die Männchen haben außerdem einen langen Kinnbart und eine Mähne an Rücken und Brust. Wie alle Ziegenböcke verströmen sie einen unangenehmen Bocksgeruch. Die Schraubenziegen klettern und springen noch besser als die Steinböcke. Mit persischem Namen heißen sie Markhors.

Markhor bedeutet „Schlangenfresser": Die Schraubenziegen sollen nämlich nicht nur Blätter und Zweige, sondern auch Schlangen fressen. Das ist aber nicht bewiesen.

### Schneeziege
Die Schneeziege ist mit der Gämse verwandt. Sie lebt in Amerika in den Rocky Mountains. In diesem großen Felsengebirge klettert sie bis auf 4 000 m hoch. Hier liegt fast immer Schnee. Das weiße Fell der Schneeziege ist kein Winterkleid. Sie trägt es das ganze Jahr und ist damit in Eis und Schnee gut getarnt.

# HUFTIERE: ZIEGEN

## Haben alle Ziegen Hörner?

Die meisten Ziegen haben Hörner. Jedenfalls bei den wilden Ziegen. Es gibt aber noch rund 200 Ziegenrassen, die man als Haustiere hält. Einige dieser Rassen haben keine Hörner mehr. Man hat sie ihnen weggezüchtet, damit die Böcke nicht zu wild miteinander kämpfen. Das geschah durch Auslese. Man suchte für die Vermehrung stets Tiere aus, die zufällig keine oder nur schwache Hörner hatten. So erhielt man hornlose Ziegen. Ziegen sind genügsam und leicht zu halten. Sie liefern Milch, aus der man Käse macht, sowie Fleisch, Wolle und Leder. Es gibt ungefähr 600 Millionen Hausziegen auf der Welt. Die meisten leben in Indien und in China.

*Die deutsche Edelziege hat keine Hörner mehr.*

*Der Alpensteinbock wurde ausgewildert. Man hat gezüchtete Tiere in Freiheit gesetzt, damit sie sich dort vermehren.*

## Gämse

 Europa ▶ bis 1,30 m

Die ziegenartigen Gämsen sind an das Leben im Gebirge gut angepasst. Ihre Hufe bestehen aus stahlharten Schalen. Die Sohlen sind weich wie Gummi und haften auch auf glattem Fels. Sehr sicher klettert ein ➔ Rudel von sechs bis zehn Tieren durch die Felswände. Nur der Adler kann ihnen folgen und gefährlich werden. Der Mensch jagt die Gämsen nicht nur wegen des Fleisches. Aus den Rückenhaaren des Gamsbocks macht man Gamsbärte für Trachtenhüte oder Rasierpinsel.

## Steinbock

Europa ▶ bis 1,60 m

Vor 150 Jahren gab es in den deutschen und österreichischen Alpen keine Steinböcke mehr. Man hatte sie durch die Jagd ausgerottet. Zum Glück bestand damals in Italien ein Schutzgebiet für Steinböcke. So wurden die Tiere vor dem Aussterben bewahrt. Heute haben sie sich wieder ausgebreitet und stehen überall unter Schutz. Steinböcke klettern viel besser als Gämsen. Auf steilsten Felsen machen sie weite Sprünge und landen punktgenau.

*Gämsen haben kurze, nach hinten gebogene Hörner, die man Krucken nennt.*

*Sommerfell*

*Winterfell*

SÄUGETIERE

HUFTIERE: SCHAFE

## Schafe
Die Schafe und Ziegen sind miteinander nah verwandt. Beide tragen sie Hörner. Bei weiblichen Schafen können die Hörner fehlen. Die Schafböcke unterscheiden sich von Ziegenböcken dadurch, dass sie kaum stinken. Sie haben auch keinen Kinnbart. Man kennt zwei Gruppen von Wildschafen: die Mufflons und die Dickhornschafe.

### Dickhornschaf
⊕ Amerika ▶ 1,60 m

Früher lebten in den Rocky Mountains in Nordamerika große ➔ Rudel Dickhornschafe. Sie waren Jagdwild der Indianer. Als die Siedler die Dickhornschafe mit Gewehren jagten, nahm deren Zahl rasch ab. Heute stehen die Schafe unter Schutz. Die Widder oder Schafböcke sind sehr kampfeslustig. Sie haben mächtige eingedrehte Hörner. Beim Kampf um die Weibchen brechen ihre Hörner oft ab.

Der Bock mit den größten Hörnern führt das ➔ Rudel der Dickhornschafe an. Die Weibchen haben viel kleinere Hörner.

### Mähnenschaf
⊕ Afrika ▶ bis 1,60 m

Das Mähnenschaf ist zum Teil ein Schaf, zum Teil eine Ziege. Es hat ein Ziegengesicht, aber keinen Bart und stinkt auch nicht wie ein Ziegenbock. Die Böcke tragen eine gewaltige Mähne an Hals und Brust. Das Mähnenschaf kommt in den Gebirgen Nordafrikas vor und heißt dort Tur. In der Paarungszeit berennen sich die Böcke mit

Das Mähnenschaf ist ein Tier der Wüste. Es muss nicht trinken. Die Flüssigkeit aus den Pflanzen reicht ihm aus.

Anlauf und krachen dann mit den Hörnern gewaltig zusammen. Bei diesen Kämpfen kommt so mancher Bock ums Leben. Trotzdem geht es dabei fair zu. Denn wenn ein ➔ Rivale strauchelt, wird er nicht mehr weiter angegriffen.

### Mufflon
⊕ Europa ▶ 1,30 m

Der Mufflon ist das einzige Wildschaf in Europa. Man begegnet ihm noch auf den Mittelmeerinseln Sardinien und Korsika. Früher war das Muffelwild auch in Süddeutschland zu Hause. Die einwärts gerollten Hörner dieses Schafes sehen aus wie Schnecken. Sie sind bei einem alten

# HUFTIERE: SCHAFE

Selbst tiefer Schnee lässt die Mufflons nicht weit ins Tal ziehen. Sie bleiben hoch in den Bergen und wandern nur talwärts, wenn sie unter dem Schnee nichts zu fressen finden.

Männchen bis zu 85 Zentimeter lang und wiegen bis zu sechs Kilogramm. Weibchen haben keine oder nur sehr kleine stumpfe Hörner. Wenn die Widder gegeneinander kämpfen, hört man das Krachen der Hörner sehr weit. Ihre dicken Schädelknochen schützen die Tiere vor Verletzungen.

**Blauschaf**
Das Blauschaf ist kein echtes Schaf, sondern eine Halbziege oder ein Trugschaf. Es steht zwischen den Ziegen und den Schafen. Man nennt es auch Bharal. Wie echte Schafe ernährt es sich von Gras. Blauschafe haben ihren Namen nach dem ersten Winterfell, das blau schimmert. Die Tiere leben in Tibet und China. Sie klettern bis zu 5500 m hoch.

## Wolle für warme Sachen

Bei der jährlichen Schafschur fallen die Haare in dichten Flocken ab.

Das Schaf gilt nach dem Hund und der Ziege als das älteste Haustier des Menschen. Es gibt dem Menschen Milch, Fleisch und Fett. Vor allem aber gibt es ihm Wolle. Viele Schafe werden heute nur wegen ihrer Wolle gehalten. Die Wildschafe haben in der kalten Jahreszeit eine dichte Unterwolle. Sie verlieren diese wieder, wenn es wärmer wird. Gerade die Unterwolle ist aber besonders dick und wertvoll. Man hat deshalb Schafe gezüchtet, die ihre Unterwolle das ganze Jahr über behalten. Dazu zählt zum Beispiel das Merinoschaf, dessen Wolle besonders weich und warm ist. Die Wollschafe werden erst im späten Frühjahr geschoren, damit die Tiere nicht frieren müssen. Die Schurwolle wird gewaschen, gefärbt und zu Wollgarn versponnen. Heute gibt es auf der ganzen Welt über eine Milliarde Schafe.

# HUFTIERE: RINDER

## Rinder
Von allen Säugetieren sind die Rinder am wichtigsten für den Menschen. Viele hat man schon vor Jahrtausenden zu Haustieren gemacht. Unsere Kuh stammt vom wilden Auerochsen ab. Dieses Wildrind ist schon lange ausgestorben. Es gibt aber auch heute noch wild lebende Rinder wie den Bison, den Kaffernbüffel und andere.

### Bison
🌐 Nordamerika  ⬌ bis 3 m  ⬍ bis 2 m

Die Bisons zählen zu den größten Landsäugetieren. Ein Bulle wiegt über eine Tonne. Selbst Wölfe wagen es nicht, diese gewaltigen Tiere anzugreifen. Der Bison war der Büffel der Indianer, und große Herden dieser Tiere bevölkerten einst die Prärie. Sie wurden stets von einer Büffelkuh angeführt. Die Büffel lieferten den Indianern alles, was diese zum Leben brauchten: Fleisch und Fett, Knochen für Werkzeuge, Sehnen für Stricke, Felle und Häute für Kleidung und Zelte.

*In der Prärie weideten einst Millionen von Büffeln. Man hatte sie bis zum Anfang des letzten Jahrhunderts schon beinahe ausgerottet. Doch heute leben in Schutzgebieten wieder rund 150 000 dieser Wildrinder.*

### Vom Auerochsen zur Milchkuh

Vor rund 8 000 Jahren wurde der Auerochse in Europa wahrscheinlich zum ersten Mal gezähmt. Von ihm stammen unsere Rinder ab. Es gibt heute mehr als 500 ➜ Rassen von Hausrindern. Sie unterscheiden sich nicht nur im Aussehen und in der Fellfarbe. Man hat die Rinder auch zu unterschiedlicher Nutzung gezüchtet. Manche Rassen geben viel Milch, andere viel Fleisch. In jedem Fall sind die Rinder unsere wichtigsten Haustiere.

*Der Auerochse ist schon vor über 300 Jahren in Europa ausgestorben. Er war ein gewaltiges Wildrind, das im Wald lebte.*

### Yak
Yaks leben nur noch in abgelegenen Gebirgsgegenden Tibets. Die 3 m langen Wildrinder sind vom Aussterben bedroht. Hausyaks sind nur halb so groß. Man nennt sie auch Grunzochsen. Sie liefern den Tibetern Milch, Fleisch und Felle und dienen als Zug- und Lasttiere.

# HUFTIERE: RINDER

Moschusochsen flüchten nicht bei Gefahr. Jäger konnten sie deshalb leicht aus nächster Nähe töten. So wurden die Moschusochsen beinahe ausgerottet.

## Moschusochse

🌐 Asien, Amerika  ▶ bis 2,45 m

Moschusochsen sind keine echten Rinder, sondern stehen den Schafen und Ziegen näher. Sie haben die längsten und dichtesten Haare aller Säugetiere. Sogar die Kälte der Polargebiete macht ihnen nichts aus. Bei Gefahr bilden die Moschusochsen einen Kreis: Die erwachsenen Tiere stehen außen mit drohend gesenkten Hörnern. Die Kälber innen im Kreis sind geschützt. Selbst Wölfe und Eisbären wagen da keinen Angriff.

## Kaffernbüffel

🌐 Afrika  ▶ bis 2,60 m

Der Kaffernbüffel lebt in der afrikanischen Steppe und ➜ Savanne. Er ist eines der wenigen Rinder, die noch in freier Wildbahn vorkommen. Die Herden umfassen gewöhnlich um die 50 Tiere, die in der Dämmerung im Grasland umherwandern und weiden. Wenn sie genug gefressen haben, ziehen sie sich zum ➜ Wiederkäuen in einen nahen Wald oder ins Dickicht zurück. Die Tiere bilden eine enge Gemeinschaft. Man hat sogar schon gesehen, dass Kaffernbüffel einem angeschossenen und verletzten Artgenossen zu Hilfe eilten.

Kaffernbüffel werden oft von Löwen belauert, die auf eine Gelegenheit zum Angriff warten.

### Gaur

Der Gaur im Süden Asiens ist das größte Wildrind. Er wird über 3 m lang und 2 m hoch. Die Gaure lieben dichte Wälder. Beim Äsen halten sie durch Schnauben miteinander Verbindung. Die Inder halten eine kleinere Form des Gaur, den Gayal, als Haustier.

HUFTIERE: NASHÖRNER

# Nashörner
Vor 40 Millionen Jahren gab es Nashörner auch in Europa und Amerika. Heute leben nur noch zwei Arten in Afrika und drei in Asien. Sie sind aber vom Aussterben bedroht. Nach den Elefanten sind die Nashörner die größten Landsäugetiere der Erde.

### Spitzmaulnashorn
🌐 Afrika   ⬌ bis 3,75 m   ⬆ bis 1,60 m

**Breitmaulnashorn**
Das Breitmaulnashorn ist das größte Nashorn. Es wird mitsamt Schwanz fast 5 m lang und ist 2 m hoch. Ein Bulle kann bis zu drei Tonnen wiegen. Das vordere Horn wird bis zu 1,50 m lang. Breitmaulnashörner kommen fast nur noch in Südafrika vor und sind auch dort selten. Wenn die Tiere angegriffen werden, stellen sie sich zu einem Kreis zusammen.

### Indisches Panzernashorn
🌐 Indien   ⬌ bis 4,20 m   ⬆ bis 2 m

Asiatische Nashörner haben grobe Hautfalten. Das sieht aus, als trügen die Tiere einen Panzer. Das Indische Panzernashorn hat danach seinen Namen. Auch das etwas kleinere Javanashorn hat solche Falten. Beide Dickhäuter besitzen nur ein Horn. Es wird beim Panzernashorn bis zu 60 Zentimeter lang. Die Panzernashörner haben außer ihrem Horn noch scharfe Schneidezähne, die sie im Kampf einsetzen. Sie greifen sogar Elefanten an, wenn diese in ihr ➜ Revier eindringen.

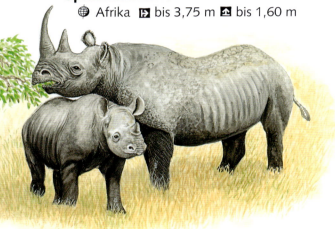

*Den Tag verbringen die Spitzmaulnashörner damit, Gras und Zweige zu fressen. Das Futter reißen sie mit der verlängerten Oberlippe ab.*

Das Spitzmaulnashorn hat zwei Hörner. Das vordere wird etwa 80 Zentimeter lang und ist scharf wie ein Dolch. Die Nashörner kämpfen damit jedoch selten. Wenn sich zwei Bullen begegnen, schnauben sie sich nur wütend an und grunzen laut. Schließlich gibt einer auf und trottet davon. Spitzmaulnashörner lieben feuchten Schlamm. Darin wälzen sie sich, um lästiges Ungeziefer loszuwerden. Wie alle seine Artgenossen hat man das Spitzmaulnashorn wegen seiner Hörner sehr stark gejagt. Es gibt nur noch ungefähr 3 000 Tiere in ganz Afrika.

*Panzernashörner lieben sumpfiges Gelände. Es gibt heute noch etwa 600 Tiere. Die meisten leben in einem Nationalpark in Indien.*

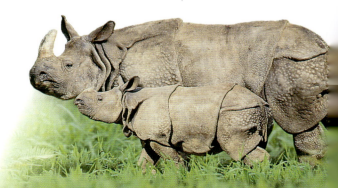

HUFTIERE: NASHÖRNER/TAPIRE

### Sumatranashorn

🌐 Asien   ↔ bis 2,80 m   ↕ bis 1,50 m

Das Sumatranashorn ist das kleinste Nashorn. Es wiegt nur 500 Kilogramm. Im Unterschied zu den anderen Nashörnern ist es teilweise behaart. Die Jungen kommen mit einem dichten Fell zur Welt. Sumatranashörner leben im sumpfigen Dschungel und sind sehr scheu. Bei Gefahr verschwinden sie sofort im Dickicht.

Es gibt nur noch etwa 300 Sumatranashörner auf Borneo und der Malaiischen Halbinsel.

## Tapire
Die Tapire sind sehr altertümliche Säugetiere und mit den Nashörnern und Pferden verwandt. Sie haben keine Hufe wie die Pferde, sondern vorne vier und hinten drei Zehen. Und sie besitzen einen beweglichen Rüssel, ähnlich wie ein Elefant. Es gibt vier Tapirarten: drei braune in Mittel- und Südamerika und eine schwarz-weiße in Südostasien.

### Schabrackentapir

🌐 Südostasien   ↔ bis 2,50 m

Der Schabrackentapir liebt sumpfige Waldgebiete. Dort suhlt er sich in Schlammlöchern, um lästige Mitbewohner in seinem Fell loszuwerden. In der Dämmerung geht er auf Nahrungssuche. Er frisst vorwiegend Blätter. Der Schabrackentapir kann ausgezeichnet schwimmen. Wie das Flusspferd läuft er am Grund der Gewässer und weidet Wasserpflanzen ab. Das Tier ist friedlich. Wenn es sich aber verteidigen muss, kann es sehr kräftige Tritte austeilen und fest zubeißen. Seinen Namen hat der Tapir nach dem weißen Teil auf seinem sonst schwarzen Fell. Eine Schabracke ist eine Decke unter dem Pferdesattel.

### Das Wunderhorn

Um 400 vor Christus beschrieb der Leibarzt des Perserkönigs Artaxerxes zum ersten Mal das Nashorn. Er nannte es „Einhornesel". Schon damals war das Horn dieses Tieres sehr begehrt. Man zerrieb es zu Pulver, das gegen Gift helfen sollte. Reiche Römer ließen aus dem Horn Trinkpokale herstellen. Dadurch sollte ein mögliches Gift in Getränken unschädlich gemacht werden. In China schätzte man das Horn als Heilmittel.

Junge Schabrackentapire sind gestreift und ähneln jungen Wildschweinen. Nach einem halben Jahr sind sie schwarz-weiß gefärbt.

45

HUFTIERE: PFERDE

# Pferde

Die Pferde haben sich aus einem Tier entwickelt, das kaum größer war als ein Fuchs. Dieses Urpferd lebte vor rund 50 Millionen Jahren in sumpfigen Wäldern. Es besaß noch keine Hufe wie die Pferde heute, sondern Zehen. Im Laufe der Erdgeschichte änderte sich das Klima. Die Tiere mussten sich anpassen, oder sie starben aus. So wurde aus dem kleinen Urpferdchen ein Steppentier. Die Pferdefamilie umfasst heute nur noch drei Hauptarten: die Pferde, die Zebras und die Esel.

## Prschewalskipferd

🌐 Asien  bis 2,60 m  bis 1,35 m

Im Jahr 1879 wurde dieses Wildpferd von dem russischen Forscher Prschewalski entdeckt. Es lebte in der mongolischen Steppe. Angeblich soll es dort heute noch eine kleine Herde solcher Pferde geben. Wahrscheinlich ist das Prschewalskipferd in freier Wildbahn aber schon ausgestorben. Nur in Tiergärten kann man es noch sehen. Es ist nicht größer als ein Pony und gilt als Urwildpferd und Vorfahr unserer Pferde.

Das Prschewalskipferd ist das Urwildpferd. Es wird heute in einigen Zoos gezüchtet, um die Art vor dem Aussterben zu bewahren.

## Besuch im Reitstall

Vor etwa 5 000 Jahren spannte der Mensch zum ersten Mal ein Wildpferd vor einen Wagen. Reiten ließen sich die Steppentiere erst viel später. Heute werden die meisten Pferde bei uns nur zum Reiten gehalten. Ein Reitpferd erfordert viel Pflege:

- Mit dem Hufkratzer werden Schmutz und Steine aus dem Pferdehuf gekratzt.
- Mit dem Striegel muss der gröbste Schmutz aus dem Fell und Haar entfernt werden. Für Weichteile wie Augenränder und Nüstern nimmt man den Schwamm.
- Mit der Fußbürste wird festgetrockneter Schlamm von den Beinen entfernt. Die Kardätsche hat kurze Borsten und dient zur Pflege von Fell, Mähne und Schweif. Man kann die Mähne und den Schweif noch mit dem Mähnenkamm auskämmen.
- Mit dem Strohwisch reibst du das Fell des Pferdes ab. Es wird dabei massiert. Danach musst du mit einem sauberen Leintuch den Staub aus dem Fell wischen. Fertig!

46

HUFTIERE: PFERDE

*Die Zebrastreifen sind eine Anpassung an den Lebensraum. Die Körperformen lösen sich dadurch für einen Betrachter aus einiger Entfernung auf. Die Tiere sind kaum zu sehen.*

*Die afrikanischen Wildesel erkennt man entweder am schwarzen Kreuz auf der Schulter oder an den geringelten Beinen. Selten hat ein Tier beide Zeichnungen wie der Esel vorn.*

## Zebra

🌐 Afrika    bis 2,50 m    bis 1,50 m

Zebras sind afrikanische Wildpferde. Es gibt drei Arten. Sie unterscheiden sich in ihrem Streifenmuster. Wegen ihrer Streifen nennt man diese Wildpferde auch Tigerpferde. Das Grevy-Zebra ist das größte von allen. Es ähnelt einem Esel, und auch sein Schrei ist eselartig. Die kleineren Zebras erinnern mehr an Pferde. Sie ziehen heute noch in größeren Herden durch die afrikanische ➔ Savanne. Früher gab es Hunderttausende von ihnen. Zebras sind eigenwillig. Es ist bis heute nicht gelungen, sie wie andere Wildpferde zu zähmen.

## Wildesel

🌐 Afrika    bis 2,30 m    bis 1,40 m

Wildesel gab es früher in ganz Nordafrika. Sie lebten im Gebirge, in Steppen und Wüsten. Dort gibt es wenig zu fressen. Aber die genügsamen Tiere kamen mit den dort wachsenden Dornsträuchern aus. Die Wildesel sind nahezu ausgestorben. Man schätzt, dass es höchstens noch etwa 300 wild lebende Esel in Afrika gibt. Afrikanische Wildesel waren die Stammeltern aller europäischen Hausesel. Diese Wildesel waren etwa so groß wie Zebras.

## Halbesel

🌐 Asien    bis 2,50 m    bis 1,50 m

Halbesel sehen Pferden ähnlich, haben aber lange Eselsohren und einen Quastenschweif. Ihre Stimme liegt zwischen dem Schreien der Esel und dem Wiehern der Pferde. Man unterscheidet sieben Rassen, darunter den Kulan, den Kiang und den Onager. Vom Onager gibt es noch kleine Herden in der Wüste Irans.

*Der Onager ist der bekannteste Halbesel. Er hat ein glattes, kurzhaariges Fell wie ein Pferd und ist gelblich. Echte Esel sind grau und langhaarig. Vor allem haben sie sehr große Ohren.*

# Bären

Die Bären zählen zu den Raubtieren. Sie fressen aber nicht nur Fleisch, sondern sind Allesfresser. Einige nehmen sogar überwiegend Pflanzen zu sich. Es gibt sieben Großbären und 18 Arten von Kleinbären, zu denen der Waschbär gehört. Die beiden Pandas bilden eine eigene Gruppe.

## Braunbär

🌐 Europa, Asien, Amerika  ↕ bis 3 m

Braunbären leben heute noch in großer Zahl in Nordamerika und in Asien. In Europa kommen sie nur noch vereinzelt in

*Die Bärin bringt im Dezember oder Januar ein bis drei Junge zur Welt. Dazu zieht sie sich in eine Höhle zurück. Die Jungen sind bei der Geburt etwa so groß wie eine Ratte.*

Spanien, Italien und Slowenien sowie in Polen und Skandinavien vor. Sie können sich in der Fellfarbe stark unterscheiden, von schwarz bis zu hellbraun. Braunbären sind Einzelgänger. Nur in der Paarungszeit bleiben Männchen und Weibchen ein paar Wochen zusammen. Eine Bärin mit Jungen ist gefährlich. Sie verteidigt ihre Kinder erbittert – auch gegen den Vater. Als Raubtiere fressen die Bären Fleisch und reißen andere Tiere. Auf dem Speisezettel von „Meister Petz" stehen aber vor allem Beeren, Nüsse, Pilze und Wurzeln. Fast drei Viertel der Bärennahrung machen Pflanzen aus. Beim Ausgraben von Wurzeln helfen ihm die kräftigen Pranken. Jede Tatze hat fünf scharfe Krallen. Damit kann ein Bär auch gut klettern. Begierig sind die Braunbären auf Honig. Um Honig zu bekommen, klettern sie auf die Bäume und nehmen die Nester wilder Bienen aus. Der Bär ist eben ein Allesfresser.

## Grisli

🌐 Nordamerika  ↕ bis 2,80 m

Der Grisli oder Graubär ist einer der größten Braunbären. Nur der Kodiak ist mit drei Metern noch größer. Dem Grisli kann man heute noch in den Wäldern Kanadas begegnen. In Indianergeschichten wird er als besonders stark und angriffslustig beschrieben. Er kann mit einem Schlag seiner Pranke ein Ren niederschmettern und töten. Sein Gebiss ist fürchterlich. Das Gefährliche am Grisli ist, dass er nicht sichtbar wütend wird. Er greift ganz plötzlich und unvermutet an. Im Winter hält er wie alle Bären ➔ Winterschlaf.

*Grislis sind hervorragende Fischer. Sie stellen sich an den Stromschnellen in einen Fluss und fangen geschickt die hochspringenden Lachse auf.*

# RAUBTIERE: BÄREN

## Schwarzbär

🌐 Nordamerika ▶ bis 2 m

Der Schwarzbär heißt auch Baribal. Er ist kleiner als der Grisli. In den Nationalparks lässt er sich gern von den Touristen füttern. Besonders freche Schwarzbären kommen an die Autos der Besucher und betteln. Das

Schwarzbären hat man früher viel gejagt, da ihr Fell begehrt war. Sie zählen zu den beliebtesten Tieren in den Nationalparks der USA.

Füttern der Bären ist nicht ungefährlich. Denn auch der scheinbar so gemütliche Baribal ist ein Raubtier. Baribals ernähren sich überwiegend von Eicheln und Nüssen und können ausgezeichnet klettern.

## Brillenbär

🌐 Südamerika ▶ bis 1,50 m

Der Brillenbär ist der einzige Großbär in Südamerika. Er lebt in den Gebirgswäldern. Heute sieht man ihn recht selten. Er gilt als gefährdete Tierart. Die Bären haben ein fast schwarzes Fell und weiße Kreise um die Augen. Das sieht aus wie eine Brille, und deswegen heißt er Brillenbär. Der Bär ernährt sich fast nur von Pflanzen. Nachts klettert er auf einen Baum und richtet sich dort ein Nest zum Schlafen her.

### Kragenbär

Kragenbären leben in Südostasien. Es gibt unterschiedlich große Tiere. Der größte Bär wird etwa 1,70 m lang und hat eine Schulterhöhe von 80 cm. Aufgerichtet ist er fast 2 m hoch. Seinen Namen hat der Kragenbär von der abstehenden Halskrause. Er ist schwarz bis auf eine helle Zeichnung auf der Brust.

Der Brillenbär gehört zu den kleinsten unter den so genannten Großbären. Obwohl er sich überwiegend von Pflanzen ernährt, schlägt er doch gelegentlich auch ein Tier.

RAUBTIERE: BÄREN

## Eisbär

🌐 Arktis  ↕ bis 2,80 m

Eisbären kommen nur in den nördlichen Polargebieten vor. Am Südpol gibt es keine Eisbären. Diese Großbären können ausgezeichnet tauchen und schwimmen. Sie haben Schwimmhäute zwischen den Zehen. Ihr Pelz ist dicht und Wasser abweisend. Im Winter graben sie sich eine Höhle in den Schnee und halten darin ➔ Winterschlaf. Die Bärin bringt in einer Schneehöhle auch ihre Jungen zur Welt. Sie sind bei der Geburt so groß wie Meerschweinchen. Nach drei Monaten dürfen sie zum ersten Mal ins Freie. Die Mutter jagt für sie Robben. Diesen lauert sie an deren Atemlöchern im Eis auf. Auch Fische holt sie mit der Pranke aus dem Wasser.

*Die weißen Eisbären sind im Schnee gut getarnt. Ihre Haut ist schwarz und speichert die Sonnenwärme. Außerdem schützt eine dicke Fettschicht die Eisbären vor Kälte.*

## Großer Panda

🌐 China  ↕ bis 1,50 m

Vom Pandabären gibt es nur noch wenige Tiere in freier Wildbahn. Er lebt in Gebirgsgegenden in China und ist streng geschützt. Obwohl er ein Raubtier ist, frisst er kein Fleisch, sondern nur Bambus. Da man viele Bambuswälder gerodet hat, ist der Panda vom Aussterben bedroht. Die Chinesen nennen ihn „weißer Bär". Der Panda ist das Wappentier des ➔ WWF.

*Da Bambus nur wenige Nährstoffe enthält, muss der Große Panda den ganzen Tag fressen. Ohne Bambus verhungert der Bär.*

### Kleiner Panda

*Der Kleine Panda heißt auch Katzenbär. Wie der Große Panda ernährt er sich hauptsächlich von Bambus. Er frisst aber auch Vögel, Eidechsen und Insekten. Der 60 cm lange Kleinbär lebt in Gebirgswäldern am Himalaja. Die Chinesen nennen das rotbraune Tier auch „Feuerfuchs". Es ähnelt dem Waschbär.*

RAUBTIERE: BÄREN

 **Bärige Fragen**

**Welcher Bär ist am schwersten?**
Der Eisbär. Ein großes, ausgewachsenes Männchen bringt bis zu 1 000 kg auf die Waage.

**Welcher Bär ist am stärksten?**
Der Grisli. Mit einem Schlag seiner Pranke schleudert er einen Schwarzbären 5 m weit.

**Welcher Bär ist am schnellsten?**
Der Schwarzbär. Er kann auf der Flucht so schnell laufen wie ein Pferd.

**Welcher Bär ist am kleinsten?**
Der Malaienbär. Er wird nur 1 m lang und 65 kg schwer. Das Tier lebt in Südostasien.

*Waschbären sind sehr anpassungsfähig. Sie kommen nachts sogar in Städte und Dörfer.*

## Waschbär

⊕ Amerika, Europa ▸ bis 60 cm
Man sagt, Waschbären nähmen ihre Nahrung in die Pfoten und tauchten sie ins Wasser. Doch das hat man bisher nur im Zoo beobachtet. Die Kleinbären leben gern nahe am Wasser. Sie sind eigentlich Waldtiere, kommen in Amerika heute aber fast überall vor. In Dörfern und Städten holen sie sich Abfälle und öffnen sogar Mülltonnen. In Deutschland wurden Waschbären wegen ihres Pelzes gezüchtet. Einige sind vor 50 Jahren aus einer Pelztierfarm entkommen. Inzwischen haben sie sich über ganz Mitteleuropa verbreitet. Die Waschbären jagen Kleintiere und Vögel, plündern Nester und töten Hühner und anderes Geflügel. Da sie bei uns keine Feinde haben, vermehren sie sich stark.

## Nasenbär

⊕ Nord- und Südamerika ▸ bis 70 cm
Nasenbären zählen zu den Kleinbären. Sie sind sehr gesellig und bilden oft Gruppen von über 20 Tieren. Sie leben im ➔ Regenwald, in der Steppe und auch im Gebirge. Dort suchen sie mit ihrer Rüsselnase nach Insekten. Sie jagen auch Mäuse und kleine Echsen. Viele Insekten rollen sie erst mit der Pfote, damit diese sie nicht stechen. Bei Gefahr flüchten Nasenbären auf Bäume.

*Bei den Nasenbären haben die Weibchen das Sagen. Die Männchen sind Einzelgänger, die nur in der Paarungszeit zur Gruppe stoßen.*

# RAUBTIERE: HUNDE

**Hunde** Alle Hunde sind Raubtiere, selbst das kleinste Schoßhündchen. Solche Zwergrassen kommen in der Natur jedoch nicht vor. Mehr als 400 Hunderassen hat der Mensch gezüchtet. Zu den hundeartigen Raubtieren zählen die Wölfe, Kojoten, Füchse und Schakale. Fast alle sind Hetzjäger. Große Hunde wie die Wölfe jagen im Rudel, andere wie die Füchse sind Einzeljäger. Beim Jagen kommt den Hunden ihre Ausdauer und ihr Geruchssinn zustatten.

*Der Afrikanische Wildhund lässt sich von den Jungen ohne Widerstand das Fressen aus dem Maul nehmen.*

### Afrikanischer Wildhund
🌐 Afrika  ▶ bis 1 m

Afrikanische Wildhunde sind schlank und hochbeinig. Sie können sehr schnell rennen und hetzen Antilopen und sogar Zebras. Dazu schließen sie sich zu einem ➜ Rudel zusammen. Oft sind es mehr als 50 Tiere, die gemeinsam die Beute jagen. Haben sie ein Tier zur Strecke gebracht, dann fressen sie es sofort auf. Dabei wird die Beute unter allen Mitgliedern des Rudels aufgeteilt. Jungtiere bekommen immer als Erste zu fressen.

### Wolf
🌐 Nördliche Erdhalbkugel  ▶ bis 1,40 m

Hungrige Wölfe sind gefährliche Raubtiere. Sie reißen Elche, Pferde und selbst Bären. Unter Viehherden richteten sie oft Schaden an. Deshalb hat man den Wolf in

*Leitwölfe sind ein Männchen und ein Weibchen, die sich im Rudel durchgesetzt haben.*

Mitteleuropa fast ausgerottet. Wölfe sind sehr intelligent und haben einen hervorragenden Geruchssinn. Sie jagen meist im ➜ Rudel, das zwei Leitwölfe anführen. Die einzelnen Rudel verständigen sich durch Geheul. Innerhalb eines Rudels herrscht eine strenge ➜ Rangordnung.

*Wölfe jagen auch allein. Großwild können sie aber nur gemeinsam erbeuten. Sie bilden dann Rudel von bis zu 30 Tieren.*

# RAUBTIERE: HUNDE

## Vom Wolf zum Haushund

Wölfe sind gesellige Tiere. Sie bilden größere Rudel für die gemeinsame Jagd. Dies machte sich der Mensch schon früh zunutze. Einige zutrauliche Wölfe begleiteten bereits vor fast 15 000 Jahren die Jäger, um Reste der Beute zu fressen. Die Steinzeitmenschen erkannten, dass Wölfe sehr feine Geruchs- und Hörsinne besaßen. Sobald Wildtiere sich näherten, wurden die Wölfe unruhig. Dadurch spürte der Mensch seine Jagdbeute schneller auf. Bald begann der Mensch Wolfswelpen aufzuziehen und sie zu zähmen. Diese zahmen Wölfe paarten sich, und so entstanden die ersten Haushunde. Man nimmt an, dass dies zum ersten Mal in Indien geschah, wo kleinere Wölfe lebten.

Höhlen. Nachts gehen sie auf Nahrungssuche. Erst wenn die Löwen mit ihrer Mahlzeit fertig sind, wagt sich ein Schakal in die Nähe. Er räumt dann die Reste ab. Früher folgten die Schakale auch den Karawanen und ernährten sich von den Abfällen. Nur wenn Schakale gar nichts zu fressen finden, bilden sie kleine → Rudel und jagen gemeinsam ein größeres Tier.

**Kojote**
Der Kojote ist der Wolf der Prärie Nordamerikas. Die Indianer verehren ihn als besonders trickreich. Der Präriewolf ist kleiner als der europäische graue Wolf und nur am Rücken grau gefärbt. Kojoten leben meist paarweise oder bilden nur kleine Rudel. Sie jagen meist kleinere Tiere, fressen aber auch → Aas.

## Schabrackenschakal
🌐 Afrika  📏 bis 90 cm

Der Schabrackenschakal ist eine von drei Schakalarten. Er fällt vor allem durch seinen dunklen Rücken auf. Schakale ähneln sowohl kleinen Wölfen als auch dem Fuchs. Sie leben meist einzeln oder paarweise. Tagsüber verbergen sie sich in

Der Schabrackenschakal ist wie alle Schakale mehr mit dem Wolf als mit dem Fuchs verwandt. Das Raubtier ist außerordentlich schlau.

**Waldhund**
Der rotbraune Waldhund lebt in den Baumsteppen und Wäldern Südamerikas. Er ähnelt dem Otter und wird etwa 60 cm groß. Waldhunde leben im Dickicht und sind sehr scheu. Meist jagen sie nachts in → Rudeln. Sie verfolgen ihre Beute oft bis ins Wasser.

53

RAUBTIERE: HUNDE

### Rotfuchs

🌐 Europa, Asien, Amerika ↔ bis 90 cm

Von allen hundeartigen Raubtieren hat der Rotfuchs sich dem Menschen am besten angepasst. Er gilt als besonders schlau. Da er in Ställe einbricht und Hühner tötet, hat man ihn schon immer verfolgt. Schlimmer ist, dass der Fuchs auch die ➜ Tollwut verbreitet. Tag und Nacht streift er auf der Suche nach Beute umher. Er frisst alles, was ihm vor die Schnauze kommt: Jungtiere, Vögel und deren Eier, ja sogar Fische. Rotfüchse vertilgen auch viele Mäuse und mögen süße Beeren. Ihren Bau legen sie meist am sonnigen Waldrand an.

*Eisfuchs im Sommer- und Winterfell*

Im Sommer hat er ein braunes Fell. Eisfüchse leben von Nagetieren und dem, was die Eisbären übrig lassen. Wenn sie viel zu fressen finden, legen sie sich einen Vorrat im Schnee an.

*Das Fuchsweibchen, die Fähe, bringt fünf bis zehn Junge zur Welt. Diese werden blind geboren und öffnen erst nach 14 Tagen die Augen.*

### Eisfuchs

🌐 Nordpolargebiete ↔ bis 70 cm

Der Eisfuchs lebt in der ➜ Arktis. Er heißt auch Polarfuchs oder Weißfuchs. Vor der Kälte ist er durch einen besonders dicken Pelz geschützt. Dieser Pelz ist im Winter schneeweiß, so dass man den Fuchs im Schnee nicht gleich entdeckt. Früher hat man ihn wegen dieses Fells stark gejagt.

**Fennek**
Der Fennek lebt in der Wüste Nordafrikas. Dieser Wüstenfuchs ist der kleinste Wildhund. Er wird nur 40 cm lang, sein Schwanz misst 30 cm. Fenneks haben besonders große Ohren, mit denen sie ihre Beutetiere am Geräusch aufspüren. Sie jagen nachts. Zu ihrer Beute zählen Insekten, Eidechsen und Mäuse.

RAUBTIERE: HYÄNEN

# Hyänen
Die Hyänen sehen ähnlich aus wie Hunde, erinnern aber auch an Katzen. Sie bilden eine eigene Familie der Raubtiere. Es gibt vier Arten. Alle Hyänen haben lange Vorderbeine und einen nach hinten abfallenden Rücken. Die Tiere können schrecklich heulen. Wie die Geier fressen sie vor allem Aas.

## Fleckenhyäne
🌐 Afrika  ↔ bis 1,40 m

Die Flecken- oder Tüpfelhyäne ist die größte Hyänenart. Nachts rufen sich die Hyänen durch ihr schauerliches Gelächter zu ➜ Rudeln zusammen. Dann ziehen sie gemeinsam auf Futtersuche. Wo ein Löwe oder ein Leopard ein Tier gerissen hat, stellen sie sich als ungebetene Gäste ein. Sie holen sich die Reste der Mahlzeit. Mit ihrem kräftigen Gebiss zermalmen sie sogar dickste Knochen. Im Rudel jagen sie aber auch selbst. Hyänen sind sehr schnell. Sie können ein fliehendes Zebra leicht einholen und in wenigen Minuten töten. Oft eilen dann die Löwen herbei, um den Hyänen ihre Beute abzujagen.

## Erdwolf
🌐 Afrika  ↔ bis 80 cm

Der Erdwolf ist ein seltsames Tier. Er ist eine Hyäne und kein hundeartiges Raubtier, obwohl er „Wolf" heißt. Am meisten ähnelt er den Schleichkatzen. Wie alle Hyänen frisst auch er ➜ Aas. So dient er als Gesundheitspolizist, der die Natur von Abfällen reinigt. Seine Hauptnahrung besteht aber vor allem aus Termiten und

*Der Erdwolf ist ein Nachttier, das erst abends munter wird. Dann macht er sich auf die Suche nach Termiten.*

anderen Insekten. Er hat ein so feines Gehör, dass er diese krabbeln hört. Der Erdwolf gräbt sich wie ein Fuchs einen Bau, in dem er meist den Tag verschläft.

*Die Flecken- oder Tüpfelhyäne ist die größte und stärkste Hyäne. Sie jagt in der Nacht. Dabei hetzt das Rudel ein Tier, etwa ein Zebra, so lange, bis es schließlich erschöpft zusammenbricht.*

RAUBTIERE: SCHLEICHKATZEN

# Schleichkatzen
Es gibt rund 75 Arten von Schleichkatzen. Sie sehen recht merkwürdig aus. Manche erinnern an eine Hauskatze, andere an einen Marder, wieder andere an einen Fuchs. Die meisten Schleichkatzen sind Einzelgänger und leben auf Bäumen. Sie kommen außer der Ginsterkatze nur in Afrika und Asien vor. Einige dieser Raubtiere werden fast einen Meter, andere nur etwa 30 Zentimeter groß. Alle haben einen auffallend langen Schwanz.

## Ginsterkatze
🌐 Afrika, Südeuropa  bis 60 cm

Die Ginsterkatze ist die einzige Schleichkatze Europas. Sie kommt außer in Afrika auch in Spanien und Portugal vor. Man sieht sie kaum, da sie nachts jagt. Sie frisst kleine Nagetiere und Eidechsen, an die sie sich wie jede andere Katze anschleicht. Wie unsere Hauskatze kann auch sie ihre Krallen einziehen. Die Ginsterkatze klettert auf Bäume, stellt dort den Vögeln nach und raubt deren Nester aus. Sie dringt auch gelegentlich in Hühnerställe ein und tötet die Hühner.

Die Ginsterkatze unterscheidet sich von unserer Hauskatze deutlich durch die kürzeren Beine und die spitze Schnauze.

## Wasserschleichkatze
🌐 Afrika  bis 45 cm

Die Wasserschleichkatze sieht aus wie eine Mischung aus Katze und Fuchs. Sie hat Schwimmhäute zwischen den Zehen und frisst Fische und Krebse. Zum Krebsfang steigt sie ins Wasser und dreht mit ihren Pfoten die Steine um. Das Tier ist so scheu, dass man es in freier Natur kaum zu Gesicht bekommt. Man hat es erst im Jahr 1916 entdeckt.

Die Wasserschleichkatze ist eine der Ausnahmen unter den katzenartigen Tieren. Die meisten Katzen gehen nur ungern ins Wasser.

## Erdmännchen
🌐 Südafrika  bis 35 cm

Die Erdmännchen haben ihren Namen daher, weil sie sich auf die Hinterbeine erheben und Männchen machen. Das erinnert an die Murmeltiere. Wittern die Erdmännchen eine Gefahr, dann schlüpfen sie flink in ihren Bau. Er besteht aus weitläufigen unterirdischen Höhlen und Gängen. Die Erdmännchen leben hier gesellig zusammen. Tagsüber gehen sie auf Jagd. Sie sind eifrig dabei, mit ihren langen Krallen den Boden aufzuscharren und Insekten, Mäuse, Eidechsen und sogar Schlangen zu jagen. Größere Tiere töten

# RAUBTIERE: SCHLEICHKATZEN

*Die Erdmännchen sind Frühaufsteher. Bevor sie mit der Nahrungssuche beginnen, nehmen sie ein ausgiebiges Sonnenbad.*

sie mit einem gezielten Biss. Bei den südafrikanischen Farmern sind die Erdmännchen gern gesehen, weil sie Ratten und Schlangen fressen.

## Indischer Mungo

🌐 Indien   ↕ bis 50 cm

Die Mungos zählen zu den Schleichkatzen. Es gibt verschiedene Arten. Berühmt wurde der Indische Mungo durch eine Geschichte im Dschungelbuch von Rudyard Kipling. Er heißt dort „Rikki-Tikki-Tavi" und kann Schlangen töten. Tatsächlich schrecken die Mungos auch vor einer giftigen Kobra nicht zurück. Sie fressen auch Ratten und sind deshalb beliebt.

*Im tödlichen Kampf mit der Kobra bleibt der Mungo meist Sieger.*

## Zibetkatze

🌐 Afrika, Asien   ↕ bis 85 cm

Die Afrikanische Zibetkatze heißt Zivette. Sie lebt in der ➔ Savanne und im Buschwald. Tagsüber versteckt sie sich gern in einem Erdloch. Nachts geht sie auf Jagd. Ihre Nahrung besteht aus kleinen Tieren. Sie frisst auch Früchte. Ab und zu jagt die Schleichkatze sogar junge Antilopen. Unter dem Schwanz hat sie eine Drüsentasche. Darin speichert sie den Zibet. Mit dem Duftstoff markieren Zibetkatzen ihr ➔ Revier.

*Die Afrikanische Zibetkatze ist eine der größten Schleichkatzen. Aus dem Duftstoff ihrer Afterdrüsen, dem Zibet, stellte man schon im Altertum Parfüm her.*

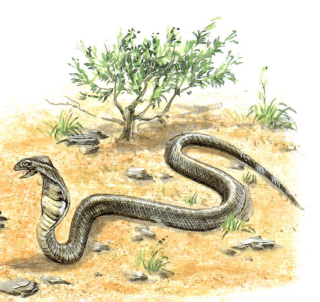

SÄUGETIERE

57

# RAUBTIERE: KATZEN

**Katzen** Die Familie der Katzen umfasst 37 Arten. Alle sind besonders gut an ihre räuberische Lebensweise angepasst. Mit ihren scharfen Augen, Ohren und Nasen sind sie hervorragende Jäger. Lautlos schleichen sie sich an ihre Beute an. Dazu ziehen sie ihre Krallen ein. Wenn sie zuschlagen, strecken sie die Krallen aus: Das Opfer kann nicht mehr entkommen.

## Löwe
🌐 Afrika   ▶ bis 2 m

Der Löwe gilt als König der Tiere. Außer dem Menschen hat er keine Feinde. Das Männchen fällt durch seine dichte Mähne auf. Wenn es sein Gebrüll ertönen lässt, ergreifen alle anderen Tiere die Flucht. Löwen sind die einzigen Großkatzen, die brüllen. Sie sind auch die einzigen Katzen, die im ➜ Rudel leben. Ein Rudel umfasst bis zu 30 Tiere. Es sind Weibchen mit ihren Jungen. Meist gehören noch zwei Männchen dazu. Diese sind oft Brüder. Sie stehen in der ➜ Rangordnung über den Weibchen, selbst wenn sie schwächer sind als diese. Die übrigen Männchen sind Einzelgänger.

## Tiger
🌐 Asien   ▶ bis 2,80 m

Der Tiger ist die größte Raubkatze und noch stärker als der Löwe. Leider gibt es nur noch wenige dieser Großkatzen. Sie sind streng geschützt. Tiger sind Einzelgänger. Sie können gut klettern und schwimmen. In der Dämmerung schleichen sie sich an ihr Opfer an. Ein Tiger kann einen Hirsch mit einem Hieb der Pranken umwerfen. Er hat so viel Kraft, dass er die schwere Beute abschleppt.

Die auffällige Zeichnung des Tigerfells ist eine gute Tarnung. Das Tier ist im Dschungel kaum zu erkennen.

Außer Elefanten und Nashörnern greifen die Löwen fast alle Tiere an. Meist jagen die Löwinnen. Sie überfallen die Beutetiere oft an der Tränke, wie hier ein Gnu. Dabei jagen sie im Rudel und kreisen ihr Opfer zuvor ein. Wenn sie die Beute gerissen haben, fressen sie auch gemeinsam. Das kräftigste Tier holt sich den größten Anteil an der Beute.

# RAUBTIERE: KATZEN

Die Höchstgeschwindigkeit von 110 km/h hält der Gepard nur über eine kurze Strecke durch.

## Gepard

🌐 Afrika, Westasien  ▶ bis 1,40 m

Geparden sind sehr hochbeinige, elegante Katzen. Sie sind die schnellsten Landtiere. Geparden jagen am hellen Tag. Dabei schleichen sie sich nicht wie Katzen an, sondern hetzen ihre Beute wie Hunde. Wenn sie ein Tier nicht gleich einholen, geben sie auf. Die Schnelligkeit des Geparden machten sich schon die alten Ägypter zunutze: Sie richteten diese Raubkatze zur Jagd ab.

## Leopard

🌐 Afrika, Asien  ▶ bis 1,70 m

Der Leopard ist nach dem Tiger und dem Löwen die drittgrößte Großkatze in Afrika und Asien. Es gibt noch mehr Leoparden als Löwen und Tiger zusammen. Aber auch sie sind vom Aussterben bedroht. Man hat sie wegen ihres schön gefleckten Fells stark gejagt. Auch ganz schwarze Tiere kommen vor, die Schwarzen Panther. Der Leopard schleicht sich an sein Opfer heran und greift es im Sprung. Dann tötet er es durch einen Biss. Die Beute schleppt er an einen sicheren Ort, um sie in Ruhe zu verzehren. Meist klettert er damit auf einen Baum.

Leopardenmütter gehen zärtlich mit ihren Kindern um. Meist haben sie zwei bis vier Junge.

## Schneeleopard

Der Schneeleopard lebt im Himalaja. Er wird etwa so lang wie ein Gepard, aber nicht so hoch. Seine Schulterhöhe beträgt nur 60 cm. Schneeleoparden jagen vor allem Steinböcke und Ziegen. Sie springen dabei bis zu 15 m weit von Fels zu Fels. Heute stehen sie wie alle gefleckten Katzen unter ➔ Artenschutz.

RAUBTIERE: KATZEN

## Jaguar
🌐 Mittel- und Südamerika ↔ bis 1,85 m

Viele Indianervölker verehrten den Jaguar wie einen Gott. Er ist die größte Raubkatze Südamerikas. Der Jaguar wird größer als ein Leopard und kommt hauptsächlich im ➔ Regenwald vor. Er ist nicht nur ein sehr geschickter Kletterer, sondern schwimmt auch gut. Seine wichtigsten Beutetiere sind Wasserschweine und kleine Hirsche. Diese Großkatze frisst aber auch Schildkröten und Kaimane. Da man heute große Teile des Regenwaldes abholzt, sind die Jaguare vom Aussterben bedroht.

Der Jaguar hält sich in Feuchtgebieten auf. Er geht auch ins Wasser, um Fische zu fangen.

## Puma
🌐 Amerika ↔ bis 1,60 m

Der Puma heißt auch Silber- oder Berglöwe. Obwohl er so groß wie ein Leopard werden kann, wird er doch vom Jaguar getötet. Der Puma ist ein ausgezeichneter Kletterer. Dem Menschen geht er aus dem Weg. Bei Gefahr rettet er sich sofort auf einen Baum. Pumas können aus dem Stand sechs Meter hoch springen! Man hat die Pumas lange Zeit verfolgt und fast

Pumas können über eine kurze Strecke sehr schnell rennen, haben aber wenig Ausdauer.

ausgerottet, weil man sie für Viehdiebe hielt. Pumas sind nicht besonders mutig. Sie wagen sich meist nur an kleinere Tiere wie Schafe oder Ziegen. Der Puma schleicht sich an ein Beutetier an und packt es im Sprung. Dann tötet er es durch einen schnellen Biss in den Nacken.

### Luchs
Luchse zählen nicht zu den Großkatzen. Mit ihren 1,10 m Länge sind sie aber die größten europäischen Wildkatzen. Die hochbeinigen Tiere haben einen kurzen Schwanz und einen Backenbart. An den Ohren wachsen ihnen lange Haarpinsel. Die Haare verbessern das Gehör des Luchses. Man hat diese Katzen wegen ihres Fells gejagt. Auch ihr Fleisch war begehrt. Heute sind die Luchse geschützt.

# RAUBTIERE: KATZEN

**Wildkatze**
Wildkatzen sind scheu. Sie leben im Wald und man bekommt sie kaum zu Gesicht. Unter Wildtieren richten sie wenig Schaden an, da sie sich überwiegend von Mäusen ernähren. Aber sie jagen auch Vögel. Viele Katzen, denen man im Wald begegnet, sind verwilderte Hauskatzen. Die echte Wildkatze erkennt man am dicken geringelten Schwanz.

## Fischkatze

🌐 Asien   ↔ bis 85 cm

Die Fischkatze lebt in Hinterindien sowie auf den Inseln Sumatra und Java. Sie schwimmt sehr gut und hält sich meist an Wasserläufen, an Flüssen und an der Küste auf. Dort fängt sie Krebse und Fische. Daneben macht die Fischkatze aber auch Jagd auf Vögel und kleinere Säugetiere. Wenn sie sich bedroht fühlt, geht sie zum Angriff über und setzt sich heftig zur Wehr.

*Die Fischkatze schlägt mit den Pfoten ins Wasser und greift sich die Beute.*

## Von der Falbkatze zur Hauskatze

Im alten Ägypten wurden vor 5000 Jahren Falbkatzen gezähmt und als heilige Tiere verehrt. Es gab sogar eine eigene Katzengöttin: Sie hieß Bastet. Falbkatzen sind sehr schlank, und ihr Fell ist einfarbig, getigert oder gefleckt.

*Ägyptische Falbkatze*

Von der ägyptischen Falbkatze stammen alle Formen unserer Hauskatze ab. Im Unterschied zu Haushunden, von denen man über 400 ➜ Rassen kennt, unterscheidet man bei den Hauskatzen nur etwa 50 Rassen. Das sind die so genannten Edelkatzen. Zu ihnen zählt zum Beispiel die langhaarige Perserkatze oder die graue Siamkatze mit den hellblauen Augen. Auch die schwanzlose Manxkatze, die es nur auf der englischen Insel Isle of Man gibt, gilt als Rassekatze. Die meisten Edelkatzen wurden erst in den letzten 150 Jahren gezüchtet. Unsere Hauskatze kümmert sich wenig um Rasse und Aussehen: Sie paart sich mit jedem Kater. Und so sehen ihre Jungen dann auch aus: schwarz, weiß, braun oder grau, rot getigert, schwarz-braun gefleckt oder alles zusammen.

# SÄUGETIERE

# RAUBTIERE: MARDER

**Marder** Die Marder sind kleine Raubtiere. Sie bewohnen alle Erdteile und kommen im Wald, im Gebirge, in der Wüste und am Wasser vor. Es gibt rund 65 Arten. Alle hören, sehen und riechen sehr gut. Außerdem sind sie außerordentlich schnell und geschickt. So erlegen sie Beutetiere, die oft viel größer sind als sie selbst.

### Baummarder
🌐 Europa, Asien ▶ bis 55 cm
Der Baum- oder Edelmarder ist ein Einzelgänger. Er lebt im Wald und kann gut klettern. Am Tag versteckt er sich gern in hohlen Bäumen oder leeren Vogelnestern. Nachts geht er auf Raubzug aus. Er jagt alle Tiere, die er überwältigen kann, bis zur Größe von Hasen und Rehkitzen. Im Mai wirft das Weibchen bis zu fünf Junge.

Der Steinmarder sieht possierlich aus. Man weiß nicht, weshalb er sich so gern in die Kabel von Autos verbeißt.

Der Baummarder hat ein wertvolles Fell. Deshalb hat man ihn früher gejagt. Man erkennt ihn an seiner gelben Kehle.

### Steinmarder
🌐 Europa ▶ bis 50 cm
Steinmarder sind etwas kleiner als Baummarder. Sie haben einen weißen Kehlfleck. Man kann sie manchmal in der Nähe von Häusern sehen. Sie haben kaum Angst vor den Menschen. Nachts dringen sie in Hühner- und Kaninchenställe ein. Meist jagen sie aber Ratten und Mäuse. Oft schlüpfen Steinmarder in den noch warmen Motorraum eines Autos und beißen dort die Kabel und Schläuche durch.

### Dachs
🌐 Europa ▶ bis 90 cm
Der Dachs ist unser größtes marderartiges Tier. Im Unterschied zu seinen räuberischen Verwandten ernährt er sich überwiegend von Beeren, Pilzen und Früchten. Er frisst auch Eidechsen und Schlangen,

Der Dachs ist ein scheues Tier. Er verlässt den Bau meist nachts. Manche Dachse leben mit Füchsen oder Kaninchen in einem Bau.

62

# RAUBTIERE: MARDER

Mäuse und Würmer. Honig liebt der Dachs über alles, und er leert die Nester der Wildbienen. Dachse graben sich einen Bau mit vielen Kammern und Ausgängen. Hier verbringen sie einige Monate in → Winterruhe. Dabei zehren sie von dem Fett, das sie sich im Sommer angefressen haben.

## Hermelin
🌐 Europa, Asien  ↔ bis 30 cm

Das Hermelin sieht recht harmlos aus. Es ist aber ein gefräßiges Raubtier. Man nennt es auch Großes Wiesel.

Das Hermelin zählt zu den Wieseln. Diese sind kleiner und schlanker als die echten Marder. Sie sind besonders raublustig und stöbern vor allem Nagetiere in ihren Bauen auf. Das rotbraune Hermelin bekommt im Winter ein schneeweißes Fell, bis auf die schwarze Schwanzspitze. Weiße Hermelinfelle sind sehr kostbar. Früher waren die Mäntel von Königen damit besetzt.

## Iltis
🌐 Europa  ↔ bis 45 cm

Der Iltis versteckt sich tagsüber in Holzstapeln oder unter Steinhaufen und schläft wie ein Ratz. „Ratz" nennt auch der Jäger den Iltis. Erst nachts werden Iltisse rege und gehen auf die Jagd. Zu ihrer Beute

Der Iltis ist ein großer Eierdieb. Wenn er Eier davonträgt, klemmt er sie sich zwischen Kinn und Brust.

zählen Ratten und Mäuse, aber auch Schlangen, Frösche, Maulwürfe und Igel. Der Iltis lebt gern nahe am Wasser und fängt auch Fische. Das Iltisweibchen bringt etwa sechs Junge zur Welt. Sie sind bei der Geburt schneeweiß und färben sich erst nach etwa vier Wochen um. Dann sind sie schon fast ausgewachsen und jagen selbst.

**Frettchen**
Als Frettchen bezeichnet man zahme Iltisse. Schon die Römer hielten sie wie eine Katze gegen die Ratten- und Mäuseplage. Man hat auch Frettchen gezüchtet und zur Kaninchenjagd abgerichtet. Mit einem Maulkorb schickte man sie in die Kaninchenbaue, um die Nager aufzustöbern und ins Freie zu treiben.

RAUBTIERE: MARDER

## Nerz

🌐 Nordamerika  📏 bis 45 cm

Nerze leben in Nordamerika an Flüssen, Seen und in Sümpfen. Sie haben Schwimmhäute zwischen den Zehen und sind gute Schwimmer. Der nordamerikanische Nerz heißt auch Mink. Er jagt Nagetiere sowie Frösche, Fische und Krebse. Oft tötet er viel mehr Tiere, als er fressen kann. Da Nerze wertvolle Pelze liefern, züchtete man sie in Pelztierfarmen. So kam auch der nordamerikanische Nerz zu uns. In Nordeuropa gab es früher aber auch wilde Nerze. Der europäische Nerz heißt auch Sumpfotter. Er kommt heute jedoch nur noch in Russland vor.

*Der Vielfraß hat seinen Namen von norwegisch „Fjäl-Fräs", das „Felsenkatze" bedeutet. Er ist auch tatsächlich ein großer Räuber, der viele Tiere frisst.*

*Einige amerikanische Nerze sind auch in Deutschland aus Pelztierfarmen entkommen. Sie haben sich in freier Wildbahn vermehrt.*

## Vielfraß

🌐 Europa, Asien, Amerika  📏 bis 1 m

Der Vielfraß heißt auch Järv oder Bärenmarder. Er ist der größte Landmarder und kommt in nördlichen Ländern vor. Im Sommer frisst er alles, was er findet. Im Winter richtet er unter den Rentierherden oft viel Schaden an. Auf dem Schnee kann er sich geräuschlos anpirschen. Dann erlegt er auch große Tiere, die im Schnee einsinken. Wie viele Marder tötet auch der Vielfraß manchmal mehr Tiere, als er fressen kann. Die Beute vergräbt er oder schleppt sie auf einen Baum. Obwohl man den Vielfraß gnadenlos verfolgt, wurde er zum Glück bisher nicht ausgerottet.

## Fischotter

🌐 Europa, Asien  📏 bis 85 cm

Der Fischotter ist ein ausgezeichneter Schwimmer und Taucher. Er lebt an sauberen Gewässern und baut sich am Ufer eine Höhle. Der Eingang liegt unter Wasser. Der Wohnkessel wird ausgepolstert. Zur Landseite hin hat er einen Luftschacht. Der Fischotter jagt vor allem Fische, frisst aber auch Wasserratten und Wasservögel. Wenn er in einen Fischteich einfällt, richtet er oft beträchtlichen Schaden an. Er fängt meist mehr Fische, als er vertilgen kann. Die Beute bringt er aufs Land und kehrt sofort wieder zum

# RAUBTIERE: MARDER

Wenn Fischotter reiche Beute machen können, hören sie nicht auf zu jagen.

Jagen zurück. Wenn er große Beute macht, dann frisst er nur die besten Stücke, vor allem das Gehirn. Die Fischer haben den Fischotter immer unbarmherzig verfolgt. Heute ist er streng geschützt.

## Streifenskunk

🌐 Nordamerika  ↔ bis 45 cm

Der Skunk heißt auch Stinktier. Er besitzt am After zwei Drüsen, in denen er eine fürchterlich stinkende Flüssigkeit erzeugt. Diese verspritzt er bei Bedrohung fünf Meter weit und zielt dabei ziemlich genau. Vor dem Gestank nimmt jedes Tier Reißaus. Wer vom Skunk getroffen wird, der kann länger nicht mehr unter die Leute gehen.

**Seeotter**
Der kalifornische Seeotter ist völlig dem Wasser angepasst. Er frisst nicht nur Fische und Krebse, die er aus dem Meer taucht. Die Lieblingsspeise dieses 1,30 m langen Marders sind Muscheln. Um sie zu knacken und an ihr Fleisch zu gelangen, schwimmt er auf dem Rücken. Die Muschel legt er sich auf den Bauch. Dann nimmt er einen Stein in die Pfote und schlägt damit das Schalentier auf. Seeigel öffnet er mit den Zähnen.

Der Streifenskunk hat wegen seines Gestanks kaum Feinde. Greifvögel scheint der Duft aber nicht zu stören.

RAUBTIERE: ROBBEN

# Robben
Die Robben sind Raubtiere des Meeres. Sie gehen aber auch an Land. An das Wasser sind diese Säugetiere gut angepasst. Sie haben Flossen anstelle von Armen und Beinen. Beim Tauchen verschließen sie die Ohren und Nasenlöcher. Eine dicke Speckschicht schützt sie vor dem Auskühlen. So können Robben lange im Wasser bleiben und Fische jagen.

*Die Sattelrobbe bringt meist nur ein Junges zur Welt. Sein Fell ist bei der Geburt gelblich. Nach ein paar Tagen wird es schneeweiß.*

## Seebär
🌐 Pazifik   ↔ bis 2 m

Seebären kommen in nördlichen und südlichen Meeren vor. Sie besitzen noch deutlich sichtbare Ohrmuscheln. Man bezeichnet sie deshalb als Ohrenrobben. An Land watscheln sie auf ihren Flossen recht flott dahin. Im Wasser schwimmen und tauchen sie sehr geschickt. Die Bullen sind dreimal so groß wie die Weibchen. In der Paarungszeit versammeln sie sich am Strand und kämpfen um die besten Brutplätze. Kurz darauf kommen die Weibchen, um ihre Jungen zu werfen. Ein alter Bulle, der einen guten Platz hat, versammelt oft 15 und mehr Weibchen in seinem ➜ Harem. Mit diesen wird er sich später paaren.

*Seebären wurden wegen ihres dichten Pelzes aus feiner Unterwolle viel gejagt. Heute sind die Tiere geschützt.*

## Sattelrobbe
🌐 Nordatlantik   ↔ bis 2,20 m

Die Sattelrobben gehören zu den Hundsrobben wie der Seehund. Sie verbringen fast ihr ganzes Leben im Wasser. Sattelrobben können bis zu 250 Meter tief tauchen und 30 Minuten unter Wasser bleiben. Die Jungen bringen sie im Treibeis am Rand des Nördlichen Eismeeres zur Welt. Kurz danach wandern sie im Atlantischen Ozean wieder in Richtung Norden. Sie folgen den Fischzügen, die ihnen Nahrung bieten. Die jungen Sattelrobben werden wegen ihres weißen Pelzes immer noch in großer Zahl getötet.

## Walross
*Das Walross ist die größte Ohrenrobbe. Es lebt im Nördlichen Eismeer. Das Männchen wiegt über eine Tonne und wird fast 4 m lang. Walrosse haben zwei riesige Eckzähne, die zeitlebens wachsen. Diese Hauer können bis zu 75 cm lang werden.*

# RAUBTIERE: ROBBEN

SÄUGETIERE

## Seeelefant

🌐 Südpolarmeer  📏 bis 6,50 m

Seeelefanten sind die größten Robben. Die Tiere leben auf der südlichen Erdhälfte fast nur noch am Südpol. Die Männchen wiegen über drei Tonnen. Vor der Paarung bilden die Elefantenbullen große Herden. Sie kämpfen dann erbittert um die besten Plätze am Strand. Kaum ist dort die Platzordnung hergestellt, kommen die Weibchen an, um ihre Jungen zur Welt zu bringen. Jeder Bulle versucht nun, möglichst viele Weibchen in seinen ➔ Harem zu holen. Bald nach der Geburt der Jungen paaren sich die Weibchen erneut.

*Der Gemeine Seehund hält sich in flachen Küstengewässern auf. Die Fischer sehen ihn nicht gern, weil er ihnen angeblich die Fische wegfängt.*

Wenn ein Seehundweibchen doch einmal Zwillinge bekommt, kümmert es sich oft nur um ein Kind. Das andere muss verhungern, so sehr es auch nach der Mutter heult. Diese unglücklichen Seehundbabys nennt man deshalb Heuler. An der Nordsee gibt es Seehundstationen. Dort werden verlassene Seehundbabys mit der Flasche aufgezogen.

*Ein kräftiger Seeelefantenbulle versammelt oft mehr als ein Dutzend Weibchen in seinem Harem. Sie bekommen alle Junge von ihm.*

## Gemeiner Seehund

🌐 Atlantik, Pazifik  📏 bis 2 m

Der Gemeine Seehund kommt in Deutschland an der Nord- und Ostsee vor. Er gehört zu den Hundsrobben. Da er seine Hinterbeine nicht unter den Körper bringt, rutscht er an Land auf dem Bauch herum. Das Weibchen hat meist nur ein Junges.

**Seelöwe**
*Seelöwen sind die elegantesten Robben. Die verspielten Tiere können ausgezeichnet schwimmen und tauchen. An Land laufen sie auf ihren Flossen ziemlich schnell. Die Kalifornischen Seelöwen sind wahre Artisten. Man sieht sie oft im Zirkus, wo sie sich Bälle zuwerfen und mit der Nase auffangen.*

NAGETIERE: HÖRNCHEN

## Hörnchen
Beinahe die Hälfte aller Säugetiere sind Nagetiere. Zu ihnen zählt auch die Gruppe der Hörnchen. Diese kommen außer in Australien auf allen Erdteilen vor. Am bekanntesten ist das Eichhörnchen, von dem es auf der ganzen Welt viele verschiedene Arten gibt. Alle Hörnchen sind Pflanzenfresser. Einige verspeisen zusätzlich Insekten oder jagen Vögel.

*Die Eichhörnchen legen mehrere runde Nester in Astgabeln an. Das Nest nennt man Kobel.*

### Eichhörnchen
🌐 Europa  📏 bis 25 cm

Eichhörnchen sind Baumkletterer. Sie leben außer in Australien überall auf der Erde. Unsere Eichhörnchen sind rotbraun oder schwarz und haben einen weißen Bauch. Sie springen geschickt von Ast zu Ast. Dabei benutzen sie ihren buschigen Schwanz als Steuerruder. Im Hauptnest bringt das Weibchen zweimal im Jahr drei bis sieben Junge zur Welt. Sie bleiben fast drei Monate im Nest sitzen. Bei Gefahr trägt die Mutter sie im Maul in einen anderen Kobel. Während des Sommers sammelt das Eichhörnchen unentwegt Vorräte. Für den Winter versteckt es Nüsse in einem Baum oder vergräbt sie im Boden. Oft findet das Eichhörnchen sein Versteck aber nicht mehr. Dann wächst dort ein neuer Nussbaum. Da Eichhörnchen kaum noch natürliche Feinde haben, vermehren sie sich stark.

### Zwerggleithörnchen
🌐 Nordamerika  📏 bis 15 cm

Es gibt mehrere Arten von Gleithörnchen. Die größten werden 60 cm lang. Sie können zwar nicht fliegen wie die Vögel. Aber mit Hilfe ihrer seitlichen Flughäute segeln sie von Baum zu Baum. Die Zwerggleithörnchen schweben so bis 50 Meter weit durch die Luft. Beim Landen benutzen sie den Schwanz als Bremsfallschirm.

*Das Zwerggleithörnchen ist ein Nachttier. Man sieht das an den großen Augen. Es lebt in den Nadelwäldern Nordamerikas und frisst wie unser Eichhörnchen vor allem Nüsse.*

# NAGETIERE: HÖRNCHEN

An den Schlupflöchern halten immer ein paar Präriehunde Wache. Sobald ein Feind naht, bellen sie. Dann rutschen alle Mitbewohner durch die Fallröhren in den Bau.

## Präriehund

🌐 Nordamerika  ↔ bis 35 cm

Die Präriehunde sind keine Hunde, sondern Erdhörnchen und geschickte Wühler. Sie legen riesige unterirdische Städte aus Höhlen und Gängen an. In die Unterstadt führen bis zu vier Meter tiefe Fallröhren. Alle fünf Meter gibt es ein Einschlupfloch. Es ist durch Erdwälle gesichert, damit die Stadt bei starkem Regen nicht überflutet wird. Jeder Präriehund hat seinen eigenen Bau, den er allein oder mit einem Weibchen und den Jungen bewohnt. Früher gab es Millionen Präriehunde in den Grasländern Nordamerikas. Als man Felder in der Prärie anlegte, vertrieb man die Nager.

## Murmeltier

🌐 Europa  ↔ bis 80 cm

Das Murmeltier bewohnt die Alpen. Es kommt bis in 2 200 Metern Höhe vor. Wer im Sommer über die Almen wandert, kann

### Das tanzende Murmeli

Schweizer nennen das Murmeltier „Murmeli" oder „Marmotta", in Bayern heißt es „Mankei". Noch bis vor hundert Jahren fing man es und richtete es ab. Dann zogen Schausteller mit dem Murmeltier durch das Land und zeigten es gegen Entgelt. Manche Murmelis tanzten auch auf einem Leierkasten. Das Fett der Murmeltiere wurde verkauft. Es galt lange Zeit als gutes Mittel gegen Rheumatismus.

plötzlich einen schrillen Pfiff hören. Alle Murmeltiere verschwinden dann wie auf Kommando in ihren Bauen. Im Winter verbringen sie sieben Monate im Bau. Sie schlafen „wie die Murmeltiere". Dabei zehren sie vom Fett in ihrem Körper, das sie sich im Sommer angefressen haben.

Der Pfiff des Murmeltiers ist nicht nur Warnruf, sondern er dient auch der Verständigung.

# NAGETIERE: ECHTE MÄUSE

## Mäuse
Die Mäuse bilden unter den Nagetieren eine eigene Tierfamilie. Die Echten Mäuse erkennt man an ihrem langen, nackten Schwanz. Zu ihnen zählen neben der Hausmaus auch die Ratten. Diese Langschwanzmäuse sind alle Schädlinge. Viele übertragen auch Krankheiten.

### Hausmaus
🌐 Alle Erdteile   ↔ bis 12 cm

Man spricht immer von der grauen Hausmaus. Tatsächlich gibt es verschiedene ➔ Rassen, die sich durch die Farbe des Fells unterscheiden. Unsere Hausmäuse sind entweder schwarzgrau oder gelbbraun. Die schwarzgrauen Mäuse verlassen das Haus fast nie. Die gelbbraunen Mäuse kommen dagegen meist erst im Herbst in die Häuser. Mäuse sind Allesfresser, die über die Vorräte der Menschen herfallen. Am liebsten mögen sie Getreide, Brot, Mehl und auch Speck und Käse. Hausmäuse, die im Sommer ihre Nahrung im Freien suchen, fressen auch gern Früchte.

*Diese gelbbraune Hausmaus geht meist nur im Winter an unseren Speck und Käse. Sie sucht im Sommer ihre Nahrung im Freien.*

Die Hausmäuse vermehren sich rasch und wachsen schnell. Ein Weibchen bekommt mehrmals im Jahr Junge. Bereits nach drei Wochen suchen diese selbständig Nahrung. Nach etwa drei Monaten können die jungen Weibchen schon zum ersten Mal selbst Junge haben. Heute züchtet man weiße Hausmäuse. Sie dienen als Labormäuse für medizinische Versuche. Und manche Kinder halten sich eine weiße Maus als Spielgefährten.

### Hausratte
🌐 Alle Erdteile   ↔ bis 23 cm

Die Hausratte lebt wie die Hausmaus in Großfamilien. Sie ist doppelt so groß wie eine Hausmaus. Man erkennt sie auch am Schwanz, der länger ist als das ganze Tier. Ratten sind außerordentlich intelligent und erkennen sich gegenseitig am Geruch. Da sie die Wärme sehr lieben, kommen sie kaum im Freien vor. Sie bewohnen Häuser und Schiffe. Durch Schiffe wurden sie auch über die ganze Welt verbreitet. Da Ratten gut klettern, konnten sie über die

*Bis zu achtmal im Jahr kann ein Mäuseweibchen Junge bekommen. Meist hat es sechs bis zehn Junge. Sie sind bei der Geburt nackt und blind.*

## NAGETIERE: ECHTE MÄUSE

Schiffstaue an Bord gelangen. Hausratten fressen nicht nur unsere Vorräte. Sie übertragen auch viele Krankheiten. Im Mittelalter haben sie durch ihre Flöhe die Pest verbreitet. An dieser Krankheit starben früher Millionen von Menschen.

*Wanderratte in einem Kanalrohr*

*Hausratten klettern sehr gut. So gelangen sie mühelos an Tauen auf ein Schiff.*

### Wanderratte
⊕ Alle Erdteile  ▶ bis 27 cm

Die Wanderratte ist größer und kräftiger als die Hausratte. Da sie die Feuchtigkeit liebt, kommt sie vor allem am Wasser vor. In Städten hält sie sich in den unterirdischen Kanälen auf. Man schätzt, dass es in jeder Stadt mindestens so viele Wanderratten wie Einwohner gibt. Die Tiere bekommt man aber kaum zu Gesicht. Ein ➔ Rudel von zehn bis zwanzig Ratten geht meist nachts auf Beutezug. Wanderratten fressen alles, was ihnen vor die Schnauze kommt. Sie nagen selbst

große Stalltiere an. Diese müssen danach oft sterben, weil sie durch den Biss der Wanderratte mit gefährlichen Krankheiten angesteckt werden.

### Zwergmaus
⊕ Europa, Asien  ▶ bis 7,5 cm

Die Zwergmaus ist eine „gute" Maus. Sie lebt auf Wiesen und Feldern und richtet dort kaum Schaden an. Die kleine Maus ernährt sich von Körnern und Grassamen. Behände klettert sie an den Halmen auf und ab. Auch ihr kugeliges Nest baut sie auf schwankenden Getreidehalmen und polstert es weich aus. Dann bringt sie darin bis zu sechs Junge zur Welt.

*Die Zwergmaus ist eine Kletterkünstlerin.*

# NAGETIERE; MÄUSEARTIGE

## Mäuseartige

Nicht jedes Tier, das wie eine Maus aussieht, ist eine Echte Maus. Die Zoologen zählen zum Beispiel die Feldmaus nur zu den fernen Verwandten der Hausmaus. Und auch der Hamster gehört für sie zu den mäuseartigen Tieren. Mäuseartige unterscheiden sich von Echten Mäusen vor allem durch ihren viel kürzeren Schwanz.

### Feldmaus

🌐 Europa, Asien  ↕ bis 12 cm

Feldmäuse sind große Schädlinge in der Landwirtschaft. Sie können sich nämlich massenhaft vermehren. Ein Feldmauspärchen kann in einem Jahr bis zu 2 500

*Feldmäuse leben hauptsächlich von Körnern. Wenn sie sich massenhaft vermehren, vernichten sie auf einem Acker die ganze Ernte.*

Nachkommen haben. Denn die Jungen paaren sich mit zwei Wochen schon wieder. Feldmäuse bauen ihre Nester einen halben Meter tief in den Boden. Die Wohnnester sind durch Gänge miteinander verbunden. So entstehen große ➔ Kolonien. Die Mäuse tragen dort auch Vorräte ein.

### Schermaus

🌐 Europa, Asien  ↕ bis 20 cm

Die Schermaus ist unsere größte Wühlmaus. Sie wird auch Wasserratte genannt, da sie gern am Wasser und in feuchten Wiesen lebt. Das Tier ernährt sich von

*Die Schermaus ist eine Wühlmaus, die im Garten großen Schaden anrichtet. Sie kann ausgezeichnet schwimmen.*

Wasserpflanzen und von Pflanzenwurzeln. Wer Schermäuse im Garten hat, wird nicht froh. Immer wieder gehen die Pflanzen ein. Schermäuse bringen sogar Obstbäume zum Absterben, weil sie deren Wurzeln abknabbern. Ähnlich wie die Maulwürfe werfen sie beim Graben ihrer Gänge die Erde auf.

### Bisamratte

🌐 Nordamerika, Europa  ↕ bis 35 cm

Die Bisamratte hat man aus Alaska in Europa eingeführt. Das Tier lebt ähnlich wie der Biber. Es baut sich an Hochufern einen Kessel mit zahlreichen Gängen. Im flachen Wasser errichtet die Bisamratte burgähnliche Hütten aus Binsen und anderen Wasserpflanzen. Die Eingänge liegen stets unter Wasser. Das Unterwühlen von Uferdämmen und Deichen durch die Bisamratten führt häufig zu

NAGETIERE: MÄUSEARTIGE

Die Bisamratte wird etwas größer als ein Meerschweinchen. Sie frisst vor allem Pflanzen, aber auch Muscheln und Schnecken.

Schneedecke. Sie halten keinen → Winterschlaf, sondern suchen ständig Futter. Wenn nach einer Massenvermehrung das Futter knapp wird, verlassen Millionen von ihnen das Gebiet. Unaufhaltsam streben alle in eine Richtung. Sie überqueren sogar Flüsse und versuchen, auch andere Hindernisse zu überwinden. Dabei kommen viele von ihnen zu Tode. Viele Tiere springen selbst über steile Felsküsten in die Tiefe.

Überschwemmungen. Deshalb verfolgt man die Tiere. Im Herbst und im Frühjahr unternehmen die Bisamratten weite Wanderungen und suchen sich neue Wohnstätten.

## Berglemming

🌐 Europa, Asien  ↔ bis 15 cm

Die Lemminge sind Wühlmäuse und in der nördlichen → Tundra verbreitet. Sie legen ihre Nester und Gänge dicht unter der Erde an. Im Winter leben sie unter der

**Feldhamster**
Der Hamster, den manche Kinder als Spielgefährten halten, stammt vom Syrischen Goldhamster ab. Unser Feldhamster ist größer. Er wird über 30 cm lang und lebt auf den Feldern. Der Einzelgänger ist ein recht unverträglicher Geselle. Unter der Erde legt der Feldhamster einen großen Bau mit einem Wohnkessel und mehreren Vorratskammern an. Nach und nach trägt er in seinen Backentaschen über 100 kg Getreide ein. Er hamstert die Körner für den langen Winter.

Die Wanderung der Berglemminge gehört zu den großen Rätseln der Tierwelt.

73

# NAGETIERE: MÄUSEARTIGE

## Rennmaus

🌐 Nordafrika, Asien   📏 bis 13 cm

Rennmäuse sind Bewohner sehr trockener Gebiete. Die mäuseartigen Tiere kommen monatelang ohne Wasser aus. Die wenige Feuchtigkeit, die sie aus Pflanzen erhalten, genügt ihnen. Die Nordafrikanische Rennmaus baut Wohnhöhlen in den Wüstensand. Oft liegt das Nest einen Meter unter der Erde, wo es tagsüber weder zu heiß noch nachts zu kalt ist. Am Tag verschließen die Rennmäuse die Löcher zu ihren Wohnungen. Es gibt über 100 Arten von Rennmäusen. Sie kommen auch in den Wüsten und Steppen Asiens vor.

*Die Nordafrikanische Rennmaus geht in der kühlen Nacht auf Suche nach Samen. Da die Wüstenpflanzen nur kurze Zeit blühen und Samen bilden, legt sie sich einen Vorrat an. Wie alle Rennmäuse hüpft sie auf ihren hohen Hinterbeinen. So bringt sie den Bauch nicht mit dem heißen Sand in Berührung.*

## Siebenschläfer

🌐 Europa   📏 bis 19 cm

Seinen Namen hat der Siebenschläfer daher, dass er sieben Monate ➔ Winterschlaf hält. Dazu gräbt er sich meist eine Erdhöhle, in der er sich zusammenrollt. Siebenschläfer sind Baumtiere, die nachts auf Futtersuche gehen. Sie fressen Nüsse, Eicheln, Kastanien und allerlei Früchte. Meistens leben sie in Baumhöhlen. Sie beziehen aber auch die Nistkästen von Vögeln oder nehmen auf einem Dachboden Quartier. Dort bauen sie ihr Nest und ziehen bis zu zehn Junge groß. Siebenschläfer gehören zu den Bilchen oder Schlafmäusen. Es gibt bei uns vier Arten von Bilchen. Alle sind geschützt.

*Der Siebenschläfer hält fast sieben Monate Winterschlaf. Wenn er im Mai aufwacht, wiegt er nur noch die Hälfte.*

**Haselmaus**
*Die Haselmaus ist der kleinste Bilch. Sie wird nur 8 cm lang und wiegt etwa 20 g. Im Gegensatz zu Echten Mäusen hat sie einen buschigen Schwanz, ähnlich wie ein Eichhörnchen. Da die kleine Schlafmaus meist nachts unterwegs ist, bekommt man sie fast nie zu Gesicht. Am liebsten frisst sie Haselnüsse.*

NAGETIERE: BIBER

# Biber

Die Biber sind die Wasserbaumeister unter den Säugetieren. Sie zählen zu den größten Nagetieren. Früher lebten viele Biber an unseren Flüssen. Ihre Bauten regulierten den Wasserstand und beugten Hochwasser vor. Wegen ihres Felles hat man die Biber fast ausgerottet. Heute sind sie geschützt und breiten sich wieder aus.

Biber fressen nicht nur die Zweige und Blätter der Bäume, die sie fällen. Sie verspeisen auch die Rinde.

### Der Biber – Pelztier, Apotheke und Fastenspeise

Der Biber wurde früher viel gejagt: Als es Mode wurde, Mützen aus Biberfell zu tragen, war sein samtiger Pelz sehr begehrt. Das Bibergeil, das die Biber aus bestimmten Drüsen absondern, galt lange Zeit als Wundermittel gegen Krankheiten. Und da im Mittelalter in der Fastenzeit der Genuss von Fleisch streng verboten war, erklärte man den Biber zum Fisch. Das Tier hatte ja Schwimmhäute, einen Ruderschwanz und lebte im Wasser!

## Europäischer Biber

🌐 Europa   📏 bis 1 m

Der Biber hat je zwei gewaltige orangerote Schneidezähne. Sie wirken wie Meißel und wachsen ständig nach. Mit diesen Zähnen kann der Biber dicke Bäume durchnagen und fällen. Die Bäume schält er und frisst die Rinde. Aus den Stämmen und Ästen baut er seine Wasserburg. Das ist ein kuppelförmiges Nest im Wasser. Die Eingänge liegen unter Wasser. Der Biber muss dorthin tauchen. Sein Wohnnest dichtet er mit Erde und Grasstücken ab. Oft baut er noch einen Damm aus Stämmen, um das Wasser zu einem See aufzustauen. Biber leben in Familien. Ein Pärchen bleibt sein Leben lang zusammen. Das Weibchen bringt in der Burg bis zu drei Junge zur Welt. Sie verlassen die Eltern erst mit zwei Jahren.

**Kanadischer Biber**
In Nordamerika gibt es noch viel mehr Biber als in Europa. Der Kanadische Biber ist genauso groß wie der europäische. Er baut gewaltige Dämme. An großen Flüssen gibt es bis zu 100 m lange Dammbauten. Daran haben Generationen von Bibern gebaut.

NAGETIERE: STACHELSCHWEINE UND MEERSCHWEINCHEN

# Stachelschweine und Meerschweinchen

Mit Schweinen haben beide Tiergruppen nichts zu tun. Sie sind Nagetiere. Die 21 Stachelschweinarten kommen nur in Asien, Afrika und Südeuropa vor. Die Baumstachler sowie die Meerschweinchen und ihre Verwandten leben in Nord- und Südamerika.

### Urson
🌐 Nordamerika  📏 bis 65 cm

Der Urson ähnelt einem Stachelschwein und lebt auf Bäumen. Man nennt ihn deshalb Baumstachler. Er ernährt sich von frischen Trieben, frisst aber auch Rinde. Auf dem Nacken, dem Rücken und dem Schwanz trägt der Urson fingerlange Stacheln. Sie sind kaum sichtbar. Wird der Urson jedoch angegriffen, dann stellt er

Der Urson versteckt sich tagsüber in Höhlen. Nachts klettert er mit seinem Jungen auf der Suche nach Nahrung umher.

die Stacheln auf. Die Stacheln haben Widerhaken. Wenn sie in die Haut eindringen, lassen sie sich kaum entfernen und wandern immer tiefer in den Körper. Der Urson schlägt mit seinem stacheligen Schwanz auch heftig um sich.

**Europäisches Stachelschwein**
Nach dem Biber ist das Stachelschwein in Europa das größte Nagetier. Es gibt nur eine einzige Art, die in Süditalien vorkommt. Man findet sie auch in Nordafrika. Das Tier hat 40 cm lange Stacheln. Bei Gefahr rollt es sich wie ein Igel zusammen und spreizt sie ab.

### Wasserschwein
🌐 Südamerika  📏 bis 1,30 m

Das Wasserschwein heißt auch Capybara. Es sieht aus wie ein großes Meerschweinchen und ist das größte Nagetier der Erde. Capybaras leben an Flüssen und Seen in den Sumpf- und ➔ Regenwäldern. Sie besitzen Schwimmhäute an den Zehen und schwimmen und tauchen sehr gut. Darin ähneln sie den Bibern. Meist ziehen sie in ➔ Rudeln von bis zu zwanzig Tieren umher. Sie fressen Gras und Wasserpflanzen.

Die Weibchen des Wasserschweins bekommen einmal im Jahr vier bis acht Junge.

# NAGETIERE: STACHELSCHWEINE UND MEERSCHWEINCHEN

Meerschweinchen sind beliebte → Heimtiere. Es gibt sie glatt- und rauhaarig und in vielerlei Fellfarben.

## Meerschweinchen

🌐 Südamerika  ↔ bis 30 cm

Viele Kinder halten sich Meerschweinchen als Spielgefährten. Die lebhaften Tiere stammen ursprünglich von wilden Meerschweinchen ab, die im Hochland von Südamerika vorkommen. Schon die Inka, ein großes Indianervolk in Peru, haben Meerschweinchen als Haustiere gehalten. Sie aßen die Tiere, wie wir heute Hauskaninchen essen. Als wilde Tiere leben die Meerschweinchen in Erdbauen. Manchmal liegen mehrere Baue nebeneinander. Die Tiere kriechen nur nachts und frühmorgens aus ihrem Bau, um Gras und Blätter zu fressen. Die Weibchen bekommen mehrmals im Jahr bis zu fünf Junge. Die Jungen sind bei der Geburt schon voll entwickelt und suchen bereits nach zwei Wochen feste Nahrung. Ihren Namen haben die Meerschweinchen übrigens daher, dass sie wie Ferkel quieken. Sie wurden nach der Entdeckung Amerikas über das Meer nach Europa gebracht. Bei guter Haltung zu Hause können Meerschweinchen bis zu sechs Jahre alt werden. Sie brauchen nur etwas Stroh und ein Schlafhäuschen. Meerschweinchen fressen Heu, Salat und Körner und trinken täglich frisches Wasser.

## Chinchilla

🌐 Südamerika  ↔ bis 35 cm

Die Chinchillas sind kleine Nagetiere mit buschigem Schwanz und großen Augen und Ohren. Es gibt zwei Arten, eine mit langem und eine mit kürzerem Schwanz. Die Chinchillas lebten einst in großer Zahl in den felsigen Bergländern Südamerikas. Da sie einen dichten, seidenweichen Pelz haben, hat man sie fast ausgerottet. Heute züchtet man Chinchillas in Farmen. In Freiheit bilden die Pflanzenfresser → Kolonien von über hundert Tieren. Die Weibchen haben zweimal im Jahr bis zu sechs Junge.

*Die Chinchilla hat ein so dichtes Fell, dass sie auch die Kälte in großer Höhe aushält.*

77

# HASENTIERE

## Hasentiere

Früher hat man die Hasen für Nagetiere gehalten. Denn wie diesen wachsen ihnen die Zähne immer wieder nach. Sie werden durch das Kauen abgenutzt. Heute sieht man die Hasentiere als eigene Säugetiergruppe an. Zu ihnen zählen die Feldhasen, die Esels- und Schneehasen sowie die Kaninchen. Das Kaninchen ist kleiner als der Feldhase und hat kürzere Ohren als dieser.

*Der Feldhase ist ein Fluchttier. Wenn er in einer Ackerfurche liegt, tarnt ihn sein braunes Fell.*

*Feldhasen haben keinen Bau wie die Kaninchen. Sie leben auf Feld und Wiese, wo sie auch ihre Jungen bekommen.*

### Feldhase
🌐 Alle Erdteile außer Afrika   ↕ bis 70 cm

Die Hinterbeine des Feldhasen sind länger als seine Vorderbeine. Deshalb hoppelt der Hase auch. Wenn er aber rennt, dann schwingen die Hinterläufe weit nach vorn. Der Feldhase ist dann etwa 80 Stundenkilometer schnell. Wird er von einem Hund verfolgt, schlägt er Haken, und der Hund läuft ins Leere. Der Feldhase hört und sieht auch sehr gut. Feinde erkennt er von weitem und ergreift dann sofort die Flucht. Daher sagt man auch, der Hase sei furchtsam. Er ist aber nur sehr vorsichtig, weil er viele Feinde hat. Mehrmals im Jahr hat das Weibchen des Feldhasen bis zu vier Junge. Nur durch die starke Vermehrung kann „Meister Lampe" überleben.

### Alpenschneehase
🌐 Europa   ↕ bis 50 cm

Der Schneehase lebt in den Alpen bis in über 3 000 Meter Höhe. Im Sommer haust er unterhalb der Felsen zusammen mit den Murmeltieren. Im Winter zieht er in den Wald hinunter. Sein Fell ist dann weiß. Im Frühjahr färbt es sich grau und wird bis in den Sommer hinein rotbraun. So ist der Schneehase immer gut getarnt. Die Farbe des Fells verändert sich dabei je nach der Temperatur. Auch in den Gebieten am Nordpol gibt es Schneehasen. Diese sind etwas größer als der Alpenschneehase. Sie haben das ganze Jahr über ein weißes Fell, weil es dort immer kalt ist.

*Der Alpenschneehase ist in seinem Winterfell im Schnee kaum zu entdecken.*

### Wildkaninchen
🌐 Alle Erdteile   ↕ bis 48 cm

Das Kaninchen gab es vor 500 Jahren fast nur in Spanien. Von dort hat es sich über die ganze Welt verbreitet. Seeleute brachten es in fremde Erdteile. Man hat zum Beispiel in Australien Wildkaninchen ausgesetzt. Sie vermehrten sich dort millionenfach. Die

# HASENTIERE

**Eselshase**
Der Eselshase hat seinen Namen wegen seiner außerordentlich langen Ohren. Diese erfüllen aber einen wichtigen Zweck: Dieser Hase lebt in den Wüstengebieten im Westen Nordamerikas. Wenn es sehr heiß ist, stellt er die Ohren weit auf. Sie sind von vielen Blutgefäßen durchzogen und bringen Kühlung.

**Zwergkaninchen**
Das nordamerikanische Zwergkaninchen wird nur etwa 30 cm lang und 400 g schwer. Es ist das kleinste Kaninchen der Erde. Tagsüber bleibt es in seinem Bau. Nachts kommt es hervor, um zu fressen. Am liebsten mag es Beifuß, ein bitteres Kraut. Zwergkaninchen werden von Kojoten und Eulen gejagt.

Weibchen bekommen fünfmal im Jahr bis zu sechs Junge. Da aber die Kaninchen in Australien kaum Feinde hatten, waren sie bald eine Plage. Sie fraßen dem Vieh das Futter weg. Wildkaninchen graben ihre Baue in sandigem Boden und leben in ➔ Kolonien zusammen. Wo sie in Massen auftreten, unterhöhlen sie das ganze Land.

Der Bau des Wildkaninchens besteht aus dem Wohnkessel und vielen Gängen. Er reicht bis zu 3 m tief in die Erde.

## Mein Freund, das Kaninchen

Kaninchen zu halten ist nicht schwer. Aber einiges musst du dabei beachten: Kaninchen sind keine Tiere fürs Haus. Sie sollten ihren Stall im Garten oder an einem windstillen Platz hinter dem Haus haben. Damit sich das Tier bewegen kann, braucht es mindestens eine Fläche von einem Meter im Quadrat. Der Stall muss aus festem Holz sein, sonst zernagt ihn das Kaninchen. An der Tür sind Gitterstäbe am besten. Ein fester Maschendraht tut es aber auch. Kaninchen fressen Kräuter und Wurzeln. Man sollte sie mit Löwenzahn, Salat und Karotten füttern. In der Zoohandlung kann man auch besonderes Kraftfutter kaufen. Ein Kaninchen braucht täglich frisches Wasser.

# FLEDERTIERE

**Fledertiere** Der Flug der Fledermäuse ist nicht so elegant wie der Flug der Vögel. Aber sie und die Flughunde sind die einzigen Säugetiere, die sich mit eigener Kraft durch die Luft bewegen. Sie fliegen in der Dämmerung und finden sich mit Ultraschall zurecht. Es gibt rund 950 Arten dieser Fledertiere. Der größte Flughund hat fast eineinhalb Meter Flügelspannweite. Die kleinste Fledermaus findet auf einem Daumen Platz.

## Großer Abendsegler

🌐 Europa, Asien ↕ bis 8 cm

Der Große Abendsegler gehört zur Familie der Glattnasen. So nennt man die größte Gruppe von Fledermäusen, die vor allem Insekten fressen. Die Abendsegler leben überwiegend im Wald und fliegen dort oft schon am Nachmittag über die Baumwipfel. Zu ihrer Beute zählen Käfer und Nachtschmetterlinge. Den → Winterschlaf verbringen die Abendsegler in Gruppen. Sie suchen dazu Felsenhöhlen, verlassene Gebäude oder eine Scheune auf.

*Der Große Abendsegler verschläft wie alle Fledermäuse den Winter. Oft hängen Hunderte von Tieren starr von einer Scheunendecke.*

## Große Hufeisennase

🌐 Europa, Asien ↕ bis 6 cm

Die Hufeisennasen haben recht seltsame Gesichter. Auf ihrer Nase sitzt ein wulstiger Hautaufsatz. Im Unterschied zu anderen Fledermäusen senden sie ihre Ultraschallschreie nicht durch den offenen Mund

*Den Hufeisennasen dient ihr merkwürdiger Nasenaufsatz als Richtstrahler. Sie senden einen Dauerton aus und orten das Echo wie Richtfunk mit den schwenkbaren Ohren.*

aus. Sie stoßen vielmehr einen Dauerton durch ihre großen Nasenlöcher aus. Wir hören ihn allerdings nicht. Die Hufeisennasen haben wie die meisten Fledermäuse immer nur ein Junges. Es kommt nackt zur Welt und beißt sich sofort an der Zitze der Mutter fest. Die Mutter nimmt es deshalb auch beim Flug immer mit. Sogar auf der Jagd nach Insekten ist das Junge dabei.

## Mausohr

🌐 Europa, Asien ↕ bis 8 cm

Das Mausohr ist die häufigste europäische Fledermaus. Man findet sie in Kirchen und Türmen. Sie hat 40 Zentimeter Flügelspannweite, ist aber kein eleganter Flieger. Die Mausohren jagen Käfer und andere

# FLEDERTIERE

Insekten in einer Höhe bis zu zehn Metern über dem Boden. Wie viele Fledermäuse sieht man sie oft über Wasserflächen fliegen. Dort gibt es abends viele Insekten.

*Das Mausohr jagt auch im Tiefflug und kann sogar Käfer vom Boden aufnehmen.*

## Zwergfledermaus

🌐 Europa, Asien  ↔ bis 4 cm

Diese kleine Fledermaus wiegt höchstens sieben Gramm. Sie hält sich in der Nähe der Menschen auf. Auf Insektenjagd fliegt sie auch in Kuhställe. An warmen Wintertagen ist sie manchmal unterwegs. Sie schläft sonst im Winter in einem Gebäude, getrennt nach Männchen und Weibchen.

*Obwohl die Zwergfledermaus nur 4 cm lang ist, hat sie eine Flügelspannweite von 20 cm.*

**Bulldog-Fledermaus**
Es gibt rund 80 Arten von Bulldog-Fledermäusen. Sie werden etwa 5 cm lang und kommen in warmen Ländern vor. Den Namen haben sie von ihrem faltigen Gesicht, das an eine Bulldogge erinnert. Diese Fledermäuse sind sehr gewandte und schnelle Flieger. Sie können aber auch gut auf dem Boden laufen.

**Fischfledermaus**
Diese Fledermaus heißt auch Hasenmaul. Sie kommt in Mittel- und Südamerika vor. Die Fischfledermaus wird 8 cm groß und hat hakenförmige Krallen. Damit streift sie über das Wasser und „angelt" Fische. Man weiß nicht, wie sie die Fische erkennt. Sie benutzt dazu wohl ihre → Echopeilung. Die Beute hält sie mit ihren spitzen Zähnen fest.

# SÄUGETIERE

# FLEDERTIERE

### Große Spießblattnase
🌐 Südamerika  📏 bis 13 cm

Die Spießblattnase ist die größte Fledermaus Südamerikas. Sie verdankt ihren Namen einem dolchartigen Nasenaufsatz. Dieser sieht sehr gefährlich aus. Das Tier hat auch noch einen anderen Namen: Falscher Vampir. Lange Zeit glaubte man nämlich, diese Fledermaus sei ein Blutsauger, der Menschen im Schlaf überfällt. Tatsächlich ist die Spießblattnase ein recht räuberisches Tier. Sie überwältigt Mäuse und kleinere Vögel, auch Eidechsen und

*Die Große Spießblattnase ist vor allem ein eifriger Mäusevertilger. Ihre Jungen füttert sie mit Mäusefleisch.*

Frösche. An Tiere am Boden schleicht sie sich unbemerkt auf allen vieren an. Kleinere Fledermäuse jagt sie im Flug.

### Indischer Flughund
🌐 Südostasien  📏 bis 30 cm

Der Indische Flughund ist eines der größten Fledertiere. Er hat eine Flügelspannweite von 1,20 Metern. Wie alle Flughunde lebt er von Früchten. Er zerquetscht sie mit den

*Der Indische Flughund braucht keine → Echopeilung, weil er keine Insekten ortet. Er frisst nur Früchte.*

Zähnen, um den Saft zu trinken. Das Fruchtfleisch spuckt er aus. Wenn die Flughunde in eine Plantage einfallen, richten sie meist großen Schaden an.

### Gemeiner Vampir
🌐 Südamerika  📏 bis 8 cm

Wirkliche Blutsauger gibt es nur in Südamerika. Der Echte oder Gemeine Vampir wird auch Großer Blutsauger genannt. Er überfällt seine Opfer meist im Schlaf. Der Vampir fliegt lautlos heran und kriecht dann auf allen vieren an sein Opfer. Dieses merkt oft nicht einmal,

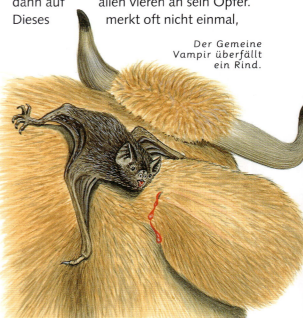

*Der Gemeine Vampir überfällt ein Rind.*

# FLEDERTIERE

wenn der Vampir mit seinen rasiermesserscharfen Schneidezähnen ein Loch in die Haut schneidet. Dann rollt er seine Zunge zu einer Röhre und spritzt Speichel in die Wunde, damit das Blut nicht gerinnt. Das Blut läuft heraus, und der Vampir leckt es gierig auf. Er flattert dann in seine Höhle zurück und hat erst nach Tagen wieder Hunger. Vampire überfallen Tiere auf der Weide, auch Hunde und Geflügel. Gefährlich ist nicht das Blutsaugen. Aber Vampire übertragen dabei Krankheiten, vor allem die ➜ Tollwut.

*Hammerkopfflughunde schlafen am Tag und fliegen erst in der Dämmerung.*

## Wie orientieren sich Fledermäuse?

Fledermäuse können winzige Insekten auch im Dunkeln erhaschen. Dazu stoßen sie spitze Schreie aus, die so hoch sind, dass wir sie nicht hören. Trifft der Schall des Schreies auf ein Hindernis, zum Beispiel auf ein Insekt, dann wird er zurückgeworfen. Die Fledermaus fängt das Echo mit ihren großen Ohren auf. Sie kann daran die Richtung erkennen und auch die Entfernung zu dem Hindernis. Flughunde haben keine ➜ Echopeilung.

### Hammerkopfflughund
🌐 Afrika   📏 bis 30 cm

Der Hammerkopfflughund ist der größte Flughund Afrikas. Er hat eine Flügelspannweite von fast einem Meter. Durch den gewaltigen Nasenfortsatz erscheint sein Kopf wie der eines Esels. Er ist ein Früchtefresser. Sein Maul ist so groß, dass er die meisten Früchte ganz in den Mund nehmen und zerquetschen kann. Wie fast alle Flughunde hat er es nur auf den Saft der Früchte abgesehen. Wenn ein Schwarm von Hammerköpfen in eine Obstplantage einfällt, ist die gesamte Ernte vernichtet. Manchmal schreien die Männchen stundenlang und sehr laut, um die Weibchen anzulocken. Diese bringen nur ein einziges Junges zur Welt.

INSEKTENFRESSER

# Insektenfresser

Ohne die Insektenfresser wäre die Welt schon kahlgefressen von Schädlingen und deren Larven. Sie vertilgen nicht nur unermessliche Mengen an Insekten, sondern auch Schnecken, Würmer, Spinnen, Mäuse und zum Teil Wassertiere. Ihr Appetit ist unbegrenzt. Die kleinen Räuber sind mit sehr spitzen Zähnen ausgestattet. Selbst härteste Käferpanzer können sie damit knacken.

Droht dem Igel Gefahr, dann rollt er sich zu einer Kugel zusammen. Kein Feind wagt es, in die Stachelkugel zu beißen.

Die jungen Igel kommen mit ganz weichen Stacheln auf die Welt, um die Mutter bei der Geburt nicht zu verletzen.

## Igel

🌐 Europa  ▶ bis 30 cm

Wer einen Garten besitzt, hat sicher schon Igel als Gäste gehabt. Ihre eigentliche Heimat sind aber Wald und Wiese. Igel sind Einzelgänger, die nachts munter werden und Nahrung suchen. Sie fressen Insekten, Schnecken und Mäuse, Vogeleier und Früchte. Sogar Schlangen, darunter die giftige Kreuzotter, greifen sie an. Ein- bis zweimal im Jahr bringt das Weibchen etwa sieben Junge zur Welt. Wenn die Außentemperatur unter 15 Grad sinkt, fallen die Igel in den ➔ Winterschlaf. Dazu rollen sie sich fest zusammen. Nur wenn sie sich im Sommer vollgefressen haben und mindestens 800 Gramm wiegen, überstehen die Igel den Winter.

## Borstenigel

🌐 Madagaskar  ▶ bis 40 cm

Der Borstenigel heißt auch Tanrek. Er hat mit unserem Igel wenig gemeinsam. So kann er sich zum Beispiel nicht zusammenrollen. Stacheln trägt er nur auf dem Kopf und an den Schultern. Beim Kampf stellt er

Borstenigel bekommen viele Junge. Es gab schon Weibchen, die über 30 Kinder hatten.

# INSEKTENFRESSER

sie auf. Borstenigel graben sich ähnlich wie Maulwürfe einen Bau mit einem tiefen Kessel. Dort ruhen sie tagsüber. Die Weibchen sind sehr fruchtbar. Sie bringen manchmal mehr als 20 Junge zur Welt.

## Waldspitzmaus

🌐 Europa, Asien   ➡ bis 8 cm

Es gibt über 280 Arten von Spitzmäusen. Die Waldspitzmaus hat eine lange, rüsselartige Schnauze. Diese hält sie ständig in die Luft. Spitzmäuse riechen gut und wittern ihre Beute. Unentwegt sind sie auf Jagd nach Insekten und kleinen Tieren. Sie fressen täglich mehr als das Doppelte ihres Körpergewichts. Selbst Artgenossen sind nicht vor ihnen sicher. Wollte ein Mensch so viel essen wie eine Spitzmaus, müsste er

Mit seinen schaufelförmigen Händen gräbt der Maulwurf seinen Bau. Sein Pelz ist glatt wie Samt, so dass er in den Gängen nicht hängen bleibt.

eine fünf Zentimeter dicke Erdschicht. Und er findet sich mit Tasthaaren in seinem Bau gut zurecht. Der Bau des Maulwurfs hat in der Mitte eine Wohnkammer. Von ihr gehen zahlreiche Gänge ab. Ständig gräbt der Maulwurf neue Gänge. Sie sind sein Jagdrevier.

Spitzmäuse halten keinen ➔ Winterschlaf. Sie können kein Fett speichern und müssen deshalb auch im Winter fressen.

täglich 100 Kilogramm Nahrung zu sich nehmen! Mit Mäusen ist die Spitzmaus übrigens nicht verwandt. Sie frisst sie auf.

## Maulwurf

🌐 Europa, Asien   ➡ bis 16 cm

Der Maulwurf lebt unter der Erde. Er sieht mit seinen kleinen Knopfaugen fast nichts. Er hört auch nicht gut. Aber er riecht zum Beispiel einen Regenwurm noch durch

### Sternmull

Der nordamerikanische Sternmull gräbt wie unser Maulwurf Tunnel in der Erde. Auf seiner rüsselförmigen Nase hat er 22 Hautfingerchen. Damit tastet er sich unter der Erde voran und sucht nach Beute. Der Sternmull kann auch ausgezeichnet schwimmen. Manche seiner Gänge münden direkt in ein Gewässer.

85

# Beuteltiere

**Beuteltiere** Von den Beuteltieren ist das Känguru am besten bekannt. Es gibt aber noch viele andere Arten dieser urtümlichen Säugetiere: zum Beispiel Beutelmarder, Beutelmäuse, Beutelratten. Alle bringen sie winzig kleine Junge zur Welt, die in der Bauchtasche der Mutter gesäugt werden und nachreifen.

### Riesenkänguru
🌐 Australien ▶ bis 1,60 m

Riesenkängurus können sehr schnell laufen: Auf Kurzstrecken erreichen sie über 80 km/h. Allerdings sind sie nicht sehr ausdauernd.

Über zwölf Meter weit und fast drei Meter hoch springt das Rote Riesenkänguru. Es ist das größte Beuteltier der Erde und bewohnt die Graslandschaften Australiens. Ein kräftiges Kängurumännchen führt einen kleinen Familienverband an. Es verjagt alle ➔ Rivalen und boxt sie mit den Vorderbeinen oder versetzt ihnen einen

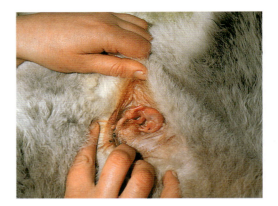

Das Junge ist bei der Geburt 2 cm lang und wiegt nur 1g. Es kriecht in den Beutel der Mutter und saugt sich an einer Zitze fest.

Tritt. In der Paarungszeit färben sich die Männchen die Haare. Ihre Haut sondert dann einen roten Puder ab, mit dem sie Hals und Rücken einstäuben. Die Weibchen sind etwas kleiner als die Männchen und meist grau gefärbt. Es gibt auch Graue Riesenkängurus, die aber kleiner sind.

### Baumkänguru
🌐 Neuguinea ▶ bis 80 cm

Baumkängurus kommen bis auf eine Art nur auf der Insel Neuguinea vor. Sie haben einen langen dünnen Schwanz, der ihnen

Das Matschie-Baumkänguru bewegt anders als alle Kängurus die Hinterbeine einzeln.

# BEUTELTIERE

beim Klettern hilft. Es ist aber kein Greifschwanz wie bei manchen Affen. Baumkängurus können nicht besonders gut klettern. Dennoch verlassen die meisten ihren Baum nur selten, um auf dem Boden zu grasen. Sie fressen Blätter und Früchte.

## Wombat

⊕ Australien  ▶ bis 1,20 m

Die Wombats sind Pflanzenfresser und ähneln Nagetieren. Sie haben eine recht plumpe Gestalt. Deshalb nennt man sie auch Plumpbeutler. Die Tiere haben lange Krallen wie Bären. Damit graben sie sich Baue mit Gängen, die oft mehr als zwei Meter unter der Erdoberfläche liegen. Bei den Farmern sind die Tiere wegen dieser Wühlarbeit verhasst. Immer wieder stürzen Weidetiere in die Höhlen der Wombats und brechen sich die Beine. Das Weibchen hat nur ein Junges. Dieses bleibt fast sechs Monate im Beutel der Mutter. Der Beutel ist nach hinten offen. So füllt er sich beim Graben nicht mit Erde. Das Junge schaut zwischen den Beinen der Mutter heraus.

*Die Wombats sind sehr gutmütige und friedfertige Tiere.*

## Tüpfelbeutelmarder

⊕ Australien, Tasmanien  ▶ bis 45 cm

Tüpfelbeutelmarder sind Räuber etwa von der Größe einer Hauskatze. Sie jagen nur nachts. Das Weibchen bekommt oft zwei Dutzend Junge. Da es aber nur sechs Zitzen hat, kann es nicht alle ernähren. Die überzähligen Jungen frisst die Mutter auf. Die Beutelmarder sind heute fast ausgestorben.

*Der Tüpfelbeutelmarder schleicht sich an seine Beute an. Er jagt kleinere Tiere wie Mäuse und Kaninchen, aber auch Vögel.*

## Beutelteufel

Auf der Insel Tasmanien lebt der Beutelteufel. Seit der Beutelwolf ausgerottet ist, ist er der größte Räuber unter den Beuteltieren. Er wird etwa so groß wie ein Dachs. Früher lebten die marderartigen Tiere von den Resten der Beute, die Beutelwölfe übrig ließen. Heute jagen die Beutelteufel selbst, um nicht zu verhungern.

# BEUTELTIERE

### Tüpfelkuskus

🌐 Australien und Inselwelt ↔ bis 60 cm

Kuskuse sind Beuteltiere, die in Australien und auf mehreren Inseln im Pazifischen Ozean leben. Sie sind Nachttiere mit großen roten Augen. Die plumpen Tiere haben einen Greifschwanz. Dadurch erinnern sie an Halbaffen. Den Schwanz nehmen sie zu Hilfe, um bedächtig auf Bäumen zu klettern und nach Früchten zu suchen. Jeder Tüpfelkuskus sieht etwas anders aus, da die Fellfarbe von Tier zu Tier unterschiedlich ist. Die Männchen sind bunt gefleckt. Es gibt auch weiße Kuskuse.

Bei den Koalas stehen die Daumen den Fingern und Zehen gegenüber. So halten sie sich an den Ästen und Zweigen wie mit einer Zange fest.

Tüpfelkuskusmännchen pudern sich in der Paarungszeit und sehen dann scheckiger aus.

### Koala

🌐 Australien ↔ bis 80 cm

Der Koala ist das Wappentier Australiens. Er sieht aus wie ein Teddybär, und tatsächlich war er das Vorbild für dieses Plüschtier. Koalas verbringen ihr ganzes Leben auf den hohen Eukalyptusbäumen, deren Blätter sie fressen. In der Wahl ihrer Nahrung sind sie außerordentlich genau: Sie wechseln immer wieder auf andere Bäume, weil manche Eukalyptusblätter im Frühjahr giftig sind. Das Weibchen bringt alle zwei Jahre ein Junges zur Welt. Dieses bleibt sechs Monate im Beutel der Mutter, bis es groß ist. Dann nimmt die Mutter es huckepack und trägt es noch ein Jahr lang auf dem Rücken herum.

### Opossum

Australien ist nicht der einzige Erdteil, in dem Beuteltiere leben. In Amerika gibt es Beutelratten. Die größten werden so groß wie eine Katze. Das Opossum ist eine solche Beutelratte. Es klettert gut und jagt Kleintiere und Vögel. Das Bild zeigt eine Opossummutter mit ihrem Jungen in einer Baumhöhle.

# EIER LEGENDE SÄUGETIERE

## Eier legende Säugetiere

Alle Tiere entwickeln sich aus Eiern. Bei den Säugetieren entwickeln sich die befruchteten Eizellen im Bauch der Mutter. Die Jungen wachsen dort bis zur Geburt. Einige urtümliche Säuger legen aber Eier und brüten sie aus. Sie säugen die geschlüpften Jungen.

Der Langschnabeligel kratzt mit seinen kräftigen Krallen die steinharten Bauten der Termiten auf.

### Schnabeltier
🌐 Australien  ↔ bis 45 cm

Das Schnabeltier hat einen Schnabel wie eine Ente, einen Pelz wie ein Otter, einen Schwanz und Schwimmfüße wie ein Biber und Krallen wie ein Bär. Es legt Eier wie ein Vogel und ist doch ein Säugetier! Als Wissenschaftler im Jahr 1798 zum ersten Mal die Reste eines Schnabeltieres fanden, stritten sie lange darüber, ob es eine Art Ente oder eine Art Biber sei. Mit dem Schnabel stöbert das Säugetier am Grund von Gewässern Insektenlarven, Schnecken und Krebse auf. Schnabeltiere gehören zu den wenigen giftigen Säugetieren. Die Männchen besitzen Sporen, mit denen sie zustechen und Gift einspritzen.

### Langschnabeligel
🌐 Neuguinea  ↔ bis 80 cm

Es gibt zwei Arten von Ameisenigeln: einen mit langer und einen mit kurzer Schnauze. Der Langschnabeligel stochert in Ameisen- und Termitenbauten herum. Mit der langen Zunge fährt er in das Insektennest hinein. Viele Ameisen oder Termiten bleiben daran kleben. Da der Ameisenigel keine Zähne besitzt, zerdrückt er die Insekten am Gaumen. Die Weibchen legen etwa acht Eier. Diese stecken sie in einen Brutbeutel am Bauch, bis die Jungen schlüpfen. Wenn ihre Stacheln wachsen und die Mutter piksen, legt sie die noch blinden Jungen in ein Nest.

Das Weibchen des Schnabeltieres brütet bis zu drei Eier in einer Bruthöhle aus und sorgt sich dann vier Monate lang um den Nachwuchs. Die Jungen saugen die Milch nicht aus Zitzen, sondern lecken sie aus dem Milchfeld im Fell der Mutter.

89

# Nebengelenktiere

Unter dem Begriff Nebengelenktiere fassen Wissenschaftler die Faultiere, Gürteltiere und Ameisenbären zusammen. Früher nannte man sie auch Zahnarme Tiere. Doch besitzen die Faultiere und die Gürteltiere durchaus Zähne. Faultiere sind Pflanzenfresser. Gürteltiere und Ameisenbären fressen nur Insekten.

*Das Zweifingerfaultier bewegt beim Klettern immer nur eine Pfote.*

## Zweifingerfaultier

🌐 Südamerika   bis 70 cm

Das Zweifingerfaultier heißt auch Unau. Es ist das größte Faultier. Mit seinen hakenförmigen Krallen hängt es wie eine Schaukel im Geäst der Bäume. In dieser Stellung verbringt es fast sein ganzes Leben. Faultiere leben wie im Schlaraffenland: Die Blätter und Früchte der Bäume wachsen ihnen fast ins Maul. Deshalb müssen sie sich kaum bewegen. Sie trinken nicht, denn der Saft der Blätter genügt ihnen. Es vergeht oft eine Woche, ehe sie einmal vom Baum steigen, um Kot abzusetzen. Am Boden bewegen sie sich sehr ungeschickt. Sie können aber gut schwimmen.

## Dreifingerfaultier

🌐 Mittel- und Südamerika   bis 60 cm

Das Dreifingerfaultier wird oft auch Ai genannt. Es kann seinen Kopf wie eine Eule ganz nach hinten drehen. Aber das geschieht nur äußerst langsam. Wie alle Faultiere hat es seinen Scheitel auf dem Bauch. Da es immer verkehrt herum in den Baumkronen hängt, wächst das Fell nach den Seiten hin. So läuft bei Regen das Wasser an beiden Körperseiten nach unten. Zwischen den Haaren wachsen Algen, so dass das Fell grünlich schimmert. Dadurch ist das Dreifingerfaultier im Laub der Bäume hervorragend getarnt. Wenn es

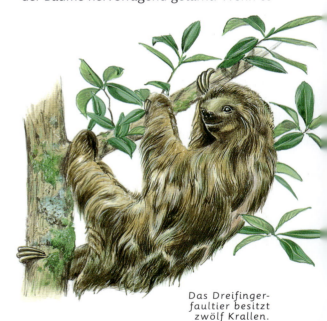

*Das Dreifingerfaultier besitzt zwölf Krallen. Die Indianer machen daraus Schmuck.*

schläft, hängt es wie eine Pelzkugel im Baum. Das Weibchen hat stets nur ein Junges. Das Junge klammert sich im Fell der Mutter fest und ist überall dabei. Sogar bei der Geburt hängt die Mutter mit dem Kopf nach unten.

# NEBENGELENKTIERE/SCHUPPENTIERE

Ameisenbär an einem Termitenbau

## Schuppentiere
Die Schuppentiere sehen aus wie riesige wandelnde Tannenzapfen. Sie leben vorwiegend im Regenwald Afrikas und Asiens. Man kennt sieben Arten. Auf den ersten Blick ähneln sie Reptilien, doch sie sind Säugetiere. Gewöhnlich bringen sie nur ein Junges zur Welt. Schuppentiere schnüffeln ständig nach Ameisen und Termiten.

### Großer Ameisenbär
🌐 Mittel- und Südamerika ▶ bis 2,30 m
Ameisenbären werden mit Schwanz über zwei Meter lang. Sie haben ein sehr gutes Gehör und einen außerordentlich scharfen Geruchssinn. Wie Hunde laufen sie mit ihrer empfindlichen Nase am Boden umher, bis sie ein Ameisennest aufgespürt haben. Dann holen sie die Insekten mit ihrer 60 Zentimeter langen Zunge heraus. An den Pfoten haben sie scharfe Krallen. Damit können Ameisenbären auch den steinharten Bau von Termiten einreißen.

Ein Schuppentier kann einen Angreifer beim Einrollen einklemmen und schwer verletzen. Die dachziegelartigen Schuppen haben sehr scharfe Ränder.

### Riesenschuppentier
🌐 Afrika ▶ 80 cm, mit Schwanz 1,50 m
Das Riesenschuppentier erscheint uns bei flüchtigem Hinsehen wie eine Echse. Es ist völlig harmlos und hat keine Zähne. Das ganze Tier ist von Hornschuppen bedeckt. Bei Gefahr rollt es sich so fest zusammen, dass man es nur mit größter Anstrengung „öffnen" kann. Mit seinen kräftigen Krallenhänden bricht es Termitenbauten auf. Dann fährt es mit seiner langen Zunge hinein und zieht die zappelnde Beute heraus. Schuppentiere klappen ihre langen Vorderkrallen beim Laufen ein. Sie klettern mit Hilfe der Krallen sogar auf Bäume.

### Weißborstengürteltier
Das Weißborstengürteltier wird bis zu 50 cm lang. Es lebt im südamerikanischen ➔ Regenwald und frisst vor allem Würmer, Schnecken, Ameisen und Termiten. Das Tier hat 38 Zähne und einen harten Panzer. Es reißt mit seinen Klauen Löcher in die Termitenbauten. Bei Gefahr gräbt es sich blitzschnell in die Erde ein.

# ZAHNWALE

## Zahnwale

Nach dem Menschen und den Menschenaffen haben die Zahnwale das am höchsten entwickelte Gehirn. Seltsamerweise besitzen die Meeressäuger keinen Geruchssinn. Dafür hören sie aber ausgezeichnet. Zahnwale machen Jagd auf Fische und Tintenfische. Es gibt rund 80 Arten. Die kleineren Formen nennt man Delfine.

### Pottwal

🌐 Meere der warmen und gemäßigten Erdteile ▶ bis 20 m

Der Pottwal ist der größte Zahnwal. Sein Kopf macht ein Drittel seiner Körperlänge aus. Er ernährt sich überwiegend von großen Tintenfischen. Bei der Jagd auf sie taucht er oft über tausend Meter tief. Er kann eineinhalb Stunden unter Wasser bleiben. Die männlichen Bullen sammeln mehrere Weibchen um sich. Mit diesen und deren Kälbern ziehen die Pottwale in Gruppen durch die Weltmeere. Die Weibchen bekommen meist nur ein Junges, das sie zwei Jahre lang säugen.

### Beluga

🌐 Nördliche Meere ▶ bis 5,50 m

Der Beluga heißt auch Weißwal. Bei der Geburt ist er graubraun. Erst mit etwa fünf Jahren hat er seine weiße Farbe. Belugas leben in Gruppen von zehn bis zwanzig Tieren. Wie alle Wale verständigen sie sich durch Klicklaute, die auch für Menschen

*Der Beluga oder Weißwal ist der nächste Verwandte des Narwals. Er frisst vor allem Grundfische wie Scholle und Heilbutt.*

deutlich zu hören sind. Wegen der Vielfalt ihrer Töne hat man die Belugas auch die „Kanarienvögel des Meeres" genannt. Die Wale verwenden diese Laute auch zur ➜ Echopeilung. Belugas leben im nördlichen Eismeer, wo sie Tintenfische, Fische und Krabben jagen. Um Luft zu holen, stoßen sie immer wieder durch das Packeis nach oben.

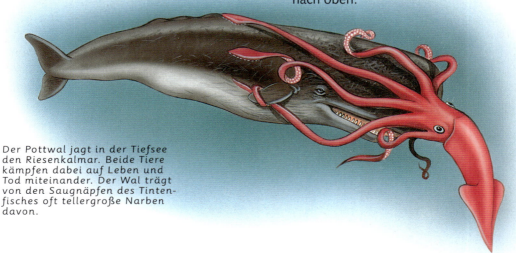

*Der Pottwal jagt in der Tiefsee den Riesenkalmar. Beide Tiere kämpfen dabei auf Leben und Tod miteinander. Der Wal trägt von den Saugnäpfen des Tintenfisches oft tellergroße Narben davon.*

ZAHNWALE

Der Narwal sucht wie der Weißwal seine Nahrung auf dem Meeresboden.

Der Entenwal heißt auch Dögling. Er bildet im Nordatlantik Herden von bis zu 1 000 Tieren.

## Narwal

🌐 Nördliches Eismeer  bis 5 m

Der männliche Narwal hat nur zwei Zähne. Einer davon wird über zwei Meter lang, und das Tier trägt ihn wie eine Lanze am Kopf. Der andere ist verkümmert und fällt meist bald aus. Wenn die Menschen früher einen Narwalzahn fanden, hielten sie ihn für die Stirnwaffe des sagenhaften Einhorns. Er ist gedreht und aus Elfenbein und nicht aus Horn. Man weiß nicht genau, was der Narwal mit seinem Zahn macht. Vermutlich dient er den Männchen bei ihren Kämpfen als Waffe, wie dem Hirsch das Geweih. Die Eskimo (Inuit) jagten früher den Narwal. Seine Haut enthält viel Vitamin C, das die Eskimo nicht durch Obst und Gemüse bekamen.

## Entenwal

🌐 Nordatlantik  bis 9 m

Entenwale sind Zahnwale. Wegen ihrer spitzen Schnauze zählt man sie zu den Schnabelwalen. Der Nördliche Entenwal kommt im Atlantik auf der Höhe von Island vor. Manchmal verirrt er sich auch in die Nord- und Ostsee. Entenwale bilden zuweilen ➜ Schulen mit bis zu tausend Tieren. Wie der Pottwal machen sie Jagd auf Tintenfische. Dabei tauchen sie über 500 Meter tief und können zwei Stunden unter Wasser bleiben. Leider hat man diese Walart in den letzten hundert Jahren sehr gejagt. Der Entenwal speichert in seinem kugeligen Kopf ein wasserhelles Öl, das man für technische Zwecke nutzt.

### Kann man die Riesen der Meere noch retten?

Seit Jahrtausenden fingen die Menschen Wale. Das Fleisch der Wale wurde gegessen. Aus dem Fettgewebe gewann man Öl, den so genannten Tran. Daraus machte man Margarine, Seife und vieles andere. Bis vor einigen Jahrzehnten fuhren riesige Walfangschiffe aus, um die Meeressäuger zu jagen. Die Tiere wurden gleich auf den Schiffen verarbeitet. Die großen Wale standen vor dem Aussterben. Seit 1986 ist auf allen Meeren der Walfang verboten. Einige Länder halten sich nicht streng daran. Die Riesen der Meere können aber nur gerettet werden, wenn alle Länder das Walfangverbot befolgen und die Jagd auf Wale endlich einstellen.

ZAHNWALE

## Großer Tümmler
🌐 Warme Meere  ↔ bis 4 m

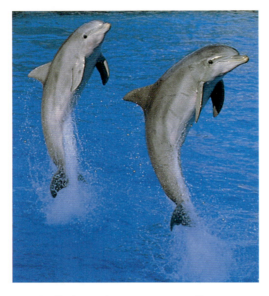

*Der Große Tümmler springt von allen Delfinen am höchsten aus dem Wasser.*

Die Delfine bilden eine große Familie der Zahnwale mit vielen Arten. Unter ihnen ist der Große Tümmler vielleicht das intelligenteste Tier. Man hält ihn häufig in einem ➔ Delfinarium, in dem er zur Belustigung der Zuschauer Kunststücke zeigt. In Freiheit schwimmen 10 bis 15 Tümmler in einer Gruppe. Bei der ➔ Echopeilung erzeugen sie Klicklaute. Diese entstehen in den Nasengängen unter dem Blasloch. Im Vorderkopf, der „Melone", liegt eine Ölblase. Das Öl leitet den Schall in das Innenohr. Auf diese Weise hören Delfine im Wasser kilometerweit. Über 400 Meter Entfernung können sie an den zurückkommenden Ortungstönen noch Gegenstände von der Größe eines Tennisballs unterscheiden. Die Tümmler und anderen Delfine geben auch Signale ab, an denen sie sich untereinander erkennen.

## Gemeiner Delfin
🌐 Atlantik  ↔ bis 2,50 m

Die ➔ Schulen der Gemeinen Delfine begleiten oft Schiffe auf den Meeren, denn die Tiere sind sehr neugierig. Sie reiten auf den Bugwellen und zeigen tolle Sprünge. Man schätzt, dass der Gemeine Delfin über 50 Kilometer pro Stunde schnell ist. Oft schwimmen die Delfine mit Thunfischen zusammen. Das wird ihnen

*Das Wellenreiten und Springen halten die Delfine ohne Ermüdung stundenlang durch.*

leicht zum Verhängnis: Sie verheddern sich in den Thunfischnetzen und kommen darin um. Inzwischen haben die intelligenten Tiere zum Teil gelernt, in über 250 Meter Tiefe unter den Netzen wegzutauchen.

## Gangesdelfin
🌐 Indien, Pakistan  ↔ bis 2,40 m

Der Gangesdelfin gehört zu den Flussdelfinen. Fast ein Viertel seiner Länge macht der Schnabel aus. Darin sitzen 120 Zähne. Der Gangesdelfin ist also ein Zahnwal, der im Süßwasser lebt. Er kann bis zu drei Minuten unter Wasser bleiben. Man hat festgestellt, dass auch dieser Delfin sehr intelligent ist. Da seine Augen

# ZAHNWALE

### Die größten Wale in Zahlen

**Der größte Zahnwal ist der Pottwal.**
Er wird 20 m lang und wiegt 40 Tonnen. Er hat 60 Zähne und einen 160 m langen Darm. Das Kalb wiegt bei der Geburt 1 300 kg.

**Der größte Bartenwal ist der Blauwal.**
Er wird 30 m lang und wiegt 130 Tonnen. Er hat bis zu 400 Barten von 4,50 m Länge. Sein Herz wiegt 600 kg, die Lunge 1 200 kg. Das Junge wiegt bei der Geburt 3 000 kg und nimmt als Säugling täglich 100 kg zu.

keine Linsen haben, kann er nichts sehen. Er findet seine Beute aus Fischen und Krebsen nur mit Hilfe der → Echopeilung. Heute gibt es nur noch etwa 300 dieser Flussdelfine. Sie sind streng geschützt.

*Der Gangesdelfin wird etwa 100 Kilogramm schwer. Er ist eines der wenigen Säugetiere, die ihr ganzes Leben im Süßwasser verbringen.*

### Schwertwal

⊕ Kalte Meere ▶ bis 9 m

Der Schwertwal ist der größte Delfin. Mit seiner schwarz-weißen Zeichnung ist er auch einer der schönsten. Er wiegt über vier Tonnen. Dieser Delfin hat noch andere Namen: Orka, Killerwal, Mörderwal. Er ist ein gewaltiger Räuber mit einem riesigen Maul und 50 spitzen Zähnen. Selbst Haie meiden ihn. Seine Beute besteht aus Fischen, Tintenfischen und anderen Walen sowie aus Robben und Seevögeln, vor allem Pinguinen. Die Robben verfolgt er oft so rasend schnell, dass er bis auf den Strand schießt. Orkas jagen häufig gemeinsam. Man erkennt sie von weitem an ihrer meterhohen Rückenflosse. Sie brausen mit Geschwindigkeiten von 40 Kilometern in der Stunde heran. In den → Delfinarien werden auch Schwertwale dressiert und vollführen tollkühne Luftsprünge.

*Der Orka jagt Robben, kleinere Wale und Delfine und verschlingt sie ganz. Wenn er mit hoher Geschwindigkeit auf die Küste zurast, können die Robben kaum noch fliehen. Über große Wale fallen oft Dutzende von Orkas her.*

95

# BARTENWALE

## Bartenwale

Fast alle Wale haben Zähne, nur nicht die Bartenwale. Ihnen hängen Hornplatten wie Vorhänge vom Gaumen ins Maul. Mit diesen Barten sieben sie kleine, etwa fünf Zentimeter lange Krebschen aus dem Wasser. Das ist der Krill. Die größten Tiere der Erde ernähren sich also von vergleichsweise winzigen Lebewesen. Es gibt zehn Arten.

### Grauwal
🌐 Nordpazifik   bis 15 m

Die Grauwale ziehen im Sommer bis zu 10 000 Kilometer weit ins Eismeer. Im Winter wandern sie nach Süden bis vor die Küste Kaliforniens. Von weitem erkennt man sie an ihrer Atemwolke, dem Blas. Touristen warten alljährlich auf diese Meeressäuger, um sie zu beobachten. Trotz ihres Gewichts von fast 40 Tonnen machen Grauwale oft hohe Sprünge. Sie stranden dabei manchmal in flachem Wasser und müssen die Flut abwarten, um wieder wegzuschwimmen. Man hielt die Grauwale schon für ausgestorben. Sie stehen heute weltweit unter Schutz.

### Buckelwal
🌐 Weltmeere   bis 15 m

Der dicke, plumpe Buckelwal gehört zu den Furchenwalen. So nennt man Wale, die an der Kehle tiefe Falten haben. Sie können das Maul dadurch weiter dehnen. Furchenwale halten sich nahe der Küsten

Buckelwale gelten wegen ihrer Sprünge als die Akrobaten unter den Bartenwalen.

auf. Die Tiere wiegen bis zu 30 Tonnen und können dennoch gut springen. Die Weibchen suchen einmal im Jahr warme Meere auf, wo sie ihr Kalb zur Welt bringen. Etwa ein Jahr lang bleibt das Junge bei der Mutter, die es säugt. Da dies unter Wasser geschieht, wird die Milch dem Jungen ins Maul gespritzt.

Grauwale heben bei ihren Wanderungen immer wieder den Kopf aus dem Wasser. Obwohl sie nicht gut sehen, orientieren sie sich wohl an der Küstenlinie.

# BARTENWALE

*Wie riesig ein Blauwal ist, zeigt dieser Vergleich mit einem Elefanten.*

*Man kann die Wale an ihrem Blas unterscheiden. So nennt man ihren Atem, den sie aus dem Blasloch stoßen. Dabei entsteht in der kalten Meeresluft ein Wasserstrahl. Er ist beim Blauwal 9 m hoch.*

## Blauwal

🌐 Kalte Meere  ⬛ bis 30 m

Der Blauwal ist das größte Lebewesen, das es je auf der Erde gab. Ein erwachsener Blauwal wiegt rund 130 Tonnen. Das ist etwa so viel wie 1 500 Menschen oder 25 Elefanten wiegen. Allein seine Zunge ist fast so schwer wie ein ausgewachsener Elefant. Ein so riesiges Tier kann nur im Wasser leben. Dort wird es nach oben gedrückt und vom Wasser getragen. Auf dem Land würde es von seinem eigenen Gewicht zerquetscht. Ein Blauwaljunges ist bei der Geburt schon über zwei Tonnen schwer und sieben Meter lang. Das Kalb saugt die fettreiche Muttermilch und wächst täglich um fünf Zentimeter. Mit sieben Monaten wiegt es schon 45 Tonnen. Blauwale haben eine dicke Speckschicht, den Blubber. Wegen dieses Fetts hat man die Wale jahrhundertelang gejagt. Es gibt vielleicht nur noch 3 000 Tiere. Die Jagd auf den Blauwal ist heute verboten.

## Zwergwal

🌐 Alle Weltmeere  ⬛ bis 9 m

Von den großen Furchenwalen ist der Zwergwal der kleinste. Er wird nur zehn Tonnen schwer. Seine Barten sind so fein, dass darin kleinste Krebschen hängen bleiben. Er frisst auch Fische und Tintenfische. Seit die großen Wale nicht mehr gejagt werden dürfen, ist auch er bedroht.

*Zwergwale unternehmen weite Wanderungen im Meer. Da sie keinen sehr großen Blas erzeugen, fallen sie kaum auf.*

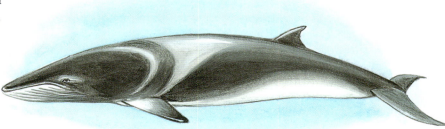

# Vögel

*So ungefähr sah der Urvogel Archaeopteryx aus.*

Die Vögel erschienen vor etwa 150 Millionen Jahren auf unserem Planeten. Sie entwickelten sich aus den Sauriern. Die ersten vogelähnlichen Wesen sahen auch wie fliegende Echsen aus. Sie besaßen noch Zähne im Maul, hatten aber schon Federn. Als Urvogel gilt der Archaeopteryx. Das huhngroße Wirbeltier flatterte noch ungeschickt in der Luft. Heute leben über 9 000 Arten von Vögeln in fast allen Lebensräumen der Erde.

*Nirgendwo finden sich so viele Vögel verschiedener Arten zusammen wie zu Brutzeiten an den Meeresklippen.*

## Flieger und Nichtflieger

Das auffälligste Merkmal der Vögel ist, dass sie fliegen können. Doch beherrschen keineswegs alle diese Kunst. Die Pinguine zum Beispiel bewegen sich im Wasser geschickt wie die Fische. Auf dem Land watscheln sie unbeholfen, und fliegen können sie gar nicht. Die Mauersegler dagegen verbringen fast ihr ganzes Leben in der Luft. Vögel, die fliegen, sind anders gebaut als Laufvögel. Sie haben ein leichtes Skelett aus hohlen Knochen. Ihre Arme sind zu Schwingen umgewandelt und besitzen kräftige Muskeln.

*Teichhuhn*

## Ein Kleid aus Federn

Alle Vögel haben ein Federkleid, auch wenn sie nicht fliegen können. Die Federn bestehen aus Keratin. Aus diesem hornähnlichen Stoff sind auch unsere Haare und Fingernägel. Dicht auf der Haut des Vogels sitzen die Daunen. Sie halten den Körper warm. Die Deckfedern sind kräftiger. Sie liegen wie Dachziegel übereinander und geben dem Vogel seine Gestalt. Die Schwungfedern haben einen biegsamen Schaft. Mit diesen Federn fliegt der Vogel. Die Schwanzfedern sind am längsten. Damit steuert und bremst der Vogel seinen Flug. Einmal im Jahr erneuert ein Vogel alle Federn. Man nennt das die ➔ Mauser.

*Flussregenpfeifer*

*Dohle*

Vögel, die fliegen, haben dreierlei Arten von Federn: die wärmenden weichen Daunen, die festen Deckfedern und die kräftigen Schwungfedern zum Fliegen. Jede Feder hat einen Schaft, Äste und Hakenstrahlen.

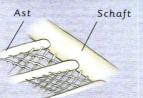

Der afrikanische Dorfweber webt ein kunstvolles Nest aus Palmblattstreifen. Das Weibchen polstert es aus.

## Wie Vögel fliegen

Nicht alle Vögel fliegen gleich gut. Einige schlagen dauernd mit den Flügeln. Andere können stundenlang ohne einen Flügelschlag in der Luft segeln. Die Flugweise hängt wie die Fluggeschwindigkeit von der Flügelform ab. Die schnellsten Flieger sind die Falken und die Mauersegler. Sie haben lange, sichelförmige Flügel. Hühnervögel haben kurze und runde Flügel. Sie können zwar schnell auffliegen, halten aber nicht lange durch.

## Nester und Eier

Die meisten Vögel bauen Nester. Die Weibchen legen Eier hinein und brüten sie aus. Oft brüten Männchen und Weibchen auch gemeinsam. Die Jungen, die gefüttert werden, nennt man → Nesthocker. Dagegen verlassen → Nestflüchter bald das Nest und suchen selbst Futter. Das sind vor allem die Jungen von Bodenbrütern.

Buchfink   Raubwürger   Singdrossel

Mäusebussard

## Mit Schnäbeln und Krallen

Wie bei anderen Tieren gibt es auch unter den Vögeln Nahrungsspezialisten. Greifvögel zum Beispiel fressen nur Fleisch. Sie machen Jagd auf Tiere. Für diese Ernährungsweise sind sie besonders ausgerüstet: Sie besitzen kräftige, scharfe Schnäbel und spitze Krallen. Kernbeißer haben dicke, kegelförmige Schnäbel, die wie Nussknacker wirken. Viele Vögel sind Insektenfresser mit spitzen, pinzettenartigen Schnäbeln. Kolibris ernähren sich vor allem vom → Nektar der Blüten. Ihre Schnäbel sind besonders lang und dünn.

### Es gibt über 9000 Arten von Vögeln

Ordnungen mit den meisten Arten:

| | |
|---|---|
| Sperlingsvögel/ | rund 5 300 Arten |
| davon Singvögel: | rund 4 000 Arten |
| Seglervögel: | rund 400 Arten |
| Spechtvögel: | rund 385 Arten |
| Papageien: | rund 335 Arten |
| Wat- und Möwenvögel: | rund 350 Arten |
| Taubenvögel: | rund 300 Arten |
| Greifvögel: | rund 280 Arten |
| Hühnervögel: | rund 270 Arten |
| Kranichvögel: | rund 205 Arten |
| Gänsevögel: | rund 150 Arten |

**Größter Vogel:** Afrikanischer Strauß, bis 2,74 m groß und 156 kg schwer

**Kleinster Vogel:** Kubanische Bienenelfe, bis 6 cm lang und 2,4 g schwer

Steinadler   Kernbeißer

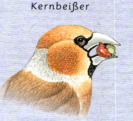

Einsiedlerkolibri

Säbelschnäbler

Die Form der Schnäbel richtet sich danach, was die Vögel fressen.

# PINGUINE

## Pinguine

Die Pinguine sind besonders merkwürdige Vögel. Sie können nicht einmal kurze Strecken fliegen. Die meiste Zeit verbringen sie im Wasser der kalten Meere auf der Südhalbkugel der Erde. Es gibt 17 Pinguinarten. Alle sind hervorragende Schwimmer und Taucher. Ihre Flügelstummel sind zu Flossen umgewandelt. Die starren öligen Federn bedecken den Körper wie ein glattes Schuppenkleid.

### Kaiserpinguin

🌐 Antarktis ▶ bis 1,20 m

Der Kaiserpinguin bewohnt die Küsten am Südpol. Er ist der größte Pinguin. Zur Brutzeit im antarktischen Winter wandern Tausende dieser Vögel über die Eisberge ins Landesinnere. Dort legt das Weibchen ein einziges Ei, das etwa 450 Gramm wiegt. Kaiserpinguine bauen keine Nester. Das Ei ruht zunächst auf den breiten Füßen des Weibchens und ist von einer wärmenden Hautfalte bedeckt. Nach ein paar Stunden tritt das Männchen dicht an das Weibchen heran. Dieses lässt nun das Ei auf das Eis rollen, und das Männchen bringt es in seiner Brutfalte unter. Danach watschelt das Weibchen ans Meer, um ausgiebig Fische zu jagen. Zwei Monate steht das Männchen mit dem Ei auf den Füßen nun auf dem Eis und wartet auf das Weibchen. In dieser Zeit frisst es nichts und verliert die Hälfte seines Gewichts.

Eselspinguine können sich bis zu 2 m hoch aus dem Wasser auf Felsen oder Eisschollen schnellen. Die Jungen werden von erwachsenen Tieren in einem Kindergarten betreut.

### Eselspinguin

🌐 Inseln im Südpolarmeer ▶ bis 80 cm

Eselspinguin-Weibchen legen zwei Eier. Merkwürdig an diesen Eiern ist, dass sie beim Kochen nicht hart werden wie etwa Hühnereier. Der Eselspinguin baut im Unterschied zum Kaiserpinguin oder dem kleineren Königspinguin ein Nest. Dazu tragen die Paare kleine Steine zusammen. Männchen und Weibchen wechseln sich beim Brüten täglich ab. Sobald die Jungen ausgeschlüpft sind, sammeln sie sich in einem „Kindergarten". Dort werden sie von den Altvögeln betreut.

Die Jungen des Kaiserpinguins sind mit etwa sechs Monaten erwachsen. Solange die Küken noch klein sind, betteln sie jeden Altvogel um Futter an und bekommen von ihm auch zu fressen.

# PINGUINE

**Zwergpinguin**
Der Zwergpinguin ist der kleinste Pinguin der Welt. Er wird nur ungefähr 40 cm groß. Zwergpinguine leben an den Küsten von Südaustralien und Neuseeland.

## Felsenpinguin
🌐 Feuerland, Australien, Neuseeland
▶ bis 65 cm

Der Felsenpinguin fällt durch seine langen gelben Federn am Kopf auf. Er hat dunkelrote Augen. Felsenpinguine bewohnen viele kleine Inseln des kalten Südmeeres, aber auch Südaustralien und Neuseeland. Sie nisten an Klippen und Felsabhängen. An diesen klettern sie mit Hilfe ihrer starken Krallen hoch. Wenn sie auf beiden Beinen die Abhänge wieder hinunterhüpfen, heben sie die Flügel an. Das sieht lustig aus. Das Weibchen legt manchmal bis zu drei Eier. Felsenpinguine bauen Nester aus kleinen Steinchen in Felsspalten.

## Galapagospinguin
🌐 Galapagosinseln ▶ bis 50 cm

Der Galapagospinguin benutzt auf dem Land seine Flügel, um seinen Gang auszubalancieren. Durch das Wasser schießt er mit Hilfe der Flügel wie ein Pfeil dahin und jagt Fische.

Das Felsenpinguin-Weibchen füttert das Junge mit Fisch. Die Jungen betteln die Altvögel über eine lange Zeit um Futter an.

Der Galapagospinguin gehört zu den kleinsten Pinguinen. Er lebt am weitesten vom Südpol entfernt auf einigen der Galapagosinseln nahe am Äquator. Hier kann er nur deshalb überleben, weil ein kalter Meeresstrom vorbeifließt. Auf dem Land bewegt sich dieser Pinguin recht geschickt. Er klettert mit Hilfe der Flügel auf den Felsklippen herum. Galapagospinguine sind selten. Es gibt nur noch einige hundert Paare. Die Weibchen brüten stets zwei Eier in einer Felsenhöhle aus.

# STURMVÖGEL

## Sturmvögel
Sturmvögel sind die geborenen Flieger. Mühelos segeln sie tagelang über den Meeren. Dabei bewegen sie ihre Schwingen kaum, sondern lassen sich geschickt von den Winden tragen. Mit traumwandlerischer Sicherheit finden sie ihre Brutplätze auf verschiedenen Inseln in den weiten Ozeanen. Man weiß bis heute noch nicht genau, wie sie sich auf ihren langen Flügen orientieren.

### Wanderalbatros
⊕ Südliche Ozeane  ▶ bis 1,15 m

Der Wanderalbatros ist der größte Meeresvogel. Er hat eine Flügelspannweite von rund 3,50 Metern. Um sich in die Lüfte zu schwingen, braucht er beim Start einen langen Anlauf. Die Albatrosse verbringen fast ihr ganzes Leben in der Luft. Nur zum Brüten suchen sie Inseln nahe am Südpol auf. Dort brüten sie alle zwei Jahre nur ein

Wanderalbatrosse sieht man nur selten an Land. Sie schlafen auch in der Luft.

einziges Ei aus. Das Junge wird von den Eltern monatelang gefüttert. Albatrosse fressen vor allem Tintenfische. Sie fliegen in der Stunde etwa 80 Kilometer. Bei einem Beuteflug legen ausgewachsene Vögel oft über tausend Kilometer zurück.

### Sturmschwalbe
⊕ Westeuropa, Atlantik  ▶ bis 15 cm

Die Sturmschwalbe ist der kleinste Seevogel. Sie brütet an den Atlantikküsten und am Mittelmeer. Wie alle Sturmvögel kommt sie nur zum Brüten an Land. Wenn sie angegriffen wird, spuckt sie dem Feind hochgewürgten Tran ins Gesicht.

Sturmschwalben nisten auf einsamen Inseln und Klippen. Sie legen nur ein einziges Ei.

### Goldene Eier

Dass ein Vogel goldene Eier legt, kommt nur im Märchen vor. Aber lange Zeit lieferten die Seevögel an den Küsten und auf den Inseln des Pazifiks einen wertvollen Stoff, den Guano. Es ist der Kot dieser Vögel, der sehr viele Mineralsalze mit Phosphor und Stickstoff enthält. Bevor man künstlichen Dünger chemisch herstellen konnte, war der Guano in aller Welt begehrt. In den großen Vogelkolonien hatte sich im Laufe der Zeit so viel Kot angesammelt, dass sich bis zu 70 Meter dicke Schichten bildeten. Der Guano wurde abgebaut und brachte den Ländern viel Geld.

RUDERFÜSSER

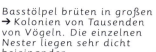

**Ruderfüßer** Die Ruderfüßer sind sehr gute Schwimmer. Anders als bei den Enten und Gänsen sind alle vier Zehen nach vorn gerichtet und durch Schwimmhäute verbunden. Dadurch entsteht ein breiter Ruderfuß. Die meisten dieser Vögel leben am Meer.

Basstölpel brüten in großen ➔ Kolonien von Tausenden von Vögeln. Die einzelnen Nester liegen sehr dicht beieinander.

**Rosapelikan**
Die Pelikane gehören zu den größten Ruderfüßern. Es gibt sieben Arten. Die meisten leben in wärmeren Meeren. Der Rosapelikan kommt in Europa auch an der Mündung der Donau vor. Pelikane fressen Fische. Sie bringen diese in ihrem Kehlsack auch den Jungen, die sie aus dem Schnabel der Alten holen.

**Basstölpel**
⊕ Nordeuropa ▸ 90 cm
Basstölpel sind ausgezeichnete Flieger und Taucher. Sie stürzen sich aus 40 Metern Höhe wie eine Rakete ins Meer. Kurz darauf tauchen sie wieder auf und haben einen Fisch im Schnabel. Es gibt sieben Arten von Tölpeln auf den Weltmeeren.

**Kormoran**
⊕ Alle Erdteile ▸ bis 1 m
Der Kormoran ist ein geschickter Fischjäger. Er lebt nicht nur an der Meeresküste, sondern auch an Seen. Die Fischer verfolgen ihn, weil er in Fischteichen oft Schaden anrichtet. Bei uns ist der Vogel geschützt.

In manchen Ländern setzt man Kormorane zum Fischfang ein. Man legt ihnen einen Ring um den Hals, damit sie die Fische nicht verschlucken.

**Fregattvogel**
Die Fregattvögel bewohnen die Küsten warmer Meere. Sie sind sehr gute Flieger und ruhen nie auf dem Wasser. Sie fressen Fische, die sie oft anderen Seevögeln abjagen. Das Männchen bläst in der ➔ Balz seinen roten Kehlsack auf.

103

# GÄNSEVÖGEL

**Gänsevögel** Zu den Gänsevögeln gehören rund 150 Arten von Gänsen, Enten und Schwänen. Sie sind alle Wasservögel mit kurzen Beinen. Nur die drei Vorderzehen sind durch Schwimmhäute verbunden. Damit bewegen sich die Vögel im Wasser paddelnd fort. Die Luft zwischen den eingefetteten Federn lässt sie im Wasser nicht untergehen. Gänsevögel sind ausdauernde Flieger.

## Hausgans und Hausente

Weiße Hausgänse gab es schon vor über 4 000 Jahren in Ägypten. Sie stammten von der wilden Graugans ab. Da immer wieder Graugänse im Winter von Norden nach Süden flogen, paarten sie sich auch mit den halbzahmen Hausgänsen. So kam es, dass es auch hellgraue Hausgänse gab. Später hat man verschiedene Rassen gezüchtet. Unsere Hausgans ist heute schneeweiß wie die Federn, die sie für die Betten liefert. Auch die gewöhnliche Hausente ist weiß. Es gibt aber farbige Zuchtrassen.

Der Forscher Konrad Lorenz hat Graugänse studiert. Gänseküken sehen jeden Menschen oder Gegenstand als Mutter an, der sich nach dem Schlüpfen bewegt und Laute von sich gibt. Sie folgen der „Mutter" überallhin.

### Graugans

🌐 Europa, Asien  📏 bis 92 cm

Die Graugans ist eine von fünf Arten der echten Gänse. Sie ist ein intelligentes Tier. Es ist also falsch, jemanden „dumme Gans" zu nennen. Die wachsamen Gänse ersetzen leicht einen Hofhund. Im Winter kommen die Gänse aus dem Norden zu uns. Im Frühjahr fliegen sie in Schwärmen wieder nordwärts. Die Graugans brütet vier bis acht Eier aus. Die Jungen werden auch vom Vater, dem Ganter, bewacht.

**Höckerschwan und Trauerschwan**
Schwäne sind die größten Gänsevögel. Ein ausgewachsener Höckerschwan wird 1,50 m lang und wiegt über 10 kg. Trotz seines Gewichts ist er ein guter Flieger. An unseren Seen leben halbzahme Höckerschwäne das ganze Jahr über. Das Weibchen brütet etwa acht Eier aus. Das Gefieder der Jungen ist bräunlich und wird erst später weiß. Der Trauerschwan hat seinen Namen nach dem schwarzen Gefieder. Er kommt in Australien in Schwärmen vor. Bei uns sieht man ihn manchmal als Ziervogel auf Parkteichen.

GÄNSEVÖGEL/LAPPENTAUCHER

## Brautente

🌐 Nordamerika
↕ bis 50 cm

*Das Männchen ist der Erpel.*

Enten verlieren im Unterschied zu den Gänsen zweimal im Jahr ihre Federn. Sie sind auch viel bunter als Gänse. Eine der auffälligsten Färbungen hat der Erpel der Brautente. Die Weibchen sind dagegen unscheinbar und dadurch gut getarnt. Die Brautente fliegt wie die Stockente auch auf Bäume. Sie nistet sogar in Baumhöhlen.

## Stockente

🌐 Europa, Afrika, Asien  ↕ bis 65 cm

Die Stockente ist die bekannteste Wildente. Man trifft sie das ganze Jahr über an allen Gewässern. Sie seiht mit dem Schnabel das Wasser nach Futter ab. Beim Gründeln macht sie einen Kopfstand im Wasser und streckt das Hinterteil hoch. Von Oktober bis Mai zeigt der Erpel sein Prachtkleid.

# Lappentaucher

Die Lappentaucher bilden eine Vogelgruppe mit 20 Arten, die über die ganze Erde verbreitet sind. Sie besitzen keine Schwimmhäute wie andere Wasservögel, sondern unregelmäßig geformte Hautlappen an den Zehen. Daher hat man sie Lappentaucher genannt. Sie heißen auch Steißfüße, weil ihre Beine weit hinten am Rumpf fast unter dem Steiß sitzen.

## Haubentaucher

🌐 Asien, Australien, Europa  ↕ bis 48 cm

Der Haubentaucher war auf unseren Seen früher fast verschwunden. Heute ist er wieder häufiger, denn er darf nicht mehr gejagt werden. Haubentaucher fallen vor allem bei der ➔ Balz auf: Bevor sich die Vögel paaren, vollführen sie ein ausgedehntes Liebesspiel auf dem Wasser. Ihr Nest bauen sie meist im Schilfgürtel und nahe am Ufer. Dort brütet das Weibchen etwa vier Eier aus. Wenn die Jungen geschlüpft sind, kriechen sie in das Gefieder der Eltern. Manchmal kann man eine stolze Mutter mit ihren Jungen auf dem Rücken vorbeischwimmen sehen.

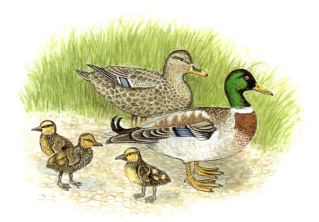

*Ein Stockentenpaar hat jedes Jahr bis zu 15 Junge, die sofort das Nest verlassen. Wie fast alle Enten und Gänse bleiben die Paare ein Leben lang zusammen.*

*Haubentaucher verlassen das Wasser fast nie. Auch ihr Nest schwimmt auf dem Wasser.*

# LAUFVÖGEL

## Laufvögel

Vögel zeichnen sich dadurch aus, dass sie fliegen können. Als einzige Wirbeltiere neben den Fledermäusen haben sie den Luftraum erobert. Nicht alle beherrschen die Kunst des Fliegens. Laufvögel sind zu schwer und können sich nicht vom Boden erheben. Zu ihnen zählt der Strauß und seine Verwandten.

### Strauß

🌐 Afrika  📏 bis 3 m

Der afrikanische Strauß ist der größte lebende Vogel. Er wird so schwer wie zwei erwachsene Männer, und sein Kopf würde sogar den Balkon eines Einfamilienhauses erreichen. Trotz seiner Größe rennt er bis zu 50 Kilometer in der Stunde und nimmt es leicht mit einem Radfahrer auf. Die Strauße leben in der afrikanischen
➜ Savanne. Die Hennen legen bis zu acht Eier. Jedes hat das Gewicht von etwa dreißig Hühnereiern. Die Schale ist so dick wie ein Porzellanteller. Männchen und Weibchen brüten die Eier gemeinsam aus. Straußenähnliche Vögel gibt es auch in anderen Erdteilen: in Südamerika den Nandu und in Australien den Emu.

Ein Straußengelege besteht manchmal aus 40 Eiern von mehreren Hennen. Die Eier werden vom Hahn und den Hennen abwechselnd bebrütet.

### Helmkasuar

Kasuarvögel kommen in Nordaustralien und auf der Insel Neuguinea vor. Sie stehen dem Emu sehr nahe, sind aber kleiner. Der Helmkasuar wird bis zum Scheitel etwa 1,70 m hoch. Er lebt im Wald und ist sehr scheu. An der inneren Zehe trägt der Kasuar eine 10 cm lange messerscharfe Kralle. Das ist eine gefährliche Waffe, mit der dieser Vogel sogar Menschen tödlich verletzen kann.

### Kiwi

🌐 Neuseeland  📏 bis 65 cm

Die Kiwis sind die Wappenvögel Neuseelands. Sie heißen auch Schnepfenstrauße. Kiwis werden etwa so groß wie ein Huhn und haben einen 20 Zentimeter langen Schnabel. Damit stochern sie im Waldboden nach Würmern und Insekten. Ihre Flügel sind nur fünf Zentimeter lang. Die Männchen sind kleiner als die Weibchen.

Das Kiwimännchen übernimmt die ganze Brutpflege. Es baut das Nest und brütet auch die zwei Eier aus, die das Weibchen legt. Jedes Ei wiegt bis zu 450 Gramm.

# STELZVÖGEL, KRANICHVÖGEL UND FLAMINGOS

## Stelzvögel, Kranichvögel und Flamingos

Alle diese Vögel haben sehr lange Beine. Sie schreiten einher wie auf Stelzen. Störche, Reiher und Ibisse sind Stelzvögel. Flamingos und Kranichvögel bilden eigene Gruppen.
Im Unterschied zu den Laufvögeln rennen Stelzvögel bei Gefahr nicht weg, sondern fliegen auf.

### Weißstorch und Schwarzstorch

⊕ Afrika, Europa ▶ bis 1,10 m

Der Weißstorch kommt zu uns, um hier zu brüten. Wenn es kalt wird, fliegt er 10 000 Kilometer weit bis nach Südafrika. Sobald im Frühjahr die ersten Störche zurück sind, beginnt ihre ➔ Balz. Die Männchen legen den Kopf zurück und klappern laut mit dem Schnabel. Sie locken damit ein Weibchen an. Hat sich ein Storchenpaar gefunden, dann baut es einen ➔ Horst. Gemeinsam brütet das Paar nun bis zu fünf Eier aus. Nach etwa vier Wochen schlüpfen die Jungen. Heute sind Störche selten, weil es kaum noch Feuchtwiesen gibt. Viele verfangen sich auch in Überlandleitungen und gehen elend zugrunde.

### Ibis

⊕ Warme Erdteile ▶ bis 1 m

Ibisse sind storchenähnliche Vögel. Man nennt sie auch Sichler. Ihre langen Schnäbel sind wie eine Sichel gekrümmt. Es gibt 20 Arten. Die alten Ägypter verehrten einen schwarzköpfigen Ibis als Gott.

Der Weiße Sichler lebt in Amerika. Er bildet oft große ➔ Kolonien. Wie alle Ibisvögel pickt er Würmer und Schnecken aus dem Schlamm.

Weißstörche suchen die Nähe des Menschen. Sie nisten gern auf einem Wagenrad auf dem Dach. Schwarzstörche sieht man kaum. Sie leben im Wald und kommen nur selten zu uns.

### Schuhschnabel

Seinen Namen hat dieser Vogel Afrikas nach seinem riesigen Schnabel. Er ähnelt in der Form einem arabischen Schuh. Der 1,20 m große Vogel lebt an Sümpfen und wurde erst vor rund 100 Jahren entdeckt. Schuhschnäbel fressen Fische, Schildkröten und sogar frisch geschlüpfte Krokodile. Ihr flaches Nest bauen sie auf einer meterhohen Plattform aus Schilf.

STELZVÖGEL, KRANICHVÖGEL UND FLAMINGOS

## Flamingo
🌐 Afrika, Südeuropa, Indien ➡ bis 1,30 m
Flamingos haben ein weißrosa Gefieder. An afrikanischen Seen und in Südfrankreich bilden sie oft riesige ➜ Kolonien. Aus der Ferne erscheinen die vielen Vögel wie eine rosa Wolke. Flamingos sind gute Flieger. In der Zeit der ➜ Mauser verlieren sie aber alle Federn. Dann entkommen sie Feinden nur noch schwimmend. Die Weibchen bauen ein Nest aus Schlamm, den sie mit dem Schnabel zusammenschieben.

Flamingos filtern die Nahrung aus seichtem Wasser. Dazu halten sie den Schnabel verkehrt herum wie eine Schöpfkelle und pressen das Wasser heraus.

## Rohrdommel
🌐 Afrika, Asien, Europa ➡ bis 76 cm
Manche Leute nennen die Rohrdommel wegen ihres Geschreis auch „Moorochse". Der große Vogel lebt fast unsichtbar im Schilfdickicht an Sümpfen und Seen. Nur mit den dumpfen Lauten, die er ausstößt, macht er sich bemerkbar. Sobald er sich entdeckt glaubt, wird er stumm. Dann nimmt er eine starre Haltung wie ein Pfahl ein. Im Schilfdickicht ist er nun selbst aus nächster Nähe nicht zu erkennen. Die Rohrdommel gehört zu den Reihern. Sie lebt als Einzelgänger und ernährt sich hauptsächlich von Fischen, Fröschen und Wasserinsekten.

Durch die Pfahlstellung ist die Rohrdommel im Schilf kaum zu entdecken. Die Farbe der Federn trägt zusätzlich zur Tarnung bei.

## Kondor
🌐 Südamerika ➡ bis 1,30 m
Der Kondor ist der größte Vogel Südamerikas. Er hat eine Flügelspannweite von fast drei Metern. Man bezeichnet den Kondor als Neuweltgeier und zählt ihn zu den Stelzvögeln. Kondore ernähren sich meist von ➜ Aas, also von toten Tieren. Allerdings ist nicht sicher, ob sie nicht doch auch lebende Tiere angreifen. Im Hochgebirge der Anden kreisen die Kondore fast ohne Flügelschlag um die Gipfel. Sie erspähen ihre Nahrung aus großer Höhe.

Die nackten Hälse der Kondore erinnern an die Geier. Wie unsere Geier leben auch die Kondore von Aas.

# STELZVÖGEL, KRANICHVÖGEL UND FLAMINGOS

## Graureiher

🌐 Afrika, Asien, Europa  ↔ bis 90 cm

Der Grau- oder Fischreiher ist bei Fischern nicht beliebt. Er ernährt sich überwiegend von Fischen und richtet dadurch in Seen und Teichen beträchtlichen Schaden an. Lange hat man ihn deshalb verfolgt und fast ausgerottet. Heute steht er unter ➔ Naturschutz. Graureiher brüten in großen ➔ Kolonien und errichten ihre Nester in den Baumkronen. Dort ziehen die Eltern drei bis fünf Junge auf.

Der Graureiher frisst nicht nur Fische und Frösche, sondern auch Vogeleier, junge Vögel und Mäuse.

## Großtrappe

🌐 Europa, Asien  ↔ bis 1 m

Die Großtrappe ist der größte Brutvogel in Mitteleuropa. Sie bewohnt Steppen und Moore und fliegt nur selten auf. Wenn sie gestört wird, rennt sie davon. Sehr eindrucksvoll ist die ➔ Balz des Männchens. Um ein Weibchen anzulocken, verwandelt sich das Männchen in einen bunten Federball, den man nicht mehr als Vogel erkennen kann. In Ostdeutschland gab es früher noch viele Großtrappen. Heute sind diese Bodenvögel bei uns fast ausgerottet. Sie stehen unter ➔ Naturschutz.

Großtrappen sind die schwersten flugfähigen Vögel. Der Hahn der Großtrappe wird 1 m groß und über 20 kg schwer. Die Weibchen sind kleiner und wiegen nur etwa 5 kg. Die scheuen Vögel leben in Trupps zusammen und zählen zu den Kranichvögeln.

## Kronenkranich

🌐 Afrika  ↔ bis 95 cm

Der afrikanische Kronenkranich gehört zu den farbenprächtigsten Kranichvögeln. Wie alle Kraniche führt er oft ausgedehnte Tänze vor. Früher hielt man die Tänze für Balzspiele der Männchen, die Weibchen anlocken sollen. Doch auch die Weibchen und die Jungvögel tanzen das Jahr über. Der Kronenkranich ist der einzige Kranich, der auch auf Bäumen ein Nest baut. Meist legt er es aber auf dem Boden an.

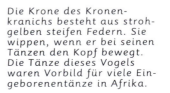

Die Krone des Kronenkranichs besteht aus strohgelben steifen Federn. Sie wippen, wenn er bei seinen Tänzen den Kopf bewegt. Die Tänze dieses Vogels waren Vorbild für viele Eingeborenentänze in Afrika.

# GREIFVÖGEL

## Greifvögel
Die Greifvögel jagen und töten Tiere. Dafür sind sie besonders ausgestattet. Sie haben krumme Schnäbel und kräftige Beine mit spitzen Krallen. Greifvögel kreisen lange in der Luft und erspähen mit scharfen Augen ihre Beute unten auf dem Boden. Dann stürzen sie sich in die Tiefe und schlagen zu.

### Weißkopfseeadler
🌐 Nordamerika ↕ bis 1 m

Seeadler ernähren sich nicht nur von Fischen. Sie schlagen auch Junggänse, Enten und andere Wasservögel. Der Weißkopfseeadler hat es besonders auf Lachse abgesehen. Diese jagt er an der Küste des Pazifischen Ozeans. Er brütet aber an den großen Seen im Landesinneren. Das Weibchen legt zwei bis drei Eier. Immer seltener schlüpfen daraus auch Junge. Denn viele Fische enthalten Umweltgifte. Das Gift in der ➔ Nahrungskette sammelt sich im Vogel und die Eier sind unfruchtbar. So droht dieser Adler auszusterben.

### Steinadler
🌐 Asien, Europa ↕ bis 96 cm

Der Steinadler gilt als König der Lüfte. Seine gewaltigen Schwingen haben eine Spannweite von über zwei Metern. Der Vogel ist so stark, dass er in seinen Fängen leicht ein Lamm davontragen kann. Oft kreist er stundenlang am Himmel, bis er eine Beute erspäht hat. Dann stürzt er sich mit vorgestreckten Fängen in die Tiefe und schlägt zu. Nur noch wenige Paare dieses Vogels leben in den Alpen. Sie bauen ihren ➔ Horst auf einen Fels. Das Weibchen brütet dort zwei Eier aus. Die Geschwister streiten sich oft um das Futter, und der Schwächere wird aus dem Nest geworfen.

Der Steinadler ist der stärkste Greifvogel. In weiten Teilen Europas ist er ausgerottet. In den Alpen haben wenige Paare überlebt.

### Habicht
🌐 Nordafrika, Europa, Asien, Nordamerika ↕ bis 61 cm

Der Habicht hat eine Flügelspannweite von bis zu 1,20 Metern. Damit ist er nach dem See- und Steinadler unser drittgrößter Greifvogel. Das Männchen ist viel kleiner als das Weibchen. Der Habicht schlägt vor allem Vögel. Diese rupft und zerschneidet

Der Weißkopfseeadler ist der Wappenvogel der USA. Man findet ihn heute vor allem an den großen Flüssen Kanadas, wo er Lachse fängt.

Die Fänge des Weißkopfseeadlers tragen wie bei jedem Greifvogel scharfe Krallen.

# GREIFVÖGEL

er mit dem Schnabel, bevor er sie frisst. Da Habichte oft Hühner schlagen, hat man sie gejagt und fast ausgerottet. Wie alle Greifvögel ist der Habicht heute geschützt.

Der Habicht beobachtet von seinem Ansitz aus die Umgebung. Ihm entgeht keine Beute.

## Mäusebussard

🌐 Afrika, Asien, Europa 📏 bis 56 cm

Der Mäusebussard ist bei uns der häufigste Greifvogel. Er brütet meist im Wald. Man sieht ihn aber fast nur auf Feldern, wo er auf Telefonmasten oder Bäumen ansitzt. Seinen scharfen Augen entgeht kaum eine Maus, die über den Boden huscht. Erspäht der Bussard nicht genug Mäuse, dann sucht er am Boden auch nach Insekten, Würmern, Fröschen und Schlangen.

## Wanderfalke

🌐 Alle Erdteile 📏 bis 52 cm

Der Wanderfalke ist das schnellste Tier der Welt. Der kleine Greifvogel erreicht im Sturzflug eine Geschwindigkeit von etwa 300 Stundenkilometern. Seine Beutetiere sind Vögel, die er im Flug schlägt. Dazu zählen vor allem Tauben und Rebhühner, aber auch Singvögel. Er bohrt ihnen die Krallen in den Rücken. Dann bricht er ihnen mit einem Schnabelhieb das Genick. Lange wurden die Wanderfalken gejagt und abgeschossen. Heute sind sie wie alle Greifvögel bei uns geschützt. Der Wanderfalke wird auch als Edelfalke bezeichnet. Der Mensch hat den Edelfalken seit Jahrtausenden als Jagdgehilfen eingesetzt. Schon die alten Ägypter jagten mit abgerichteten Falken. Man nennt diese Art der Jagd Beizjagd.

*Falken bauen meist keine eigenen Nester. Sie belegen oft die Horste anderer Greifvögel oder brüten auf Felsvorsprüngen und in Baumhöhlen.*

Allein während der Brutzeit jagt ein Bussardpaar etwa 1000 Feldmäuse.

# GREIFVÖGEL

## Schmutzgeier
🌐 Afrika, Asien, Europa  ▶ bis 70 cm

Der Schmutzgeier ist der kleinste Geier. Der etwa rabengroße Vogel frisst außer ➔ Aas alle Arten von Abfällen. Er lebt in der Nähe menschlicher Siedlungen und ist als Gesundheitspolizist gern gesehen. Ohne die Arbeit dieses Vogels würden in südlichen Ländern viele Krankheiten ausbrechen. Schmutzgeier brüten in einer Felswand oder auf Häusern. Für ihre zwei Jungen bauen sie einen großen ➔ Horst.

Der Schmutzgeier ist einer der wenigen Vögel, die Werkzeuge benutzen. Um Straußeneier zu öffnen, lässt er Steine daraufallen.

## Gänsegeier
🌐 Asien, Afrika, Europa  ▶ bis 1 m

Der Gänsegeier hat eine Flügelspannweite von 2,40 Metern. Er lebt vorwiegend im Gebirge und kommt auch in den Alpen vor. Diese großen Geier finden sich immer in Gruppen an toten Tieren ein. Sie fressen nur deren Fleisch und die Eingeweide. Die Knochen lassen sie liegen. Darüber machen sich danach die Schmutzgeier her. Die meisten Geier haben nackte Hälse, damit sie sich bei ihrem blutigen Geschäft nicht zu sehr verschmutzen. Der Gänsegeier

Der Gänsegeier hat wie alle Geier schwache Fänge und Krallen. Geier töten und greifen keine Tiere wie die Adler oder Habichte.

trägt nur eine weiße, pelzartige Halskrause. Gänsegeier brüten gemeinsam auf Felsen. Jedes Paar hat gewöhnlich nur ein Ei im Nest. Die Jungen sind ➔ Nesthocker. Sie bleiben bis zu vier Monate im Nest und werden von den Altvögeln gefüttert.

## Sekretär
🌐 Afrika  ▶ bis 1,30 m

Der Sekretär ist ein ungewöhnlicher Greifvogel. Er wird etwa so hoch wie ein Storch und hat eine Flügelspannweite von fast zwei Metern. Seinen Namen hat er von den Federn am Kopf. Sie erinnern an einen Federhalter, den ein Schreiber sich hinter das Ohr steckt. Der Sekretär schreitet meist gemessen dahin und fliegt nur selten auf. Seine Hauptnahrung sind Schlangen.

Der Sekretär wagt sich sogar an die giftige Kobra. Er springt sie mit den Fängen an und packt den Kopf mit dem Schnabel.

112

TAUBEN

## Tauben
Die Tauben sind über die ganze Erde verbreitet. Es gibt über 300 Arten, von denen aber nur fünf in Mitteleuropa brüten. Tauben waren einst scheue Waldvögel. Heute bevölkern sie Parks, Gärten und Städte und werden dort oft zur Plage.

*Fächertauben brüten häufig nur ein Junges aus. Der Vater sitzt tagsüber auf dem Ei, die Mutter nachts.*

### Fächertaube
🌐 Neuguinea ▸ bis 73 cm

Die Fächertaube ist die größte Taube. Sie wird größer als ein Huhn. Die Fächertauben halten sich tagsüber vorwiegend am Boden auf. Dort suchen sie Beeren und andere Früchte. Möglicherweise fressen sie auch Insekten. Die Fächertauben hat man wegen ihres Fleisches viel gejagt und fast ausgerottet. Auch auf ihre Federkronen als Schmuck hatte man es abgesehen.

### Felsentaube
Die 33 cm große Felsentaube bewohnt Klippen an Meeresküsten oder felsige Gebirge. Dort brütet sie mehrmals im Jahr zwei weiße Eier aus. Sie ist die Stammform aller Haustauben, von denen es über hundert → Rassen gibt. Man trifft sie heute häufig in Städten an.

### Prachttaube
Die Prachttauben zählen zu den schönsten Vögeln. Es gibt mehrere Arten. Sie kommen auf den indonesischen Inseln, auf Neuguinea und auch in Nordaustralien vor. Prachttauben werden bis zu 24 cm lang. Obwohl sie auffällig gefärbt sind, fallen sie im Wald kaum auf. Sie ernähren sich ausschließlich von Früchten, vor allem von Beeren.

###  Ein Brief mit der Taube

Das Züchten von Tauben ist heute ein Hobby. Schon im Altertum wurden Tauben gezüchtet. Sie dienten als Opfertiere für die Götter. Sehr hoch angesehen waren reinweiße Tauben. Die weiße Taube gilt als Symbol des Friedens. Reisetauben wurden schon in der Römerzeit zur Beförderung von Briefen eingesetzt. Dazu nahm man die Brieftauben in Körben mit auf die Reise. Wollte man einen Brief verschicken, dann band man der Taube ein Röllchen mit der Nachricht ans Bein und ließ sie fliegen. Brieftauben legen bis zu 1000 Kilometer am Tag zurück. Selbst aus so großer Entfernung finden sie in ihren Taubenschlag zurück.

113

HÜHNERVÖGEL

# Hühnervögel
Der bekannteste Hühnervogel ist unser Haushuhn. Es stammt von dem wilden Bankivahuhn ab. Wildhühner sind über die ganze Erde verbreitet. Es gibt rund 270 Arten. Sie sind überwiegend Bodenvögel, die meist besser laufen als fliegen können. Hühnervögel bauen ihre Nester am Boden. Die Jungen verlassen das Nest sofort nach dem Schlüpfen.

### Edelfasan
🌐 Asien, Europa ▶ bis 89 cm
„Edel" nennen die Menschen meist Tiere, die für sie als Jagdbeute interessant sind. Der Fasan gehört dazu. Er heißt auch Jagdfasan. Dieser Hühnervogel stammt ursprünglich aus Asien. Die Römer brachten

Der bei uns lebende Edelfasan ist nur eine Art von Fasanenvögeln. Es gibt über 20 Arten.

ihn als Ziervogel nach Europa. Man ließ die Fasanen später frei. Sie verwilderten und wurden bei uns heimisch. Seitdem sind sie ein wichtiges Jagdwild. Im Herbst, wenn die Felder abgeerntet sind, beginnt die Jagd auf die Fasanen. Die Vögel leben auf offenen Feldern, wo sie auch ihre Nahrung aus Körnern finden. Die Henne brütet im Nest am Boden bis zu zwölf Eier aus.

### Birkhuhn
🌐 Asien, Europa ▶ bis 53 cm
Das Birkhuhn ist heute bei uns selten. Es lebt auf der Heide und im Moor, aber auch im Gebirge. Weil Birkhühner Federn bis an die Zehen haben, zählt man sie zu den Raufußhühnern. Die ➔ Balz der Birkhähne findet in der Morgendämmerung statt. Dann hört man ihr „Kollern" von weitem. Sobald die Sonne aufgeht, verstummen sie.

Der Birkhahn war ein begehrtes Jagdwild. Heute ist die Jagd auf Birkhühner verboten.

### Wachtel
Die Wachtel ist der kleinste Hühnervogel. Sie wird etwa so groß wie eine Amsel und ähnelt dem Rebhuhn. Wie der Fasan lebt sie auf Feldern, wo sie ihre Nahrung findet. Und wie dieser wird sie gejagt und gegessen. Im Gegensatz zu den meisten Hühnervögeln ist die Wachtel ein ➔ Zugvogel, der im Winter nach Afrika fliegt. Sie kommt außer in Europa auch in Asien vor.

# HÜHNERVÖGEL

## Auerhuhn

🌐 Europa, Nordasien ↕ bis 1,10 m

Der Auerhahn ist unser größtes Wildhuhn. Der Hahn wird etwa zwanzig Zentimeter größer als die Henne und ist viel bunter. Tagsüber sucht er am Boden nach Futter. Neben Kräutern und Samen frisst er auch Tannennadeln und Insekten. Nachts fliegen die Auerhühner auf einen Baum, wo sie schlafen. Man nennt das „Aufbäumen". Die Hähne leben allein. Sie treffen die Weibchen nur, um sich mit ihnen zu paaren.

Der Auerhahn spreizt bei der ➔ Balz die Schwanzfedern und lässt ein leises Lied ertönen. Die Balz beginnt auf einem Baum.

## Bankivahuhn

🌐 Asien ↕ bis 70 cm

Das Bankivahuhn ist mit den Fasanen verwandt und kann recht gut fliegen. Die Hühner leben in Südostasien im Regenwald, aber auch in lichten Wäldern und Steppen. Meist scharen sich bis zu fünfzig Vögel in einer Gruppe zusammen. Zu den bunten Hähnen gehören je drei bis fünf braun gestreifte Hennen. Jede von ihnen legt etwa sechs Eier, aus denen die Küken schlüpfen. Sie können schon nach einer Woche fliegen. Bankivahähne führen heftige Kämpfe um die Weibchen aus. In Asien veranstaltet man mit verschiedenen Bankivarassen Hahnenkämpfe. Die Vögel fügen sich dabei oft blutige Wunden zu.

Der Bankivahahn fällt durch seine langen, gebogenen Schwanzfedern auf. Sie erinnern an unsere Haushähne. Der Bankivahahn trägt die Federn aber nur während der ➔ Balz als Hochzeitskleid.

## Vogelgrippe

Die Vogelgrippe ist eine Tierkrankheit, die vor allem für Vögel wie zum Beispiel Hühner, Puten, Enten und Schwäne gefährlich ist. Sie wird durch einen winzigen Krankheitserreger – ein Virus – übertragen. Erkrankte Tiere machen einen geschwächten Eindruck, fliegen nicht mehr richtig und bewegen sich komisch. In seltenen Fällen können sich auch andere Säugetiere wie beispielsweise Katzen und Schweine oder sogar Menschen anstecken, und zwar dann, wenn sie mit dem Blut, dem Speichel oder dem Kot kranker Vögel in Berührung kommen. Man sollte deshalb vorsichtshalber nicht mit wilden Vögeln spielen, kranke oder tote Tiere nicht anfassen und auch keine Federn aufheben.

# HÜHNERVÖGEL

**Alpenschneehuhn**
Das Alpenschneehuhn kommt in Ländern nahe dem Nordpol und im Hochgebirge vor. Im Winter hat es ein schneeweißes Federkleid. Dadurch ist es in Eis und Schnee gut getarnt.

## Truthuhn
🌐 Nordamerika   ▶ bis 1,25 m

Wilde Truthühner gibt es nur in Amerika. Sie wurden dort von den Indianern gejagt. In Mittelamerika haben die Indianer sie schon früh gezähmt. Vor 400 Jahren brachte man die Truthühner auch nach Europa und züchtete sie hier. Seither gehören sie zu unserem Hausgeflügel. Sie werden so schwer wie Schwäne und wiegen bis zu 10 Kilogramm. In der ➜ Balz spreizt das Männchen sein Gefieder und den Schwanz und wirkt so noch größer. Man nennt das ➜ Imponiergehabe. Die Hähne bekämpfen sich dann erbittert.

## Pfau
🌐 Indien   ▶ bis 2,20 m

Der Pfau ist einer der größten Hühnervögel. Besonders beeindruckend ist der bis zu 1,40 Meter lange Schwanz, den das

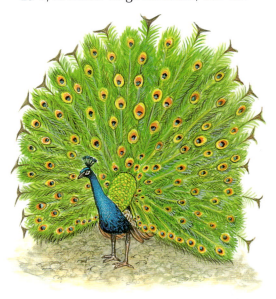

Die Schwanzschleppe des Pfauenmännchens besteht aus rund 150 langen Deckfedern.

Männchen wie die Schleppe eines Kleides hinter sich herzieht. In der ➜ Balz schlägt der Pfau ein Rad, indem er seine Schwanzfedern aufstellt. Dabei stößt er Laute aus, die wie das Miauen einer Katze klingen. Auf diese Weise versucht er, möglichst viele Hennen zu beeindrucken und sie zur Paarung zu bewegen. In Indien leben wilde Pfauen im Dschungel. Dort warnen sie mit ihrem Geschrei andere Tiere vor gefährlichen Räubern wie dem Tiger.

Truthühner heißen auch Puten. Die Zuchtformen sind weiß oder schwarzgrau, wie hier. Nur die männlichen Puter schlagen ein Rad.

# HÜHNERVÖGEL

**Perlhuhn**
Das Perlhuhn lebt wild in Afrika und Arabien. Es gibt mehrere Arten. Sie ziehen in Scharen umher und suchen nach Futter. Nachts fliegen sie zum Schlafen auf Bäume. Schon die Römer brachten Perlhühner nach Europa und machten sie zu Haustieren. Heute findet man die Hühner auf vielen Bauernhöfen in Italien.

## Thermometerhuhn
⊕ Australien ▶ bis 62 cm

Im australischen Busch leben die Thermometerhühner. Ihren Namen haben sie von einer eigenartigen Methode, mit der sie ihre Eier ausbrüten: Der Hahn gräbt mit seinen kräftigen Füßen eine zwei Meter breite Grube in den Boden. Dann scharrt er welkes Laub und Gras hinein und bedeckt alles mit Sand. Die Pflanzen im Komposthaufen fangen an zu faulen, und es wird warm. Jetzt misst das Männchen die Temperatur mit dem Schnabel und öffnet den Brutofen. Bei genau 33 Grad beginnt das Weibchen ein Ei in den Hügel zu legen. Nach jeweils einigen Tagen legt es ein weiteres Ei. Der Hahn verschließt den Brutofen wieder. Es dauert bis zu 70 Tage, ehe die ersten Küken schlüpfen. Die Eltern arbeiten fast zehn Monate lang bei ihrem Brutgeschäft.

*Der Thermometerhahn prüft ständig die Temperatur im Bruthügel. Wenn es zu warm ist, deckt er die Eier ab. Ist es zu kalt, verschließt er den Hügel.*

*Die jungen Hoatzins erinnern mit ihren Flügelkrallen an den Urvogel Archaeopteryx.*

**Hoatzin**
⊕ Südamerika ▶ bis 60 cm

Die Hoatzins oder Schopfhühner leben in den Regenwäldern am Amazonas. Ihre Jungen haben zwei bewegliche Krallen an den Flügeln, mit denen sie sich an Ästen festhalten. Obwohl die Jungen noch nicht fliegen können, lassen sie sich bei Gefahr ins Wasser fallen. Dann klettern sie wieder auf ihren Baum. Die Vögel ernähren sich von harten Blättern, die sie in ihrem Kropf verdauen. Der Brei riecht unangenehm. Daher heißen Hoatzins auch Stinkvögel.

# MÖWEN UND ALKEN

## Möwen und Alken
Möwen sind Meeresvögel. Viele haben sich weit in das Land verbreitet. Heute trifft man Möwen sogar in Städten an. Sie fressen am liebsten Muscheln und Fisch, nehmen aber auch andere Nahrung und Abfälle auf. Die Alken leben ebenfalls am Meer, fliegen aber nie ins Land. An den Küsten bilden sie Kolonien von Tausenden von Vögeln.

pärchen zieht bis zu vier Junge auf. Diese sind im ersten Lebensjahr braun. Wie alle Möwen sind auch die Lachmöwen Räuber. Mitunter stehlen sie anderen das Futter.

**Feenseeschwalbe**
Seeschwalben sind kleine bis mittelgroße Möwenvögel. Es gibt 40 Arten. Als Einzige ist die Feenseeschwalbe völlig weiß. Sie wirkt geisterhaft, wenn sie am Himmel fliegt. Das hat ihr auch den Namen eingetragen. Feenseeschwalben leben in den Tropen. Sie legen nur ein einziges Ei, entweder auf einen Ast oder auf eine Felsspitze. Es dort auszubrüten, ist ein kleines Kunststück.

Lachmöwe

Silbermöwe

**Silbermöwe**
Die Silbermöwe wird bis zu 70 cm groß. Sie kommt häufig zusammen mit Lachmöwen vor. Die große Möwe frisst alles. Sie plündert in den Seevogelkolonien auch Nester, jagt Jungvögel und kleine Säugetiere. Ihre Jungen füttert sie mit hochgewürgtem Futter aus dem Kropf. Dazu pickt das Junge auf den roten Fleck am Unterschnabel des Altvogels.

## Lachmöwe
🌐 Asien, Europa  📏 bis 41 cm
Die Lachmöwe ist bei uns sehr häufig. Sie brütet in ➔ Kolonien an der Küste und an Seen im Landesinneren. Warum man sie Lachmöwe nennt, ist nicht genau bekannt. Mit ihrem Geschrei hat es nichts zu tun. Man erkennt sie gut an ihrem dunkelbraunen Kopf. Im Winterkleid ist diese Färbung nicht vorhanden. Ein Lachmöwen-

## Papageitaucher
🌐 Nördliche Meere  📏 bis 37 cm
Der Papageitaucher ist ein weit verbreiteter Alkenvogel. Mit seinem dreieckigen Schnabel fängt er Fische. Papageitaucher brüten in ➔ Kolonien mit Möwen und anderen Seevögeln. Das Weibchen legt sein einziges Ei in eine Kaninchenröhre oder eine Felsspalte. Oft gräbt es selbst eine Röhre. Beide Eltern brüten etwa vierzig Tage lang das Ei aus.

In der Brutzeit ist der Schnabel des Papageitauchers stark verbreitet. Er klemmt hier die gefangenen Fische ein, die er dem Jungen bringt.

# WATVÖGEL

**Watvögel** Zu den Watvögeln zählen zwölf Familien ganz unterschiedlich großer Vögel. Sie haben alle im Verhältnis zum Körper recht lange Beine. Die meisten von ihnen leben nahe am Wasser, an der Meeresküste, an Flüssen und Seen oder auch im Sumpf.

### Blaustirn-Blatthühnchen

🌐 Afrika  ↕ bis 25 cm

Es gibt acht Arten von Blatthühnchen. Sie leben in den warmen Gebieten der Erde, etwa in Südamerika, in Australien und in

**Bekassine**
Die Bekassine heißt auch Sumpfschnepfe. Sie hat noch einen Namen: Himmelsziege. Diesen bekam sie wegen der meckernden Laute, die sie beim Fliegen erzeugt. Sie fliegt bei der → Balz hoch in den Himmel und stürzt dann plötzlich wie ein Stein nach unten. Dabei machen die Schwanzfedern das eigenartige meckernde Geräusch. Bekassinen leben im Norden Europas, Amerikas und Asiens.

### Kiebitz

🌐 Asien, Europa  ↕ bis 32 cm

Der Kiebitz kommt zeitig im Frühjahr vom Mittelmeer oder aus England zu uns, um hier zu brüten. Dann sieht man seine tollkühnen Flugkünste, mit denen er das Weibchen beeindrucken will. Das Männchen scharrt in den Boden mehrere Nistmulden, bis sich das Weibchen für eine entscheidet und das

Früher hat man dem Kiebitz die Eier aus dem Nest geholt und sie als Delikatessen verkauft. Heute ist das verboten, und der Vogel ist geschützt.

Das etwa amselgroße Blatthühnchen kann an Land nur schlecht laufen. Dafür schwimmt und taucht es aber gut.

Indien. Zwei Arten kommen in Afrika vor, darunter das Blaustirn-Blatthühnchen. Es hat wie alle Blatthühnchen ungewöhnliche Füße: Die Zehen und Krallen sind nämlich so lang, dass sie den leichten Vogel gut unterstützen. So sinkt er beim Laufen über Seerosenblätter kaum ein. Mit dem langen pinzettenartigen Schnabel pickt das Blatthühnchen Wasserinsekten auf. Dabei wendet es mit den Füßen die Blätter um.

Nest darin auspolstert. Sobald das Weibchen seine drei bis vier Eier gelegt hat, greift das Männchen jeden an, der dem Nest zu nahe kommt. Im Juni sind die Jungen flügge. Dann tritt der Kiebitz meist die Reise in andere Gebiete an.

# KUCKUCKE

## Kuckucke

Die rund 130 Kuckucksarten haben ihren Namen vom Ruf unseres Kuckucks. Über ein Drittel von ihnen sind Brutschmarotzer. So nennt man Vögel, die ihre Eier in fremde Nester legen und sie von den Wirtseltern ausbrüten lassen. Die Kuckucke wählen nicht immer nur eine Vogelart aus. Vor allem Singvögel sind unfreiwillig Zieheltern.

Der Fratzenkuckuck ernährt sich hauptsächlich von Insekten, frisst aber auch Früchte.

### Europäischer Kuckuck

🌐 Europa  📏 bis 35 cm

Der Kuckuck ist ein Waldvogel. Man kann ihn aber auch in Parks sehen. Im Mai, wenn die Brutzeit beginnt, hört man ihn häufig rufen. Das Weibchen legt dann

Der junge Kuckuck ist oft viel größer als die Pflegeeltern. Hier füttert ihn eine Grasmücke.

jeweils ein Ei in ein fremdes Nest. Da der Kuckuck eines der Eier des Wirtsvogels hinauswirft, merkt dieser nichts. Sobald das Kuckucksjunge geschlüpft ist, beginnt es, alle im Nest befindlichen Eier und Vogeljunge hinauszuwerfen. Schließlich sitzt es allein im Nest. Es sperrt seinen großen roten Rachen auf und bekommt nun das ganze Futter. Nach drei Wochen ist der Kuckuck schon fünfzig Mal so schwer wie nach dem Schlüpfen.

### Fratzenkuckuck

🌐 Australien  📏 bis 60 cm

Der Fratzenkuckuck ist die größte aller Kuckucksarten. Mit seinem kräftigen Schnabel erinnert er an einen Nashornvogel. Er legt seine zwei Eier mit Vorliebe in das Nest von Krähen. Auch Elstern müssen als Pflegeeltern herhalten. Die heranwachsenden Jungen versuchen bald, sich gegenseitig aus dem Nest zu drängen.

### Erdkuckuck

Der nordamerikanische Erdkuckuck wird etwa 60 cm lang. Er ist ein Bodenvogel, der viel besser laufen als fliegen kann. Unentwegt ist er auf den Beinen und sucht Heuschrecken, Schnecken, ja sogar Mäuse und andere Vögel. Gelegentlich frisst er auch junge Klapperschlangen. Der Erdkuckuck baut selbst ein Nest und brütet seine Eier auch selbst aus.

# TROGONS

## Trogons

Die Trogons gehören neben den Papageien zu den farbenprächtigsten Vögeln der Erde. Die meisten haben einen grünen Rücken, der metallisch glänzt. Sie bewohnen die Regen- und Bergwälder in den heißen, tropischen Gebieten. Als echte Baumvögel legen sie wie die Spechte Bruthöhlen in Bäumen an.

### Quetzal

🌐 Mexiko, Mittelamerika  ↔ bis 40 cm

Der Quetzal fällt durch seine überlangen Deckfedern am Schwanz auf. Sie werden über einen Meter lang und wirken wie eine Schleppe an einem Brautkleid. Nach jeder Brutzeit werden die Federn erneuert.

### Der Göttervogel

Bei den Maya und den Azteken galt der Quetzal als heiliger Vogel. Er war dem Gott Quetzalcoatl geweiht, der Gefiederten Schlange. Das Bild dieses Gottes wurde mit den metallisch glänzenden Schwanzfedern des Quetzalvogels geschmückt. Die indianischen Herrscher trugen die Federn auch in ihrer Krone. Sie hatten sogar Umhänge aus Quetzalfedern. Ihren Untertanen war es verboten, Federn dieses Vogels zu besitzen.

*Der Quetzal ist heute außerordentlich selten. Obwohl er streng geschützt ist, wird er wegen seiner Schwanzfedern verfolgt.*

Nur das Männchen besitzt die prachtvollen Schwanzfedern. Das Weibchen legt meist zwei hellblaue Eier in eine Baumhöhle. Diese Nisthöhle wird nicht ausgepolstert. Die beiden Alten wechseln sich beim Brüten ab. Sie füttern die Jungen mit Insekten, Fröschen und Eidechsen. Die erwachsenen Vögel fressen dagegen überwiegend Früchte.

### Grüntrogon

🌐 Mittelamerika  ↔ bis 28 cm

Der Grüntrogon unterscheidet sich von vielen seiner Artgenossen durch seinen auffällig gelben Bauch. Der Vogel ist etwa so groß wie unsere Drossel. Er legt seine Nisthöhle in vermoderten Bäumen oder auch in einem leeren Wespennest an. Dort brütet das Weibchen bis zu drei Eier aus.

*Wenn Trogons auf einem Ast sitzen, zeigen ihre langen Schwänze fast senkrecht nach unten.*

121

# PAPAGEIEN

**Papageien** Die Papageien zählen zu den auffälligsten Vögeln. Wir sind beeindruckt von ihrer Fähigkeit, Laute und sogar die menschliche Stimme nachzumachen. Wegen dieser Eigenschaft und wegen ihrer bunten Federn hat man Papageien seit jeher in Käfigen gehalten. Heute sind die meisten Käfigpapageien Zuchtvögel. In Freiheit leben Papageien vor allem in den tropischen Regenwäldern.

### Tipps für deinen Wellensittich

Wellensittiche sind gesellige Vögel. Halte daher möglichst nicht nur einen Vogel im Käfig. Er wird leicht trübsinnig. Am besten nimmt man ein Pärchen, da sich zwei Männchen oft bekämpfen. Man sollte keinen Spiegel in den Käfig hängen. Wenn sich ein Männchen darin erblickt, hält es sich für seinen ➔ Rivalen.

### Wellensittich

🌐 Australien ↔ bis 20 cm

Grüngelbe Wellensittiche sind in Australien recht häufig. Sie bewohnen die Grasländer und brüten dort das ganze Jahr über. Die Vögel sind sehr gesellig und bilden oft große Schwärme. Vor über 150 Jahren wurden sie nach Europa gebracht und hier gezüchtet. Seither gibt es Wellensittiche in vielerlei Farbtönen, auch blaue und weiße. Diese Kleinpapageien sind besonders zutraulich und sprechbegabt. Manche können ganze Sätze nachplappern.

Wie alle Papageien hat auch der Blauwangenlori Kletterfüße mit zwei nach hinten gerichteten Zehen, um sich an Ästen festzuhalten.

### Blauwangenlori

🌐 Australien ↔ bis 28 cm

„Lora" ist ein beliebter Name für einen Papagei. Er erinnert an die Gruppe der Loris. Diese bunten Vögel heißen auch Pinselzungenpapageien. Sie haben an der Zungenspitze Hornborsten, mit denen sie Baumsäfte und ➔ Nektar aufnehmen. Außerdem fressen sie süße Früchte. Blauwangenloris fallen oft in Scharen in Obstplantagen ein.

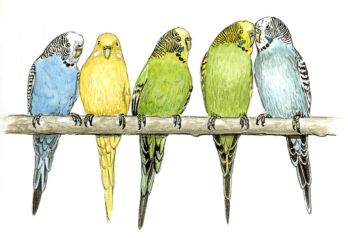

Wellensittiche haben ihren Namen von den dunklen Wellenlinien auf ihrem Gefieder. Auf der Halsseite haben sie vier blaue Flecken.

# PAPAGEIEN

*Der Gelbhaubenkakadu zählt zu den größten Papageien Australiens.*

## Gelbhaubenkakadu

🌐 Neuguinea, Australien  ↔ bis 50 cm

Der Gelbhaubenkakadu war früher ein beliebter Käfigvogel. Heute ist er in Europa sehr selten, da er nicht mehr gefangen werden darf. In Australien kommen diese Kakadus noch in größerer Anzahl vor. Sie kreischen wie Eichelhäher. Gelbhaubenkakadus können über 80 Jahre alt werden.

## Kakapo

🌐 Neuseeland  ↔ bis 64 cm

Der Kakapo ist ein Eulenpapagei. Sein Gesicht hat Ähnlichkeit mit dem einer Schleiereule. Wie diese ist auch er ein Nachtvogel. Eulenpapageien können nicht fliegen. Sie laufen im Dunkeln umher und suchen nach Nahrung. Dabei erklimmen sie mit ihren Kletterfüßen Bäume, um Früchte zu fressen. Die einheimischen Maori auf Neuseeland jagten früher Kakapos wegen deren Federn. Sie machten daraus Mäntel für die Häuptlinge.

## Arakanga

🌐 Südamerika  ↔ bis 90 cm

Der feuerrote Arakanga gehört zu den größten Papageien, den Aras. Er lebt in den Wäldern Südamerikas und ist ein echter Baumbewohner. Sein kräftiger Schnabel dient ihm beim Klettern als dritter Fuß. Er kann sich damit minutenlang an einem Ast festhalten oder sich auch hochziehen. Mit dem Schnabel knacken die Aras selbst harte Nüsse. Ihre Hauptnahrung besteht aber aus Früchten und Beeren. Auf der Suche nach Futter fliegen sie täglich in großen Schwärmen umher. Nachts kehren sie zu ihren Schlafbäumen zurück. Wegen ihrer Schönheit sind Arakangas und andere Aras sehr begehrt. Liebhaber bezahlen für sie hohe Preise. Obwohl es verboten ist, werden immer wieder Jungvögel gefangen.

*Der Kakapo droht auszusterben, da verwilderte Hunde und Ratten seine Eier fressen.*

*Die bunten Schwanzfedern der Aras sind bei den Urwaldindianern heute noch ein begehrter Kopfschmuck.*

# EULENVÖGEL

## Eulenvögel

Die Eulen sind Nachtvögel. Wir bekommen sie kaum zu Gesicht. Meist hören wir sie nicht einmal, denn sie fliegen fast geräuschlos. Nur ihren Ruf vernehmen wir ab und zu. Manche abergläubischen Menschen sagen, der Totenvogel ruft, wenn sie einen Steinkauz hören. Denn sie glauben, sein Schrei bringe Unglück und Tod.

### Schleiereule

🌐 Alle Erdteile  ↔ bis 34 cm

Die Schleiereulen bilden eine Familie mit neun Arten. Unsere Schleiereule nistet in alten Häusern, Burgruinen oder auch Kirchtürmen. Im April oder Mai legt das Weibchen etwa sechs Eier auf eine Mauer oder in das Gebälk und beginnt zu brüten. In dieser Zeit wird es vom Männchen mit Mäusen gefüttert. Nach 30 Tagen schlüpfen die Jungen aus. Jetzt gehen beide Eltern auf Jagd, um die Brut zu füttern. Sie fliegen nachts umher und fangen Mäuse und Spitzmäuse.

*Schleiereulen haben scharfe Augen und Ohren. Der Schleier in ihrem Gesicht wirkt wie ein Schalltrichter, in dem sich Geräusche fangen.*

### Waldkauz

🌐 Asien, Europa, Nordafrika  ↔ bis 42 cm

Der Waldkauz ist unsere häufigste Eule. Seinen tiefen Ruf hört man weithin. Oft antworten viele Weibchen. Dann kommt es zu einem schauerlichen Geheule. Der Waldkauz nistet in Baumhöhlen, verlassenen Vogelnestern und sogar in Fuchsbauten. Er geht nur nachts auf Jagd nach Mäusen und vielen anderen Tieren. Da er sich gelegentlich an schlafenden Vögeln vergreift, ist er bei allen Waldvögeln verhasst. Sobald er sich am Tag zeigt, verfolgen sie ihn.

*Der Speisezettel des Waldkauzes ist vielfältig. Welche Beutetiere er frisst, sieht man am Gewölle. So nennt man die unverdauten Reste, die Eulen und auch Greifvögel nach einer Mahlzeit auswürgen. Dazu gehört das Fell des Beutetieres.*

### Uhu

🌐 Afrika, Asien, Europa  ↔ bis 73 cm

Der Uhu ist unsere größte Eule. Er hat eine Flügelspannweite von 1,70 Metern. Der große Nachtvogel ist heute stark bedroht, da er kaum noch geeignete Lebensräume findet. Er braucht ruhige Waldgebiete mit Felsen und Schluchten. Um ihn vor dem Aussterben zu bewahren, steht er unter ➔ Naturschutz. Der Uhu ist sehr kräftig. Er kann auch ein junges Reh schlagen. Zu seinen Beutetieren gehören neben Mäusen, Ratten, Igeln und Kaninchen auch Vögel und sogar Fische. Die größte

# EULENVÖGEL

VÖGEL

Der Uhu hat seinen Namen nach seinem Ruf. Das dumpfe „Bu-u" hört man sehr weit. In Deutschland gibt es nur noch etwa 100 Uhupaare. Uhus werden bis zu 60 Jahre alt.

## Wie jagen Eulen im Dunkeln?

Eulen sind die einzigen Vögel, deren Augen nach vorne gerichtet sind. Durch das beidäugige Sehen können sie Entfernungen gut abschätzen. Um seitlich zu sehen, können sie den Kopf fast ganz drehen. Eulen haben auch ein außerordentlich feines Gehör. Damit können sie ihre Beutetiere selbst bei völliger Dunkelheit im Blindflug ansteuern.

Eule, der Riesenfischuhu in China und Japan, frisst nur Fische. Unseren Uhu erkennt man an seinen Federohren. Die Federbüschel haben aber nichts mit dem Gehör zu tun. Die Ohröffnungen liegen seitlich am Kopf.

*Die Kanincheneule sieht man auch am Tag. Sie jagt Insekten, Kleintiere und Frösche und greift selbst junge Klapperschlangen an.*

### Kanincheneule
🌐 Amerika  📏 bis 28 cm

Die Kanincheneule hält sich viel am Boden auf. Sie kann mit ihren langen Beinen sehr schnell laufen. Das Weibchen brütet in Erdhöhlen bis zu neun Eier aus. In der Prärie übernimmt sie oft die Baue von Präriehunden oder Füchsen. Bei Gefahr machen Kanincheneulen ein Geräusch wie eine Klapperschlange. Sie scheinen zu wissen, dass diese Giftschlangen gefährlich sind.

### Elfenkauz
Der Elfenkauz ist die kleinste Eule der Welt. Er wird nur 15 cm lang. Elfenkäuze leben vor allem im Südwesten der USA. Dort gibt es viele Säulenkakteen, in die sie ihre Nisthöhlen hacken. Oft übernehmen sie auch die Höhle eines Spechts und ziehen darin bis zu fünf Junge auf. Nachts jagen sie Insekten.

KOLIBRIS UND SEGLERVÖGEL

## Kolibris und Seglervögel

Die Kolibris kommen nur in Amerika vor. Sie sind die kleinsten Vögel der Welt. Manche werden kaum größer als eine Hummel. Kolibris fliegen vorwärts, rückwärts und seitwärts. Und sie können in der Luft stehen bleiben wie ein Hubschrauber. Dazu schlagen sie beim Schwirrflug sehr schnell mit den Flügeln. Auch die mit ihnen verwandten Seglervögel sind hervorragende Flieger.

### Wundersylphe

🌐 Südamerika  ↔ bis 24 cm

Der Schwanz des Wundersylphenmännchen ist fast doppelt so lang wie sein Rumpf. Zwei Schwanzfedern haben sehr lange Kiele mit einer Federfahne. Diese schlagen die Männchen beim Balzflug über dem Rücken zusammen. Der seltene Kolibri galt schon als ausgestorben. Da wurde er in den Anden wieder entdeckt.

Die Wundersylphe holt wie viele Kolibris Nektar aus den Blüten. Dabei wird die Blüte bestäubt.

### Schwertschnabelkolibri

🌐 Mittel- und Südamerika  ↔ bis 20 cm

Der Schwertschnabelkolibri hat im Verhältnis zu seiner Körpergröße von allen Vögeln den längsten Schnabel. Dieser misst über 12 Zentimeter. Damit taucht der Schwertschnabelkolibri tief in Röhrenblüten ein und saugt ➔ Nektar.

Wie alle Kolibris frisst der Schwertschnabelkolibri beim Blütenbesuch auch kleine Insekten.

### Salangane

🌐 Südostasien  ↔ bis 16 cm

Die Salanganen ähneln den Schwalben mehr als den Kolibris. Sie sind Seglervögel. Tausende bauen in dunklen Höhlen ihre Nester aus Speichel an die Decke. Bei Feinschmeckern sind diese sehr begehrt. Sie machen daraus Schwalbennestersuppe.

Um an die Salanganennester zu kommen, klettern die Sammler steile Felswände hinab.

# RACKENVÖGEL

**Rackenvögel** Zu dieser Gruppe von Vögeln gehören viele ganz verschiedene Arten. Alle haben sie große Schnäbel und sind sehr bunt. Sie brüten in Höhlen. Die kleinsten werden kaum größer als ein Zaunkönig, die größten erreichen mit Schwanz mehr als 1,50 Meter Länge. Die meisten Rackenvögel gibt es in Afrika und Asien.

Der Wiedehopf stochert mit seinem langen Schnabel auf feuchten Wiesen nach Insekten. Hier bringt er dem Jungen eine Raupe.

Wenn der Eisvogel einen Fisch selbst frisst, packt er ihn am Kopf. Ist der Fisch aber für seine Jungen, nimmt er ihn am Schwanz.

Man erkennt ihn leicht an der Federhaube, die er bei Ärger aufstellt. Manche nennen den Wiedehopf auch Stinkhahn, weil er gern in Kuhfladen nach Maden stochert. Die Jungen haben die Angewohnheit, aus dem Nest ihren Kot auf Feinde zu spritzen.

### Eisvogel

🌐 Europa, Asien   bis 17 cm

Den bei uns brütenden Eisvogel erkennt man an seinem dolchförmigen Schnabel. Der Vogel ist sehr scheu. Lange sitzt er auf einem Ast am Ufer und späht ins Wasser. Plötzlich stürzt er sich nach unten und spießt einen kleinen Fisch auf. Eisvögel graben ihre Bruthöhlen in Steilufer. Das Weibchen legt bis zu zehn Eier.

### Wiedehopf

🌐 Afrika, Asien, Europa   bis 28 cm

Der Wiedehopf ist bei uns heute sehr selten. Er ist ein ➜ Zugvogel, der im April zu uns kommt und im Herbst nach Afrika fliegt.

**Toko**
Der afrikanische Gelbschnabeltoko wird 60 cm lang und gehört zu den Nashornvögeln. Er ernährt sich von Heuschrecken und Termiten. Die Beute schleudert er hoch und fängt sie wieder auf. So gelangt sie in seinen Schlund. Wie alle Nashornvögel mauert der Toko das Weibchen zum Brüten in einer Höhle ein. Während der Brutzeit füttert er das Weibchen.

# SPECHTE

## Spechte

Spechte sind Waldvögel. Männchen und Weibchen leben allein und kommen nur einmal im Jahr zur Brutzeit zusammen. Die rund 385 Arten ernähren sich vor allem von Insekten. Dazu klopfen Spechte mit dem Schnabel die Baumrinde wie mit einem Meißel auf. Mit der langen klebrigen Zunge holen sie Insektenlarven aus ihren Gängen im Holz.

Der Buntspecht stützt sich wie die meisten Spechte beim Meißeln mit dem kräftigen Schwanz ab.

Der Grünspecht legt bis zu fünf Eier in die Bruthöhle. Sie sind wie bei allen Höhlenbrütern weiß.

### Buntspecht

🌐 Asien, Europa  ↔ bis 25 cm

Bei uns gibt es kleine und größere, graue, schwarze, grüne und ganz bunte Spechte. Der mittelgroße Buntspecht lebt in lichten Wäldern. Er kommt aber manchmal in unsere Gärten. Wie alle Spechte zimmert er sich eine Bruthöhle in einem alten Baum. Die anfallenden Hobelspäne verwenden die Spechte, um das Nest für die vier bis acht Eier auszupolstern. Schon nach gut einer Woche schlüpfen die blinden, hilflosen Jungen aus. Wenn die Jungen nach etwa einem Monat flügge sind, benutzt der Specht die Bruthöhle meist als Schlafplatz.

### Grünspecht

🌐 Europa, Asien  ↔ bis 35 cm

Der Grünspecht klettert weniger auf Bäumen als der Buntspecht. Er hält sich vorwiegend am Boden auf, wo er Jagd auf Ameisen macht. Da er auch die geschützte Rote Waldameise frisst, ist er bei Forstleuten nicht gern gesehen. Sie umgeben die Ameisennester mit einem Drahtnetz, um sie vor der zehn Zentimeter langen Spechtzunge zu schützen. Auch der Grünspecht klopft weithin hörbar auf Holz. Die Weibchen in seinem ➔ Revier erwidern die Klopfzeichen. Außerdem macht sich der Specht durch sein Lachen bemerkbar.

**Riesentukan**
Die Tukane sind spechtartige Vögel. Sie ernähren sich aber nicht von Insekten, sondern fressen vor allem Früchte. Am größten wird der südamerikanische Riesentukan mit über 60 cm Länge. Sein Schnabel misst allein schon 20 cm. Der Vogel ist sehr zutraulich und kommt auch in die Nähe der Häuser.

SPERLINGSVÖGEL

# Sperlingsvögel

Die Sperlingsvögel bilden die größte Vogelgruppe. Das sind über die Hälfte aller Vögel. Etwa 4 000 Arten von Sperlingsvögeln heißen Singvögel, obwohl manche gar nicht singen, sondern krächzen. Sperlingsvögel bauen oft kunstvolle Nester. Die Jungen sind Nesthocker und werden gefüttert, bis sie flügge sind.

Der Prachtleierschwanz legt bei der Balz seine silbern schimmernden Schwanzfedern nach vorn.

**Seidenlaubenvogel**
Die Männchen der Laubenvögel in Neuguinea und Australien bauen aus Zweigen eine Hütte. Da sie nicht singen, schmücken sie die Laube mit glänzenden Gegenständen, um Weibchen anzulocken. Beliebt sind blaue Dinge. Der Seidenlaubenvogel bemalt seine Laube sogar. Als Pinsel nimmt er Rindenstückchen in den Schnabel. Früchte liefern die Farben.

## Prachtleierschwanz
🌐 Australien   ↕ bis 1 m

Der Prachtleierschwanz ist der größte Sperlingsvogel. Er gleicht einem Fasan. Das Männchen hat einen sehr langen Schwanz. Es klappt ihn bei der ➔ Balz so nach vorn, dass der Vogel darunter verschwindet. Um das Weibchen zu beeindrucken, stellt sich der Leierschwanz auf einen Hügel oder Baumstumpf und lässt seine Stimme hören. Er ist kein Singvogel, ahmt aber den Gesang anderer Vögel oder das Hupen von Autos nach.

## Töpfervogel
🌐 Südamerika   ↕ bis 28 cm

Der braunrote Töpfervogel trägt seinen Namen zu Recht. Wie ein Töpfer ein Gefäß stellt dieser Sperlingsvogel sein Nest aus Lehm, Schlamm und Gras her. Es sieht aus wie ein gemauerter Backofen und hat einen Vorraum und einen Nistraum. Der Vogel baut sein Haus auf einer Astgabel, einem Pfahl oder einem Dach. Es ist bis zu 30 Zentimeter breit und fast ebenso hoch. Da der Töpfervogel nicht gut singen kann, wird er als Schreivogel bezeichnet.

Die drei bis fünf Jungen des Töpfervogels wachsen als einzige Vögel in einer „Zwei-Zimmer-Wohnung" auf.

129

# SPERLINGSVÖGEL

## Amsel

🌐 Asien, Europa, Nordafrika ↔ bis 26,5 cm

Früher war die Amsel ein scheuer Waldvogel. Heute kommt sie selbst mitten in Großstädten vor. Sie ist nach dem Sperling unser häufigster Singvogel. Die Amsel hat viele Namen. So nennt man sie auch Schwarzdrossel, Merle oder Gelbschnabel. Das Männchen ist tiefschwarz, das Weibchen unscheinbar braun. Sie bewohnen kleine ➔ Reviere, denen sie treu bleiben. Nur die Waldamseln ziehen im Herbst als ➔ Zugvögel in den warmen Süden. Die Amseln in der Stadt bleiben ständig da.

Wenn die Amsel mit Futter erscheint, reißen die Jungen die Schnäbel auf: Sie „sperren". Daher kommt der Name Sperlingsvogel.

Das Amselweibchen brütet oft viermal im Jahr. Aus den blau-grün gesprenkelten Eiern schlüpfen vier bis sechs Junge. Sie sind fast nackt und wiegen nur etwa fünf Gramm. Nach sechs Wochen sind die Jungen flügge. Amseln können bis zu 20 Jahre alt werden.

## Gartenrotschwanz

🌐 Asien, Europa ↔ bis 14 cm

Der Gartenrotschwanz gehört wie die Amsel zu den Drosselvögeln. Er lebt in lichten Wäldern, kommt aber auch häufig

Im Winter finden sich viele unserer Singvögel am Futterplatz ein. Alle Standvögel, die im Herbst nicht nach Süden ziehen, sind hier zu beobachten. Dazu zählen vor allem die Meisen. Auch Dompfaff und Buchfink bleiben häufig im Winter bei uns.

Dompfaff

in unsere Gärten. Gartenrotschwänze sind gute Singvögel. Sie fliegen im März aus dem Süden zu uns und brüten hier. Da sie Höhlenbrüter sind, suchen sie hohle Bäume, um darin ihr Nest anzulegen. Sie beziehen aber auch gerne Nistkästen.

## Dompfaff

🌐 Asien, Europa ↔ bis 16 cm

Der Dompfaff wird auch Gimpel genannt. Er zählt zu den Finken, die man leicht an ihren kräftigen, kegelförmigen Schnäbeln erkennt. Die meisten Finken sind Kernbeißer. Sie ernähren sich vorwiegend von Samen und Körnern. Damit kann man sie auch im Winter leicht füttern. Häufig hält man gezüchtete Dompfaffen in Käfigen. Sie lernen oft, ganze Lieder zu pfeifen. Frei lebende Dompfaffen bevorzugen Nadelwälder. Sie brüten aber auch in Parks. Das Weibchen legt vier bis sechs Eier.

SPERLINGSVÖGEL

Garten-
rotschwanz

Der Garten-
rotschwanz ist
ein Zugvogel. Er
kommt meist im
März zurück, um
hier zu brüten.

Buchfink

## Buchfink

🌐 Asien, Europa, Nordafrika ↔ bis 15 cm
Überall, wo es Bäume gibt, stellt sich auch der Buchfink ein. Dieser weit verbreitete Singvogel hat der Familie der Finken den Namen gegeben. In seinem Gezwitscher kommt nämlich häufig ein Laut vor, der sich wie „pink" anhört. Buchfinken ziehen im Herbst nach Süden, vor allem nach Spanien und Italien. Wenn es bei uns nicht zu früh zu kalt wird, bleiben die Vögel auch teilweise im Winter hier. Dann sind sie oft darauf angewiesen, dass wir ihnen Futter streuen.

## Nachtigall

🌐 Afrika, Asien, Europa ↔ bis 17 cm
Die Nachtigall ist ein kleiner Drosselvogel. Sie ist unser bester Sänger und singt von früh bis spät. Besonders nachts kann man ihr wunderschönes Lied gut hören. Sie ist dann ohne ➜ Konkurrenz, denn die anderen Vögel singen meist nur tagsüber. Der Name Nachtigall bedeutet ja auch Nachtsängerin. Ihr Lied lernen die Jungen von Artgenossen. Wenn sie ohne diese aufwachsen, übernehmen sie die Lieder anderer Vögel. Nachtigallen halten sich überwiegend am Boden auf. Sie suchen Unterschlupf in Hecken und Büschen. Wo diese fehlen, gibt es keine Nachtigallen.

Die Nachtigall ist ein ➜ Zugvogel. Sie kommt Mitte April aus Afrika zu uns, um zu brüten.

### Blaukehlchen

Das Blaukehlchen ist näher mit den Nachtigallen als mit dem Rotkehlchen verwandt. Es ist ebenfalls ein sehr guter Sänger. Man sieht es seltener als das Rotkehlchen, das häufig in die Gärten kommt. Blaukehlchen leben in Feuchtgebieten, vor allem im Moor und auf Sumpfwiesen. Sie werden 14 cm lang.

131

# SPERLINGSVÖGEL

### Kohlmeise
🌐 Afrika, Asien, Europa  ▶ bis 14 cm

Die häufigste Meise ist bei uns die Kohlmeise. Sie wird etwa so groß wie ein Hausspatz und kommt überall in Wäldern, Parks und Gärten vor. Im Winter ist sie ein häufiger Gast an den Futterplätzen. Tagsüber turnt die Kohlmeise in den Bäumen umher und sucht nach Futter. Sie frisst Samen, Beeren und vor allem Insekten und deren Larven. Kohlmeisen schlafen und brüten in Höhlen. Das Weibchen hat bis zu zwölf Eier im Gelege. Es brütet im Jahr mindestens zweimal. Fast die Hälfte der schlüpfenden Jungen wird jedoch Opfer des Sperbers oder der Katzen.

*Wenn die Kohlmeise nach einer kalten Winternacht nicht bald etwas zu fressen findet, erfriert sie.*

*Die Blaumeise ist zwar kleiner als die Kohlmeise, doch im Winter am Futterplatz gibt es kaum Streit.*

### Blaumeise
🌐 Europa, Nordafrika  ▶ bis 11,5 cm

Die Blaumeise trifft man fast nie in Nadelwäldern an. Sie ist in Laubwäldern, Parks und Gärten zu Hause. Dort hält sie sich in den Baumkronen auf. Auch ihre Nisthöhlen liegen hoch. Das Einschlupfloch in ihre Bruthöhle hat kaum drei Zentimeter Durchmesser. Im ausgepolsterten Nest zieht sie bis zu 14 Junge auf.

### Beutelmeise
🌐 Afrika, Asien, Europa  ▶ bis 11,5 cm

Die Beutelmeise ist bei uns recht selten. Sie lebt an Flüssen und in Sumpfgebieten. Schon im April beginnt das Männchen, sein kunstvolles Nest zu bauen. Der Beutel hängt meist an einem Ast über dem Wasser. Er besteht aus feinsten Pflanzenfasern, die dicht miteinander verflochten sind. In die Ritzen stopft das Männchen die Samenhaare von Weiden und Pappeln. Noch bevor das Nest fertig ist, geht das Männchen auf Brautschau. Während das Weibchen bis zu acht Eier ausbrütet, baut das Männchen oft noch ein zweites Nest für eine zweite Frau. Früher sammelten Kinder die Nester der Beutelmeise und trugen sie als Hausschuhe.

*Das Männchen der Beutelmeise baut das Grundgerüst des Beutelnestes. Später hilft das Weibchen mit, das Nest auszupolstern.*

132

# SPERLINGSVÖGEL

Das Wintergoldhähnchen wiegt nur etwa 5 g, soviel wie ein 5-Cent-Stück. Die Jungen wiegen nur ein Gramm.

## Wintergoldhähnchen

🌐 Asien, Europa   ↔ bis 9 cm

Das Wintergoldhähnchen ist mit acht bis neun Zentimetern Länge der kleinste Vogel Europas. Das Sommergoldhähnchen wird ein bisschen größer. Man kann die Goldhähnchen gut unterscheiden: Das Sommergoldhähnchen hat eine Zeichnung um das Auge. Beide Goldhähnchen sind → Zugvögel. Wenn uns die Sommergoldhähnchen verlassen, ziehen die Wintergoldhähnchen aus dem Norden zu. Beide bewohnen Nadelwälder. Sie bauen Kugelnester, die zwischen Fichtenzweigen nur schwer zu entdecken sind. Die Weibchen brüten zweimal im Jahr bis zu zwölf Eier aus.

## Zaunkönig

🌐 Asien, Europa, Nordafrika, Nordamerika
↔ bis 10 cm

Der Zaunkönig kommt bei uns nur in einer Art vor. Er lebt vorwiegend nahe am Boden. Dort findet der winzige Vogel auch seine Nahrung aus Würmern, Insekten und Larven. Das Männchen baut mehrere kugelige Nester, die ähnlich wie die der Goldhähnchen aussehen. Die Nester dienen ihm als Schlafstätten. Sobald ein Weibchen ein Nest zum Brüten auswählt, wird dieses ausgepolstert. Da der Zaunkönig viele Nester anzubieten hat, kann er auch mehrere Weibchen gewinnen.

Der Zaunkönig gilt als unermüdlicher Sänger. Selbst noch im Winter ertönt sein Lied.

### Haubenlerche
Die Lerchen zählen neben den Nachtigallen zu den besten Sängern. Viele steigen beim Singen hoch in die Luft. Dort trillern sie dann weithin vernehmbar minutenlang ihr Lied. Die Haubenlerche sitzt beim Singen oft auf einem hohen Mast. Sie liebt flaches, sandiges Gelände und brütet sogar auf Schutthalden, an Bahndämmen oder auf Flugplätzen. Der unscheinbare Vogel fällt kaum auf, wenn er sich am Boden duckt.

SPERLINGSVÖGEL

### Rauchschwalbe

🌐 Nördliche Erdteile  📏 bis 18 cm

Schwalben sind zutrauliche Vögel. Sie suchen die Nähe des Menschen und gelten als Glücksbringer. Rauchschwalben bauen ihre schüsselförmigen Nester gern in Ställen und offenen Bauwerken. Dazu durchmischen sie Lehmklümpchen mit Speichel zu einem haltbaren Mörtel. Das gemauerte Nest polstern sie aus und ziehen darin bis zu fünf Junge auf. Die Männchen jagen unentwegt Insekten, um die hungrigen Jungen satt zu bekommen. Sie erhaschen die Beute in raschem Flug.

*Da die Rauchschwalbe nur Insekten frisst, ist sie ein → Zugvogel. Im Winter kann sie bei uns keine Insekten fangen.*

### Mehlschwalbe

🌐 Afrika, Asien, Europa  📏 bis 14 cm

Die Mehlschwalbe unterscheidet sich von der Rauchschwalbe durch den reinweißen Bauch und den weißen → Bürzel. Ihr Schwanz ist auch weniger stark gegabelt. Mehlschwalben nisten nie in Gebäuden. Sie bauen ihre halbkugeligen Mörtelnester außen an Hauswände und Mauern. Die Nester sind oben geschlossen und haben an der Seite ein Einschlupfloch. Die Mehlschwalbe jagt wie alle Schwalben auch Insekten. Man kann nach dem Flug der

*Die Mehlschwalbe fliegt im Winter bis nach Südafrika. Anfang Mai kommt sie zurück.*

Schwalben das Wetter vorhersagen: Je tiefer diese Vögel fliegen, umso schlechter wird das Wetter. Dann sinkt der Luftdruck. Die Fliegen, die sie jagen, halten sich dann in den unteren Luftschichten auf.

### Mauersegler

🌐 Afrika, Asien, Europa  📏 bis 16,5 cm

Viele Menschen verwechseln die Mauersegler mit Schwalben. Sie werden etwa genauso groß. Manche nennen die Mauersegler auch Geier- oder Turmschwalben. Sie sind aber mit den Salanganen verwandt. Ihre Unterseite ist dunkelgrau. Man sieht sie nie auf Leitungsdrähten

*Mauersegler zeigen ein ähnliches Flugbild wie Schwalben. Deshalb werden sie immer wieder mit Schwalben verwechselt.*

# SPERLINGSVÖGEL

sitzen wie die Schwalben. Die Mauersegler klammern sich mit ihren spitzen Krallen an senkrechten Wänden fest, wenn sie einmal ausruhen. Das tun sie aber nur selten, denn sie sind fast ständig in der Luft und jagen Insekten. Die Vögel leben vor allem in Städten und schießen in rasendem Flug über Hausdächer und um Kirchtürme.

Stare sind Höhlenbrüter. Die Eier werden von beiden Eltern ausgebrütet. Die Jungen füttern sie mit Insekten. Da Stare viele Insekten vertilgen, sind sie auch nützlich.

## Wie finden Zugvögel ihren Weg?

Die meisten Vögel ziehen in der kalten Jahreszeit, in der sie wenig Nahrung finden, in wärmere Gebiete. Am Ende des Sommers haben sie genug Fett gespeichert, um die große Reise durchzustehen. Ihr Instinkt sagt ihnen, wann es Zeit ist loszufliegen. Auf ihrem Flug nach Süden halten sie ganz bestimmte Routen ein. Selbst Jungvögel, die zum ersten Mal dabei sind, kennen ihren Weg genau. Die Vögel richten sich vielleicht nach dem Stand der Sonne und der Sterne sowie nach dem Magnetfeld der Erde. Vielleicht folgen sie auch den Küstenlinien. Wir wissen es nicht genau. Wir kennen nur ihre Routen. Den längsten Weg hat die Küstenseeschwalbe: Sie fliegt vom Nordpol zum Südpol und legt dabei fast 36 000 Kilometer zurück.

Nordafrika. Im Frühjahr legt das Weibchen vier bis sechs hellblaue Eier in eine Baumhöhle oder einen Starenkasten. In der Brutzeit tragen die Alten ein schwarzes Gefieder, das metallisch grün glänzt. Der Schnabel ist gelb. Nach der ➔ Mauser bekommen sie ein weiß getüpfeltes Federkleid und einen dunklen Schnabel. Stare fliegen meist in Schwärmen von bis zu tausend Vögeln umher. In Obstplantagen richten sie größeren Schaden an. Vor allem über Kirschen und Trauben fallen sie her.

**Bachstelze**
Die Bachstelze kommt in Afrika, Asien und Europa vor. Der etwa 19 cm lange ➔ Zugvogel trippelt vorwiegend am Boden herum und sucht dort nach Würmern und Larven. Er fängt auch Insekten aus der Luft. Ihr Nest legt die Bachstelze oft auf Häusern an, stellt es aber auch auf den Boden.

## Star

 Alle Erdteile  bis 22 cm

Es gibt über hundert Starenarten, davon lebt nur eine bei uns. Unsere Stare sind ➔ Zugvögel. Sie ziehen im Herbst in die warmen Länder am Mittelmeer bis nach

135

# SPERLINGSVÖGEL

## Pirol

🌐 Asien, Europa  📏 bis 25 cm

Der Pirol heißt wegen seiner gelben und schwarzen Federn auch Goldamsel. Ein anderer Name ist Pfingstvogel, denn er kommt erst Mitte Mai aus Afrika zu uns, um hier zu brüten. Das Pirolweibchen ist unscheinbar grün und braun. Das Männchen bekommt man kaum zu sehen, obwohl es eine so auffällige Farbe hat. Der Pirol hält sich nämlich vorwiegend hoch in den Kronen der Bäume auf. Nur seinen schönen Gesang hört man deutlich. Sein Nest liegt meistens in einer Astgabel. Gewöhnlich brüten Pirole sechs Junge aus, die von beiden Eltern gefüttert werden.

*Der Seidenschwanz frisst während der Brutzeit nur Insekten. Danach stellt er sich auf Beerenkost um.*

*Pirolweibchen und -männchen bauen ihr kunstvolles Nest gemeinsam.*

## Seidenschwanz

🌐 Nördliche Erdteile  📏 bis 18 cm

Der Seidenschwanz ist ein Singvogel, der in den Nadelwäldern Sibiriens lebt. Er kommt manchmal als Wintergast zu uns. Der Vogel ernährt sich von Insekten und vor allem von Beeren, die im Nadelwald massenhaft gedeihen. Wenn aber einmal ein schlechtes Jahr kommt, herrscht dort Nahrungsmangel. Dann ziehen Scharen von Seidenschwänzen vor Einbruch des Winters nach Mitteleuropa. Die Menschen haben den Einfall dieser Vögel früher als böses Zeichen angesehen. Sie glaubten nämlich, wenn sich der Seidenschwanz zeige, bräche die Pest aus. Sie nannten den schönen Vogel deshalb „Pestvogel".

## Haussperling

🌐 Alle Erdteile  📏 bis 15 cm

Es gibt 14 Arten von Sperlingen. Davon ist unser Haussperling, der Spatz, zweifellos der häufigste Vogel der Erde. Ursprünglich war er nur in Europa und Asien verbreitet. Im Laufe der Jahrhunderte hat man ihn aber in alle Erdteile eingeführt. Heute gibt es nur noch wenige Gebiete, wo man den Spatz nicht antrifft. Der Spatz ist ein ➔ Kulturfolger, der die Nähe des Menschen sucht. Auf dem Land ernährt sich der Haussperling vorwiegend von Samen und Körnern. Ein großer Spatzenschwarm kann auf einem Getreidefeld

# SPERLINGSVÖGEL

einigen Schaden anrichten. In der Stadt haben die Spatzen gelernt, von Abfällen zu leben. Sie holen sich sogar Brotkrümel vom Tisch. Ein Spatzenpaar führt eine lebenslange Ehe. Es baut gemeinsam ein Nest, brütet und füttert auch die Jungen gemeinsam. In futterreichen Jahren zieht das Paar bis zu vier Bruten groß.

Das Männchen des Haussperlings erkennt man an der weißen Binde an den Flügeln.

Etwa hundert Paare von Siedelwebern nisten unter einem pilzförmigen Dach. Jedes Paar hat sein eigenes Nest mit einem Eingang. Selbst kräftige Bäume brechen manchmal unter der Last der Nester zusammen.

## Siedelweber

🌐 Südafrika  ↔ bis 14 cm

Der Siedelweber oder Siedelsperling ist mit unserem Hausspatz verwandt und wie dieser ein Webervogel. Doch unser Spatz baut längst kein so kunstvolles Nest wie die Siedelweber. Diese bilden eine Art von Baugenossenschaft. Jedes Pärchen baut zwar sein eigenes Nest, aber dicht daneben legt der nächste Vogel seinen Nestbau an. So entstehen auf großen Bäumen riesige
→ Kolonien. Alle Nester befinden sich unter einem gemeinsamen Dach aus Gras und Halmen. Die Kolonie kann sieben Meter lang und fünf Meter breit sein. Die Vögel wohnen ständig in den Nestern.

**Feldsperling**
Hier paaren sich Feldsperlinge. Sie unterscheiden sich vom Haussperling etwas in der Färbung. Männchen und Weibchen sind gleich gefärbt. Außerdem ist der Feldsperling etwas kleiner. Feldsperlinge kommen auch in Städte und bauen ihre Nester unter die Hausdächer.

137

# SPERLINGSVÖGEL

## Kolkrabe
🌐 Asien, Afrika, Nordamerika, Europa
↔ bis 64 cm

Der Kolkrabe ist der größte Singvogel der Erde. Er hat eine Flügelspannweite von rund 1,30 Metern und wiegt bis zu 1,25 Kilogramm. Singen wie eine Nachtigall kann er natürlich nicht. Sein Lied besteht nur aus wenigen Lauten. Oft hört man ein tiefes „Krok", das er mehrmals wiederholt. Kolkraben sind Allesfresser. Sie nehmen → Aas, jagen aber auch kleine Wirbeltiere und rauben die Eier anderer Vögel. Ein Rabenpaar baut seinen Horst gemeinsam. Das Weibchen polstert das Nest mit Moos und Tierhaaren aus. Dann brütet es vier bis sechs Eier aus. Die Eltern pflegen die

Nebelkrähen sind Allesfresser. Sie brüten auch in Städten, da sie hier genug zu fressen finden.

## Nebelkrähe
🌐 Asien, Europa   ↔ bis 47 cm

Die graue Nebelkrähe und die schwarze Rabenkrähe sind nahe miteinander verwandt. Beide können sich miteinander paaren und Junge haben. Das geschieht dort, wo ihre Wohngebiete aneinandergrenzen. In Deutschland ist die Elbe die Grenze. Westlich davon leben die Rabenkrähen, östlich davon die Nebelkrähen. Die schwarzen Krähen, die im Winter in Scharen bei uns einfallen, sind leicht mit den Rabenkrähen zu verwechseln. Es sind aber Saatkrähen, die überwiegend in Nord- und Osteuropa brüten.

Kolkraben wurden früher viel gejagt. Heute stehen sie unter → Naturschutz. Sie zählen zu den intelligentesten Vögeln.

Jungen liebevoll. Das Weibchen macht sein Gefieder nass, um die Brut zu baden. Der Vater trägt die besten Leckerbissen herbei. Wenn die Jungen flügge sind, fliegen sie noch lange mit den Eltern umher.

## Elster
🌐 Nördliche Erdhälfte   ↔ bis 47 cm

Die Elster ist ein Rabenvogel. Sie ist im Norden der Erde weit verbreitet. In manchen Gegenden werden Elstern zur Plage. Sie fressen → Aas, kleine Säugetiere und Körner. Da sie die Nester der anderen Singvögel plündern und deren Eier und Junge fressen, werden sie verfolgt. Die Elstern bauen ihre Horste aus Reisig auf hohe Bäume. Das Nest hat ein Dach und

# SPERLINGSVÖGEL

*Die schwarz-weiße Elster hat auch blaue und grüne Federn, die metallisch schimmern.*

zwei Ausgänge. Im Elsternnest findet man oft glitzernde Gegenstände. Die Elster sammelt sie und verwendet sie als Nestschmuck. Man spricht deshalb auch von der „diebischen Elster".

*Die Flügel des Eichelhähers tragen Federn mit blauen und schwarzen Streifen. Diese sind als Hutschmuck sehr beliebt.*

## Eichelhäher

🌐 Asien, Europa  ↔ bis 35 cm

Der Eichelhäher ist ein häufiger Rabenvogel im Wald. Sein Kreischen ist dort unüberhörbar. Damit warnt er alle Waldtiere. Der Häher macht auch andere Vogelstimmen täuschend echt nach. Seinen Namen hat er daher, dass er neben Insekten und kleinen Wirbeltieren auch Eicheln frisst. Man nennt ihn deshalb auch Nussknacker. Der Eichelhäher trägt viel zur Verbreitung von Eichen und Buchen bei. Denn er steckt als Vorrat Eicheln und Bucheckern in den Boden, aus denen neue Bäume wachsen. Dennoch verfolgen ihn die Jäger, weil er wie alle Rabenvögel auch Singvögel und deren Eier frisst. Und durch sein Geschrei verscheucht er zu ihrem Ärger auch so manches Wild.

## Alpendohle

🌐 Asien, Europa  ↔ bis 41 cm

Die Alpendohle ist ein Hochgebirgsvogel. Sie nistet in Spalten und Höhlen der Felsen und bildet dort oft ➔ Kolonien. Die Vögel ziehen in Schwärmen umher. Unter ihnen herrscht eine strenge ➔ Rangordnung. Im Juni schlüpfen aus den Eiern eines Paares vier bis fünf Junge. Alpendohlen sind klug und anpassungsfähig. Bergbahnen bringen heute viele Bergwanderer auf die Bergstationen. Die Dohlen haben sich daran gewöhnt. Sie nähern sich den Menschen ohne Scheu und betteln um Futter.

*Alpendohlen sind Hochgebirgstiere. Manchmal fliegen sie auch in die Täler und machen sich in den Gärten über Obst und Beeren her.*

139

# Reptilien

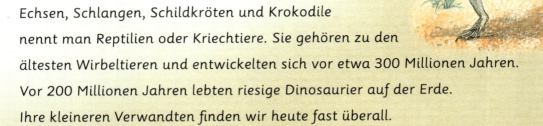

Fühlt sich die Kragenechse bedroht, stellt sie sich auf die Hinterbeine und spreizt ihren Kragen.

Echsen, Schlangen, Schildkröten und Krokodile nennt man Reptilien oder Kriechtiere. Sie gehören zu den ältesten Wirbeltieren und entwickelten sich vor etwa 300 Millionen Jahren. Vor 200 Millionen Jahren lebten riesige Dinosaurier auf der Erde. Ihre kleineren Verwandten finden wir heute fast überall.

Bevor das Krokodiljunge schlüpft, quäkt es laut nach der Mutter. Das Quäken ist durch die Eischale meterweit zu hören.

## Vielerlei Gestalten

Die Reptilien entwickelten sich aus den Amphibien. Sie gingen aus dem Wasser auf das Festland. Als Landtiere mussten sie ihren Körper vom Boden abheben und laufen. Nicht alle sind dabei so flink wie die Eidechsen. Schildkröten schleppen sich mit ihrem Panzer gemächlich dahin. Auch Krokodile schieben ihren Körper meist nur knapp über den Boden. Manchmal fallen sie aber in Galopp und rennen dann recht schnell auf ihren kurzen Beinen. Schlangen haben gar keine Beine mehr. Sie schlängeln sich vorwärts oder winden sich seitwärts voran. Fast alle Kriechtiere können aber gut schwimmen und einige auch gut klettern.

## Kaltes Blut

Reptilien sind ➔ wechselwarme Tiere. Ihr Blut ist immer nur so warm wie ihre Umgebung. Wenn es kalt wird, sinkt ihre Körpertemperatur und ihre Bewegungen werden langsamer. Unsere flinke Eidechse wird im Winter steif wie ein Stock und fällt dann in ➔ Kältestarre. In kalten Ländern gibt es deshalb nur wenige Reptilien. Die meisten Kriechtiere kommen in den warmen Ländern der Tropen vor.

Die Lederschildkröte ist die größte Schildkröte. Sie wird über 2 m lang und wiegt oft mehr als eine halbe Tonne. Diese Meeresschildkröte hat keinen Panzer, sondern Knochenplättchen in ihrer ledrigen Haut. Sie kann bis zu 1200 m tief tauchen.

Wenn sich der Netzpython um einen Ast wickelt, muss es schon ein kräftiger Baum sein: Die Riesenschlange wiegt bis zu 200 kg und wird 9 m lang.

## Trockene Haut aus Horn

Reptilien wachsen ihr ganzes Leben lang. Bei den Schuppenkriechtieren – den Echsen und Schlangen – wächst die Haut aber nicht mit. Sie ➜ häuten sich daher in Abständen. Schlangen streifen dabei die Haut im Ganzen ab. Manchmal findet man ein solches Schlangenhemd. Schildkröten haben einen Panzer aus Knochen- und Hornplatten, der mit dem Alter immer schwerer wird. Auch die Panzerhaut der Krokodile verdickt sich ständig. Die Hülle aus Horn schützt die Tiere vor dem Austrocknen.

## Harte und weiche Eier

Reptilien legen bis zu 100 Eier. Die Eier haben eine harte oder eine weiche, ledrige Schale und enthalten besonders große Dotter. Anders als die Vögel brüten Reptilien ihre Eier nicht selbst aus. Sie vergraben sie im Sand oder in einem Laubhaufen und lassen sie von der Sonne ausbrüten. Die Krokodile betreiben jedoch ➜ Brutpflege. Sie bewachen ihre Eier und betreuen die Jungen eine Zeit lang. Manche Schlangen und Echsen bringen lebende Junge zur Welt. Sie brüten die Eier in ihrem Bauch aus.

### Es gibt etwa 6 000 Arten von Reptilien

| | |
|---|---|
| **Schildkröten:** | rund 220 Arten |
| **Krokodile:** | rund 23 Arten |
| **Echsen:** | rund 3 000 Arten |
| **Schlangen:** | rund 2 800 Arten |
| **Doppelschleichen:** | rund 150 Arten |
| **Brückenechse:** | 1 Art |
| **Größtes Reptil:** | Leistenkrokodil, über 8 m lang |
| **Kleinstes Reptil:** | Jaragua sphaero, Gecko der Karibik, 1,6 cm lang |

Der Komodowaran wird bis zu 3 m lang. Er hat dolchartige Zähne und sehr scharfe Krallen. Die Echse ist ein gefürchteter Jäger auf dem Land.

## Gift und scharfe Zähne

Die meisten Reptilien sind Räuber. Sie jagen und fressen Tiere. Dafür sind sie bestens ausgestattet. Die Krokodile haben das kräftigste Gebiss aller Reptilien. Ihre Zähne wachsen bis zu 50-mal nach, wenn sie ihnen beim Kampf ausfallen. Aber weit mehr als das gewaltige Gebiss der Krokodile fürchten die Menschen die Giftzähne der Schlangen. Doch nur etwa 900 Schlangenarten sind wirklich giftig.

# KROKODILE

## Krokodile
Fast alle Krokodile sind gefährliche Raubtiere. Wegen ihrer dicken Hornplatten nennt man sie auch Panzerechsen. Sie sind die größten Kriechtiere. Zu den Krokodilen zählt man die Echten Krokodile, die Alligatoren und den Gavial. Insgesamt gibt es 23 Arten.

### Nilkrokodil
🌐 Afrika  ▶ bis 7 m

Das Nilkrokodil ist ein Echtes Krokodil. Es wird so genannt, weil es früher vor allem am Nil vorkam. Heute sieht man in Afrika die tonnenschweren Tiere nur noch selten, da sie wegen ihrer Haut viel gejagt wurden. Faul sonnt sich das Nilkrokodil tagsüber am Ufer. Nachts zieht es sich ins Wasser zurück, wo es sich fast regungslos treiben lässt. Nur Augen und Nasenlöcher ragen über die Wasseroberfläche. Kommt Beute in Sicht, bewegt sich das Krokodil mit kräftigen Schwanzschlägen voran. Mit den Zähnen reißt es große Stücke aus seinem Opfer. Unter Wasser verschließt es die Nasenlöcher und kann über eine Stunde lang tauchen. Die hinteren Füße haben Schwimmhäute und dienen ihm als Paddel. Vorwärts rudert es mit dem Schwanz.

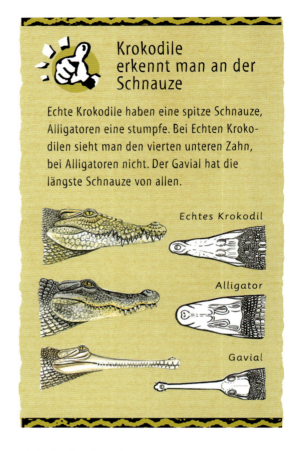

### Krokodile erkennt man an der Schnauze
Echte Krokodile haben eine spitze Schnauze, Alligatoren eine stumpfe. Bei Echten Krokodilen sieht man den vierten unteren Zahn, bei Alligatoren nicht. Der Gavial hat die längste Schnauze von allen.

Echtes Krokodil

Alligator

Gavial

### Mississippi-Alligator
🌐 Amerika  ▶ bis 6 m

Der Mississippi-Alligator ist der größte und bekannteste Alligator. Heute leben diese

*Nilkrokodile lauern ihrer Beute manchmal gemeinsam auf. Die Mahlzeit wird aber nicht freiwillig geteilt.*

# KROKODILE

Tiere vor allem in den Sümpfen Floridas. Man züchtet Mississippi-Alligatoren auch in Farmen. Aus ihren Häuten stellt man Taschen und andere Lederwaren her. Von der Seite betrachtet scheinen alle Alligatoren zu lächeln. Harmlos sind sie aber nicht. Sie jagen Fische und Säugetiere. Von den sieben Alligatorarten leben sechs in Amerika. Der kleinere China-Alligator kommt am Jangtse-Fluss in China vor.

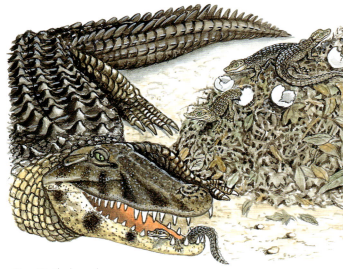

Das Weibchen des Mohrenkaimans bewacht fürsorglich den Nesthügel. Für jeden Nesträuber ist es gefährlich, sich den Jungen zu nähern.

### Leistenkrokodil
Das Leistenkrokodil wird über 7 m lang und ist das größte Krokodil. Es schwimmt weit ins Meer hinaus. So hat es sich von der Südspitze Indiens bis nach Nordaustralien verbreitet. Von den Augen zur Nasenspitze verlaufen zwei Knochenleisten; daher hat das Tier den Namen.

### Mohrenkaiman
⊕ Südamerika ▶ bis 4,70 m

Zur Familie der Alligatoren gehören auch die Kaimane. Der fast schwarze Mohrenkaiman ist der längste von ihnen. Er lebt am Amazonasfluss und kann auch größere Säugetiere erbeuten. Wie alle Alligatoren bauen die Kaimane Nesthügel. Die Weibchen legen 30 oder mehr Eier hinein. Wenn die Blätter faulen, entsteht in dem Brutofen eine Temperatur von über 30 °C, genug, um die Eier auszubrüten. Vor dem Aufbrechen der Eischalen beginnen die Jungen zu quäken. Die Mutter eilt herbei, nimmt die Jungen behutsam ins Maul und trägt sie ins Wasser. Diese Fürsorglichkeit für die Jungen kennt man von vielen Tieren.

### Gangesgavial
⊕ Asien ▶ bis 7 m

Gaviale haben eine lange, pinzettenförmige Schnauze mit über hundert Zähnen. Man nennt sie auch Schnabelkrokodile. Es gibt nur noch eine einzige Art. Der Gavial lebt in Indien an den Flüssen Ganges und Brahmaputra. Er jagt Fische und Frösche. Den Indern gilt er als heilig.

Der Gangesgavial ist eine harmlose Panzerechse. Er kann keine großen Tiere fressen.

# ECHSEN

## Echsen
Die Echsen sind Schuppenkriechtiere. Sie leben am Land. Einige können auch gut schwimmen. Die kleinsten werden nur vier Zentimeter lang, die größten erreichen über drei Meter Länge. Fast alle sind Räuber, die Jagd auf andere Tiere machen.

### Smaragdeidechse
🌐 Europa ▶ bis 45 cm

Die Smaragdeidechse liebt die Wärme sehr. Deshalb kommt sie bei uns auch nur in warmen Gegenden vor, zum Beispiel im Rheintal. Sie läuft geschwind und springt bis zu eineinhalb Meter weit. Wenn sie verfolgt wird, rettet sie sich auf einen Baum. Von dort schießt sie mit gestrecktem Schwanz wie ein Pfeil durch die Luft, um einem Feind zu entkommen. Während der Paarungszeit haben die Männchen eine himmelblaue Kehle, um die Weibchen auf sich aufmerksam zu machen. Smaragdeidechsen sind gefräßige Räuber. Sie fressen Larven, Käfer und Schnecken, manchmal auch Eier und Vogeljunge. Hin und wieder packen sie sogar eine junge Zauneidechse und verschlingen sie vom Kopf bis zum Schwanz.

*Die Eidechsenmännchen kämpfen in der Paarungszeit um die Weibchen. Dabei beißen sie mit ihren spitzen Zähnen auch kräftig zu.*

### Zauneidechse
🌐 Europa bis Zentralasien ▶ bis 25 cm

Die Zauneidechse ist unsere häufigste Eidechse. Sobald die Sonne scheint, tankt sie Wärme auf. Dann huscht sie an Wegrändern oder im Garten umher. Mit ihren kurzen Beinen bewegt sie sich schlängelnd. Packt ein Verfolger sie am Schwanz, wirft sie diesen ab. Der Schwanz wächst wieder nach, wird aber nicht mehr so lang. Zauneidechsen fallen im Winter in ➔ Kältestarre und ruhen dann in einem Erdloch.

*Die Zauneidechse – hier ein Männchen im Hochzeitskleid – ist ein Bodentier. Sie klettert zwar, aber nicht sehr hoch.*

### Blindschleiche
🌐 Europa, Kleinasien ▶ bis 45 cm

Die Blindschleiche ist nicht blind. Das Wort bedeutet „blendende Schleiche", denn ihre Schuppen glänzen wie Metall. Sie sieht zwar aus wie eine Schlange, ist aber eine Echse. Ihre Beine sind zurückgebildet. Deshalb bewegt sie sich auch schlängelnd voran. Tagsüber bekommt man sie kaum zu Gesicht, denn sie geht erst in der Dämmerung auf Jagd. Dann windet sie sich durch das Laub und sucht nach Regenwürmern und Schnecken. Im August bringt das Weibchen bis zu einem Dutzend Junge zur Welt. Die Eier ent-

# ECHSEN

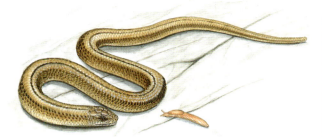

Die Blindschleiche liebt besonnte, feuchte Waldränder und Parks. Dort gibt es viele Nacktschnecken, die sie am liebsten frisst.

Wenn sich der Apothekerskink durch den Sand wühlt, erinnert er an einen Fisch im Wasser.

wickeln sich bereits in ihrem Bauch. Sie platzen bei der Geburt auf, so dass lebende Junge zur Welt kommen. Im Winter kriechen oft 20 bis 30 Blindschleichen in eine Erdhöhle und fallen dort in ➜ Kältestarre. Wie alle Eidechsen stehen Blindschleichen unter ➜ Naturschutz.

**Bergeidechse**
Die Bergeidechse wird auch Wald- oder Mooreidechse genannt. Sie lebt bis in 3 000 m Höhe. Wie die Blindschleiche legt sie Eier, aus denen sofort voll entwickelte Junge schlüpfen.

## Apothekerskink

🌐 Afrika  ▶ bis 20 cm

Die Skinke sind mit den Eidechsen nahe verwandt und heißen auch Glattechsen. Es gibt Hunderte von Arten. Der Apothekerskink gilt als Maulwurf unter den Skinken, denn er wühlt sich durch den Wüstensand. Dort sucht er Käfer und Tausendfüßer, von denen er sich ernährt. Mit seinen

kurzen Beinen macht er im weichen Sand Bewegungen, als würde er schwimmen. Das hat ihm auch den Namen „Sandfisch" eingetragen. In Arabien wird der Skink gejagt und gebraten gegessen. Man stellt aus getrockneten Skinken auch ein Pulver her, das als kräftigendes Mittel gilt.

## Blauzungenskink

🌐 Australien  ▶ bis 45 cm

Dieser Skink hat eine Zunge, die blau ist wie Tinte. Wenn er seinen roten Rachen aufreißt und die Zunge herausstreckt, sieht das recht gefährlich aus. In Wirklichkeit ist der Blauzungenskink harmlos. Es gibt zehn Arten dieser blauzüngigen Wühlechsen. Sie leben mit einer Ausnahme nur in Australien. Die meisten bringen etwa fünf lebende Junge zur Welt. Tagsüber suchen sie nach Insekten und Schnecken, fressen aber auch Pflanzen. Nachts verstecken sie sich gern in einem Kaninchenbau.

Blauzungenskinke strecken ihre Zunge ständig vor und ziehen sie langsam wieder zurück. Auf diese Weise riechen sie.

# ECHSEN

## Taggecko
🌐 Insel Madagaskar  ➡ bis 25 cm

Die meisten der rund 700 Geckoarten sind nachts unterwegs. Der Taggecko dagegen klettert am Tag auf Bäumen umher und macht Jagd auf Insekten. Manchmal ergänzt er seinen Speisezettel auch durch Früchte. Besonders gern frisst er Bananen und Orangen. Von seinen ➜ nachtaktiven Verwandten unterscheidet er sich durch eine auffallende Färbung. Besonders das Männchen ist außerordentlich farbenprächtig. Es hat rote Flecken auf dem smaragdgrünen bis türkisfarbenen Rücken und grüne Beine. Dadurch fällt es im Laub der Bäume kaum auf. Wie alle Geckos macht sich der Taggecko durch seine Stimme bemerkbar. Sein Rufen klingt wie das Quaken eines Frosches. Manchmal hört es sich auch wie das leise Bellen eines Hundes an.

**Tokee**
Mit fast 40 cm Länge wird der Tokee ziemlich groß. In Indonesien gilt er als Glücksbringer. Tokees leben meist in den Häusern und sind nachts aktiv. Dann jagen sie Ungeziefer und sogar Mäuse. Wie fast alle Geckos können sie durch ihre Haftzehen senkrecht die Wände hochlaufen und an der Decke spazieren.

Der Taggecko ist durch seine leuchtend grüne Farbe im Laub der Bäume gut getarnt. Wenn ein Greifvogel in der Nähe ist, lässt er sich blitzschnell fallen.

## Kriechtiere in Gefahr

Viele Reptilienarten sind heute vom Aussterben bedroht. Dafür gibt es vielerlei Gründe. Der Mensch hat manche Reptilien erbarmungslos gejagt – weil er es auf ihre Haut abgesehen hatte, weil er ihr Fleisch und ihre Eier wollte oder weil er sie als gefährliche Raubtiere ansah. So sind die Krokodile, die Meeresschildkröten und die Riesenschlangen nahezu ausgerottet worden. Am meisten leiden die Kriechtiere heute aber unter der Zerstörung ihrer Lebensräume: Meere werden verseucht, Sümpfe und Moore trockengelegt und Regenwälder gerodet. Wenn die Lebensräume der Reptilien nicht besser geschützt werden, können viele von ihnen nicht überleben.

# ECHSEN

## Grüner Leguan

🌐 Mittel- und Südamerika ▶ bis 2,20 m

Die meisten Leguane sind große Echsen. Sie kommen hauptsächlich in Amerika vor. Dort leben sie auf Bäumen oder am Boden und jagen kleine Tiere. Der Grüne Leguan ist mit über zwei Metern Länge am größten. Mit seinem Stachelkamm sieht er aus wie ein Dinosaurier. Die Baumechse ernährt sich fast nur von Pflanzen. Dazu klettert sie bis zu 20 Meter hoch in die Wipfel. Wird der Grüne Leguan verfolgt, rettet er sich mit einem Sprung in einen Fluss. Er schwimmt und taucht gut. Im Kampf teilt er mit dem Schwanz wie ein Krokodil heftige Schläge aus und beißt fest zu.

Mit bis zu 12 Stundenkilometern rast der Stirnlappenbasilisk über eine Wasserfläche.

Der Grüne Leguan ist menschenscheu. Man jagt ihn wegen des Fleisches und der Eier.

## Stirnlappenbasilisk

🌐 Südamerika ▶ bis 80 cm

Der Stirnlappenbasilisk kann mit seinen langen Beinen aufrecht wie ein Mensch laufen. Über eine kurze Strecke ist er so schnell, dass er auf einer Wasserfläche nicht einsinkt. Den langen Schwanz hält er hoch, um das Gleichgewicht nicht zu verlieren. Die Echse kann auch gut schwimmen und tauchen. Meist hält sie sich aber auf Bäumen auf, wo sie Früchte und kleine Tiere frisst. Die fünf Arten von Basilisken erkennt man an ihren Helmen. Die Hautlappen sind bei den Männchen stark ausgebildet. Der Stirnlappenbasilisk hat auch am Rücken und Schwanz einen Kamm.

## Meerechse

🌐 Galapagosinseln ▶ 1,30 bis 1,75 m

Die Meerechse lebt an Felsküsten. Sie sieht aus wie ein Drache, ist aber ein harmloser Pflanzenfresser und weidet die Algen im Wasser ab. In der Paarungszeit kämpfen die Männchen um die Weibchen. Sie stoßen sich gegenseitig mit dem Kopf von den Klippen. Nach der Paarung vergraben die Weibchen zwei bis drei Eier im Sand. Nach 95 Tagen schlüpfen die Jungen aus.

Die Galapagos-Meerechse wird heute vor allem von verwilderten Haustieren bedroht.

### Dreihornchamäleon

🌐 Ostafrika ➡ bis 12 cm

Chamäleons sind Echsen, die auf Bäumen leben. Dort tarnen sie sich so gut, dass sie sich kaum von dem Ast unterscheiden, auf dem sie sitzen. Das Dreihornchamäleon ist gewöhnlich grün. Es kann aber wie alle Chamäleons die Farbe seiner Haut verändern. Sie wird dann je nach Lichteinfall heller oder dunkler. Vor Ärger kann das Tier sogar schwarz werden. Chamäleons fressen vor allem Insekten. Diese fangen sie mit ihrer Schleuderzunge fast wie mit einer Harpune. Die Zunge ist meist länger

*Mellers Chamäleon ist bunt gefärbt und im Laub gut getarnt. Der Schuss mit der Zunge überrascht das Beutetier völlig.*

*Das Dreihornchamäleon setzt seine Hörner aus Knochen manchmal bei unblutigen Kämpfen mit anderen Männchen ein.*

als das ganze Tier. Die Chamäleons ziehen sie zusammen und schießen sie blitzschnell hervor. Das Ende der Zunge ist klebrig und hat eine Saugkeule. Damit wird das Opfer erfasst und klebt fest.

### Mellers Chamäleon

🌐 Ostafrika ➡ bis 58 cm

Mellers Chamäleon ist das größte aller afrikanischen Chamäleons. Nur auf der Insel Madagaskar vor der Südspitze Afrikas gibt es noch größere Arten. Die Echse frisst Käfer, Heuschrecken und andere Insekten, sogar junge Vögel und Mäuse. Langsam schleicht sich das Chamäleon auf einem Ast an seine Beute heran. Dabei hält es sich mit den Zehen wie mit Zangen fest. Zusätzlichen Halt gibt ihm der Wickelschwanz, den es um einen Ast rollt. Nichts entgeht ihm. Wie alle Chamäleons kann es seine Augen unabhängig voneinander nach allen Richtungen drehen. Mit dem einen Auge schaut es nach links, mit dem anderen nach rechts, hinter oder unter sich. Kein Tier schielt so wie ein Chamäleon.

### Dornteufel

🌐 Australien ➡ bis 20 cm

Der Dornteufel wird auch Wüstenteufel oder Moloch genannt. Sein Körper und Schwanz sind mit großen Stachelschuppen bedeckt. Sie lassen das Tier sehr gefährlich aussehen. Es ist aber friedlich und ernährt sich vor allem von Ameisen, die es mit seiner langen Zunge aufleckt. Im Nacken trägt der Dornteufel einen Fettbuckel wie ein Kamel. Wenn er lange nichts zu fressen findet, zehrt er von dem Fettvorrat hinter seinem Kopf. Im November, wenn in Australien Frühling ist, legt das Dornteufel-

# ECHSEN

weibchen sechs bis acht Eier. Die daraus schlüpfenden Jungen sind schon so stachelig wie ihre Eltern.

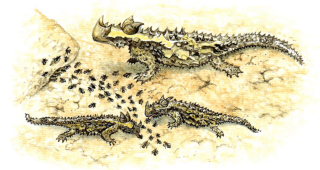

Dornteufel sind Wüstenbewohner. Sie leben von Ameisen und Termiten und brauchen kaum Flüssigkeit. Ihre Schuppen sind so angeordnet, dass ihnen das Regenwasser ins Maul läuft.

**Kragenechse**
Die Kragenechse lebt in Australien und auf der Insel Neuguinea. Bei der Verteidigung ihres Reviers und als Drohgebärde richtet sie ihren bunten Halskragen auf. Sie wirkt dadurch größer und bedrohlicher. Stellt sie sich dazu noch auf die Hinterbeine, ist ein Gegner schnell eingeschüchtert.

**Flugdrache**
🌐 Südostasien  ▶ bis 25 cm

Der Flugdrache lebt auf Baumwipfeln im Regenwald. An beiden Seiten des Körpers besitzt er bunte Hautlappen. Diese Flughäute spannt er aus, wenn er von einem Baum zum anderen segelt. Im Gleitflug fängt er auch Insekten. Damit gehört der Flugdrache zu den wenigen Wirbeltieren, die sich außer den Vögeln in der Luft bewegen. Allerdings fliegen die Flugdrachen nicht aus eigener Kraft. Sie lassen sich wie die Segelflieger von der Luft tragen und steuern mit dem Schwanz. Das Weibchen verlässt seinen Baum nur, um zwei bis vier Eier zu legen und sie im Boden zu vergraben. Sie werden von der Sonne ausgebrütet.

Der Flugdrache segelt mit ausgespannten Flughäuten bis zu 50 m weit.

### Komodowaran
🌐 Komodo-Insel ▶ bis 3 m

Der Komodowaran kommt auf Komodo und anderen indonesischen Inseln vor. Er ist die größte lebende Echse und sieht aus wie ein Dinosaurier. Man hat ihn erst im Jahr 1912 entdeckt. Heute gibt es nur noch etwa 4 000 Tiere. Sie stehen unter strengem Schutz. Komodowarane sind gewaltige Räuber, die Jagd auf kleine

*Der Komodowaran wittert mit seiner gespaltenen Zunge Beute auf große Entfernung. Mit den Augen erfasst er nur Beute, die sich bewegt.*

Hirsche und Wildschweine machen. Sie sollen auch schon Menschen angegriffen haben. Mit ihrem kräftigen Schuppenschwanz teilen die Komodowarane gewaltige Schläge aus. Wie Krokodile reißen sie dicke Fleischbrocken aus ihrer Beute. Sie schlingen die Teile im Ganzen hinunter. Wenn Komodowarane längere Zeit keine große Beute gemacht haben, treibt sie der Hunger um. Dann fressen sie alles, was ihnen vor die Schnauze kommt, manchmal sogar die eigenen Jungen. Auch tote Artgenossen und anderes ➔ Aas stehen dann auf ihrem Speisezettel.

### Goulds Waran
🌐 Australien ▶ bis 1,30 m

Der englische Zoologe Gould hat diesem Waran seinen Namen gegeben. Die Echse ist in Australien weit verbreitet und kann auf zwei Beinen laufen. Wenn sie auf allen vieren rennt, ist sie unheimlich schnell. Man nennt sie deshalb auch „Rennpferd-Waran". Der Goulds Waran ist ein sehr geschickter Kletterer. Er lebt vorwiegend in Wüstengebieten. Wie alle Warane jagt er jedes Tier, das er überwältigen kann. Er frisst kleinere Säuger, Vögel, andere Reptilien und Insekten, die er mit der Nase am Boden aufspürt. Am liebsten sind ihm aber Eier, die er anderen Echsen oder auch Vögeln stiehlt. Mit seinen kräftigen Krallen gräbt das Männchen eine Wohnhöhle. Die Weibchen legen ihre Eier häufig in einen Termitenbau. Die Termiten sorgen für die nötige Feuchtigkeit und Temperatur, bei der sich die Jungen entwickeln.

*In Australien gibt es etwa 20 Arten von Waranen. Der Goulds Waran wird von den Ureinwohnern gejagt.*

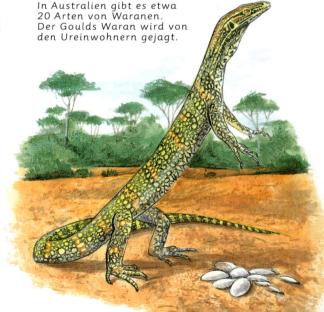

# ECHSEN/DOPPELSCHLEICHEN

## Gila-Krustenechse

🌐 Nordamerika ▶ bis 60 cm

Die Gila-Krustenechse kommt in Arizona und Mexiko vor. Neben der Skorpion-Krustenechse ist sie die einzige giftige Echse. Sie hat andere Giftzähne als die Giftschlangen. Ihre Giftdrüsen liegen im Unterkiefer, und das Gift fließt in Furchen der vorderen Zähne. Die Gila-Echse beißt deshalb mehrmals zu, um ihr Gift in die Beute zu bringen. Die Echse lebt in selbst gegrabenen Höhlen in trockenen Wüstengebieten. Nachts macht sie Jagd auf Kleintiere. Wenn sie längere Zeit nichts zu fressen findet, ernährt sie sich von dem Fett, das sie in ihrem Schwanz speichert.

Das Schuppenkleid der Gila-Krustenechse ist orangerot gefleckt. Die grelle Farbe soll andere Tiere vor ihrer Giftigkeit warnen.

## Florida-Doppelschleiche

🌐 Nordamerika ▶ bis 40 cm

Doppelschleichen ähneln eher Würmern als beinlosen Echsen wie den Blindschleichen. Man nennt sie deshalb auch Wurmschleichen. Nur schwer kann man erkennen, wo sich bei ihnen Kopf oder Schwanz befinden. Manche bewegen die Körperenden gleichzeitig, um so einen Feind zu täuschen. Die Florida-Doppel-

Die Florida-Doppelschleiche hat keine Ohren. Die Augen liegen unter Schuppen, so dass sie nur Helligkeitsunterschiede wahrnimmt.

schleiche gräbt wie ein Regenwurm Gänge im feuchten Boden. Und wie dieser kann sie sich vorwärts und rückwärts bewegen. Sie frisst hauptsächlich Würmer, Termiten und Spinnen.

## Handwühle

🌐 Mexiko ▶ bis 20 cm

Diese Doppelschleiche hat im Unterschied zu ihren Verwandten zwei Hände. Daran sitzen fünf Finger mit kräftigen Krallen. Die Handwühle kann damit nicht nur gut graben, sondern auch auf Bäume klettern. Wie andere Doppelschleichen wohnt auch die Handwühle gern im unterirdischen Teil eines Termitenbaues oder in einem Ameisennest. Sie hat damit eine lebende Speisekammer, denn sie frisst mit Vorliebe Termiten und Ameisen. Häufig legt sie ihre Eier im Termitenbau ab. Sie werden von der dort herrschenden Wärme ausgebrütet.

Die Handwühle kann das leiseste Geräusch im Boden hören und so ein krabbelndes Insekt finden.

# BRÜCKENECHSEN

## Brückenechsen

Bereits vor über 200 Millionen Jahren gab es Brückenechsen. Sie konnten sich in einer einzigen Art auf einigen Inseln vor der Küste Neuseelands erhalten. In der langen Zeit ihrer Geschichte haben sich die Brückenechsen kaum verändert. Sie werden als „lebende Fossilien" bezeichnet. Man versteht darunter Lebewesen, deren Verwandte längst ausgestorben sind.

Brückenechsen zählen zu den ältesten Kriechtieren. Von allen Reptilien brauchen sie am wenigsten Sonnenwärme, um sich wohl zu fühlen.

### Brückenechse

🌐 Neuseeland  ▸ bis 65 cm

Von den Ureinwohnern Neuseelands wird die Brückenechse auch Tuatara genannt. Das urtümliche Tier gilt als lebendes → Fossil. Die plumpe Echse trägt einen Stachelkamm auf dem Rücken. Die Jungen kommen mit einem dritten Auge auf der Stirn zur Welt. Damit können sie anfangs Hell und Dunkel unterscheiden. Meist geht die Brückenechse nachts auf Beutezug. Dabei bewegt sie sich schnell wie eine Eidechse und jagt Würmer, Insekten und Schnecken. Gelegentlich frisst sie auch ein Vogeljunges oder die Jungen einer anderen Brückenechse. Tagsüber verbirgt sie sich in einem Erdloch. Sie gräbt dieses selbst oder lebt in Höhlen von Seevögeln. Brückenechsen pflanzen sich erst mit etwa 20 Jahren fort. Sie legen ein Dutzend Eier, die sie verscharren. Die Jungen schlüpfen erst nach rund 13 Monaten. Da sich die Brückenechse so langsam vermehrt, kann man sie nur durch strenge Schutzmaßnahmen vor dem Aussterben bewahren.

Vor 200 Millionen Jahren war die Zeit der Dinosaurier. Damals gab es Brückenechsen, die viel größer waren als heute.

# SCHLANGEN

## Schlangen

Es gibt etwa 2 800 Schlangenarten. Sie sind Schuppenkriechtiere von zehn Zentimetern bis zu zehn Metern Länge. Schlangen haben keine Beine und bewegen sich schlängelnd vorwärts. Mit ihrer gespaltenen Zunge nehmen sie Gerüche wahr. Die meisten Menschen haben Angst vor Schlangen. Doch nur etwa 900 Arten sind giftig. Und nur wenige dieser giftigen Reptilien werden uns wirklich gefährlich.

### Boa constrictor

🌐 Südamerika ▶ bis 5 m

Boa constrictor ist der lateinische Name der Königs- oder Abgottschlange. Sie ist die zweitgrößte Schlange Südamerikas und lebt im ➜ Regenwald. Diese Riesenschlange ist ungiftig, hat aber sehr scharfe

Die Boa constrictor umschlingt ihre Beute. Wenn das Opfer ausatmet, drückt sie noch stärker zu und erwürgt es. Dann verschlingt sie das Tier mit dem Kopf voran, damit sich die Beine nicht in der Kehle verfangen.

Zähne. Sie wiegt bis zu 45 Kilogramm. Ihre Beute erwürgt sie, indem sie diese mit starker Kraft umschlingt. Zu ihren Beutetieren gehören Mäuse und Ratten, aber auch andere kleine Säugetiere, Vögel und Leguane. Sie verschlingt sie im Ganzen. Dazu hängt sie wie alle Schlangen ihre beiden Kiefer aus. Auch den Magen kann sie so weit dehnen, dass ein ganzes junges Wildschwein hineinpasst. Danach braucht die Boa monatelang nichts mehr zu fressen.

### Anakonda

🌐 Südamerika ▶ bis 10 m

Die Anakonda ist die größte Schlange der Welt. Sie klettert auf Bäume, liebt aber mehr das Wasser. Dort lauert sie Tieren auf, die zur Tränke kommen. Sie umschlingt ihre Opfer und erstickt oder ertränkt sie. Große Weibchen bringen 30 bis 80 lebende Junge zur Welt. Diese sind bei der Geburt schon etwa 70 cm lang.

*Die Anakonda bewohnt den ➜ Regenwald am Amazonas und schwimmt sehr gut. Sie jagt aber auch auf Bäumen.*

### Tigerpython

🌐 Asien ▶ bis 8 m

Der Tigerpython ruht am Tag in einem Schlupfwinkel und sonnt sich. Nachts kriecht er auf Suche nach Beute umher. Er erdrosselt kleine Hirsche, Wildschweine und Vögel, die er im Ganzen verschlingt. Unverdauliches würgt er wie alle Schlangen wieder heraus. Pythonweibchen brüten etwa 40 Eier aus, um die sie sich herumringeln. Ihre Körpertemperatur ist dann etwas höher als gewöhnlich.

*Der Tigerpython hat eine besonders schön gefärbte Haut. Deshalb hat man die Schlange viel gejagt und beinahe ausgerottet.*

# SCHLANGEN

## Ringelnatter

🌐 Europa, Vorderasien, Nordafrika
↔ bis 2 m

Die Ringelnatter ist eine weit verbreitete Wasserschlange. Sie trägt am Kopf zwei halbmondförmige Flecken wie ein Krönchen. Deshalb nennt man sie auch die Schlangenkönigin. Sie frisst Frösche, Kröten, manchmal Mäuse oder junge Vögel. Die Ringelnatter schlingt diese lebend hinunter. Im April erwacht die Schlange aus ihrer ➔ Kältestarre. Dann paaren sich Männchen und Weibchen. Das Weibchen legt etwa 20 Eier in einen Laub- oder Komposthaufen. Nach zehn Wochen

*Die Ringelnatter schwimmt sehr gut, jagt aber auch auf dem Land.*

schlüpfen die Jungen aus. Sie sind schon etwa 20 cm lang und schlängeln sich gleich davon. Die Ringelnattern haben nur ein schwaches Gift, das für Menschen ungefährlich ist. Trotzdem hat man früher viele von ihnen totgeschlagen, weil die meisten Menschen Schlangen fürchten. Heute stehen die Ringelnattern unter ➔ Naturschutz.

### Schlangengift und Gegengift

Rund 900 Schlangen töten ihre Beute mit Gift. Dafür besitzen sie Giftdrüsen. Giftnattern wie Kobras und Mambas haben vorne im Mund festsitzende, hohle Giftzähne. Diese wirken wie Spritzen. Je länger die Zähne sind, umso tiefer dringen sie in das Opfer ein. Vipern wie die Kreuzotter und Grubenottern wie die Klapperschlange haben zwei hohle Giftzähne. Diese klappen nach vorn, wenn sie den Rachen aufreißen. Trugnattern haben hinten im Mund Zähne mit Furchen. Darin fließt das Gift, wenn die Schlangen kauen. Um ein Heilserum gegen Schlangenbiss herzustellen, „melkt" man Giftschlangen und zapft ihr Gift ab. Dazu lässt man sie in ein Glasgefäß beißen oder klappt ihre Giftzähne nach vorn und fängt das Gift auf.

## Glattnatter

🌐 Europa, Kleinasien   ↔ bis 75 cm

Die Glatt- oder Schlingnatter ist pfeilschnell. Sie macht Jagd auf Eidechsen und Mäuse, die sie mit ein paar Windungen um den Hals erwürgt. Dann verschlingt sie das Tier. Sofern es noch lebt, packt sie es vom Kopf her. Die Glattnatter liebt trockene bis feuchte Gebiete. Man sieht sie nur selten. Denn mit ihrer bräunlichen Färbung ist sie unscheinbar und gut getarnt. Wenn sie sich auf einem Baumstamm sonnt, ist sie vom Untergrund kaum zu unterscheiden. Einige Tiere tragen ein Zickzackband auf dem Rücken. Das kann gefährlich für sie werden. Denn viele Menschen verwechseln

# SCHLANGEN

sie mit der Kreuzotter und töten sie. Fühlt sich die Glattnatter bedroht, dann zischt sie und stößt mit dem Kopf zu, wie um zu beißen. Das ist aber eine Drohhaltung.

Die Glattnatter beißt erst dann zu, wenn sie sich stark bedroht fühlt. Da sie keine Giftzähne hat, ist ihr Biss aber ungefährlich.

## Boomslang
🌐 Südafrika  ▶ bis 2 m

Die Boomslang gehört zu den giftigsten Schlangen. Wie ihr Name „Baumschlange" verrät, lebt sie auf Bäumen. Sie jagt dort vor allem Chamäleons. Im Gegensatz zu echten Giftschlangen hat sie aber keine hohlen Giftzähne. Sie besitzt im Oberkiefer Zähne mit Rinnen oder Furchen.

Die Boomslang bewohnt Büsche und Bäume in Südafrika. Am Boden jagt sie nur selten.

In diesen fließt Gift, wenn sie zubeißt. Die Baumschlange gibt nur wenig Gift ab. Dieses ist aber fünf Mal so stark wie das einer Kobra. Ihr Biss kann deshalb auch für Menschen tödlich sein. Es verhindert die Blutgerinnung. Als Gegengift gegen den Biss einer Boomslang dient ein Antiserum. Man muss es wie jedes Gegengift aus dem Gift der Schlange herstellen. Um das Gift zu gewinnen, wird den Giftschlangen ihr Gift abgezapft.

## Eierschlange
🌐 Afrika  ▶ bis 75 cm

Die Eierschlange ernährt sich nur von Vogeleiern. Sie haust auf Bäumen und plündert Vogelnester aus. Ihre Kiefer kann die kleine Schlange so weit dehnen, dass sie selbst ein Hühnerei mühelos ver-

Die Eierschlange kann Eier verschlingen, die vier Mal so groß sind wie ihr Kopf.

schluckt. Die Eierschale wird im Rachen durch dornige Wirbel angesägt. Dann zerdrückt die Schlange die Schale mit dem Kehlkopf. Den Inhalt des Eies schluckt sie hinunter, die Schalenreste würgt sie wieder heraus. Die Eierschlange kann sogar feststellen, ob ein Ei frisch und nicht schon angebrütet ist. Dazu befühlt sie es mit ihrer gespaltenen Zunge.

155

# SCHLANGEN

## Brillenschlange
🌐 Indien ➡ über 2 m

In Indien sterben heute noch über tausend Menschen im Jahr am Biss der Kobra oder Brillenschlange. Ihren Namen hat die Giftnatter von einer brillenähnlichen Zeichnung am Nacken. Diese wird sichtbar, wenn sich die Kobra bedroht fühlt und ihren Hals auseinanderspreizt. Sie bäumt sich dabei bis zu einem halben Meter hoch auf. Beißt die Brillenschlange zu und gelangt das Gift ins Blut, dann gibt es meist keine Rettung.

*Kobras sind taub. Wenn sie sich zu den Flötentönen des Schlangenbeschwörers wiegen, folgen sie nur seinen Bewegungen. In aufgerichteter Haltung stoßen sie nie nach oben zu.*

Ein Gramm Kobragift reicht aus, um 150 Menschen zu töten! Es lähmt die Nerven und die Atmung. Es gibt mehrere Arten von Kobras in Asien und Afrika. Nicht alle haben eine Brillenzeichnung. Mit ihren Giftzähnen töten die Kobras Kaninchen, Ratten, Mäuse oder Frösche. So genannte Speikobras verspritzen ihr Gift meterweit.

**Schwarze Mamba**
Die Mambas sind die gefährlichsten Giftschlangen Afrikas und noch giftiger als die Kobras. Es gibt eine schwarze und drei grüne Arten. Mambas sehen wunderschön aus. Sie haben ein glänzendes Schuppenkleid und sehr große Augen. Die Schwarze Mamba wird 4 m lang, die grünen Mambas sind kleiner. Alle bewegen sich sehr schnell durch die Äste und jagen Baumfrösche, Eidechsen und Vögel.

## Diamantklapperschlange
🌐 Nordamerika ➡ bis 2,50 m

Die größte Klapperschlange ist die Diamantklapperschlange. Sie wird bis zu 10 Kilogramm schwer und ist sehr giftig. Alle Klapperschlangen haben hohle Giftzähne. Diese klappen bei aufgerissenem Schlund nach vorn. Das Gift wird beim Zubeißen in die Beute gespritzt. Mit wärmeempfindlichen Grübchen spürt die Schlange ihr Opfer selbst bei völliger Dunkelheit auf.

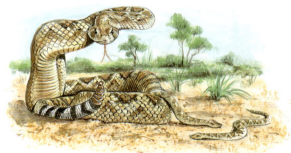

*Klapperschlange in Verteidigungsstellung. Ihr Gift ist nicht so stark wie das der Kobra. Dafür spritzt sie aber sehr schnell eine größere Menge ein.*

# SCHLANGEN

Bevor die Klapperschlange angreift, stellt sie ihre Rassel am Schwanzende auf. Dann lässt sie den Schwanz vibrieren, und die bohnenförmigen Hornglieder machen das Rasselgeräusch. Dies dient als Warnung.

## Blaugebänderte Ruderschlange
🌐 Indischer und Pazifischer Ozean
▶ bis 2,10 m

Die Blaugebänderte Ruderschlange lebt im Meer. Sie kann bis zu zwei Stunden lang tauchen. Dann muss sie wieder an die Wasseroberfläche um zu atmen. Beim Tauchen verschließt sie die Nasenlöcher mit Hautklappen. Die Schlange ernährt sich von Fischen, die sie mit starkem Gift tötet.

Seeschlangen wie die Ruderschlange sind voll an das Meer angepasst. Sie bringen im Wasser lebende Junge zur Welt.

## Kreuzotter
🌐 Nordeuropa und Sibirien ▶ bis 80 cm

Die Kreuzotter ist neben der Aspisviper unsere einzige Giftschlange. Ihr Biss kann auch für Menschen gefährlich sein. Sie liebt trockene, sonnige Plätze. Den Winter verbringt sie meist mit Artgenossen und anderen Schlangen in ➔ Kältestarre. Im März verlässt sie ihr Schlupfloch. Sie jagt nicht, sondern lauert ihrer Beute auf. Blitzschnell stößt sie auf vorüberlaufende

Die Kreuzotter häutet sich mehrmals im Jahr und streift dabei ihr „Schlangenhemd" im Ganzen ab.

Mäuse, Frösche oder auch Vögel. Kreuzottern können sehr gut riechen und spüren Erschütterungen des Bodens von weitem.

## Puffotter
🌐 Afrika ▶ bis 1,50 m

Die außerordentlich giftige Puffotter ist in Afrika weit verbreitet. Sie liegt oft stundenlang bewegungslos am Boden und lauert auf ein Opfer. Nachts dringt sie auch in Dörfer ein, doch zum Glück ist sie recht beißfaul. Anders als die meisten Schlangen schiebt sie sich mit den Bauchschilden voran, ähnlich wie eine Raupe kriecht.

Die Puffotter ist so dick wie ein Männerarm. Das Muster ihrer Schuppenhaut tarnt sie hervorragend im Spiel von Licht und Schatten.

157

# SCHILDKRÖTEN

## Schildkröten

Die Schildkröten zählen zu den ältesten Kriechtieren der Erde. Sie leben auf dem Land oder im Wasser. Ihr Körper ist von einem Panzer aus Knochenplatten und Hornschilden geschützt. Die größten Landschildkröten wiegen bis 200 Kilogramm. Einige Meeresschildkröten werden doppelt so schwer.

### Galapagosschildkröte

⊕ Galapagosinseln ▶ bis 1,10 m

Auf den Galapagosinseln haben sich riesige Schildkröten entwickelt. Sie sind über einen Meter lang und fast ebenso hoch. Manche von ihnen sind schon über hundert Jahre alt. Die Tiere leben auf den Vulkanböden an der Küste. Wenn dort das Wasser knapp wird, wandern sie ins Hochland. Hier gedeihen saftige Pflanzen, und es gibt Wasserstellen. Die Schildkröten trinken dort und fressen sich satt. Dann wandern sie auf denselben Trampelpfaden wieder zurück. Früher gab es sehr viele dieser Elefantenschildkröten auf den Inseln. Vorüberkommende Seeleute fingen sie ein und nahmen sie als lebenden Fleischvorrat an Bord. Heute fressen eingeschleppte Ratten und Hunde die Eier der Schildkröten. Deshalb sind die Tiere vom Aussterben bedroht und streng geschützt.

**Dosenschildkröte**
*Dosenschildkröten können ihren Panzer dicht verschließen. Sie leben in Nordamerika und sind Sumpfbewohner, gehen aber nicht ins Wasser. Durch Schwimmhäute an den Zehen unterscheiden sie sich von echten Landschildkröten. Sie ernähren sich teils wie diese und fressen auch Früchte, Beeren und Pilze neben Würmern, Schnecken und Insekten.*

### Griechische Landschildkröte

⊕ Südeuropa ▶ bis 25 cm

Die kleine Landschildkröte hat einen gelblichen Panzer mit schwarzen Flecken. Man trifft sie in Ländern und auf Inseln des Mittelmeeres an. Das langsame, behäbige Tier ernährt sich von Pflanzen, frisst aber auch Würmer und Schnecken. Die Nahrung zerlegt die Schildkröte mit ihren scherenartigen Hornkiefern. Im Winter fallen die Tiere in ➔ Kältestarre. Ende Juni gräbt das Schildkrötenweibchen eine Kuhle mit den Hinterfüßen. Darin legt es bis zu zwölf Eier ab und scharrt die Grube sorgfältig wieder zu. Im Herbst schlüpfen aus den Eiern die etwa vier Zentimeter langen Jungtiere. Sie tragen schon einen kleinen Panzer. Man hat viele Landschildkröten gefangen, weil sie lange Zeit als ➔ Heimtiere begehrt waren.

*Die Riesenschildkröten sind so groß, dass sie mit ihrem langen Hals auch höher liegende Pflanzenteile erreichen.*

# SCHILDKRÖTEN

Die Griechische Landschildkröte ist heute bereits selten geworden.

## Echte Karettschildkröte

🌐 Warme Meere ▶ bis 90 cm

Unter den Meeresschildkröten ist die Echte Karettschildkröte eine der kleinsten. Sie kommt an wenigen Stellen in tropischen Meeren vor. Meist lebt dort auch die viel größere Suppenschildkröte. Beide Arten hat der Mensch verfolgt: die Suppenschildkröte wegen ihres Fleisches, die Karettschildkröte wegen ihres Panzers. Die Karettschildkröte liefert das wertvolle Schildpatt. Das sind die besonders schön gefärbten Hornschilde ihrer Panzer. Früher machte man daraus Kämme und Haarspangen sowie Besteckgriffe.

Die Echte Karettschildkröte gräbt eine Nestgrube am Strand, um ihre Eier abzulegen.

## Fransenschildkröte

🌐 Südamerika ▶ bis 40 cm

Die Fransenschildkröte heißt auch Matamata und bewohnt Sümpfe und Gewässer. Sie gehört zu den Schlangenhalsschildkröten, die sehr lange Hälse haben. Ihren Namen hat sie von der Form ihres Panzers. Die Matamata versteckt sich im Schlamm oder hinter Wasserpflanzen und lauert Fischen auf. Der lange Hals mit dem Schnabel ragt wie ein Schnorchel über die Wasseroberfläche. Schwimmt ein Fisch vorbei, reißt sie den Schnabel auf und saugt ihn in den Schlund.

Der fransige Hals tarnt die Schildkröte im Pflanzengewirr unter Wasser.

---

### Kann man Reptilien essen?

Leider ja. Nicht alle schmecken allerdings gut. Die Suppenschildkröte hat man wegen ihres Fleisches verfolgt. Wie ihr Name schon sagt, hat man daraus Suppe gekocht. Sehr begehrt ist der Grüne Leguan. Er schmeckt wie Hühnchen und ist bei Indianern beliebt. Selbst Giftschlangen wandern in den Kochtopf. So gilt das Fleisch der Klapperschlange als Delikatesse. Da man auch Reptilieneier verspeist, sterben viele Kriechtiere aus.

# Amphibien

Blindwühlen sehen nichts und hören kaum etwas. Aber sie haben einen sehr guten Geruchssinn.

Die Amphibien waren die ersten Wirbeltiere, die vom Wasser aufs Land gingen. Sie entwickelten sich aus den Fischen. Es gibt drei Formen: die Schwanzlurche, die Froschlurche und die Blindwühlen. Viele Amphibien verbringen noch einen großen Teil ihres Lebens im Wasser. Fast alle legen dort auch ihre Eier ab. Aus dem Laich schlüpfen Larven, die sich in einen erwachsenen Lurch verwandeln.

## Frösche, Kröten und Unken

Froschlurche sind die bekanntesten Amphibien. Zu ihnen zählen Frösche, Kröten und Unken. Wasser- oder Teichfrösche steigen Ende April aus ihren Winterquartieren am Teichgrund nach oben. Nach ihrer langen → Kältestarre sind sie dunkelbraun. Schon bald färben sie sich leuchtend grün. Die Männchen locken nun mit lautem Gequake die Weibchen an. Diese legen schleimige Klumpen mit bis zu 10 000 Eiern ins Wasser. Über diesen → Laich gießen die Männchen ihren Samen und befruchten ihn.

## Frosch oder Kröte?

Es gibt etwa 3 500 Arten von Fröschen und Kröten. Sie auseinanderzuhalten ist nicht immer leicht. Echte Frösche wie unser Grasfrosch haben lange, kräftige Hinterbeine und können weit springen. Kröten hingegen schreiten mit ihren gleich langen Beinen eher gemächlich dahin. Sie sind viel plumper als Frösche. Von ihnen unterscheiden sie sich durch Warzen auf der Haut. Bei Fröschen ist die Haut glatt. Alle Lurche trinken nicht. Sie nehmen Wasser durch die Haut auf.

Aus den Eiern des Teichfrosches schlüpfen nach vier Tagen Larven, die Kaulquappen. Sie haben Kiemen ähnlich wie Fische, mit denen sie im Wasser atmen. Bevor sich die Larven nach etwa 12 Wochen in winzige Frösche verwandeln, bekommen sie Lungen. Damit atmen die Teichfrösche auf dem Land. Die meisten Lurche entwickeln sich auf diese Weise.

Der Feuersalamander ist unser größter Schwanzlurch. Er wird bis zu 20 cm lang. Salamander sind Einzelgänger. Zur Laichzeit sieht man aber viele Weibchen zum nächsten Gewässer ziehen. Zum Überwintern wandern oft viele Tiere in ein gemeinsames Winterquartier.

## Lurche mit Schwänzen

Salamander, Molche und Olme sind Schwanzlurche. Viele sehen aus wie Eidechsen. Die meisten von ihnen entwickeln sich wie die Frösche und Kröten aus Eiern im Wasser. Einige Schwanzlurche setzen auch lebende Junge oder ➜ Larven im Wasser ab. Die erwachsenen Salamander bewohnen feuchte Gebiete. Viele Molche dagegen verlassen ihren Lebensraum im Wasser nie.

*Die Wabenkröte trägt ihre Eier herum, bis die Larven ausschlüpfen. Diese entwickeln sich dann auf ihrem Rücken zu fertigen Kröten.*

## Halbfertige Tiere

Manche Schwanzlurche werden nie richtige Landtiere. Sie brechen die ➜ Verwandlung von der Larve zum erwachsenen Tier auf halbem Wege ab und behalten ihr Leben lang einige Eigenschaften der Larven bei. Zum Beispiel atmen viele mit ➜ Kiemen. Eine solche „Dauerlarve" ist der Axolotl, der sein ganzes Leben im Wasser verbringen kann. Manche dieser Larvenformen können sowohl im Wasser als auch auf dem Land leben.

## Amphibien unter der Erde

Amphibien graben sich meist nur im Winter in die Erde ein und fallen dort in Kältestarre. Die Blindwühlen dagegen leben nur im Boden. Man könnte sie auf den ersten Blick für Würmer halten. Es sind urtümliche Amphibien. Augen und Ohren liegen in der Haut und sind kaum ausgebildet. Blindwühlen gibt es nur in warmen, tropischen Ländern.

**Es gibt rund 4 000 Arten von Amphibien**

| | |
|---|---|
| Frösche, Kröten, Unken und Verwandte: | rund 3 500 Arten |
| Salamander, Molche und Olme: | rund 360 Arten |
| Blindwühlen: | rund 170 Arten |
| Größte Amphibie: | Riesensalamander, bis zu 1,50 m lang |
| Kleinste Amphibie: | ein Madagaskarfröschchen, 7 mm lang |

*Der Goliathfrosch wird 40 cm lang und ist der größte Froschlurch.*

*Das kleinste Fröschchen misst nur 7 mm und hat auf einer Fingerkuppe Platz.*

# FRÖSCHE

## Frösche

Alle Frösche haben lange Hinterbeine. Damit springen sie weit und zielsicher nach der Beute. Fliegen schnappen sie mit ihrer Klappzunge. Größere Tiere packen sie mit dem breiten Maul. Die fünf Zehen sind oft durch Schwimmhäute verbunden, die im Wasser als Paddel dienen. Die Vorderbeine sind kürzer und tragen nur vier Finger. Die Männchen haben meist Schallblasen. Damit stimmen sie ein lautes Gequake an.

## Laubfrosch

🌐 Europa  ▶ bis 5 cm

Der grüne Laubfrosch ist eine von über 100 Laubfroscharten auf der Welt. Er lebt auf Bäumen und Sträuchern. Seine Eier legt er ins Wasser. Dort entwickeln sich die Kaulquappen. Der Laubfrosch kann seine Farbe von Grün nach Braun oder Hellgelb ändern. Mit Haftscheiben an den Zehen klettert er auch an glatten Flächen hoch.

*Der Laubfrosch ist auf Blättern gut getarnt.*

*Der Grasfrosch fängt Fliegen mit seiner klebrigen Klappzunge. Dann zieht er die Beute in sein breites Maul.*

## Grasfrosch

🌐 Europa und Asien  ▶ bis 10 cm

Die braunen Grasfrösche leben dort, wo es feucht ist. Wie alle Frösche nehmen sie durch die Haut Feuchtigkeit auf. Auch die Atmung erfolgt zum Teil über die dünne Haut. Obwohl der Grasfrosch ein Landtier ist, schwimmt er gut und kann bis zu zehn Minuten unter Wasser bleiben. In manchen Jahren vermehren sich die Grasfrösche in großer Zahl. Sie steigen dann in Massen aus den Tümpeln. Die Menschen sprechen dabei von einem Froschregen. Früher fing man viele Grasfrösche und verspeiste ihre kräftigen Schenkel als Leckerbissen.

### Vorsicht, verliebte Frösche!

Im Frühjahr kannst du beobachten, wie Frösche und Kröten in großen Massen zu den Gewässern wandern, in denen sie geboren wurden. Dort wollen sie Hochzeit halten. Unterwegs aber müssen sie oft Autostraßen überqueren. Damit kein Tier überfahren wird, errichten Naturschützer an den gefährlichen Stellen „Krötenzäune". Entlang dieser Barrieren werden Eimer in die Erde versenkt. Die wandernden Frösche und Kröten plumpsen dort hinein. Sie werden von Helfern eingesammelt und sicher über die Straße getragen.

# FRÖSCHE

AMPHIBIEN

## Ochsenfrosch

🌐 Nordamerika ▶ bis 20 cm

Der Ochsenfrosch ist ein Wasserfrosch. Er wiegt etwa 600 Gramm und ist einer der größten Frösche. Trotz seines Gewichts springt er fast drei Meter weit. Ochsenfrösche leben einzeln. Zur Laichzeit kommen viele Tiere in Tümpeln zusammen. Sie brüllen so laut, dass man sie kilometerweit hört. Die Männchen führen untereinander Ringkämpfe aus und stellen sich dazu auf die langen Hinterbeine.

Der Ochsenfrosch ist ein gewaltiger Räuber. Auf seinem Speisezettel stehen außer Insekten auch Vögel, Mäuse und sogar Schlangen.

## Springfrosch

Der etwa 7 cm lange Springfrosch macht seinem Namen alle Ehre. Er springt spielend 2 m weit. Im Verhältnis zur Körpergröße müsste ein Mensch über 50 m weit springen! Die Hinterbeine des Springfrosches sind fast doppelt so lang wie das ganze Tier. Das Männchen besitzt keine Schallblasen. Seine Stimme klingt deshalb nur schwach.

Der Java-Flugfrosch gleitet mit den Schwimmhäuten zwischen den Zehen wie an einem Fallschirm zu Boden.

## Java-Flugfrosch

🌐 Inseln Java und Sumatra ▶ bis 7,5 cm

Dieser Baumfrosch lebt im ➔ Regenwald. Er hat große Haftscheiben an den Zehen und kann gut klettern. Der Flugfrosch legt seine Eier in einem Schaumnest auf ein Blatt. Das Blatt ragt über ein Gewässer. Bevor die ➔ Larven schlüpfen, wird der Schaum flüssig und sie fallen ins Wasser.

## Goldfröschchen

🌐 Insel Madagaskar ▶ bis 3 cm

Die Goldfröschchen leben im ➔ Regenwald. Sie halten sich meist in Gruppen am Boden auf, klettern aber auch auf Bäume. Die Männchen zirpen wie Grillen. Die Weibchen legen nur zwei Millimeter große Eier, die sie zwischen feuchte Blätter kleben.

Das winzige Goldfröschchen gilt als schönster aller Froschlurche. Es ist recht selten.

FRÖSCHE

### Nasenfrosch
🌐 Südamerika  ▶ bis 3 cm

Der Naturforscher Charles Darwin hat im 19. Jahrhundert den Nasenfrosch entdeckt. Der Frosch hat eine Stimme wie ein Glöckchen. Die Weibchen legen 20 bis 40 Eier. Verschiedene Männchen verschlucken bis zu 15 Eier. Diese wandern dann in die Schallblasen, wo sich die Jungen entwickeln. Der Pflegevater spuckt schließlich die fertigen jungen Frösche aus.

Der Kurzkopffrosch kriecht mehr, als dass er hüpft. Bei seiner Gestalt ist eine schnellere Fortbewegungsart auch kaum möglich.

Während der Nasenfrosch die Kaulquappen in seiner Schallblase herumträgt, ernährt er sie mit. Am Ende ist er ziemlich mager.

### Kurzkopffrosch
🌐 Südafrika  ▶ bis 5 cm

Kurzkopffrösche sehen aus wie Luftballons. Sie sind mit den Kröten nahe verwandt. Mit ihren kurzen Beinen können sie nicht mehr hüpfen, sondern kriechen am Boden. Wie die Kröten besitzen sie keine Zähne. Ihre Nahrung besteht hauptsächlich aus Ameisen und Termiten. Die Tiere leben in der ➔ Savanne. An den Beinen haben sie Grabschaufeln. Damit graben sie sich in den Boden ein. Für die Entwicklung ihrer Eier brauchen die Kurzköpfe kein Wasser wie andere Amphibien. Sie legen die Eier in die Erde. Im Ei entwickelt sich das Tier dann zum fertigen Frosch.

### Baumsteigerfrosch
🌐 Mittel- und Südamerika  ▶ bis 5 cm

Die Baumsteigerfrösche sind kleine, oft sehr bunt gefärbte Fröschchen. Sie leben im ➔ Regenwald und halten sich vor allem am Boden auf. Die Männchen sind liebevolle Väter. Sie tragen die aus den Eiern schlüpfenden Kaulquappen herum und setzen sie schließlich ins Wasser. Von den etwa 100 Arten sind drei außerordentlich giftig. Das Gift erzeugen sie in Drüsen ihrer Haut. Die Regenwaldindianer töten die Frösche, halten sie über ein Feuer und fangen das Gift auf. Dann tauchen sie ihre Pfeilspitzen hinein.

Das Gift dieses Baumsteigerfrosches ist sehr stark. Pfeile, die damit vergiftet sind, töten Tiere bis zur Größe eines Affen augenblicklich.

# KRÖTEN

**Kröten** Die Kröten leben fast nur auf dem Land. Sie sind meist größer und plumper als Frösche. Mit ihren etwas kürzeren Beinen bewegen sie sich mit kleinen Hüpfern vorwärts oder laufen auf allen vieren. Ihre warzige Haut sondert ein schwaches Gift ab. Im Unterschied zu den meisten Fröschen haben sie keine Zähne.

Die Wechselkröte findet sich häufig in Kiesgruben. Bei der Paarung sitzt das Männchen auf dem Rücken des Weibchens.

## Wechselkröte

⊕ Europa, Asien ▶ bis 9 cm

Wie alle Kröten ist auch die Wechselkröte ein Nachttier. Tagsüber verbirgt sie sich in Erdlöchern oder unter Steinen. Wenn es dunkel wird, jagt sie Insekten, Würmer und Schnecken. Sie hüpft dabei recht geschickt und kann auch gut klettern. Das Weibchen legt bis zu 10 000 Eier in zwei schleimigen Schnüren in flache Gewässer.

## Kreuzkröte

⊕ Europa ▶ bis 9 cm

Die Kreuzkröte quakt so laut, dass man sie einen Kilometer weit hört.

Kreuzkröten lieben Sandboden und leben sogar in den Dünen an der Nordsee.

Sie klettert gut und läuft sehr schnell. Wenn man nicht genau hinsieht, könnte man sie für eine vorbeihuschende Maus halten.

## Erdkröte

⊕ Europa, Asien, Nordafrika ▶ bis 15 cm

Tagsüber halten sich Erdkröten versteckt. Manchmal sieht man nachts unter einer Lampe eine Erdkröte nach Insekten schnappen. Sie frisst wie die Frösche nur Tiere, die sich bewegen. Zu ihrer Nahrung zählen auch Schnecken. Dadurch macht sich die Kröte sehr nützlich. Im Frühjahr wandern die Kröten oft in Scharen an Teiche, um dort zu → laichen. Dann hört man das leise „Bellen" der Männchen.

Die Erdkröte ist unsere häufigste Kröte. Wenn sie nicht gefressen wird, kann sie bis zu 40 Jahre alt werden.

**Pantherkröte**
Die Pantherkröte kommt fast überall in Afrika vor und bewohnt auch trockene Lebensräume. Tagsüber versteckt sie sich vor der Hitze im Sand und kommt erst abends zum Vorschein, wenn es kühler ist, um Insekten und Spinnen zu fangen.

# UNKEN UND VERWANDTE

## Unken
Die Unken gehören zu den Froschlurchen. Sie können ihre scheibenförmige Zunge nicht hervorschnellen wie Frösche oder Kröten. Im Unterschied zu den Kröten haben sie aber Zähne. Fast alle Unken sind echte Wassertiere. Sie verbringen die meiste Zeit in einem Tümpel oder Teich und gehen nur zum Jagen an Land.

**Rotbauchunke**
Die Rotbauchunke hält sich wie die Gelbbauchunke vorwiegend im Wasser auf. Bei Gefahr zeigt sie ihren knallroten, gefleckten Bauch. Im Herbst wandert sie auf das Land und fällt in einem Erdloch in ➜ Kältestarre.

Die Gelbbauchunke taucht bei der geringsten Störung ab. Sie sucht stets trübe Gewässer auf, in denen man sie schwer entdeckt.

## Gelbbauchunke
🌐 Süd- und Mitteleuropa  ▶ bis 5 cm
Die Gelbbauchunke heißt auch Bergunke. Man findet sie in Tümpeln, Gräben und sogar in Wagenspuren, die voll Regenwasser stehen. Den Sommer verbringt die Unke im Wasser. Sie ist sehr schreckhaft. Sobald sie sich gestört fühlt, taucht sie auf den Grund des Gewässers ab. Bei Dunkelheit jagt sie an Land nach Insekten und Kleintieren. Mit ihrer graugrünen Oberseite ist sie gut getarnt und kaum zu entdecken. Wenn sie bedroht wird, wirft sie sich wie alle Unken auf den Rücken und zeigt ihren hellgelb gefleckten Bauch. Diese Warnfarbe soll Feinde erschrecken und in die Flucht schlagen. Zusätzlich scheiden Unken eine giftige Flüssigkeit ab.

## Geburtshelferkröte
🌐 Süd- und Westeuropa  ▶ bis 5 cm
Die Geburtshelferkröte hat wie die Unke eine scheibenförmige Zunge und ist deshalb eng mit ihr verwandt. Sie lebt aber auf dem Land. Man nennt sie auch „Glockenfrosch", weil die Männchen eine sehr schöne Stimme haben. Mit ihren kräftigen Vorderbeinen gräbt sich die Geburtshelferkröte eine Höhle als Versteck. Früher glaubte man, das Männchen helfe bei der Geburt der Jungen. Es wickelt sich aber nur die Laichschnüre mit etwa 60 Eiern um den Leib und trägt sie umher. Damit der ➜ Laich nicht austrocknet, taucht das Männchen ab und zu ins Wasser. Ehe die Kaulquappen schlüpfen, bringt es die Eier in ein Gewässer.

Die Geburtshelferkröte liebt das trockene Land und geht kaum ins Wasser.

SALAMANDER, MOLCHE UND OLME

# Salamander, Molche und Olme

Molche, Salamander und Olme sind Schwanzlurche. Sie haben eine lang gestreckte Gestalt. Molche und Salamander sehen den Eidechsen ähnlich, sind aber nicht so flink wie diese. Wie alle Lurche häuten sie sich mehrmals. Dabei stoßen sie die Haut in Fetzen ab. Sie sind Räuber, die andere Tiere fressen. Viele leben im Wasser.

### Riesensalamander
🌐 China und Japan   ▶ bis 1,50 m

Der Riesensalamander wird bis zu 20 Kilogramm schwer. In Japan wird er mit der Angel gefangen und gegessen.

Der Riesensalamander ist der größte Lurch. Er lebt in kalten Gebirgsbächen und frisst Fische, Frösche und andere Wassertiere. Trotz seiner Größe ist dieser Salamander kein erwachsenes Tier, sondern eine Larvenform. Das Männchen gräbt ein Nest und lockt ein Weibchen an, das bis zu 500 Eier legt. Die schlüpfenden ➔ Larven atmen mit ➔ Kiemen. Wenn die Larven 25 Zentimeter lang sind, bilden sich die äußeren Kiemen zurück. Im dritten Jahr hat der Riesensalamander Lungen, bleibt aber zeit seines Lebens im Wasser. Er muss immer wieder auftauchen, um zu atmen.

### Aberglaube und Teufelstiere

Die alten Römer hielten den Feuersalamander für ein gefährliches und giftiges Tier. Er sollte angeblich alle Früchte vergiften, wenn er nur auf einen Baum kletterte. Man war auch davon überzeugt, dass der Feuersalamander kalt sei wie Eis und durch seine bloße Berührung jedes Feuer löschen könnte. Später galt der Feuersalamander als Haustier der Hexen und Zauberer. Goldmacher verbrannten das Tier, um mit Hilfe seiner Asche Quecksilber in Gold zu verwandeln. Natürlich hatten sie keinen Erfolg.

### Alpensalamander
🌐 Europa   ▶ bis 16 cm

Der Alpensalamander heißt auch Mohrensalamander. Er ist ganz schwarz. In den Alpen kommt er noch in 3 000 Meter Höhe vor. Alpensalamander hausen unter Steinen oder im Gebüsch. Für die Fortpflanzung sind sie nicht auf Wasser angewiesen. Sie bringen stets zwei lebende Junge zur Welt. Wie die Feuersalamander verspritzen sie aus den Drüsen ihrer Haut ein Gift.

Alpensalamander kommen tagsüber fast nur bei Regenwetter aus ihren feuchten Verstecken.

# SALAMANDER, MOLCHE UND OLME

*Der Axolotl ist gewöhnlich olivgrün bis braun, manchmal auch ganz schwarz. Als Albino hat er eine reinweiße Haut.*

### Axolotl
🌐 Mexiko  ▶ bis 30 cm

Der Name dieses Tieres ist mexikanisch und bedeutet „Wasserungeheuer". Und etwas ungeheuerlich sieht dieser Querzahnmolch auch aus. Sein ganzes Leben verbringt er als ➜ Larve im Wasser. Da er seine Beine nicht braucht, sind diese klein und schwach. Er pflanzt sich als Larve fort. Dabei legt das Weibchen bis zu 600 Eier. Der Axolotl kommt nur in einem einzigen See nahe der Hauptstadt Mexiko City vor. Im Wasser hat er büschelförmige Kiemen, mit denen er atmet. Nur wenn das Wasser knapp wird, und der See stellenweise austrocknet, wandelt sich der Axolotl in ein Landtier um. Er atmet dann mit Lungen. Die Mexikaner fangen den Axolotl und essen ihn wie einen Fisch.

### Kammmolch
🌐 Europa  ▶ bis 15 cm

Der Kammmolch zählt zu den Wassermolchen. Er verbringt aber auch einen Teil seines Lebens auf dem Land. Dort versteckt er sich unter feuchten Steinen oder in einem Erdloch. Er ist unser größter Molch. Man findet ihn häufig in Teichen, aber auch in Wassergräben auf Wiesen. Im Frühjahr pflanzen sich die Molche fort. Dann bekommen die Männchen einen gezackten Kamm am Rücken. Ihr Schwanz verbreitert sich durch einen Hautsaum. Er dient nun als Ruderschwanz im Wasser. Das Weibchen legt etwa 300 Eier. Diese werden einzeln an Wasserpflanzen angeheftet.

*Der Kammmolch wird auch Wassersalamander genannt. In der Paarungszeit färbt sich der gelbe Bauch des Männchens orangerot.*

### Grünlicher Wassermolch
🌐 Nordamerika  ▶ bis 10 cm

Der Grünliche Wassermolch hat einen gelben Bauch und einen olivgrünen Rücken – wenn er im Wasser lebt. In der Jugend bleibt er einige Zeit an Land. Dann ist seine Hautfarbe rot mit schwarzen Punkten. Deshalb heißt er auch Rotfleckenmolch. Als Landtier lebt er von Würmern und Insekten. Im Wasser frisst er kleine Krebse und die ➜ Larven anderer Lurche.

*Der Wassermolch ist auch im Winter aktiv, wenn die Gewässer zugefroren sind. Man sieht ihn dann durch das Eis die Beute jagen.*

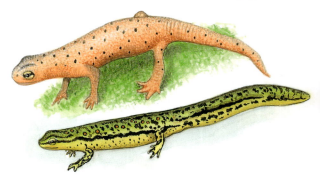

# SALAMANDER, MOLCHE UND OLME

**Bergmolch**
Bergmolche werden bis zu 11 cm lang. Sie leben in Gebirgsbächen, in Tümpeln und Seen. Oft trifft man sie noch nahe der Schneegrenze an. Zur Paarungszeit sind die Männchen besonders farbenprächtig. Ihr Hochzeitskleid soll die Weibchen anlocken.

## Tigerquerzahnmolch
🌐 Nordamerika ▶ bis 33 cm

Es gibt 32 Arten von Querzahnmolchen in Nordamerika. Der Tigerquerzahnmolch ist der größte Schwanzlurch auf dem Land. Man sieht ihn selten, denn er ist nur nachts unterwegs. Zu seinen Beutetieren gehören Insekten, andere Lurche und sogar Mäuse. Der Tigerquerzahnmolch kann sich auch als ➔ Larve fortpflanzen.

Der Tigerquerzahnmolch verbirgt sich am Tag in Höhlen oder im Bau eines Präriehundes.

## Grottenolm
🌐 Europa ▶ bis 30 cm

Dieser Lurch kommt nur in den Adelsberger Grotten in Jugoslawien vor. Das ist ein gewaltiges Höhlengebiet mit unterirdischen Flüssen. Dort sieht der Olm nichts und er braucht deshalb auch keine Augen. Der Olm hat Hände mit drei Fingern und

Grottenolme verteidigen ihre ➔ Reviere heftig gegen andere Männchen.

Füße mit zwei Zehen. Er ist kein voll entwickeltes Tier und besitzt sowohl äußere ➔ Kiemen als auch innere Lungen. Seine Haut ist weiß oder rosa. An die Sonne kommt er fast nie. Im Licht wird er braun, im Dunkeln verliert er die Farbe wieder.

### Darf man einen Salamander halten?

Für einen Salamander muss das Terrarium groß und vor allem feucht sein. Doch um Amphibien daheim zu halten, braucht man eine Genehmigung. Man kann aber Amphibien in der Natur beobachten. Dazu geht man an einem Juniabend mit einer Taschenlampe zu einem Tümpel – am besten nach einem Regen.

# Fische

Quastenflosser zählen zu den ältesten Fischen. Sie haben gestielte Flossen, die an Beine erinnern.

Die Fische sind die ältesten Wirbeltiere auf der Erde. Vor rund 450 Millionen Jahren lebten in den Meeren die gepanzerten Urfische. Sie besaßen noch kein Skelett. Vor 400 Millionen Jahren hatten sich bereits die Vorfahren der heutigen Knorpelfische und Knochenfische entwickelt. Sie besiedelten das Süßwasser und das Salzwasser. Wir unterscheiden Friedfische, die sich von Plankton ernähren, und Raubfische, die andere Tiere jagen. Fast alle Fische legen Eier, aus denen Larven schlüpfen. Manche Arten bringen auch lebende Junge zur Welt.

**Leben im Wasser**

Der Körper schnell schwimmender Fische ist spindelförmig zugespitzt. So können sie das Wasser gut zerteilen. Ihr Körper ist von Schuppen bedeckt. Damit sie mit geringem Widerstand durch das Wasser gleiten, sind die Schuppen von Schleim überzogen. Das macht die Fische glitschig. Für die Fortbewegung im Wasser besitzen die Fische paarweise Brust- und Bauchflossen. Mit der Rücken- und Afterflosse wird die Lage im Wasser eingehalten. Die Schwanzflosse sorgt für den Antrieb. Ein wichtiges ➔ Organ für das Auf- und Absteigen im Wasser ist die Schwimmblase. Sie wird je nach der Wassertiefe mit Luft gefüllt. Der Fisch passt sich so stets dem Wasserdruck an.

Fische pressen Wasser über das Maul durch die Kiemen und nehmen den darin gelösten Sauerstoff auf. Knochenfische haben Kiemendeckel, Haie und Rochen Kiemenspalten.

1 Picasso-Drückerfisch
2 Gebänderter Drückerfisch
3 Langschnäuziger Pinzettfisch
4 Halfterfisch
5 Schwarzpunkt-Kofferfisch
6 Blauer Kofferfisch

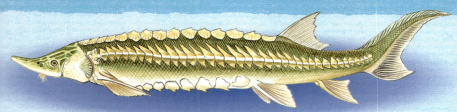

Der Stör hat keine Schuppen, sondern Knochenplatten. Der 6 m lange Fisch lebt teils im Salzwasser und teils im Süßwasser. Seine Eier liefern den begehrten Kaviar.

## Knochenfische und Knorpelfische

Fast alle Fische sind Knochenfische. Der größte Fisch, der Walhai, gehört allerdings zu den Knorpelfischen. Sie umfassen die Haie und Rochen. Knorpelfische besitzen im Gegensatz zu Knochenfischen kein Knochenskelett. Ihr Körpergerüst besteht aus → Knorpel. Sie haben auch keine Schwimmblase. Deshalb können sie nicht im Wasser schweben wie die Knochenfische. Sie müssen selbst aktiv schwimmen und ihre Flossen bewegen. Ihre Haut ist nicht von Schuppen, sondern von winzigen Zähnchen bedeckt. Die Atmung ist bei allen Fischen gleich: Sie atmen mit → Kiemen.

## Sechs Sinne

Fische können sehen und hören, riechen, schmecken und tasten. Mit den Augen nehmen sie Umrisse bis in 20 Metern Entfernung wahr. Sie sehen auch farbig. Übrigens schlafen Fische mit offenen Augen. Sie haben keine Augenlider. Fische hören auch Geräusche. Der Geruchs- und der Geschmackssinn sind besonders scharf ausgebildet. So wittern Haie Blut auf große Entfernung. Das Maul der Fische ist ein empfindliches Tastorgan. Viele besitzen Barteln. Das sind Hautanhänge, die wie Fühler wirken. Zu alledem haben Fische noch einen sechsten Sinn: das Seitenlinienorgan. Es nimmt geringste Strömungsänderungen wahr, die durch Hindernisse oder herannahende Tiere im Wasser entstehen.

### Es gibt über 24 000 Fischarten

| | |
|---|---|
| Knorpelfische: | rund 850 Arten |
| Knochenfische: | rund 24 000 Arten |
| **Ordnungen mit den meisten Arten:** | |
| Barschartige: | rund 9 300 Arten |
| Karpfenartige: | rund 2 650 Arten |
| Welse: | rund 2 000 Arten |
| Ährenfischartige: | rund 1 100 Arten |
| Aalfische: | rund 700 Arten |
| Plattfische: | rund 570 Arten |
| Dorschfische: | rund 480 Arten |
| Größter Fisch: | Walhai, bis zu 18 m lang |
| Kleinster Fisch: | Zwerggrundel, 2,1 cm lang |

Die schönsten Fische leben im → Korallenriff. Darunter finden sich die absonderlichsten Gestalten.

7 Igelfisch
8 Kaiserfisch
9 Pinzettfisch
10 Orangenfleck-Lippfisch
11 Ritterfisch
12 Weißkehlseebader
13 Vieraugen-Schmetterlingsfisch

# HAIE

## Haie

Die meisten Haie sind pfeilschnelle Jäger. Sie haben einen lang gestreckten stromlinienförmigen Körper und messerscharfe Zähne. Haie erbeuten vor allem andere Fische und Tintenfische. Einige greifen auch Menschen an. Haie sind nicht nur Jäger, sondern auch Gejagte. Viele der etwa 360 Haiarten sind heute gefährdet. Man fängt sie wegen ihres wohlschmeckenden Fleisches.

### Blauhai

🌐 Gemäßigte Meere ▶ bis 4 m

Der Blauhai hat einen torpedoförmigen Körper und lange Brustflossen. Er wird gewöhnlich drei bis vier Meter lang. Doch man hat auch schon sechs Meter lange Blauhaie gefangen. Seinen Namen hat der Blauhai von der Farbe seines Rückens. Wie bei fast allen Haien ist die Schnauze spitz. Der Blauhai jagt weit draußen im Meer und verfolgt die Schwärme von Sardinen, Heringen, Makrelen und Thunfischen. An die Küste kommt er selten. Dort kann er allerdings Badenden gefährlich werden. Die Weibchen bringen bis zu 60 voll entwickelte Junge zur Welt.

*Der Blauhai greift häufig die Netze der Fischer an und macht ihnen die Beute streitig.*

**Katzenhai**
Der Kleingefleckte Katzenhai wird etwa 80 cm lang. Er lebt im Atlantik und im Mittelmeer. Katzenhaie jagen am Meeresboden in Tiefen bis 400 m. Ihre Beute sind Krebse, Weichtiere und kleinere Fische. Diese Haie legen Eier. Nach acht bis neun Monaten schlüpfen die 10 cm großen Jungen.

### Ammenhai

🌐 Warme, tropische Meere ▶ bis 4,50 m

Es gibt 25 Arten von Ammenhaien. Einige legen Eier, andere bringen lebende Junge zur Welt. Die meisten sind nicht sehr groß. Sie leben in Küstennähe im flachen Wasser und jagen am Meeresboden nach kleinen Fischen und Krebsen. Menschen werden sie nicht gefährlich. Einige Arten sind gefleckt oder gestreift. Dadurch sind sie im Tang und Seegras oder über Felsen fast unsichtbar. Andere haben zur ➔ Tarnung fransige Hautlappen am Kopf und am Körper.

*Der Ammenhai schwimmt nur langsam. Er ruht oft auf dem Meeresgrund.*

# HAIE

## Weißhai

🌐 Warme Meere  ➡ bis 8 m

Der Weißhai gilt als gefährlichster und gefräßigster Jäger unter den Haien. Sehr große Weißhaie werden bis zu zwölf Meter lang und drei Tonnen schwer. Sie jagen Fische aller Art, darunter auch kleinere Haie sowie Schildkröten, Delfine und

Weißhaie schlingen gierig. Man fand in ihren Mägen schon Dosen und Schraubenschlüssel.

Robben. Der Weißhai folgt den Schiffen und verschlingt den Abfall. Schwimmt er in Küstennähe, dann wird es für Badende gefährlich. Weiße Haie haben schon viele Menschen getötet. Deshalb heißen sie auch „Menschenhaie". Berühmt wurden sie durch den Film „Der weiße Hai". Ihre Haut ist aber grau.

Die merkwürdige Kopfform des Hammerhais dient vermutlich der besseren Wahrnehmung. Die Augen sitzen außen am „Hammer".

## Engelhai

🌐 Alle Meere  ➡ bis 2,50 m

Engelhaie sehen wie Rochen aus, doch sie besitzen seitliche Kiemenspalten wie ein Hai. Der vordere Teil ihres Körpers ist stark abgeplattet, die Augen liegen oben. Das ist eine gute Anpassung, weil Engelhaie am Meeresboden leben und jagen. Sie

Der Engelhai wird auch Meerengel genannt. Er vergräbt sich gern im Sand.

ernähren sich von kleinen Grundfischen, Weichtieren und Krebsen. Der Engelhai bringt etwa zehn lebende Junge zur Welt.

## Hammerhai

🌐 Warme Meere  ➡ bis 5,50 m

Der Name dieser Haie stammt von ihrer auffälligen Schnauze. Sie ist stark verbreitert und sieht von oben wie ein großes T aus. Die Augen und die Nasenöffnung sitzen an der Seite des „Hammers", der Mund darunter. Es gibt zwölf Arten dieser Haie. Der Große Hammerhai wird bis zu 5,50 Meter lang. Er ist ein Bewohner der Hochsee und jagt Fische und Tintenfische. In Küstennähe fällt der angriffslustige Hai manchmal aber auch Schwimmer an.

# Rochen

Rochen gehören wie Haie zu den Knorpelfischen, alle anderen Fische sind Knochenfische. Es gibt über 400 Arten von Rochen. Sie haben wie die Haie keine Schwimmblase. Bei den meisten ist der Körper abgeplattet, fast quadratisch oder rautenförmig. Einige haben einen stromlinienförmigen Körper. Die fünf Kiemenspalten und der Mund liegen auf der Unterseite des Körpers.

## Riesenmanta

🌐 Warme Meere ↔ bis 7 m

Der Riesenmanta schlägt beim Schwimmen mit den spitz auslaufenden Flossen auf und ab. Das sieht aus, als ob ein Vampir durch das Wasser flöge.

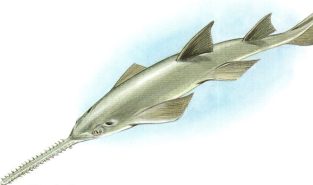

### Sägefisch

Diese Rochen haben ihren Namen nach der langen Schnauze. Sie ist wie eine Säge seitlich mit spitzen Zähnen besetzt. Der Körper der Sägerochen ist wie bei Haien stromlinienförmig. Sie leben am Meeresboden, den sie mit ihrer „Säge" nach Beute durchwühlen. Mit ihrer gefährlichen Waffe können sie auch Angreifer wie Haie abwehren. Im Mittelmeer und im Ostatlantik kommt der Westliche Sägefisch vor. Er wird bis zu 6 m lang.

### Zitterrochen

🌐 Alle wärmeren Meere ↔ bis 1,80 m

Zitterrochen können mit ihren Muskeln elektrische Spannungen erzeugen. Damit versetzen sie Beutetieren und Angreifern starke Stromstöße. Bei manchen Arten beträgt die Spannung bis zu 200 Volt, also fast so viel wie im Stromnetz. Mit der Leistung von 2 000 Watt könnten sie für einen kurzen Augenblick 50 Glühbirnen von je 40 Watt zum Leuchten bringen.

Der Riesenmanta ist der größte Rochen. Er kann bis zu sieben Meter breit werden und zwei Tonnen wiegen. Bei ihm ist das Maul in zwei löffelähnliche Gebilde aufgeteilt, die wie Hörner aussehen. Die riesigen Rochen können hoch aus dem Wasser springen. Sie leben von kleinen Krebsen und Fischen, die sie mit einem Siebapparat zwischen den Kiemen aus dem Wasser filtern. Die Weibchen haben stets nur ein Junges, das lebend zur Welt kommt.

Zitterrochen leben in Europa im Mittelmeer.

# PLATTFISCHE

## Plattfische

Plattfische gehören zu den Knochenfischen. Die Jungfische haben eine normale Fischgestalt. Nach einiger Zeit nehmen sie eine platte Form an. Dabei wandert auch ein Auge von einer Körperseite auf die andere. Viele Plattfischarten graben sich im Meeresboden ein. Sie passen ihre Farbe dem Untergrund an und sind so hervorragend getarnt.

### Scholle

🌐 Atlantik, Nordsee, Ostsee  ↔ bis 80 cm

Die Scholle wird auch Goldbutt genannt. Sie ist der bekannteste Plattfisch und ein wichtiger Speisefisch. Schollen leben vor allem von kleinen Muscheln, deren Schale sie mit ihrem kräftigen Gebiss knacken. Auch Würmer, Krebstiere und Schlangensterne stehen auf ihrem Speisezettel.

Schollenweibchen legen in der Laichzeit bis zu 500 000 Eier. Daraus schlüpfen die → Larven.

### Weißer Heilbutt

🌐 Nördlicher Atlantik  ↔ bis 3 m

Der Heilbutt ist der größte Plattfisch. Wie die Scholle ist er ein Raubfisch. Er besitzt starke Kiefer und spitze Zähne und frisst

Gut getarnt lauert der Heilbutt auf Beute. Er verfolgt sie auch bis zur Wasseroberfläche.

Fische, Krebse, Muscheln und Tintenfische. Junge Heilbutte leben in Tiefen bis zu 70 Metern. Ausgewachsene Fische halten sich in 700 Meter Tiefe auf. Zum → Laichen schwimmt der Heilbutt oft viele Hundert Kilometer weit. Das Weibchen legt danach bis zu 9 Millionen Eier.

### Seezunge

🌐 Atlantik, Mittelmeer  ↔ bis 60 cm

Die Seezunge ist ein vorzüglicher Speisefisch. Tagsüber gräbt sie sich in den Schlick und Sand des Meeresbodens ein. In der Nacht sucht sie Nahrung. Beim Aufspüren der Beute helfen ihr feine Tastorgane, die den Mund umgeben. Seezungen können nicht nur schwimmen. Sie gleiten auch auf den Flossenspitzen über den Meeresboden.

Wenn die Seezunge am Meeresboden liegt, hebt sie sich vom Untergrund kaum ab.

# AALFISCHE

## Aalfische

Fast alle Arten von Aalen haben einen schlangenähnlichen Körper. Sie sind Meeresbewohner. Nur der Flussaal verbringt den größten Teil seines Lebens in Flüssen und Seen. Ausgewachsene Aale sind Raubfische, die nachts Beute jagen. Die meisten durchlaufen ein Larvenstadium, bevor sie zu Jungaalen werden.

### Muräne
Muränen sind aalähnliche Raubfische, die an Felsküsten und Korallenbänken leben. Sie verbergen sich am Tag in Felsspalten und jagen in der Dämmerung. Die meisten Arten haben ein scharfes Gebiss und Giftdrüsen im Maul. Der Biss einiger Arten soll sogar für Menschen tödlich sein. Wie bei den Aalen ist auch bei den Muränen das Blut giftig. Dennoch sind sie begehrte Speisefische.

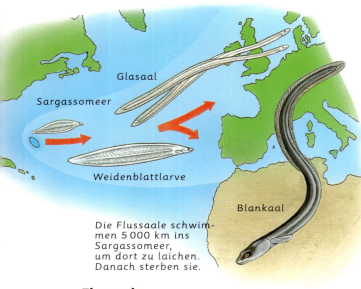

Die Flussaale schwimmen 5 000 km ins Sargassomeer, um dort zu laichen. Danach sterben sie.

### Pelikanaal
🌐 Alle Ozeane  📏 bis 50 cm

Der Pelikanaal lebt in 2 000 bis 5 000 Meter Tiefe im Meer. Sein flacher Kopf besteht fast nur aus dem großen, mit vielen kleinen Zähnen besetzten Maul. Daran schließt sich der schlangenförmige Körper an. Der Pelikanaal ernährt sich von Meeresplankton, vor allem von Kleinkrebsen. Um sie zu fangen, schwimmt er mit geöffnetem Maul durchs Meer und klappt die Kiefer blitzschnell auf und zu.

### Flussaal
🌐 Europa, Nordamerika  📏 bis 1,50 m

Der Europäische Flussaal schwimmt zum ➜ Laichen ins Sargassomeer im Golf von Mexiko. Dort legen die Aalweibchen in 400 Meter Tiefe ihre Eier ab. Aus den Eiern schlüpfen ➜ Larven in Form eines Weidenblattes. Der Golfstrom trägt sie in zwei, drei Jahren wieder an die Küsten Europas. Hier verwandeln sich die Larven in durchsichtige „Glasaale", die die Flüsse hinaufsteigen. Mit etwa zehn Jahren sind die Aale erwachsen. Sie wandern als „Blankaale" wieder ins Sargassomeer, um zu laichen.

Der Pelikanaal (Mitte) ist ein Tiefseefisch. Der Viperfisch (rechts) und der Laternenangler (links) werden von seinem riesigen Maul nicht bedroht.

# WELSE

**Welse** Die meisten Welse leben im Süßwasser, einige Arten auch im Meer. Sie haben keine Schuppen. Stattdessen besitzen manche einen Panzer aus Knochenplatten. Welse suchen am Grund der Gewässer nach Beute. Diese spüren sie im Dunkeln mit den langen Barteln am Kopf auf. Fast alle Welse sind Raubfische.

## Riesenwels
🌐 Südostasien  ↔ bis 2,50 m

Riesenwelse haben auffallend lange Barteln, mit denen sie ihre Umgebung ertasten.

Der Riesenwels ist neben dem Flusswels der größte im Süßwasser lebende Wels. Anders als die meisten Welse ist der riesige Fisch ein reiner Pflanzenfresser. Ältere Riesenwelse sind zahnlos, während junge Tiere noch Zähne besitzen. Der Riesenwels lebt in den großen Strömen Südostasiens. Nach der Regenzeit wandert er die Flüsse hinauf, um im Quellgebiet zu → laichen.

## Flusswels
🌐 Europa  ↔ bis 3 m

Der Flusswels oder Waller ist der größte in Europa lebende Raubfisch des Süßwassers. Er jagt alles, was er bewältigen kann: Fische, aber auch Frösche und sogar Wasservögel.

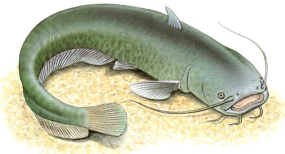

Ein ausgewachsener Flusswels wird bis 250 kg schwer. Der Raubfisch soll angeblich über 100 Jahre alt werden.

Das Männchen baut im flacheren Wasser aus Teilen von Wasserpflanzen ein Nest, in das mehrere Weibchen ihre Eier ablegen. Der Vater bewacht die frisch geschlüpften Jungwelse, bis sie davonschwimmen. Der Wels ist ein gefragter Speisefisch. Wenn sie den Fischern entgehen, können Welse in großen Gewässern sehr alt werden.

## Kongowels
🌐 Afrika  ↔ bis 6 cm

Der Kongowels hat lange Barteln. Damit spürt er Algen und Larven an Wasserpflanzen auf.

Der kleine Kongowels schimmert in vielen Farben. Doch nicht deshalb ist er ein beliebter Aquariumsfisch. Das Besondere an ihm ist, dass er auf dem Rücken schwimmt! Jungfische schwimmen anfangs normal. Erst später werden sie Rückenschwimmer.

# HERINGSFISCHE

## Heringsfische
Die Heringsfische umfassen rund 350 Arten. Zu ihnen zählen die eigentlichen Heringe sowie Sardinen, Sprotten und Sardellen. Die meisten Heringe leben im offenen Meer und bilden dort große Schwärme. Es gibt aber auch etwa 50 Arten von Süßwasserheringen. Alle Heringe sind Friedfische. Sie ernähren sich von winzigen Lebewesen im Plankton.

*Der Atlantische Hering ist der wichtigste Nutzfisch.*

### Atlantischer Hering
🌐 Nordatlantik  📏 bis 45 cm

Millionen von Heringen leben in riesigen Schwärmen. Sie halten sich tagsüber am Boden auf. In der Nacht steigen sie hoch, um ➜ Plankton zu fressen. Ein Weibchen legt bis zu 30 000 Eier. Daraus schlüpfen sechs Millimeter lange, durchsichtige ➜ Larven. Atlantische Heringe wachsen vor der norwegischen Küste auf. Mit zwei Jahren wandern sie in das offene Meer.

**Sardine**
Die Zoologen unterscheiden mehrere Arten von Sardinen. Doch meist ist mit Sardine die etwa 15 cm lange Jugendform des Pilchard gemeint. Dieser Fisch zählt zu den Echten Sardinen. Sardinen ernähren sich von kleinen Krebschen und pflanzlichem Plankton. Im Mittelmeer gibt es riesige Sardinenschwärme.

*Die Heringe schließen sich zu Schwärmen zusammen, um sich vor Feinden zu schützen.*

### Mit Treibnetz und Schleppnetz

Heringe sind wichtige Nutzfische. Man isst sie frisch oder macht daraus Fischkonserven und Räucherfisch. Gefischt werden die Heringsschwärme mit dem Treibnetz und dem Schleppnetz. Das Treibnetz hängt als eine bis zu 5 km lange und 10 m breite Netzwand senkrecht im Wasser. Große Heringe bleiben mit den Kiemendeckeln in den Maschen hängen. Das Schleppnetz ist ein Sack, der von zwei Fischdampfern durch das Wasser gezogen wird. Da die Gewässer zum größten Teil überfischt sind, müssen die Fischflotten heute sehr weit fahren, um einen guten Fang zu machen.

# DORSCHFISCHE

## Dorschfische
Zu den Dorschfischen zählen etwa 480 Arten, die fast alle im Meer leben. Dorsche gab es schon vor über 50 Millionen Jahren. Wahrscheinlich sind die frühesten Formen sogar mehr als 100 Millionen Jahre alt. Einige Dorschfische werden in großen Mengen gefangen, zum Beispiel der Kabeljau und der Schellfisch.

### Kabeljau
🌐 Nordatlantik ▶ bis 1,50 m
Der Kabeljau lebt in Tiefen bis zu 250 Metern. Seine Farbe wechselt von braun über grünlich bis hellgrau, die Unterseite ist weißlich. Am Unterkiefer trägt er einen dicken Bartfaden. Der Kabeljau ist ein Raubfisch und hat ein großes Maul mit vielen Zähnen. Zu seiner Beute zählen kleinere Fische wie Heringe, aber auch Krebse, Würmer und Weichtiere. Er folgt den Heringsschwärmen bis weit in den Norden. Zum ➔ Laichen kehrt der Kabeljau in flache Gewässer zurück. Große Weibchen legen bis zu fünf Millionen Eier. Die Jungfische nennt man Dorsche.

Der Kabeljau ist als Speisefisch so begehrt, dass sich die Länder am Nordatlantik um die Fanggründe streiten.

### Seehecht
🌐 Nordatlantik, Mittelmeer ▶ bis 1 m
Der Seehecht ist ein Verwandter des Kabeljaus. Er kommt im ➔ Schelfmeer vor. Seinen Namen verdankt er der schlanken Körperform, dem flachen Kopf und dem großen Maul, die an einen Hecht erinnern. Der Raubfisch lebt von kleineren Schwarmfischen wie Heringen. Seehechte sind wichtige Speisefische und werden in großen Mengen gefangen.

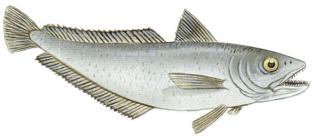

Man erkennt den Seehecht sofort an den zwei Rückenflossen: Die erste ist dreieckig.

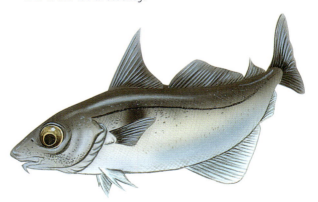

### Schellfisch
Der Schellfisch lebt wie der Kabeljau und der Seehecht in den ➔ Schelfmeeren des Nordatlantiks. Er kommt in Tiefen bis etwa 200 m vor. Schellfische können bis 1 m lang werden. Sie ernähren sich von Würmern, Muscheln und Stachelhäutern sowie von Fischlaich. Ein besonderes Merkmal des Schellfisches ist ein schwarzer Fleck über der Brustflosse. Der Schellfisch ist ein wichtiger Speisefisch.

# LACHSFISCHE

## Lachsfische

Als Lachsfische fasst man rund 330 ganz unterschiedliche Fischarten zusammen. Dazu gehören zum Beispiel die Lachse, Forellen und Saiblinge sowie die verschiedenen Hechte. Sie leben alle überwiegend im Süßwasser. Auch ganz ungewöhnlich aussehende Tiefseefische wie die Viperfische oder die Laternenfische zählen zu den Lachsfischen.

### Lachs

🌐 Nordatlantik, Nord- und Ostsee
📏 bis 1,50 m

Lachse legen im Laufe ihres Lebens große Entfernungen zurück. Die Junglachse wachsen in den Oberläufen der großen Flüsse auf und wandern dann ins Meer. Nach zwei bis drei Jahren kehren sie zum ➔ Laichen wieder in ihren Fluss zurück. Sie merken sich den Geruch des Flusses. Bei ihren kräftezehrenden Wanderungen flussaufwärts überspringen sie Stromschnellen und andere Hindernisse. Auch gegen starke Strömungen schwimmen sie an. Für das Laichen brauchen die Lachse klares, kaltes Wasser und einen Kiesgrund. Die Weibchen heben eine 10 bis 20 Zentimeter tiefe Laichgrube aus und legen darin bis zu 30 000 Eier ab. Lachse können bis zu 40 Kilogramm schwer werden. Sie sind hervorragende Speisefische und werden heute in Fischfarmen im Meer gezüchtet.

### Bachforelle

🌐 Kühle Bäche und Flüsse  📏 bis 50 cm

Im Herbst wandert die Bachforelle stromauf und legt im flachen Wasser 1 500 Eier ab.

Lachse springen beim Laichaufstieg in den Flüssen bis zu 4 m hoch. In Stauwehren baut man Lachstreppen als Hilfen ein.

Die Bachforelle ist eine kleinere Form der Europäischen Forelle. Diese kommt auch im Meer als Meerforelle und in großen Seen als Seeforelle vor. Die Forellen haben Flecken auf der Rückenflosse, an denen man sie unterscheidet. Bachforellen lauern hinter Steinen auf Beute. Sie fressen nicht nur Insekten, Jungfische und Frösche, sondern oft auch die eigene Brut. Bei uns werden Bachforellen immer mehr von eingeführten amerikanischen Regenbogenforellen verdrängt. Diese stellen weniger Ansprüche an die Wasserqualität und wachsen rascher. Alle Forellen sind beliebte Speisefische. Man züchtet sie deshalb in Becken und in Teichen.

# LACHSFISCHE

## Hecht

🌐 Europa, Nordamerika, Sibirien ↕ bis 2 m

Der Hecht lebt als Einzelgänger in Seen, Teichen, Bächen und Flüssen. Der Raubfisch steht oft still zwischen Unterwasserpflanzen oder an Schilfrändern und lauert auf Beute. Dabei tarnt ihn seine grüngraue Oberseite hervorragend. Nähert sich ein Fisch, stößt er mit seinem Entenschnabelmaul blitzschnell zu. Hechte jagen vor allem andere Fische. Sehr große Hechte erbeuten auch Wasservögel, Ratten, Mäuse und Frösche. Ein Hechtweibchen legt bis zu 100 000 Eier. Hechte können vermutlich 60 bis 70 Jahre alt werden. Sie sind begehrte Speisefische.

Der Hecht ist nach dem Wels der größte Raubfisch in unseren Gewässern. In seinem Rachen hat er über 700 Zähne.

## Leuchtsardine

🌐 Tiefsee aller Meere ↕ bis 5 cm

Die Leuchtsardinen sehen zwar so ähnlich aus wie kleine Sardinen, haben aber sonst mit diesen Fischen nichts gemeinsam. Sie leben in der Tiefsee und besitzen silbrige Augen und Leuchtorgane am Körper. Männchen und Weibchen können sich an den Leuchtorganen erkennen. Das Männchen strahlt heller als das Weibchen. Das Licht kommt auf chemischem Wege zustande. Es wird entweder von Bakterien erzeugt oder der Fisch sondert einen Leuchtstoff ab. Die Leuchtorgane bilden sich erst, nachdem sich die ➜ Larven zu Jungfischen entwickelt haben.

Leuchtsardinen locken mit ihren Leuchtorganen kleinere Fische an, die sie fressen.

## Viperfisch

🌐 Tiefsee aller Meere ↕ bis 25 cm

Die Viperfische leben im Meer zwischen 500 und 3 000 Metern Tiefe. Es gibt sechs Arten. Nachts schwimmen die Viperfische oft an die Meeresoberfläche. Wie viele andere Tiefseefische besitzen sie Leuchtorgane. Sie locken damit Beute an. Bei dem im Mittelmeer lebenden Viperfisch sitzt das Leuchtorgan am ersten stark verlängerten Strahl der Rückenflosse wie an einer Angel. Ihren Namen verdanken diese kleinen Fische ihren sehr langen Fangzähnen. Sie erinnern an die Giftzähne von Vipern, zum Beispiel an die einer Kreuzotter.

Der Viperfisch kann sein Maul gewaltig aufreißen. Dadurch kommt sein Furcht erregendes Gebiss voll zur Wirkung.

# Anglerfische

**Anglerfische** Es gibt etwa 300 Arten von Anglerfischen. Sie locken die Beute mit einem Köder an. Dieser sitzt auf einem umgebildeten Flossenstrahl und trägt ein wurmartiges Hautgebilde. Zu den Anglerfischen gehören auch einige Arten, die in der Tiefsee leben. Die Weibchen haben Leuchtorgane in ihren Ködern.

## Seeteufel

🌐 Atlantik, Mittelmeer  📏 bis 1,50 m

Der Seeteufel ist einer der größten Anglerfische. Er lauert am Meeresboden auf Beute. Der erste Strahl seiner Rückenflosse ist zu einer Angel umgebildet, an der ein Hautfetzen als „Wurm" hängt. Auf diesen

*Der Seeteufel liegt gut getarnt am Meeresboden und ist dort kaum zu erkennen.*

Köder fallen viele Beutetiere herein. Wenn sie sich nähern, saugt sie der Seeteufel wie ein Staubsauger in sein riesiges Maul. Es ist voller kräftiger spitzer Zähne. Der Raubfisch frisst Fische, Krebse und Tintenfische.

## Tiefseeangler

🌐 Wärmere Meere  📏 bis 1 m

Es gibt rund 200 Arten von Tiefseeanglern. Sie leben im Meer zwischen 300 und 4 000 Metern Tiefe. Die meisten von ihnen sind nicht sehr groß. Viele besitzen ein Angelorgan, das leuchtet. Damit werden in der lichtlosen Tiefe Beutefische angelockt. Häufig sind die Männchen der Angler viel kleiner als die Weibchen. Bei einigen Arten sind solche Zwergmännchen mit den Weibchen verwachsen und ernähren sich von deren Blut. Die Weibchen sind gute Jäger und erbeuten vor allem Fische.

*Der abgebildete Schwarze Tiefseeangler wird nur 8 cm lang. Wie viele Tiefseeangler frisst er Fische, die größer sind als er selbst. Er kann sein Maul und den Magen weit dehnen.*

## Seefledermaus

Seefledermäuse sind schlechte Schwimmer. Sie leben meist am Meeresgrund und schieben sich mit ihren Brust- und Bauchflossen über den Boden. Ihre kurze Angel mit dem Köder steht in einer kleinen Grube direkt über dem Mund. Die Langnasen-Seefledermaus lebt im Atlantischen Ozean. Sie hat ein kleines Leuchtorgan an ihrem Köder. Beutetiere lassen sich dadurch leichter anlocken.

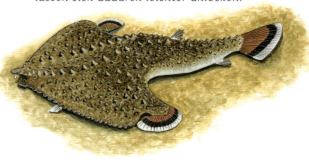

# PANZERWANGEN

**Panzerwangen** Die Panzerwangen umfassen etwa 330 Arten. Ihr Kopf ist mit Knochen gepanzert, daher kommt ihr Name. Diese Meeresfische zählen zu den Stachelflossern. Dazu gehört auch der Rotbarsch, ein hochgeschätzter Speisefisch. Einige Arten der Panzerwangen besitzen am Grund der Rückenstacheln Giftdrüsen, die ein sehr starkes Gift absondern.

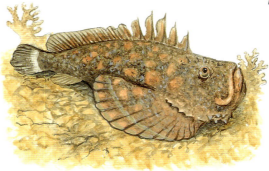

Der Steinfisch hat in der Rückenflosse spitze Stacheln. Sie sind mit Giftdrüsen verbunden.

### Rotfeuerfisch
🌐 Indischer und Pazifischer Ozean
↔ bis 38 cm

Rotfeuerfische leben meist im ➔ Korallenriff. Ihren Namen haben sie von den prächtigen roten Streifen. Diese dienen als Warnfarbe.

### Steinfisch
🌐 Indischer und Pazifischer Ozean
↔ bis 30 cm

Die Steinfische sehen wie bewachsene Steine aus. Mit dieser Tarnung sind sie am Meeresboden für ihre Beute fast unsichtbar. Steinfische besitzen das stärkste Gift von allen Fischen. Sie setzen es aber nur zur Verteidigung ein. Auch für Menschen ist das Gift gefährlich. Schon mancher ist im flachen Wasser auf einen Steinfisch getreten und hat sich dabei tödlich verletzt.

Der Rotfeuerfisch ist an seinen Stacheln und fächerförmigen Flossen leicht zu erkennen.

Denn das Gift in ihren Rückenflossen ist sehr stark und auch für Menschen tödlich. Bei der Jagd benutzen Rotfeuerfische ihre stark vergrößerten Brustflossen, um ihre Beutetiere in die Enge zu treiben.

### Vorsicht Gift!

Manche Fische haben Giftstacheln. Diese sind mit Giftdrüsen verbunden. Dringt der Stachel in die Haut, wirkt er wie eine Giftspritze. Bei manchen Kugelfischen (s. S. 193) enthalten Leber, Galle und Darm ein tödliches Gift. Japaner essen diese Fische trotzdem. Besonders geschulte Köche bereiten sie zu. Dennoch sterben immer wieder Menschen an dem japanischen Fischgericht „Fugu".

# KARPFENFISCHE

## Karpfenfische

Fast alle der karpfenartigen Fische leben im Süßwasser. Dazu gehören die echten Karpfen und die Salmler. Die Salmler kommen in Mittel- und Südamerika sowie in Afrika vor. Zu ihnen zählen die gefürchteten Piranhas.

### Karpfen

🌐 Asien, Europa   bis 1,20 m

Der Karpfen ist ein Friedfisch des Süßwassers. Er wird seit über 2 000 Jahren in Teichen gezüchtet. Man kennt verschiedene Zuchtrassen: Der Spiegelkarpfen hat wenige, sehr große Schuppen, der Lederkarpfen ist ganz ohne Schuppen. Wildkarpfen sind am ganzen Körper beschuppt. Sie leben in Flüssen und Seen. Die fast zahnlosen Fische fressen Pflanzen, Würmer und → Larven. Karpfen werden bis 50 Jahre alt.

### Schleie

🌐 Europa, Sibirien   bis 70 cm

Die Schleie nennt man auch Schuster oder Schlie. Wie der Karpfen hat auch sie einen hohen Rücken. Sie ist ein begehrter Speisefisch mit zartem Fleisch. Schleien lieben Seen mit schlammigem Boden. In Karpfenteichen werden sie manchmal als Beifische gezüchtet. In kalten Wintern gräbt sich die Schleie wie der Karpfen in den Schlamm ein.

### Piranha

🌐 Flüsse Südamerikas   bis 30 cm

Die Piranhas oder Sägesalmler sind gefürchtete kleine Raubfische. Sie besitzen starke Kiefer und sehr scharfe dreieckige Zähne. Piranhas leben in vielen Flüssen Südamerikas und erbeuten vor allem Fische. Sie können aber auch größeren Säugetieren gefährlich werden. Die Piranhas sind allerdings nicht so blutrünstig, wie es oft berichtet wird.

*Piranhas greifen oft in Schwärmen an. Ihre Zähne verraten den Raubfisch. Die Indianer am Amazonas benutzen das Gebiss als Messer.*

*Die Karausche stellt wenig Ansprüche an das Wasser.*

Karausche

*Der Karpfen ist ein Grundfisch. Im Winter gräbt er sich in den Boden ein und fällt in → Kältestarre.*

Karpfen

Schleie

### Karausche

Die Karausche ist eine nahe Verwandte des Karpfens, wird aber nur halb so groß. Sie lebt in schlammigen Teichen und Seen und in moorigen Gewässern. Man nennt sie auch „Moorkarpfen". Wenn ihr Gewässer austrocknet, kann die Karausche im Schlamm längere Zeit überleben. Sie ernährt sich von Algen, Insektenlarven und Pflanzen.

ÄHRENFISCHARTIGE

# Ährenfischartige

Zu den Ährenfischartigen zählen ganz unterschiedliche Fische. Neben Meeresbewohnern wie den Fliegenden Fischen gehören die Schwertträger und Guppys des Süßwassers dazu. Es sind meist kleine silbrige Fische mit auffallend großen Augen. Viele von ihnen werden in Aquarien gehalten.

Bei manchen Guppymännchen ist die Schwanzflosse fast so groß wie der ganze Körper.

## Guppy
🌐 Warmes Süßwasser ▶ bis 6 cm

Der Guppy stammt aus Venezuela und der Karibik. Heute ist der Fisch weltweit verbreitet. Der kleine Zahnkärpfling ist der bekannteste Aquarienfisch. Die lebhaften Männchen haben große, prächtig gefärbte Schwanzflossen. Die Weibchen gebären pro Wurf 10 bis 100 lebende Junge. Guppys wurden früher häufig ausgesetzt, damit sie die → Larven der Malariamücken fressen.

## Schwertträger
🌐 Warmes Süßwasser ▶ bis 12 cm

Der Schwertträger gehört wie der Guppy zu den Zahnkärpflingen. Die Weibchen bringen in einem Wurf etwa 200 lebende Junge zur Welt. Die Männchen tragen an der Unterkante der Schwanzflosse einen langen Fortsatz. Dieses Schwert ist fast so lang wie der Fisch selbst. Es dient dazu, die Weibchen zu beeindrucken.

Der Schwertträger ist wie der Guppy ein sehr beliebter Fisch im Süßwasseraquarium.

**Kinnbartel-Flugfisch**
Dieser Fisch gehört zur Familie der Fliegenden Fische. Die bis zu 45 cm langen Fische leben in warmen Gewässern des Atlantiks und im Mittelmeer. Sie schießen mit hoher Geschwindigkeit aus dem Wasser und gleiten auf ihren stark vergrößerten Brust- und Bauchflossen bis zu 100 m weit durch die Luft. So können sie Raubfischen entkommen.

# STICHLINGE

## Stichlinge
Die Stichlingsfische umfassen rund 350 Arten. Zu ihnen gehören viele ungewöhnliche Fische wie der Dreistachlige Stichling, der im Salzwasser wie im Süßwasser zu Hause ist. Auch die Seenadeln, die Seepferdchen und die merkwürdigen Fetzenfische zählen zu dieser Gruppe.

### Dreistachliger Stichling
🌐 Küsten sowie Flüsse und Seen Europas, Nordasiens und Nordamerikas ▶ bis 11 cm
Das Männchen des Dreistachligen Stichlings trägt in der Brutzeit ein buntes Hochzeitskleid: Bauch und Kehle leuchten orange

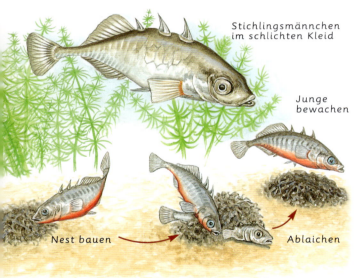

Stichlingsmännchen im schlichten Kleid
Junge bewachen
Nest bauen — Ablaichen

Das Männchen treibt das Weibchen ins Nest. Wenn dieses seine Eier gelegt hat, schwimmt es weg. Das Männchen befruchtet nun die Eier.

bis tiefrot, der Rücken türkisgrün bis blau. Das Stichlingsmännchen baut ein Nest aus Pflanzenteilen, die es mit Schleim verklebt. Die Eier, die das Weibchen ins Nest legt, bewacht es ebenso wie die geschlüpften Jungen. Bei Gefahr nimmt es die Brut ins Maul und spuckt sie ins Nest zurück.

**Seepferdchen**
Seepferdchen werden bis zu 16 cm lang. Sie leben im Meer und fressen ➔ Plankton. Mit ihrem Ringelschwanz halten sich diese ungewöhnlichen Fische oft an Algen oder Seegras fest. Das Weibchen legt dem Männchen die Eier in eine Bruttasche am Bauch. Dort bleiben sie, bis die Jungen geschlüpft sind.

**Fetzenfisch**
Der Fetzenfisch erinnert an ein Seepferdchen. Er wird etwa 40 cm lang und lebt in den Seegraswäldern vor der Küste Australiens. Hautlappen lösen die Körperform des Fetzenfischs nahezu auf. Dadurch sieht er aus wie ein treibendes Algenblatt. Wie unter einer Tarnkappe nähert sich der Fisch seiner Beute.

BUNTBARSCHE

# Buntbarsche

Die Buntbarsche sind eine Familie barschähnlicher Süßwasserfische. Sie kommen in Südamerika, Afrika und Indien in Seen und langsam fließenden Gewässern vor. Die meisten Buntbarsche sind nicht besonders groß. Es gibt etwa 1 300 Arten. Die Fische sind wegen ihres Brutverhaltens interessant. Sehr viele sind Maulbrüter. Buntbarsche gehören zu den beliebtesten Aquariumsfischen.

### Türkisbuntbarsch

🌐 Afrika  ↔ bis 8 cm

Der Türkisbuntbarsch ist ein Maulbrüter aus dem afrikanischen Malawisee. In diesem See gibt es rund 200 Arten von Buntbarschen. Die meisten von ihnen sind

**Segelflosser**
Dieser Süßwasserfisch aus Südamerika wird 15 cm groß. Sein Körper ist sehr flach und sieht wie eine Diskusscheibe aus. Bei uns wird er wegen seiner schönen Färbung in vielen Aquarien gehalten. Die Segelflosser haben eine besondere Form der Brutpflege: Sie nehmen die geschlüpften Jungfische mit dem Maul auf und kleben sie mit hauchdünnen Fäden an Wasserpflanzen fest. Danach bewachen sie die Brut.

Das Türkisbuntbarsch-Weibchen nimmt etwa 15 Eier ins Maul. Diese Eier sind fast erbsengroß. Bei anderen Maulbrütern werden mehr, aber kleinere Eier im Maul ausgebrütet.

## Wie Buntbarsche für ihre Jungen sorgen

Die meisten Buntbarsche sind Maulbrüter. Das ist unter Fischen die höchste Form der ➔ Brutpflege. Die befruchteten Eier entwickeln sich meist im Maul der Mutter. Aber auch Männchen brüten manchmal die Eier aus. Purpurprachtbarsche haben folgende Brutpflege: Das Paar putzt vor dem Laichen den Platz, an dem die Eier abgelaicht werden. Danach hält die Mutter den Platz sauber und fächelt ständig frisches Wasser zu. Der Vater verteidigt den Brutplatz. Die geschlüpften Jungen werden noch lange weiter betreut.

Maulbrüter. Das Weibchen des Türkisbuntbarsches nimmt die Eier ins Maul und brütet sie darin aus. Wenn die Jungfische ausgeschlüpft sind, spuckt sie diese aus. Während der Zeit des Brütens kann der Fisch nur wenig Nahrung zu sich nehmen.

# Barschartige

**Barschartige** Als Barschartige fasst man über ein Drittel aller Fische zusammen. Mehr als 9 300 Arten sind barschartige Fische. Dazu zählen nicht nur die Echten Barsche wie der Flussbarsch, sondern auch die Buntbarsche, die kleinen Doktorfische oder die riesigen Schwert- und Thunfische. Alle Barsche haben stachelige Flossen.

### Zander

🌐 Flüsse, Seen in Europa und Westasien
↔ bis 1,20 m

Der Zander ist wie der Flussbarsch ein Echter Barsch. Der Raubfisch lebt im trüben Süßwasser. Er besitzt große Fangzähne auf den Kiefern und dazwischen kleinere Zähne. Die beiden stacheligen Rückenflossen sind schwarz gefleckt, der grüne Körper hat dunkle Querstreifen. Der Zander erinnert in seiner Gestalt an einen Hecht und wird deshalb auch Hechtbarsch genannt. Er jagt vorwiegend in der Dämmerung. Zander können 18 Kilogramm schwer werden. Sie sind sehr gute Speisefische.

Das Zanderweibchen legt im Frühjahr etwa 300 000 Eier an Wasserpflanzen oder auf den Kies. Das Männchen bewacht die Eier, bis die → Larven ausschlüpfen.

### Flussbarsch

🌐 Europa, Nordasien ↔ bis 45 cm

Der Flussbarsch hat den barschartigen Fischen den Namen gegeben. Er lebt nicht nur in Flüssen, sondern auch in Bächen und Seen. Der Raubfisch jagt Fische, Insektenlarven und andere Wassertiere. Das Weibchen legt bis zu 300 000 Eier, die lange schleimige Bänder bilden. Die Laichbänder hängt es an Wasserpflanzen oder Steine.

Der Flussbarsch sieht sehr gut und verfolgt seine Beute unerbittlich über lange Strecken.

### Riesenzackenbarsch

Der Riesenzackenbarsch ist ein sehr großer Fisch mit kräftigem Körper und einem breiten Maul. Er wird 2,40 m lang und über 300 kg schwer. Seine spitzen Zähne haben am Grund ein Gelenk und lassen sich nach hinten umklappen. Der Riesenzackenbarsch lebt in warmen Meeren in etwa 100 m Tiefe. Man findet ihn häufig in → Korallenriffen. Dort jagt er Fische, Krebse und sogar Schildkröten.

# BARSCHARTIGE

## Barrakuda

🌐 Alle wärmeren Meere  ▶ bis 1,80 m

Die Barrakudas sind sehr schnelle Raubfische. Sie leben im Meer und halten sich meist in Küstennähe auf. Barrakudas haben einen langen, schmalen Körper und eine spitze, hechtähnliche Schnauze. Man nennt sie deshalb auch Pfeilhechte. Die Barrakudas jagen vor allem Schwarmfische. Bei Tauchern sind sie gefürchtet, weil sie

Taucher fürchten die Barrakudaschwärme. Die Fische greifen sofort an, wenn sie sich gestört fühlen.

mit ihren großen dolchartigen Zähnen tiefe Wunden reißen. Es gibt etwa 20 Arten von Barrakudas. Sie sind Einzelgänger. In der Laichzeit bilden sie jedoch große Schwärme und können dann sehr gefährlich werden.

## Schlammspringer

🌐 Warme Meere  ▶ bis 23 cm

Die Schlammspringer sind an Land und im Meer zu Hause. Ihre Brustflossen sind so umgebildet, dass sie sich damit auf dem Boden bewegen können. Mithilfe dieser Flossen klettern sie sogar auf Baumwurzeln. An Land atmen sie durch die Haut. Auffallend sind ihre großen Glotzaugen, die weit oben am Kopf sitzen. Es gibt etwa

Der Schlammspringer kann seine Glotzaugen wie ein Frosch in verschiedene Richtungen drehen.

20 Arten dieser Fische. Schlammspringer bewohnen vor allem ➔ Mangrovensümpfe und jagen an Land kleine Krebse und Insekten. Die Fische selbst werden auf dem Trockenen von Schlangen gejagt.

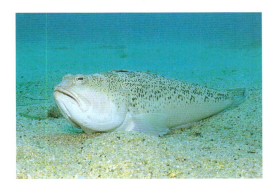

**Himmelsgucker**
Der Himmelsgucker kommt in vielen warmen Meeren vor. Der Fisch wird etwa 30 cm lang. Er gräbt sich auf dem Meeresgrund mit den kräftigen Brustflossen in den Sand ein. Nur die Augen, die oben am Kopf sitzen, schauen noch heraus. Das Atemwasser nimmt er durch die Nasenlöcher auf. So lauert er auf Beute. Schwimmt ein Fisch vorbei, dann schießt der Himmelsgucker mit einem Satz hervor.

## BARSCHARTIGE

### Schützenfisch

🌐 Australien, Südostasien ▶ bis 24 cm

Der Schützenfisch lebt im flachen Wasser der Flussmündungen und ➜ Mangrovensümpfe. Dort jagt er Insekten auf höchst eigentümliche Weise: Wie mit einer Wasserpistole schießt der Schützenfisch durch einen gezielten Wasserstrahl Insekten von Pflanzen und Blättern, die über dem Wasserspiegel hängen. Dazu besitzt er am Gaumen eine Rinne, gegen die er die Zunge drückt. Durch das so gebildete Rohr presst er mit den Kiemendeckeln das Wasser aus dem Maul.

Der Schützenfisch stößt den Wasserstrahl mit großer Treffsicherheit aus dem Maul.

### Meerschwalbe

🌐 Indischer, Pazifischer Ozean ▶ bis 10 cm

Unter den Lippfischen gibt es eine Reihe Arten, die sich als Putzerfische betätigen. Zu diesen „Putzern" gehört die Meerschwalbe. Der kleine blaue Fisch hält sich meist an bestimmten Stellen auf. Fische, die sich putzen lassen wollen, schwimmen zur „Putzstation". Die Meerschwalbe frisst ihnen dann ➜ Schmarotzer von der Haut und aus den Kiemen. Putzerfische wagen sich sogar in das Maul von Raubfischen, um deren Zähne von Fleischresten zu säubern.

Meerschwalben putzen der Muräne die Zähne.

### Clownfisch

🌐 Korallenmeere ▶ bis 15 cm

Clownfische sind kleine Riffbarsche und heißen auch Anemonenfische. Sie leben stets in ➜ Symbiose mit einer Seeanemone, deren giftige Tentakel sie vor Feinden schützen. Als Gegenleistung fallen für die Seeanemone Reste der Fischmahlzeit ab. Die kleinen Fische greifen sogar Taucher an, die sich ihrer Seeanemone nähern.

Eine Schleimschicht auf seinem Körper schützt den Clownfisch vor dem Nesselgift der Seeanemone.

BARSCHARTIGE

## Wir richten ein Süßwasseraquarium ein

Wenn du Fische beobachten möchtest, kannst du dir ein Aquarium einrichten. Zum Anfang ist ein Süßwasseraquarium am besten. Der Glasbehälter sollte mindestens 70 cm lang, 50 cm breit und 50 cm hoch sein. Stelle das Aquarium so auf, dass es an der Vorderseite Sonnenlicht erhält. Du solltest auch eine künstliche Beleuchtung anbringen. Nun wird der Boden ca. 5 cm hoch mit Sand bedeckt. Darauf verteilst du einige Kieselsteine. Fülle nun das Aquarium zu einem Drittel mit Leitungswasser. Jetzt setzt du die Wasserpflanzen ein. Gut geeignet sind Wasserpest und Tausendblatt. Das Aquarium benötigt auch einen Durchlüfter. Kaufe ihn in einem Fachgeschäft. Auch ein Innenfilter sollte nicht fehlen, damit das Wasser sauber bleibt. Über den Einbau berät dich der Fachverkäufer. Wähle nun Fische aus, die sich gut miteinander vertragen. Auch hier berät dich der Fachhandel.

Blaue Doktorfische bilden Schwärme im ➔ Korallenriff. Die Jungfische sind hellgelb.

Fleck markiert. Das ist ein Warnsignal für andere Fische, sich fernzuhalten. Es gibt etwa 100 Arten von Doktorfischen.

### Fledermausfisch

🌐 Pazifik, Rotes Meer  bis 60 cm

Der Fledermausfisch hat eine sehr eigenartige Gestalt. Seine ausgebreitete After- und Rückenflosse gleichen Flügeln. Wenn er in Seitenlage schwimmt, flattert er mit den Flossen. So schützt er sich vor Raubfischen, die ihn mit Plattwürmern verwechseln. Der Fisch ernährt sich von kleinen Krebsen und Pflanzenplankton.

### Doktorfisch

🌐 Westatlantik  bis 35 cm

Die Doktorfische haben ihren Namen nach einem Knochenfortsatz an der Schwanzwurzel. Dieser ist scharf wie das Skalpell eines Chirurgen und heißt auch „Doktormesser". Es ist in einer Grube versenkt und wird zur Verteidigung ausgeklappt. Durch Schläge mit dem Schwanz können Doktorfische damit Angreifer verletzen oder gar töten. Beim Blauen Doktorfisch ist das Messer durch einen weißen oder gelben

Der Fledermausfisch ähnelt welken Blättern, die im Meer treiben. Er ist dadurch gut getarnt.

# BARSCHARTIGE

**Japanische Makrele**
Makrelen sind Raubfische der Hochsee, die in großen Schwärmen dicht unter der Meeresoberfläche schwimmen. Sie haben einen lang gestreckten, stromlinienförmigen Körper. Es gibt rund 50 Makrelenarten. Sie gelten als gute Speisefische. Die Japanische Makrele wird etwa 60 cm lang. Sie ernährt sich vor allem von Heringen, Sardinen und Sardellen, aber auch von kleinen Krebsen.

## Schwertfisch
🌐 Hochsee, weltweit 🄱 bis 5 m
Schwertfische sind schnelle und gewandte Jäger, die vor allem Heringe und Makrelen sowie Tintenfische erbeuten. Ihren Namen verdanken sie dem schwertartig verlängerten Oberkiefer. Sie zerteilen damit Fischschwärme. Oder sie betäuben oder töten mit dem Schwert Beutefische. Man hat die Schwerter von Schwertfischen sogar schon in den Körpern von Walen und Haien gefunden.

## Fächerfisch
🌐 Alle wärmeren Meere 🄱 bis 3,60 m
Der Fächerfisch ist mit dem Schwertfisch nahe verwandt. Er unterscheidet sich von ihm durch seine auffällige Rückenflosse und zwei lange Bauchflossen. Sein Schwert ist viel kürzer als das des Schwertfisches. Obwohl der Fächerfisch bis zu 100 Kilogramm wiegt, macht er im Wasser große Sprünge. Er erreicht Geschwindigkeiten von 100 Kilometern pro Stunde. Wie der Schwertfisch ist er eine begehrte Beute von Hochseeanglern. Es ist nicht leicht, einen solchen Fisch ins Boot zu ziehen.

**Thunfisch**
Thunfische haben eine ähnliche Körperform wie Makrelen. Sie werden etwa 5 m lang. Ihr Rücken ist blauschwarz, der Bauch ist weiß, die Seiten sind silbern. Thunfische schwimmen sehr schnell. Sie jagen Schwarmfische wie Makrelen und Heringe. Diese verfolgen sie in kleinen Gruppen, so genannten → Schulen, dicht unter der Wasseroberfläche. Zum → Laichen kommen Thunfische an die Küste.

*Fächerfische sind schnelle Schwimmer der Hochsee. Ihren Namen haben sie von der hohen Rückenflosse.*

*Das über 1 m lange Schwert des Schwertfisches ist Angriffs- und Verteidigungswaffe zugleich.*

# KUGELFISCHE

**Kugelfische** Zu den Kugelfischen und ihren Verwandten zählen recht merkwürdige Fischgestalten. Die meisten sind rund wie ein Ball oder viereckig wie eine Schachtel. Viele besitzen scharfe Stacheln, manche sind sehr giftig. Es gibt rund 340 Arten dieser seltsamen Fische.

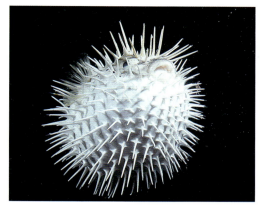

Igelfische blasen sich auf und stellen zur Abwehr ihre Stacheln auf. Trotzdem fand man die Fische schon in den Mägen von Haien.

### Mondfisch
Der Körper der Mondfische ähnelt einer runden Scheibe, daher haben sie auch ihren Namen. Ihr Kopf macht fast ein Drittel des ganzen Fisches aus. Hinten am flachen Körper sitzen die hohe Rückenflosse und die Afterflosse. Dazwischen liegt die saumartige Schwanzflosse. Mondfische können 3 m lang und 1000 kg schwer werden. Als Bewohner der Hochsee tauchen sie selten an der Küste auf. Sie leben von größeren Planktontieren, Fischen und Tintenfischen, Krebsen und Aallarven. Mondfisch-Weibchen legen die meisten Eier: 300 Millionen.

### Igelfisch
🌐 Korallenmeere  📏 bis 50 cm

Es gibt rund 20 Arten von Igelfischen. Ihr Körper ist mit Stacheln bedeckt. Diese liegen in der Ruhe am Körper an und sind nach hinten gerichtet. Wenn der Igelfisch bedroht wird, pumpt er sich mit Wasser zu einer Kugel auf. Dann stellen sich seine Stacheln auf. Der Fisch sieht dann wie ein Igel aus und wirkt größer und gefährlicher. Angreifer nehmen sofort Reißaus.

### Kofferfisch
Der Körper der Kofferfische ist fast ganz von Knochenplatten umschlossen. Dieser Panzer hat nur Öffnungen für Maul, Augen, Kiemen, Flossen und After. Die Fische sind bis zu 50 cm groß. Zur Nahrungssuche stellen sie sich auf den Kopf und wühlen den Meeresgrund mit einem Wasserstrahl auf, den sie im Maul erzeugen. Bei Gefahr geben sie starkes Gift ab, das Tiere in der Nähe tötet.

193

# Insekten

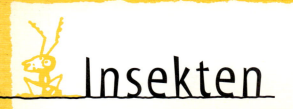

Eintagsfliegen leben nur ein paar Stunden. In dieser Zeit pflanzen sie sich fort.

Rund zwei Drittel aller Tiere sind Insekten. Man kennt über eine Million Arten. Die Insekten waren die ersten Lebewesen, die fliegen konnten. Vor etwa 370 Millionen Jahren eroberten sie die Luft. Seither haben sie sich über alle Lebensräume verbreitet. Sie leben auf dem Land und im Wasser, im Eis und in der Wüste. Sie sind Pflanzenfresser, Räuber oder Schmarotzer. Die meisten Insekten leben einzeln. Einige bilden aber auch die größten aller Tiergemeinschaften.

Wie die meisten Insekten macht der Maikäfer eine vollkommene Verwandlung durch: Aus dem Ei schlüpft eine Larve. Sie heißt beim Maikäfer Engerling. Die Larve entwickelt sich im Boden. Nach ein paar Jahren verpuppt sie sich. Aus der Puppe schlüpft schließlich der fertige Maikäfer.

### Was ist ein Insekt?

Insekten sind wirbellose Tiere. Zu ihnen zählen viele Tierarten, die sich kaum ähnlich sehen: Käfer und Schmetterlinge, Ameisen und Heuschrecken, Wanzen und Libellen. Alle diese Insekten besitzen ein äußeres ➔ Skelett aus hornähnlichem Stoff, dem ➔ Chitin. Ihr Körper besteht aus drei Teilen: Kopf, Brust und Hinterleib. Am Bruststück sitzen drei Beinpaare. Insekten haben also sechs Beine. Darin unterscheiden sie sich von den Spinnen, die acht Beine besitzen. Fast alle Insekten haben auch zwei Paar Flügel. Und sie besitzen Fühler. Damit können sie riechen, schmecken und tasten.

### Vom Ei zum fertigen Insekt

Insekten legen Eier. Aus diesen schlüpfen ➔ Larven. Sie sehen meist völlig anders aus als ihre Eltern. Die Larven wachsen, häuten sich und verpuppen sich nach einiger Zeit. In der ➔ Puppe vollzieht sich eine vollkommene ➔ Verwandlung und aus ihr schlüpft das fertige Tier. Manche Insekten wie die Heuschrecken machen eine unvollständige Verwandlung durch. Ihre Larven ähneln bereits dem fertigen Tier. Sie werden von ➔ Häutung zu Häutung größer. Fertige Insekten wachsen nicht mehr weiter.

Insekten haben Facettenaugen. Das Auge der Stubenfliege zum Beispiel hat Tausende von Sehkeilen. Diese setzen ein Bild wie ein Mosaik zusammen. Insekten können auch ultraviolettes Licht sehen.

Der Seidenspinner wird wie ein Haustier gezüchtet. Die Raupe des Schmetterlings spinnt sich einen ➜ Kokon aus einem 4 000 m langen Faden. Dieser Faden liefert uns die reine Seide.

## Vegetarier und Kannibalen

Die Speisekarte der Insekten ist lang. Viele Insekten fressen nur Pflanzen oder nur Fleisch. Unter den Vegetariern gibt es Spezialisten, die nur ganz bestimmte Pflanzen fressen. Einige haben es auf Holz abgesehen wie die Termiten. Andere fressen Wolle wie die Larven der Kleidermotte. Bienen und Schmetterlinge saugen den süßen Saft der Blüten. Wespen jagen andere Insekten, fressen aber auch Süßes. Mistkäfer und viele Fliegen fressen ➜ Aas und Kot. Libellen sind die größten Räuber unter den Insekten. Ihre Larven leben im Wasser und überfallen dort sogar kleine Fische. Wenn sie erwachsen sind, setzen sie ihr räuberisches Leben in der Luft fort. Sie jagen nun andere Insekten. Libellen sind Kannibalen, die sogar Artgenossen fressen.

Der Herkuleskäfer aus Mittelamerika ist eines der größten Insekten. Er wird fast 20 cm lang.

### Es gibt über eine Million Insektenarten

**Die wichtigsten Insekten sind**

| | |
|---|---|
| **Käfer:** | rund 400 000 Arten |
| **Schmetterlinge:** | rund 150 000 Arten |
| **Hautflügler – Ameisen, Bienen und Wespen:** | rund 200 000 Arten |
| **Zweiflügler – Fliegen und Mücken:** | rund 85 000 Arten |
| **Wanzen:** | rund 40 000 Arten |
| **Heuschrecken:** | rund 20 000 Arten |
| **Läuse:** | rund 15 000 Arten |
| **Libellen:** | rund 4 900 Arten |
| **Flöhe:** | rund 2 000 Arten |
| **Größtes Insekt:** | Stabschrecke, bis zu 35 cm lang |
| **Kleinstes Insekt:** | Zwergwespe, 0,2 mm lang |

## Insektenstaaten

Unter den Hautflüglern gibt es riesige Tiergesellschaften. Ameisen und Bienen bilden Staaten mit Hunderttausenden von Insekten. Die einzelnen Tiere im Insektenstaat teilen sich die Arbeit: Die Königinnen sorgen für den Nachwuchs und legen Eier. Die Arbeiterinnen beschaffen die Nahrung oder verteidigen das Nest.

Viele Insekten tarnen sich meisterhaft. Diese Gespenstschrecke ist im Laub kaum zu entdecken. Man nennt sie „Wandelndes Blatt".

# KÄFER

## Käfer

Die Käfer bilden die größte Tiergruppe. Sie stellen fast die Hälfte aller Insekten und ungefähr ein Drittel aller Tiere. Käfer besitzen harte Flügeldecken. Darunter liegen meist dünnhäutige Flügel zum Fliegen. Alle Käfer machen eine vollständige Verwandlung durch: Ihre Entwicklung verläuft vom Ei zur Larve und über die Puppe zum fertigen Käfer.

### Lindenprachtkäfer

🌐 Europa  ↔ bis 1,5 cm

Der Lindenprachtkäfer ist heute bei uns selten geworden. Das Weibchen legt seine Eier in die Rinde des Lindenbaums. Die ➜ Larven leben zwei Jahre im Holz und verpuppen sich dann. Wird eine Linde mehrmals vom Lindenprachtkäfer befallen, stirbt sie ab. Es gibt fast 15 000 Arten von Prachtkäfern. Sie sind im tropischen ➜ Regenwald besonders farbenprächtig.

Wenn der Lindenprachtkäfer die Flügel ausbreitet, glänzt der Hinterleib metallisch blau.

### Puppenräuber

🌐 Europa, Nordamerika  ↔ bis 3 cm

Die Puppenräuber sind schnelle Laufkäfer. Sie können sehr gut klettern. Die Käfer fressen vor allem Raupen und ➜ Puppen von Schmetterlingen. Ihre Beute spüren sie mit ihrem außerordentlich feinen Geruchssinn auf. Sie jagen auch die Raupen des Prozessionsspinners, die ganze Wälder kahlfressen. Deshalb stehen Puppenräuber und ihre ➜ Larven unter ➜ Naturschutz.

Der Puppenräuber klettert als einer der wenigen Laufkäfer auf Bäume. Dort jagt er Schmetterlingsraupen.

### Goldschmied

Der Goldschmied ist ein metallisch glänzender Laufkäfer. Er lebt in fauligem Laub und Moos. Nachts jagt er Würmer, Schnecken, Käfer und deren ➜ Larven. Mit seinen kräftigen Kieferzangen ergreift er die Beutetiere. Dann träufelt er dem Opfer einen Verdauungssaft ein und saugt es aus. Auch die Larven des Goldschmieds sind Räuber.

# KÄFER

## Gelbrandkäfer

🌐 Europa, Asien, Amerika ↔ bis 3,5 cm
Der Gelbrandkäfer lebt die meiste Zeit im Wasser. Er schwimmt sehr gut, kann aber auch gut fliegen. Die Hinterbeine sind mit Haaren besetzt und dienen als Paddel. Im Wasser jagt der Käfer Insektenlarven und Fischbrut. Seinen Luftvorrat nimmt er unter den Deckflügeln mit. So kann er ein paar Minuten unter Wasser bleiben. Die Männchen haben an den Vorderbeinen Saugnäpfe. Damit halten sie die Weibchen bei der Paarung fest.

Der Gelbrandkäfer überwältigt selbst kleine Fische und Molche. Noch gefräßiger als er ist seine ➔ Larve, die ständig im Wasser lebt.

## Marienkäfer

🌐 Weltweit ↔ bis 8 mm
In Mitteleuropa gibt es über 100 Arten von Marienkäfern. Viele von ihnen vertilgen Blattläuse. Deshalb sind sie nützliche Helfer für Gärtner und Landwirte. Man züchtet sogar Marienkäfer und setzt sie zur Schädlingsbekämpfung ein. Auch ihre ➔ Larven fressen Blattläuse. Sie verzehren etwa 20 Läuse am Tag. Unser häufigster Marienkäfer ist der Siebenpunkt. Er heißt so, weil er sieben schwarze Punkte auf den roten Flügeln hat. Werden Marienkäfer bedroht, dann stellen sie sich tot. Gleich-

Marienkäfer gibt es mit roten, gelben und schwarzen Flügeldecken.

zeitig sondern sie aus den Kniegelenken gelbe Blutströpfchen ab, die übel riechen und Feinde abschrecken.

## Totengräber

🌐 Asien, Europa ↔ bis 2,2 cm
Die Totengräber sind eine Art Gesundheitspolizei in der Natur. Sie fressen ➔ Aas und beseitigen damit tote Tiere. Dazu begraben sie eine Tierleiche in einer Grube. Die Leiche pressen sie zu einer Kugel zusammen. Das Weibchen legt nun seine Eier in einen Gang, der zur Grube führt. Sobald die ➔ Larven geschlüpft sind, bereitet es aus dem Fleisch des toten Tieres einen Brei. Damit füttert es die Larven. Man nennt das ➔ Brutpflege.

Totengräber „beerdigen" eine Maus.

# KÄFER

## Kartoffelkäfer

🌐 Weltweit  ▪ bis 1,1 cm

Der Kartoffelkäfer wurde vor 170 Jahren in Colorado, einem Bundesstaat der USA, entdeckt. Als man dort Kartoffeln anbaute, bevorzugte der Käfer diese neue Pflanze. Mit dem Kartoffelanbau wurde er über die ganze Welt verbreitet. Die Käfer und ihre → Larven fressen die Blätter der Kartoffelpflanze. Wenn sie in Massen auftreten, richten sie große Schäden an. Das Weibchen wird zwei Jahre alt und legt bis zu 2 400 gelbe Eier. Diese klebt es unter die Blätter. Aus den Eiern schlüpfen rote Larven.

*Maikäfer sind die Lieblingskäfer der Kinder. Sie sind heute aber selten geworden.*

*Ein Kartoffelkäfer-Weibchen kann in zwei Jahren 8 Millionen Nachkommen haben. Die Larven verwandeln sich nach 23 Tagen in Käfer, die sich sofort wieder vermehren.*

## Maikäfer

🌐 Europa  ▪ bis 3 cm

Maikäfer haben einen dunklen Halsschild, braune Flügeldecken und durchsichtige Hinterflügel. Auffallend sind ihre fächerförmigen Fühler. Das Weibchen hat fünf oder sechs, das Männchen sieben Fühlerblätter. Die Käfer schwärmen im Mai aus. Danach legen die Weibchen ihre Eier in die Erde. Die → Larven des Maikäfers nennt man Engerlinge. Sie leben drei bis vier Jahre im Boden und ernähren sich von kleinen Wurzeln. Früher traten Maikäfer oft in Massen auf. Sie konnten einen Laubbaum über Nacht kahlfressen. Die Engerlinge richteten durch Wurzelfraß schwere Schäden auf Feldern und in Wäldern an.

## Pillendreher

🌐 Mittelmeerraum  ▪ bis 3,2 cm

Die Pillendreher haben eine besondere Form der → Brutfürsorge entwickelt: Die Käfer formen aus dem Dung von Weidetieren eine Kugel. Diese rollen sie an einen geeigneten Ort und vergraben sie dort in einer Brutkammer. Schließlich legt das

*Die Kugel, die der Pillendreher rollt, wiegt bis zu 40 g. Das ist das 20fache seines Gewichts.*

# KÄFER

Weibchen ein Ei in den Dungball. Nach einiger Zeit schlüpft die ➔ Larve und ernährt sich von dem Dung, bis sie sich verpuppt. Für jedes Ei drehen Männchen und Weibchen gemeinsam eine solche Brutpille. Für sich selbst fertigen sie Futterpillen aus weniger gutem Dung an.

*Beim Nashornkäfer tragen nur die Männchen ein Horn. Sie setzen es bei Kämpfen ein.*

## Ein heiliger Käfer

Der Pillendreher heißt mit einem griechischen Wort auch Skarabäus. Dieser Käfer galt im alten Ägypten als heiliges Tier. Die Menschen glaubten nämlich, der Käfer würde sich durch Selbstbefruchtung fortpflanzen. So hielt man ihn für ein Sinnbild des ewigen Lebens. Man gab ihn den Toten mit ins Grab. Der Pillendreher wurde als Talisman um den Hals getragen zum Schutz vor allem Bösen und vor Feinden. Auch die ägyptischen Könige, die Pharaonen, trugen Skarabäen. Diese waren in Gold gefasst. Tatsächlich ist der Pillendreher ein ungewöhnliches Tier: Der Käfer ist imstande, eine Mistkugel zu drehen, die viermal so groß ist wie er selbst. Kein Wunder, dass die Menschen da staunten.

Jahre zur Entwicklung. Weil es nur noch wenige Eichenwälder gibt, wurden sie bei uns immer seltener. Man hielt sie schon für ausgestorben. Sie fanden schließlich Ersatz in Komposthaufen und Holzabfällen und legten dort ihre Eier ab. Die Nashornkäfer fliegen an Frühlings- und Sommerabenden umher, um Plätze für die Eiablage zu suchen. Sie stehen unter ➔ Naturschutz.

**Hirschkäfer**
*Der Hirschkäfer ist der größte Käfer Europas. Die Männchen werden 7,5 cm lang. Sie haben einen vergrößerten Oberkiefer, der wie ein Geweih aussieht. Die Käfer sind aber harmlose Saftlecker. Sie leben vor allem auf Eichen. Die Männchen kämpfen auf den Ästen um die Weibchen. Der Verlierer fällt vom Baum.*

## Nashornkäfer

 Asien, Europa, Nordafrika   bis 4 cm
Der Nashornkäfer ist einer unserer größten Käfer. Seine ➔ Larven werden sogar noch größer als der Käfer selbst. Sie können bis zu 12 Zentimeter lang werden. Die Larven entwickelten sich früher fast nur in alten Eichen. Die Käfer brauchen bis zu fünf

199

# KÄFER

## Alpenbock

🌐 Europa, Vorderasien  ↔ bis 3,8 cm

Der Alpenbock lebt in Buchenwäldern im Gebirge und im Alpenvorland. Daher stammt auch sein Name. Er fliegt an sonnigen Tagen von Juni bis September. Der Käfer und seine ➜ Larve halten sich im vermodernden Holz alter Buchen auf. Manchmal findet man diesen Bockkäfer auch an Hainbuchen, Ahornen, Eschen oder Obstbäumen. Er fällt durch die feinen graublauen Härchen am Körper sofort auf. Seine Fühler sind fast so lang wie sein Körper. Der Alpenbock ist heute sehr selten und steht unter ➜ Naturschutz.

Es gibt rund 27 000 Arten von Bockkäfern auf der Erde. Der graublaue Alpenbock gehört zu unseren schönsten Bockkäfern.

## Moschusbock

🌐 Europa, Sibirien, Japan  ↔ bis 3,4 cm

Beim Moschusbock sind die geschwungenen Fühler etwas länger als der Körper. Alle Bockkäfer verwenden diese langen Fühler als Tast- und Riechorgane. Der Moschusbock ist oft an Weiden zu finden. Auch seine ➜ Larve lebt im Holz alter Weidenbäume. Die Larven fressen Holz. Die Käfer lecken den Saft der Bäume. Der Moschusbock hat seinen Namen von dem starken Moschusgeruch, den er verströmt. Er fliegt von Juni bis August.

Außer Weiden sucht der Moschusbock Blüten und gefällte Stämme auf, um Saft zu lecken.

## Eichenbock

Der Eichenbock heißt auch Heldbock. Er wird bis zu 5 cm lang. Seine Fühler sind doppelt so lang wie der Körper. Die weißen, fingerdicken ➜ Larven bohren sich in das Holz alter Eichen. Sie werden 9 cm lang. Während ihrer Entwicklung wandern sie von der Rinde ins Holz. Der Eichenbock ernährt sich hauptsächlich vom Saft der Bäume. Er steht bei uns unter ➜ Naturschutz.

# KÄFER

Die Fraßgänge der Buchdruckerlarven sehen wie die gedruckten Zeilen auf einer Buchseite aus. Daher hat der Käfer auch seinen Namen.

## Buchdrucker
🌐 Asien, Europa  📏 bis 5 mm

Der Buchdrucker gehört zur Familie der Borkenkäfer. Der behaarte Käfer ist ein gefürchteter Schädling im Fichtenwald. Er brütet in der Borke von Fichten oder von Kiefern und Lärchen. Das Männchen baut dort eine Kammer, in der es sich mit zwei bis drei Weibchen paart. Diese bohren senkrechte Muttergänge. In seitliche Nischen legen sie 20 bis 100 Eier ab. Die ➜ Larven fressen Quergänge. Die ausschlüpfenden Käfer bohren sich durch die Borke.

## Spanische Fliege
🌐 Südeuropa, Asien, Amerika
📏 bis 2,1 cm

Die Spanische Fliege ist ein Ölkäfer. Sie ernährt sich von den Blättern verschiedener Büsche und Bäume, zum Beispiel von Flieder. In Südeuropa befällt dieser Käfer vor allem die Olivenbäume. Die Weibchen legen ihre Eier in der Nähe der Nester von Erdbienen ab. Die geschlüpften ➜ Larven dringen in das Bienennest ein. Dort entwickeln sie sich zu ➜ Puppen und fertigen Käfern. Die Spanische Fliege enthält ein starkes Gift. Es wurde schon im Altertum als Heilmittel genutzt. Man hat damit auch Menschen vergiftet. Dazu wurden die Käfer zu Pulver zerstoßen und in Wasser aufgelöst.

Das Gift der Spanischen Fliege gehört zu den stärksten Insektengiften.

## Kornkäfer
🌐 Weltweit  📏 bis 4 mm

Dieser kleine Rüsselkäfer ist ein gefürchteter Getreideschädling. Die Käfer und ihre ➜ Larven fressen vor allem Weizen und Roggen. Die Weibchen bohren mit ihrem Rüssel Getreidekörner an, legen ein Ei hinein und verschließen das Loch mit einer klebrigen Flüssigkeit. Die Larve frisst das Korn dann von innen her leer.

Kornkäfer können nicht fliegen. Sie wurden durch den Getreidehandel weltweit verbreitet.

201

# SCHMETTERLINGE

## Schmetterlinge

Fast alle Schmetterlinge saugen mit ihrem langen Rüssel Pflanzensäfte. Sie gehören zu den schönsten und farbenprächtigsten Insekten. Ihre Leuchtkraft erhalten sie von farbigen Schuppen auf den Flügeln. Viele Schmetterlinge bekommen wir kaum zu Gesicht, denn sie fliegen nachts. Die Nachtfalter sind plumper und meist weniger auffällig gefärbt.

### Schwalbenschwanz

🌐 Afrika, Asien, Europa ↔ bis 8 cm

Der Schwalbenschwanz ist einer unserer größten Falter. Er hat eine Flügelspannweite von acht Zentimetern. Auffallend sind die schwanzartigen Fortsätze an den Hinterflügeln, nach denen er seinen Namen hat. Der Schwalbenschwanz besucht Blüten, an denen er ➜ Nektar saugt. Die Raupe lebt an Doldenblütlern wie Kümmel, Dill oder Wilder Möhre. Sie hat am Nacken eine fleischige, rot gefärbte Gabel. Diese stülpt sie bei Gefahr zur Abschreckung aus.

### Apollofalter

🌐 Europa, Zentralasien ↔ bis 9 cm

Der Apollofalter stammt aus den Tälern des Himalajagebirges. Er kommt in

Der Apollo fliegt am Tag. Er ist sehr wärmebedürftig. Im Gebirge ruht er oft an Felsen in der Sonne, um sich aufzuwärmen.

600 bis in 6 000 Metern Höhe vor, in Europa zum Beispiel in den Alpen. Die Apollofalter besuchen Blüten, an denen sie ➜ Nektar saugen. Sie bevorzugen violette Blüten wie Distel und Flockenblume. Die Raupe lebt an der Purpur-Fetthenne und dem Weißen Mauerpfeffer. Der Apollo ist in Deutschland vom Aussterben bedroht und streng geschützt.

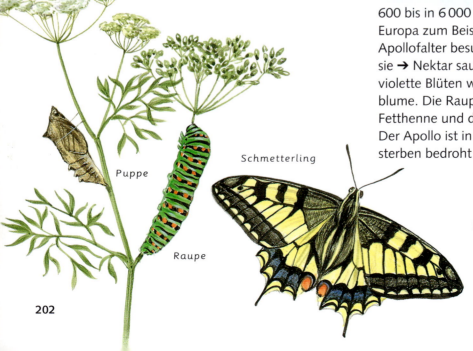

Puppe

Raupe

Schmetterling

Der Schwalbenschwanz legt seine Eier an Doldenblütlern ab. Dort findet die grüne Raupe mit den roten Punkten ihre Nahrung, bis sie sich verpuppt.

# SCHMETTERLINGE

## Vogelfalter

🌐 Südostasien, Australien ↔ über 20 cm

Die Vogelfalter nennt man auch Vogelflügler. Sie zählen zu den schönsten und größten Schmetterlingen der Erde. Die Männchen sind wegen ihrer schillernden Flügel bei Sammlern sehr begehrt. Die Falter fliegen hoch in den Kronen der Urwaldbäume und sind nur schwer zu fangen. Sie werden deshalb heute auch gezüchtet. Die Jagd der Sammler bedroht die Vogelfalter ebenso sehr wie die Zerstörung des ➔ Regenwaldes.

Es gibt etwa 50 Arten von Morphofaltern. Nur die Männchen haben blau schillernde Flügel.

Die Männchen des Cairn-Vogelfalters sind gelb, grün oder blau. Die Weibchen sind am größten, aber unscheinbar braun.

## Morphofalter

🌐 Mittel- und Südamerika ↔ bis 20 cm

Die Morphofalter sind sehr große Schmetterlinge. Sie sind zwischen Mexiko und Südbrasilien verbreitet. Die Flügel der Männchen schillern in einem wundervollen Blau. Diese Farbe entsteht durch Brechung des Lichts an den dachziegelartigen Flügelschuppen. Die Indianer verarbeiten die Flügel zu Schmuckstücken. Morphofalter halten sich fast nur in den Kronen der Urwaldriesen auf, in denen auch ihre Raupen leben. Die Raupen vieler Morphoarten tragen zum Schutz winzige Brennhaare, die leicht abbrechen. Sie dringen in die Haut von Feinden ein und jucken unangenehm.

## Königin-Alexandra-Falter

🌐 Neuguinea ↔ bis 28 cm

Das Weibchen dieses Vogelfalters gilt mit 28 Zentimetern Flügelspannweite als der größte Schmetterling der Welt. Es wiegt etwa 25 Gramm. Das Männchen ist wie bei allen Vogelfaltern kleiner. Der Falter wurde 1906 entdeckt und nach Königin Alexandra von England benannt.

Der Königin-Alexandra-Falter fliegt in Höhen bis zu 30 m und legt seine Eier in die Kronen hoher Urwaldbäume.

INSEKTEN

# SCHMETTERLINGE

## Tagpfauenauge

🌐 Europa, Asien ↔ bis 6 cm

Das Tagpfauenauge hat auf jedem der vier Flügel einen großen bunten Augenfleck. Die Unterseite der Flügel ist schwarzgrau. So ist der Falter gut getarnt, wenn er mit gefalteten Flügeln irgendwo sitzt. Das Tagpfauenauge überwintert in Mauerritzen, in Mäuselöchern oder auf Dachböden. Es fällt dort in ➔ Kältestarre.

Tagpfauenaugen gehören zu den ersten Faltern, die bei uns im Frühjahr fliegen. Die Raupen leben an Brennnesseln und Hopfen.

**Trauermantel**
Der Trauermantel ist ein Waldbewohner. Seine Raupen leben auf Birken und Weiden. Der Falter fliegt im Hochsommer. Er überwintert an geschützten Stellen und erscheint mit blasseren Farben im Frühjahr wieder.

## Monarch

🌐 Amerika, Australien, Pazifische Inseln ↔ bis 10 cm

Dieser Falter hat sich im 19. Jahrhundert von Amerika aus bis nach Australien und Südasien verbreitet. Er taucht manchmal sogar in Europa auf. In Nordamerika fliegen die Monarchfalter im Frühjahr bis nach Kanada. Im Herbst ziehen sie wieder mehrere Tausend Kilometer weit in den wärmeren Süden nach Florida, Kalifornien und Mexiko. Dabei benutzen sie immer die gleichen Zugstraßen.

Auf ihren langen Wanderungen rasten die Monarchfalter oft zu Hunderten auf Bäumen und an Hauswänden.

**Schillerfalter**
Nur die Männchen dieses Falters haben blau schillernde Flügel. Die Farbe soll die Weibchen anlocken. Sie entsteht durch das Sonnenlicht. Es wird an den hauchdünnen Flügelschuppen gebrochen und zurückgeworfen. Die Raupen leben auf Weiden und Pappeln. Die Falter saugen an feuchten Wegstellen Wasser und lecken ausfließenden Baumsaft.

# SCHMETTERLINGE

Das Weibchen des Kohlweißlings legt bis zu 600 Eier. Daraus entwickeln sich in 14 Tagen die gefräßigen Raupen.

## Widderchen

🌐 Europa ↔ bis 4 cm

Die Widderchen haben Fühler, die wie Widderhörner nach außen gebogen sind. Die Falter werden auch Blutströpfchen genannt, weil sie rote Flecken auf ihren dunklen, metallisch glänzenden Flügeln tragen. Widderchen sind für Vögel und andere Feinde ungenießbar. Das zeigen sie durch ihre Warnfärbung an. Die Raupen leben auf verschiedenen Kleearten. Die Falter besuchen überwiegend violette Blüten wie Disteln und Skabiosen.

## Kohlweißling

🌐 Asien, Europa, Nordafrika
↔ bis 6,5 cm

Kohlweißlinge sind bei uns recht häufig. Die Falter besuchen Blüten. Die Raupen fressen vor allem Kohlblätter. Daher haben die Schmetterlinge ihren Namen. Wenn die Raupen massenhaft auftreten, richten sie großen Schaden auf Kohlfeldern an. Vor Feinden schützen sie sich durch einen unangenehmen Geruch und ihre Warnfärbung. Die Falter zeigen beim Balzflug kühne Spiralen.

## Bläuling

🌐 Europa, Nordafrika ↔ bis 4 cm

Die Bläulinge bilden eine große Familie. In Deutschland gibt es über 20 Arten. Nur die Männchen sind blau gefärbt, die Weibchen sind meist braun. Man sieht diese Falter oft in großer Zahl über eine Blumenwiese gaukeln. Nachts sammeln sie sich zu Schlafgesellschaften. Dann hängen sie kopfüber an Pflanzenstängeln. Die Raupen einiger Arten sondern einen süßen Saft ab und werden deshalb von Ameisen betreut und gemolken.

Bläulinge und Widderchen sind häufige Gäste auf der Wiese.

# SCHMETTERLINGE

Der Totenkopfschwärmer gibt bei Berührung ein Pfeifen von sich.

**Hornissenschwärmer**
Dieser Schmetterling fliegt am Tag. Er hat einen gelb und schwarz geringelten Körper und schmale, durchsichtige Flügel. Er sieht also einer Hornisse sehr ähnlich, hat aber keinen Giftstachel. Die Ähnlichkeit schützt ihn vor Feinden. Dieses Nachahmen giftiger oder wehrhafter Tiere zum eigenen Schutz nennt man → Mimikry.

## Abendpfauenauge
🌐 Europa ↔ bis 8 cm
Dieser große Schmetterling gehört zur Familie der Schwärmer und ist nicht mit dem Tagpfauenauge verwandt. Er fliegt

Das Abendpfauenauge hat Augenflecke auf den Flügeln. Daher stammt sein Name.

nur nachts. Das Abendpfauenauge nimmt keinerlei Nahrung auf, sondern lebt von den Vorräten, die es als Raupe im Körper gespeichert hat. Sein Saugrüssel ist daher verkümmert. Die Raupe wird bis zu acht Zentimeter lang. Ihre Futterpflanzen sind Weiden und Pappeln, selten Obstbäume.

## Totenkopfschwärmer
🌐 Afrika, Europa ↔ bis 14 cm
Der Totenkopfschwärmer ist ein sehr guter Flieger. Der große Nachtfalter wandert jedes Jahr von Nordafrika nach Mitteleuropa ein. Seinen Namen hat er von der totenkopfähnlichen Zeichnung am Brustschild. Der Falter saugt Säfte von Bäumen und Früchten und sucht Honig in Bienenwaben. Die Raupe lebt an Nachtschattengewächsen wie Kartoffel oder Tollkirsche.

### Schmetterlinge und ihre Blüten

Wer Schmetterlinge beobachten will, muss wissen, welche Blüten sie bevorzugen. Ein wahrer Schmetterlingsstrauch ist der Sommerflieder. Er hat rote, weiße oder lila Blüten. Hier finden sich die schönsten Falter ein, vor allem der Kleine Fuchs, das Tagpfauenauge und der Distelfalter. In der Nacht kommen verschiedene Eulenfalter. Sie lieben Pflanzen, die einen schweren Duft verströmen. Die → nachtaktiven Schmetterlinge lassen sich auch noch anders anlocken: Wenn wir überreife Früchte auf den Gartentisch legen, stellen sich bald viele Schwärmer ein.

# SCHMETTERLINGE

## Großes Nachtpfauenauge

🌐 Südeuropa  ↔ bis 12 cm

Die Männchen des Nachtpfauenauges haben kammartige breite Fühler. Damit nehmen sie die Geruchsspur der Weibchen auf und folgen ihnen. Sie können schon winzigste Mengen von Lockstoffen der Weibchen riechen. Die Männchen fliegen am Tag. Diese Schmetterlinge nehmen keine Nahrung auf. Sie haben als Raupen Nahrungsvorrat gespeichert. Man findet die grünen Raupen an Sträuchern und auf Laubbäumen.

Das Große Nachtpfauenauge ist der größte Schmetterling Europas. Seine Raupen geben schnarrende Laute von sich.

## Forleule

🌐 Asien, Europa  ↔ bis 3,5 cm

Die Forleule oder Kieferneule bewohnt Kiefern- und Fichtenwälder. Sie gehört zu einer großen Gruppe von Schmetterlingen, die oft gewaltige Schäden anrichten. Die Weibchen der Forleule legen ihre Eier in Reihen auf die einjährigen Nadeln der Bäume. Nach einer Woche schlüpfen die Raupen und beginnen, die Nadeln abzufressen. In manchen Jahren treten die Raupen massenhaft auf und können einen Kiefern- oder Fichtenwald in kurzer Zeit kahlfressen. Die ausgewachsene Raupe kriecht am Baum hinab zum Boden oder lässt sich an einer Faser herab. In der Nadelstreu verpuppt sie sich. Im April schlüpft ein Falter aus. Er beginnt schon bald wieder Eier zu legen.

Die nackten grünen Raupen der Forleule sind zwischen den Kiefernnadeln gut getarnt. Vögel sehen sie nur schlecht.

## Gabelschwanz

🌐 Europa  ↔ bis 7 cm

Der Große Gabelschwanz ist ➔ nachtaktiv. Er lebt in kühler und feuchter Umgebung und fliegt von April bis August. Seine grünen Raupen fressen an Weiden, Pappeln und Espen. Ihr letztes Beinpaar ist zu Stäbchen umgewandelt, die eine Gabel bilden. Bei Gefahr presst die Raupe aus den Enden der Gabel Schläuche, die einen übel riechenden Drüsensaft absondern.

Die Raupe des Gabelschwanzes hat an der Brust eine Drüse, aus der sie einen übel riechenden Saft bis zu 20 cm weit verspritzt.

# HAUTFLÜGLER: AMEISEN

## Ameisen

Ameisen zählen zu den Hautflüglern. Diese haben zwei Paar durchsichtige Flügel. Bei den Ameisen wachsen nur den Männchen und den fruchtbaren Weibchen Flügel. Es gibt rund 10 000 Arten von Ameisen. Manche werden nur millimetergroß, andere erreichen vier Zentimeter Länge. Fast alle Ameisen bilden einen Insektenstaat.

### Rote Waldameise

🌐 Asien, Europa, Nordamerika ↔ bis 1,1 cm

Die Roten Waldameisen zählen zu unseren größten Ameisen. Sie bauen Nester aus Fichten- oder Tannennadeln und kleinen Zweigen. Darin leben zwischen 100 000 und einer Million Tiere. In dem ➔ Insektenstaat leben mehrere Eier legende Königinnen und ein paar hundert Männchen. Die übrigen Tiere sind geschlechtslose Arbeiterinnen. Diese halten das Nest instand. Sie tragen Nahrung ein und versorgen die Brut. Das sind die Eier, ➔ Larven und ➔ Puppen, die in unterirdischen Kammern ruhen. Rote Waldameisen ernähren sich von Pflanzensaft, ➔ Pollen, Samen und Insekten. Da zu ihrer Beute viele Waldschädlinge gehören, sind sie sehr nützlich.

Bei den Amazonenameisen sind die Kiefer zu Säbeln umgewandelt. Damit bekriegen sie andere Ameisenarten, können aber keine Nahrung zerkleinern.

### Amazonenameise

🌐 Europa ↔ bis 1 cm

Amazonenameisen besitzen säbelförmige Oberkiefer und haben sich ganz auf Raub und Kampf eingestellt. Die Arbeiterinnen überfallen die Nester anderer Ameisenarten, rauben ➔ Larven und ➔ Puppen und bringen sie ins eigene Nest. Wenn die geraubten Ameisen ausgewachsen sind, müssen sie die Amazonenameisen füttern, da diese sich selbst nicht ernähren können. Ihre Kiefer sind zu Waffen umgebildet. Die Königin der Amazonen baut kein Nest. Sie dringt in das Nest einer anderen Ameisenart ein, tötet die Königin und herrscht über deren Volk. Aus ihren Eiern schlüpfen wieder Amazonenameisen.

Die Arbeiterinnen verteidigen das Nest gegen Angreifer: Sie beißen heftig zu und versprühen ätzende Ameisensäure.

### Treiberameise

Es gibt rund 200 Arten von Treiberameisen. Sie leben fast alle in den heißen tropischen Ländern. Bei den Treiberameisen geht der ganze Staat von Zeit zu Zeit auf Wanderschaft. Der Zug der Ameisen treibt dann alles vor sich her, was ihm in den Weg kommt. Daher stammt der Name dieser Ameisen. Alle Lebewesen, die nicht rechtzeitig fliehen können, werden zur Beute der Treiberameisen.

HAUTFLÜGLER: WESPEN

# Wespen

Wespen sind wie die Ameisen Hautflügler. Am bekanntesten sind die schwarz-gelben Faltenwespen, von denen es rund 4 000 Arten gibt. Etwa die Hälfte von ihnen lebt sozial. So nennt man Insekten, die einen Staat bilden. Alle Faltenwespen haben einen Giftstachel.

### Deutsche Wespe

🌐 Asien, Europa, Nordamerika
↔ bis 1,9 cm

Die Deutsche Wespe ist bei uns sehr häufig. Sie baut ein kugelförmiges Nest aus einem papierartigen Stoff. Diesen stellt sie aus zerkautem Holz und Speichel her. In einem Staat leben bis zu 5 500 Tiere. Die Wespe erbeutet Fliegen, Raupen und andere Tiere und verfüttert sie an ihre ➔ Larven. Für die eigene Ernährung sammelt sie ➔ Nektar und leckt süße Säfte.

Hornissen verwenden zum Bau ihres Nestes morsches Holz, das sie mit Speichel vermengen.

greifen nur an, wenn sie bedroht werden. Obwohl Hornissen unsere größten Wespen sind, haben sie nicht mehr Gift als andere Wespenarten. Sie sind auch viel weniger angriffslustig als zum Beispiel Bienen. Hornissen erbeuten Insekten, darunter auch kleinere Wespen und Bienen. Die Hornissen stehen unter ➔ Naturschutz.

Ein Wespennest kann so groß wie ein Fußball sein. Es besteht aus der äußeren papierartigen Hülle. Auch die Waben sind aus Holzpapier.

### Hornisse

🌐 Asien, Europa, Nordafrika, Nordamerika ↔ bis 3,5 cm

Hornissen bauen ihr Nest in hohlen Bäumen, in der Erde oder unter einem Dach. Bis zu 1 500 Tiere leben im Hornissenstaat. Sie

**Schlupfwespe**
Die Schlupfwespen bilden eine eigene Wespenfamilie. Es gibt in Europa 6 000 Arten. Die Weibchen haben einen langen Legebohrer. Damit bohren sie ein Loch in Pflanzenstängel und legen ihre Eier hinein. Andere bringen die Eier in den Körper eines Tieres, das sie zuvor mit Gift gelähmt haben.

# HAUTFLÜGLER: BIENEN

## Woher kommt der Honig?

Ein mittelstarkes Bienenvolk erzeugt etwa 30 kg Honig pro Jahr. Dazu sind die Arbeiterinnen in ihrem kurzen Sommerleben am Tag unterwegs. Nur die Bienen, die im Herbst ausschlüpfen, überleben den Winter. Die Sommerbienen sammeln den Zuckersaft der Blüten. Das ist der Nektar. Sie saugen ihn in ihren Honigmagen. Im Bienenstock würgen sie den Nektar sofort in eine Vorratszelle. Durch die Wärme im Stock dickt er ein und reift zu Honig. Dann wird die Zelle mit Wachs verschlossen. Wenn eine Biene eine ergiebige Futterquelle entdeckt hat, zeigt sie es anderen Sammlerinnen durch den Schwänzeltanz an. Sie tanzt auf den Waben und gibt damit die Richtung und Entfernung zur Futterquelle an.

Schwänzeltanz

Brutzellen

Die sechseckigen Zellen der Waben dienen als Vorratszellen oder als Brutzellen. Die Brutzellen sind unterschiedlich groß – je nachdem, ob aus dem Ei eine Königin, eine Drohne oder eine Arbeiterin schlüpfen wird.

## Bienen

Die Bienen bilden eine große Gruppe unter den Hautflüglern. Es gibt über 20 000 Arten. Zu ihnen gehören auch die Hummeln. Am höchsten entwickelt ist die Honigbiene. Viele Bienenarten bilden Staaten, andere leben allein. Fast alle Bienen besitzen einen Giftstachel, mit dem sie sich zur Wehr setzen.

### Honigbiene

🌐 Alle Erdteile  📏 bis 2 cm

Die Honigbiene sammelt ➔ Pollen und den ➔ Nektar der Blüten, aus dem sie Honig herstellt. Das ist Aufgabe der Arbeitsbienen. Die Arbeiterinnen bilden die größte Gruppe

| Königin | Drohne | Arbeiterin |
| --- | --- | --- |
| 2 cm | 1,7 cm | 1,4 cm |

im Bienenvolk, das 50 000 bis 100 000 Tiere umfasst. Außer den Arbeitsbienen gibt es in einem Bienenstaat ein paar Hundert Männchen, die Drohnen, sowie eine Königin. Die Königin ist die Mutter aller Bienen im Stock. Sie legt täglich bis zu 3 000 Eier. Aus den Eiern schlüpfen ➔ Larven, von denen die meisten Arbeiterinnen werden. Diese bauen das Nest und halten es sauber. Sie füttern die Larven und die Königin. Das Nest der Honigbienen besteht aus Waben mit sechseckigen Zellen aus Wachs. Das Wachs für die Waben schwitzen die Arbeitsbienen aus ihrem Hinterleib. Die Arbeiterinnen besitzen auch als Einzige einen Giftstachel. Damit greifen sie nur an, wenn der Bienenstock

# HAUTFLÜGLER: BIENEN

Wenn aus einem Ei eine neue Königin schlüpft, verlässt die alte mit einem Teil ihres Volkes den Stock. Dann „schwärmen" die Bienen.

bedroht wird. Die Drohnen haben nur eine Aufgabe: eine Königin zu befruchten. Ist das geschehen, so sterben die Drohnen.

## Hummel
🌐 Weltweit   ▶ bis 2,5 cm

Hummeln sind mit den Bienen verwandt. Sie haben einen plumpen Körper und ein dichtes Haarkleid. Die meisten Hummelarten bauen ihr Nest in ein Erdloch. Im Hummelnest leben etwa 200 bis 500 Tiere. Im Herbst stirbt das Hummelvolk. Nur die jungen Königinnen überwintern. Sie legen im Frühjahr Eier, aus denen ein neues Hummelvolk schlüpft.

Die Hummel baut Brutzellen aus Wachs und Harz. Dann trägt sie ➜ Pollen ein, legt Eier und schließt jede Zelle mit einem Deckel.

## Mohn-Mauerbiene
🌐 Europa   ▶ bis 1,5 cm

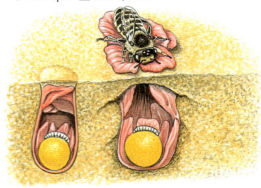

Als Nahrung für die Larve trägt die Mohn-Mauerbiene Blütenpollen in die Nistzelle.

Die Mohn-Mauerbiene lebt einzeln. Sie baut für ihre ➜ Larven Nistzellen in den Boden. Das Material für die Wände aus Erde und Drüsensaft wird sehr hart. Das Nest tapeziert die Biene mit Blütenblättern von Klatschmohn. Die Mohn-Mauerbiene sammelt ➜ Pollen, den sie mit einer Bürste unter dem Hinterleib abstreift.

### Blattschneiderbiene
Blattschneiderbienen leben nicht in einem Staat, sondern allein. Sie ernähren sich von ➜ Pollen. Ihre Brutzellen bauen sie meist in Holz, aber auch in hohle Pflanzenstängel oder in die Erde. Mit ihren scharfen Kiefern schneiden sie Teile von Rosenblättern aus und bringen diese in die Brutzelle. Dort formen sie einen Blattfingerhut als Wiege für die ➜ Larve.

# Schaben und Termiten

*Schaben und Termiten gehören zu den ältesten Insekten der Erde. Sie sind miteinander verwandt, denn sie stammen mit den Fangschrecken von gemeinsamen Urschaben ab. Alle besitzen beißende Mundwerkzeuge.*

**Gottesanbeterin**
Diese Fangschrecke wird bis 7,5 cm groß. Sie lauert mit angewinkelten Vorderbeinen auf Beute. Die Haltung ähnelt einem betenden Menschen, daher hat sie ihren Namen. Kommt ihr ein Insekt oder eine kleine Eidechse zu nahe, schnellt sie ihre dornenbewehrten Fangbeine nach vorn und packt zu.

## Küchenschabe

🌐 Alle Erdteile  ➡ bis 3 cm

Die Küchenschabe ist ein Wärme liebendes Tier. Man findet sie deshalb unter anderem in Bäckereien, Brauereien und Küchen, wo sie genügend Nahrung findet. Die Schabe hat einen abgeflachten Körper, lange Fühler und kräftige Beine, mit denen sie sehr schnell laufen kann. Schaben sind
➡ nachtaktiv und leben von Abfällen und Lebensmitteln. Da sie Nahrungsmittel mit Kot verunreinigen und Krankheiten übertragen, werden sie streng verfolgt.

## Termite

🌐 Alle warmen Erdteile  ➡ bis 2 cm

Es gibt über 2000 Termitenarten in den heißen Ländern. Man nennt sie auch „Weiße Ameisen". Manche Termiten sind Allesfresser, andere ernähren sich nur von Holz. Die Holzfresser sind gefürchtet, denn sie zerstören fast unbemerkt Holzhäuser oder Möbel. Nur eine papierdünne Außenhaut lassen sie stehen. Schließlich stürzt alles zusammen. Die Termiten bilden große
➡ Insektenstaaten mit oft Millionen Tieren. Einige bauen bis zu sechs Meter hohe Kegel mit Kammern, Straßen und Tunneln. Das Volk besteht aus Soldaten und Arbeitern sowie dem Königspaar.

Geflügeltes Männchen
Weibchen
Küchenschaben sind Schädlinge.

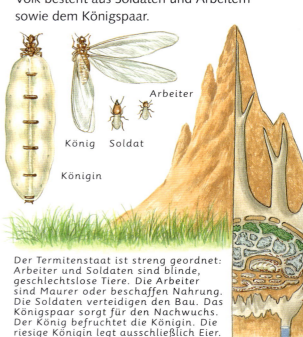

Der Termitenstaat ist streng geordnet: Arbeiter und Soldaten sind blinde, geschlechtslose Tiere. Die Arbeiter sind Maurer oder beschaffen Nahrung. Die Soldaten verteidigen den Bau. Das Königspaar sorgt für den Nachwuchs. Der König befruchtet die Königin. Die riesige Königin legt ausschließlich Eier.

# HEUSCHRECKEN

## Heuschrecken
Man unterscheidet Laubheuschrecken und Feldheuschrecken sowie Grillen. Die Laubheuschrecken haben lange Fühler, Feldheuschrecken kurze. Der Name „Schrecke" bedeutet so viel wie „Springer". Denn die Heuschrecken können mit ihren langen Hinterbeinen weite Sprünge vollführen.

### Grünes Heupferd
- Europa, Kleinasien, Sibirien, Nordafrika
- bis 5,5 cm

*Das Grüne Heupferd ist auf Blättern getarnt.*

Das Grüne oder Große Heupferd kann man im Sommer von Mittag bis tief in die Nacht zirpen hören. Den Gesang erzeugt es mit Schrillleisten an den Deckflügeln, die es aneinanderreibt. Die Gehörorgane der Heuschrecke liegen in den Vorderbeinen. Am Tag sitzt das Grüne Heupferd im Gebüsch oder an Wiesenpflanzen, nachts klettert es in die Baumwipfel. Es frisst Insekten, aber auch saftige Pflanzenteile.

### Wanderheuschrecke
- Afrika, Asien  bis 8 cm

Wanderheuschrecken haben kurze Fühler. Sie leben meist einzeln. Aber manchmal finden sie sich zu riesigen Schwärmen

*Schon die Bibel berichtet von Heuschreckenplagen. Schwärme der Wanderheuschrecke richten in Afrika und Asien große Schäden an.*

zusammen, die Tausende von Kilometern zurücklegen. Auf ihren Wanderzügen fressen sie Äcker, Felder und Gärten kahl und zerstören die Ernten. Die größten Schwärme bestehen aus mehreren Milliarden Heuschrecken und bedecken viele Quadratkilometer Land.

### Maulwurfsgrille
Maulwurfsgrillen leben wie Maulwürfe in unterirdischen Gängen. Daher haben sie auch ihren Namen. Ihre Vorderbeine sind zu Grabschaufeln umgeformt. Sie fressen Wurzeln und Stängel, aber auch kleine Tiere wie Engerlinge und Regenwürmer. Das Weibchen legt in einer Kammer 200 bis 300 Eier.

ZWEIFLÜGLER: FLIEGEN UND MÜCKEN

# Fliegen und Mücken

*Fliegen und Mücken werden in der Gruppe der Zweiflügler zusammengefasst. Sie besitzen im Gegensatz zu anderen fliegenden Insekten nur ein Paar Flügel. Fliegen haben einen Tupfrüssel, mit dem sie flüssige Nahrung aufsaugen. Die meisten Mücken besitzen einen Stechrüssel.*

*Die Stubenfliege vermehrt sich rasend schnell: Nach einem Tag kriecht aus dem Ei die Made. Am siebten Tag schlüpft die Fliege aus der Puppe und beginnt sofort, Eier zu legen.*

### Gemeine Stechmücke

🌐 Weltweit  ▶ bis 5 mm

Stechmücken haben einen schlanken Körper, schmale Flügel und lange, dünne Beine. Die Männchen besitzen einen Saugrüssel und leben von ➜ Nektar. Die Weibchen saugen mit ihrem Stechrüssel Blut von Tieren und Menschen. Ihre Stiche jucken unangenehm. Einige Arten in warmen Ländern können beim Stich gefährliche Krankheiten wie Malaria übertragen.

*Die Stechmückenlarven atmen durch ein Rohr an der Wasseroberfläche.*

*Nur die Weibchen der Stechmücke saugen Blut. Ihre Eier legen sie in stehende Gewässer.*

### Stubenfliege

🌐 Weltweit  ▶ bis 9 mm

Jeder kennt die Stubenfliege. Man trifft sie überall. Sie kann zwar nicht stechen, aber sie überträgt Krankheitskeime durch ihren Kot oder mit ihrem Körper. Stubenfliegen schmecken mit ihren Füßen und können mit den Fühlern auch gut riechen. Das Weibchen legt seine Eier mit einer Legeröhre in schmale Ritzen. Die ➜ Larven leben in Kot und Abfällen. Man nennt sie Maden. Die ➜ Puppen heißen Tönnchen.

### Rinderbremse

Diese bis 2,5 cm großen Fliegen findet man auf Viehweiden. Die Weibchen saugen das Blut von Weidetieren wie Rindern und Pferden. Sie fallen ihre Opfer oft in großer Zahl an. Ihre Bisse verursachen blutende Wunden.

### Blaue Schmeißfliege

Die Schmeißfliege glänzt blaugrün metallisch und besitzt kräftige Beißwerkzeuge. Die Weibchen legen ihre Eier in Fleisch, ➜ Aas und Abfall. Aus den Eiern schlüpfen weiße Maden.

# LIBELLEN

**Libellen** Die Libellen gelten als die schönsten und schnellsten Insekten. Sie haben lange, schmale Flügel. Den Kopf mit den riesigen Facettenaugen können sie nach allen Seiten drehen. Großlibellen breiten ihre Flügel in der Ruhe waagerecht aus, Kleinlibellen falten sie zusammen. Alle Libellen sind gewandte Räuber.

## Gebänderte Prachtlibelle

🌐 Europa, Vorderasien, Nordafrika

↔ bis 5 cm

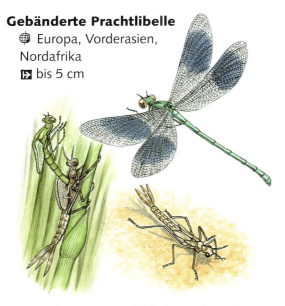

Die Gebänderte Prachtlibelle ist durch die Wasserverschmutzung heute stark bedroht.

Die Gebänderte Prachtlibelle ist eine Kleinlibelle. Sie hat nur eine Flügelspannweite von sieben Zentimetern. Deshalb fliegt sie nicht so elegant wie die Großlibellen. Ihre Beute verzehrt sie im Sitzen. Nach der Paarung legen die Weibchen die Eier mit dem Legebohrer einzeln in Wasserpflanzen. Die schlüpfenden ➜ Larven leben zwei Jahre im Wasser. Dort jagen sie Wasserflöhe, später auch Kaulquappen und Fischbrut. Erst kurz vor ihrer ➜ Verwandlung hören sie auf zu fressen.

**Blaugrüne Mosaikjungfer**
Die Blaugrüne Mosaikjungfer gehört zu den Großlibellen. Sie erreicht eine Spannweite von 11 cm. Wie alle Großlibellen verspeist sie ihre Beute im Flug. Auch die Paarung erfolgt im Flug. Männchen und Weibchen bilden dabei ein Paarungsrad.

## Große Königslibelle

🌐 Europa, Asien, Nordafrika  ↔ bis 8 cm

Die Königslibelle ist einer der besten Flieger unter den Insekten. Ihre Flügel schlagen wie bei allen Großlibellen beim Geradeausflug genau im Gegentakt, beim Kurvenflug dagegen nicht. Sie erreicht Geschwindigkeiten von über 30 Kilometern pro Stunde.

Königslibellen sind wendige Jäger. Sie verschlingen im Flug kleine und große Insekten.

215

# FLÖHE UND LÄUSE

## Flöhe und Läuse

Flöhe und Läuse sind nicht miteinander verwandt. Beide Insektengruppen sind aber Schmarotzer. Sie leben auf Kosten von Menschen, Tieren oder Pflanzen. Flöhe sind vorwiegend Blutsauger an Tieren oder Menschen. Die meisten Läuse saugen Pflanzensäfte.

### Menschenfloh

🌐 Weltweit   📏 bis 2,5 mm

Menschenflöhe stechen nicht nur Menschen, sondern auch Hunde und andere Säugetiere. Die flügellosen Insekten saugen das Blut ihrer Wirte. Flöhe haben eine gewaltige Sprungkraft. Sie machen bis zu 60 Zentimeter weite Sätze. Das ist das

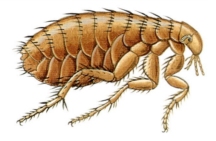

*Beim Menschenfloh sind die Flügel zurückgebildet. Dafür besitzt er kräftige Sprungbeine.*

200fache ihrer Körperlänge. Mit ihrem Stich können Flöhe gefährliche Krankheiten verbreiten. Im Mittelalter wurde die Pest von Rattenflöhen übertragen. Durch bessere Hygiene sind die Blutsauger heute seltener.

### Kopflaus

🌐 Weltweit   📏 bis 3 mm

Diese kleinen Insekten leben in den Kopfhaaren von Menschen. Mit ihren Stechborsten bohren sie sich durch die Haut, um Blut zu saugen. Die Stiche der Kopflaus jucken stark. Daher kratzen sich Befallene oft blutig. Kopfläuse werden häufig über

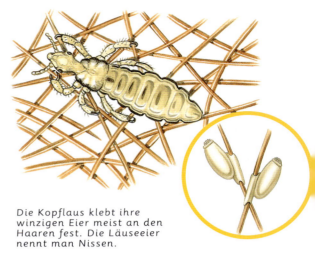

*Die Kopflaus klebt ihre winzigen Eier meist an den Haaren fest. Die Läuseeier nennt man Nissen.*

Mützen oder Hüte an Kleiderhaken oder durch den direkten Kontakt mit befallenen Haaren übertragen.

### Blattlaus

🌐 Weltweit   📏 bis 2,5 mm

Blattläuse saugen Pflanzensäfte. Es gibt rund 2 500 Arten. Sie legen Eier, können sich aber auch ohne Männchen vermehren. Dann bringen sie lebende Junge zur Welt. Man nennt das ➔ Jungfernzeugung. Wenn sie sich verbreiten, schlüpfen aus den Eiern geflügelte Blattläuse. Feinde der Blattläuse sind Schlupfwespen und Marienkäfer.

*Die Blattläuse geben einen klebrigen Zuckersaft ab, den Ameisen mögen. Die Ameisen „melken" deshalb die Blattläuse, indem sie sie mit ihren Fühlern betrillern.*

WANZEN

## Wanzen
Wanzen sind ziemlich flache Insekten mit einem Stechrüssel. Sie schmarotzen meistens an Pflanzen, deren Saft sie saugen. Einige sind auch Blutsauger oder jagen kleine Insekten. Alle Wanzen besitzen Stinkdrüsen und scheiden unangenehme Gerüche aus.

### Bettwanze
🌐 Weltweit   📏 bis 5 mm

Die Feuerwanze hat ihren Namen von der rot-schwarzen Farbe ihrer Flügel. Sie bildet oft große Kolonien.

Der Stech-Saugrüssel der Bettwanze ist 500-mal feiner als die Nadel einer Spritze.

Die Bettwanze hat einen flachen Körper und besitzt keine Flügel. Tagsüber versteckt sie sich in Ritzen, hinter Tapeten, Bildern oder Leisten und kommt nachts hervor. Sie saugt vor allem Menschenblut, befällt aber auch Fledermäuse, Mäuse, Hühner und andere Tiere. Die Stiche verursachen Quaddeln, die stark jucken. Beim Saugen nimmt die Wanze so viel Blut auf, dass sie deutlich größer wird.

### Feuerwanze
🌐 Europa, Asien, Nordafrika, Mittelamerika   📏 bis 1,1 cm

Die Feuerwanze saugt an Pflanzen und Samen, aber auch an toten Insekten und Insekteneiern. Sie hat meist kurze Flügel. Bei manchen Tieren sind die Flügel jedoch lang oder fehlen ganz. Feuerwanzen sind an vielen Pflanzenarten anzutreffen. Sie legen ihre Eier im Frühjahr in rissige Baumrinden oder in kleine Erdgruben.

### Wasserläufer
🌐 Europa, Vorderasien, Nordafrika
📏 bis 1,1 cm

Diese Wanzenart fängt Insekten, die auf die Wasseroberfläche gefallen sind. Nur die Unterseite der Vorderbeine berührt beim Laufen das Wasser. Die Oberflächenspannung verhindert, dass das federleichte Insekt versinkt. Einige Arten leben sogar als einzige Insekten auf hoher See. Sie ernähren sich von toten Meerestieren.

Der Wasserläufer jagt zwar auf dem Wasser, gehört aber zu den Landwanzen.

# Krebse

Die kleinen Flohkrebse leben in Salz- oder Süßwasser. Viele Arten haben Stacheln.

Die ersten Krebse lebten schon im Erdaltertum in den Meeren. Das war vor über 500 Millionen Jahren. Im Laufe der langen Zeit bis heute sind viele Krebsarten ausgestorben, aber auch neue entstanden. Manche urtümlichen Arten erinnern noch an die ersten Krebstiere. Heute leben Krebse im Meer und im Süßwasser. Einige haben sogar das Land erobert. Man kennt rund 40 000 Arten dieser Gliederfüßer. Sie sind die nächsten Verwandten der Insekten.

Langusten ziehen oft im Gänsemarsch über den Meeresboden auf der Suche nach neuen Jagdgründen.

## Wassertiere

Die Krebse sind leicht von den sechsbeinigen Insekten und den achtbeinigen Spinnen zu unterscheiden: Die meisten besitzen fünf Paar Schreitbeine. Das vordere Beinpaar ist bei vielen Krebsen zu kräftigen Scheren umgebildet. Die Krebse haben auch noch eine Reihe kleiner Schwimmfüße. Auffällig an den Krebstieren sind ihre Antennen. Sie erinnern an die Fühler der Insekten. Krebse haben zwei Paar Antennen. Das zweite Antennenpaar ist oft sehr lang wie beim Hummer oder der Languste. Als Wassertiere atmen Krebse mit ➜ Kiemen. Auch Krebse, die an Land leben, haben die Kiemenatmung beibehalten.

## Gepanzerte Ritter

Das Auffälligste an den großen Krebsen ist ihr Panzer. Er besteht aus ➜ Chitin wie das Körpergerüst der Insekten. In diesen Panzer sind noch Kalkteilchen eingelagert, so dass er ganz starr ist. Deshalb heißen die Krebse auch Krustentiere. Der Panzer schützt den Krebs vor Feinden. Er wird ihm aber auch immer wieder zum Gefängnis. Wenn ein Krebs wächst und größer wird, wächst sein Panzer nicht mit. Dann muss er die alte Hülle verlassen. Der Krebs ➜ häutet sich. Es dauert eine Weile, bis der neue Panzer fest und hart geworden ist.

Weiterentwickelte Krebslarven

Krebslarve am Anfang der Entwicklung

Es gibt über 40 000 Arten von Krebstieren

Die Japanische Riesenkrabbe erscheint wie ein Ungeheuer vom Mars.

### Zehnfußkrebse

| | |
|---|---|
| Kurzschwanzkrebse (Krabben): | rund 5 000 Arten |
| Langschwanzkrebse: | rund 1 300 Arten |
| Garnelen: | rund 2 000 Arten |
| Mittelkrebse: | rund 1 700 Arten |

### Kleinkrebse

| | |
|---|---|
| Rankenfußkrebse: | rund 1 300 Arten |
| Ruderfußkrebse: | rund 8 500 Arten |
| Blattfußkrebse: | rund 640 Arten |
| Muschelkrebse: | rund 12 000 Arten |
| Flohkrebse: | rund 3 000 Arten |
| Asseln: | rund 4 000 Arten |

**Größter Krebs:**
Japanische Riesenkrabbe, bis 1,50 m Beinlänge

**Kleinster Krebs**
Wasserfloh, 0,5 mm lang

## Große und kleine Krebse

Man unterscheidet die Krebse nach der Länge ihres Hinterteils. Danach unterteilt man sie in Langschwanzkrebse, Mittelkrebse und Kurzschwanzkrebse. Die großen Krebse wie der Flusskrebs, der Hummer oder die Strandkrabbe sind den meisten bekannt. Es gibt aber eine fast unvorstellbare Zahl von kleinen Krebsen. Manche von ihnen werden kaum einen Millimeter groß wie der Wasserfloh. Die Japanische Riesenkrabbe dagegen wird mit ihren 1,50 Meter langen Beinen so hoch wie ein Pony! Und auch der Hummer gehört mit einem halben Meter Länge nicht gerade zu den Zwergen unter den Krebsen.

## Ei – Larve – Krebs

Krebse entstehen aus Eiern. Die höher entwickelten Krebse legen nur ein paar Hundert Eier. Diese kleben sie an ihren Schwimmbeinen unterhalb des Schwanzes fest und tragen sie mit sich herum. Bei einigen Arten schlüpfen daraus sofort die jungen Krebschen. Sie klammern sich oft noch ein bis zwei Wochen an den Beinen der Mutter fest. Meist schlüpfen aus den Krebseiern aber zuerst ➔ Larven. Diese schwimmen im Wasser umher. Die Larven entwickeln sich nach mehreren Häutungen zu fertigen Jungkrebsen. Sehr viele Larven werden von Fischen und anderen Tieren gefressen. Deshalb legen viele Krebsweibchen bis zu 100 000 Eier.

Soldatenkrabben marschieren oft in Gruppen von mehreren Hundert Tieren über den Schlick.

# KRABBEN

**Krabben** Die Krabben sind von allen Krebstieren am höchsten entwickelt. Sie besitzen keinen Schwanz, und ihr kurzer Hinterleib ist unter das Kopf-Brust-Teil geschlagen. Man nennt sie auch Kurzschwanzkrebse. Sie haben einen flachen, meist runden Panzer. An der Brust sitzen fünf Beinpaare. Die vorderen sind zu kräftigen Scheren umgebildet.

## Strandkrabbe

🌐 Atlantischer Ozean, Mittelmeer, Nordsee
↔ bis 8 cm breit

Die Strandkrabbe kommt in flachen Küstengewässern vor. An der Nordseeküste ist sie recht häufig. Bei Ebbe sieht man sie über den Sand laufen. Sie bewegt sich dabei seitwärts voran. Im Wasser ist die Strandkrabbe kein besonders guter Schwimmer. Die Männchen haben meist grünliche Panzer. Die etwas kleineren Weibchen sind eher orangerot gefärbt. Strandkrabben werden bis zu vier Jahre alt. In dieser Zeit ➔ häuten sie sich mehrmals. Die Krabben knacken mit ihren kräftigen Scheren auch Austern.

*Die Meerspinne ernährt sich von Algen. Sie wird im Mittelmeer viel gefangen und gegessen.*

## Meerspinne

🌐 Alle Meere ↔ bis 12 cm breit

Es gibt 800 Arten von Seespinnen. Sie kommen in allen Meeren vor. Man erkennt sie an ihren langen Beinen und ihrem stacheligen Panzer. Im Mittelmeer ist die Meerspinne recht häufig. Man nennt sie auch Teufelskrabbe. Sie ist die größte Krabbe im Mittelmeer. Wie die meisten Seespinnen maskiert sie sich. Dazu schneidet sie mit ihren Scheren Stücke von Schwämmen oder Algen ab. Diese befestigt sie auf ihrem Panzer, wo sie festwachsen. Die Teufelskrabbe ist dadurch gut getarnt.

## Taschenkrebs

🌐 Atlantischer Ozean ↔ bis 30 cm breit

Der Taschenkrebs ist eine Krabbe, die besonders an felsigen Küsten vorkommt. Er ist auch in der Nordsee häufig und wird dort gefangen. Ein ausgewachsenes Männchen wird über sechs Kilogramm schwer. Diese Krabbe ist ein gewaltiger

*Die Weibchen der Strandkrabben befestigen ihre Eier an den Hinterbeinen. Sie tragen sie so lange mit sich herum, bis die ➔ Larven ausschlüpfen.*

# KRABBEN

Räuber, der nicht nur andere Krebse, sondern auch Fische und Muscheln überfällt. Mit seinen mächtigen Scheren kann der Taschenkrebs selbst dicke Muschelschalen aufknacken. Bei Gefahr rennt der Krebs meist seitwärts im Zick-Zack davon. Er setzt sich aber auch mit seinen Scheren heftig zur Wehr.

*Wollhandkrabben pflanzen sich nach etwa fünf Jahren fort.*

*Der Taschenkrebs ist sehr begehrt, denn er hat ein wohlschmeckendes Fleisch. Man fängt ihn bei uns in der Nordsee.*

## Wollhandkrabbe

🌐 Asien, Europa  📏 bis 7,5 cm breit

Die Wollhandkrabbe stammt aus China. Ihren Namen hat sie von dem dichten Haarpelz auf den Scheren des Männchens. Die Krabbe lebt im ➔ Brackwasser und im Süßwasser. Sie wurde vor hundert Jahren durch Schiffe bei uns eingeschleppt. Von der Nordsee aus hat sie sich in die Flüsse ausgebreitet. Bei Fischern ist sie nicht gern gesehen. Die Wollhandkrabbe frisst nicht nur viele Jungfische, sie zerstört auch die Netze. Sie hat sich so ungeheuer vermehrt, dass jährlich Millionen Tiere aus den Flüssen ins Meer wandern. In den Flussmündungen ➔ begatten die Männchen die Weibchen. Diese legen dann ihre Eier im Meer ab und sterben.

## Winkerkrabbe

🌐 Warme Meere  📏 bis 3 cm breit

Die Winkerkrabben leben am Strand und halten sich häufig an Land auf. Sie graben sich im Boden ein und kommen bei Ebbe hervor, um Nahrung zu suchen. Dann sind Scharen von Winkerkrabben unterwegs. Eine Schere der Männchen ist besonders groß. Damit winken sie in bestimmten Abständen, um die Weibchen auf sich aufmerksam zu machen.

*Winkerkrabben sammeln sich oft in Massen am Strand. Die verschiedenen Arten haben ganz unterschiedliche Winkzeichen.*

# Langschwanzkrebse

Die Langschwanzkrebse werden auch Panzerkrebse genannt. Ihr Hinterleib ist lang wie zum Beispiel beim Flusskrebs. Der Schwanz endet in einem Fächer, der als Flosse dient. Alle Panzerkrebse haben zehn Beine und Fressscheren. Sie zählen zu den größten Krebsen. Die meisten fängt man wegen ihres köstlichen Fleisches.

Hülle. Nun ist sein Körper ungeschützt. Er ist jetzt ein „Butterkrebs" und sehr empfindlich. Bis sein neuer Panzer hart geworden ist, muss er sich verstecken. Bei uns gibt es kaum noch Flusskrebse, da viele Gewässer verschmutzt sind. Man hat schon vor über 100 Jahren den nur zehn Zentimeter großen amerikanischen Flusskrebs eingeführt. Ihm macht schmutziges Wasser weniger aus.

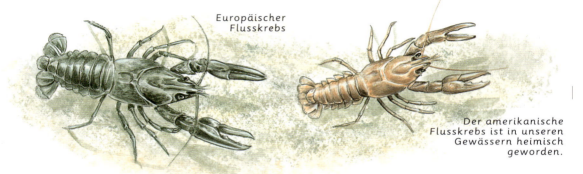

Europäischer Flusskrebs

Der amerikanische Flusskrebs ist in unseren Gewässern heimisch geworden.

## Flusskrebs

🌐 Europa, Nordamerika  ▸ bis 25 cm

Die Flusskrebse kommen nur in sauberen Bächen und Flüssen vor. Tagsüber halten sie sich unter Steinen oder in einer Uferhöhle verborgen. Wenn es dunkel wird, gehen sie auf Jagd. Wie alle großen Krebse gehört auch der Flusskrebs zu den Zehnfüßern. Das heißt, dass er fünf Beinpaare besitzt. Sein erstes Beinpaar besteht aus kräftigen Scheren. Damit packt er seine Beutetiere. Das sind vor allem Wasserinsekten und Schnecken, die er zerknackt. Der Flusskrebs frisst aber auch Wasserpflanzen und ➜ Aas. Der ganze Krebs steckt in einem starren Kalkpanzer. Wenn der Krebs wächst, wird ihm irgendwann sein Panzer zu klein. Deshalb ➜ häutet er sich zweimal im Jahr. Dazu schlüpft er schnell aus der alten

## Hummer

🌐 Europa, Nordamerika  ▸ bis 60 cm

Der Hummer wird mehr als doppelt so groß wie der Europäische Flusskrebs. Er lebt nur im Meer. Hummer bewohnen hauptsächlich die Felsküsten. Mit einem amerikanischen Wort nennt man sie auch Lobster. Die amerikanischen Hummer

Hummer gelten als besonders wohlschmeckend. Man isst das Muskelfleisch in den Scheren und im Hinterteil.

# LANGSCHWANZKREBSE

sind bei Feinschmeckern begehrt, weil sie am größten werden. Ein ausgewachsenes Tier wiegt bis zu fünf Kilogramm. Hummer leben von anderen Krebsen, Muscheln und Tintenfischen. Sie haben zweierlei Scheren, eine kleinere zum Greifen und eine große zum Aufknacken der Beute.

## Languste
🌐 Alle Meere ▶ bis 45 cm

Die Langusten lassen sich vom Hummer leicht an ihren viel längeren Antennen unterscheiden.

Die Langusten sind Langschwanzkrebse wie die Flusskrebse und die Hummer. Wie diese haben sie zehn Beine. Man nennt sie auch Ritterkrebse. Im Unterschied zu den Hummern besitzen Langusten aber keine Scheren. Sie schützen sich durch ihren stacheligen Panzer. Mit ihren langen Antennen schlagen sie aber auch wie mit Peitschen zu. Langusten sind oft sehr bunt gefärbt. Die Farbe dient als ➜ Tarnung. Die amerikanische Languste ist ein Wanderer unter Wasser. Die Tiere legen auf dem Meeresboden oft weite Strecken zurück. Dabei laufen alle Langusten im Gänsemarsch. Sie gehen auf Wanderschaft, wenn in ihrem ➜ Revier das Futter knapp wird.

### Flusskrebse im Überfluss

Der Dichter Theodor Fontane lebte seit 1860 als Zeitungsredakteur in Berlin. In seiner Freizeit unternahm er ausgedehnte Wanderungen durch die Mark Brandenburg. Damals muss es in der Oder und ihren Zuflüssen noch unvorstellbar viele Krebse gegeben haben. Fontane berichtet auch von einer großen Dürre, die 1719 dort herrschte: „... Fische und Krebse suchten die größten Tiefen auf. Da das Wasser aber von der Hitze zu warm wurde, krochen die Krebse aufs Land ins Gras oder wo sie sonst Kühlung erwarteten, selbst auf die Bäume unter das Laub, von wo sie wie Obst herabgeschüttelt wurden." Von solchen Zeiten können Feinschmecker nur träumen. Unsere Bäche und Flüsse sind meist so verschmutzt, dass der Edelkrebs dort nicht mehr lebt.

### Bärenkrebs
Der Bärenkrebs lebt an den Felsenküsten des Mittelmeeres, kommt aber auch in anderen warmen Meeren vor. Er hält sich meist am Meeresgrund auf. Dieser Krebs wird 12 cm lang und hat kurze, breite Antennen mit Stacheln. Man kennt rund 60 Arten von Bärenkrebsen. Der größte wird 50 cm lang.

# Garnelen

Garnelen sind Zehnfußkrebse wie Hummer und Langusten. Wie diese schreiten sie auf ihren zehn Gehbeinen gern am Boden umher. Manche Garnelen leben in der Tiefsee und kommen nie an die Oberfläche. Andere vergraben sich tagsüber im Sand und gehen erst nachts im Meer auf Nahrungssuche. Die meisten Garnelen sind Räuber. Sie fressen Würmer und andere Tiere. Einige überwältigen sogar kleine Fische.

*Die Nordseegarnele ist durch Verschmutzung der Flüsse an der Küste stark zurückgegangen.*

## Putzergarnele
🌐 Warme Meere ▶ bis 3 cm

*Die bunte Farbe der Putzergarnele dient als ➔ Tarnung. Der kleine Krebs kann seine Farbe ändern und sich jeweils seiner Umgebung anpassen. So wird er von Feinden kaum erkannt.*

Putzergarnelen sind kleine, oft recht bunte Krebse. Man findet sie oft in ➔ Korallenriffen. Ihr Name kommt daher, dass sie Fischen oder Nesseltieren Nahrungsteilchen von der Haut abfressen. Sie „putzen" die Tiere nach der Mahlzeit. Manche betätigen sich auch als „Zahnärzte" und reinigen die Mundhöhle der Fische. Eine Art lebt in Seerosen. Sie winkt mit ihren Antennen die Fische herbei, um sie von ➔ Schmarotzern zu befreien. Solche Gemeinschaften nennt man ➔ Symbiose.

## Nordseegarnele
🌐 Nordsee ▶ bis 5 cm

Diese kleine Garnele kam früher in Massen an der Nordseeküste vor. Man nennt sie fälschlich Nordseekrabbe. Die Fischer fangen sie mit besonderen Netzen. Wenn man die Garnele kocht, bekommt sie wie viele Krebse eine rote Farbe. Das Muskelfleisch des etwa drei Zentimeter langen Krebsschwanzes wird gegessen.

**Krill**
In den Meeren bilden Milliarden etwa 5 mm großer Krebschen riesige Schwärme. Das ist der Krill, den die Meeresströmungen hin und her tragen. Die garnelenartigen Krebse haben Leuchtorgane, mit denen sie gelbgrünes oder bläuliches Licht ausstrahlen. Das nach unten gerichtete Licht dient als Sichtschutz gegen Räuber. Bartenwale fressen Unmengen dieser Leuchtkrebse.

# MITTELKREBSE

## Mittelkrebse

Die Mittelkrebse haben kürzere Schwänze als etwa Hummer und Langusten. Wie diese besitzen auch sie zehn Laufbeine. Unter den Mittelkrebsen gibt es einige, die keine Panzer haben. Sie schützen ihren weichen Hinterleib deshalb in einem Schneckenhaus.

### Einsiedlerkrebs

🌐 Alle Meere   ↔ bis 12 cm

Der Einsiedlerkrebs presst seinen weichen Hinterleib in ein leeres Schneckenhaus. Mit seinen Klauen am Hinterende hält sich der Krebs darin fest. Eine seiner Scheren ist stark vergrößert. Sie dient als Deckel für das Schneckenhaus. Meist pflanzt sich auch eine Seerose auf sein Heim. Sie hält

*Einsiedlerkrebse sind ständig auf Wohnungssuche. Wenn sie wachsen, wird ihnen ihr Haus bald zu klein. Beim Umzug veranlassen sie oft auch die Seerose umzusiedeln.*

mit ihren Nesselfäden mögliche Feinde ab. Dafür bekommt sie Abfälle von der Krebsmahlzeit. Man nennt diese Gemeinschaft eine → Symbiose. Es gibt über 300 Arten von Einsiedlerkrebsen. Einige leben auch an Land. Sie haben alle keinen Panzer und müssen ihren weichen Hinterleib schützen.

*Der Palmendieb ist ein Landkrebs. Seine → Larven entwickeln sich im Wasser. Der fertige Krebs kehrt nie mehr ins Wasser zurück.*

### Palmendieb

🌐 Südostasien   ↔ bis 30 cm

Der Palmendieb ist ein Einsiedlerkrebs, der auf dem Land lebt. Nur wenn er jung ist, steckt er den Hinterleib in ein Schneckenhaus. Später benötigt er diesen Schutz aber nicht mehr. Der Krebs klettert auf 20 Meter hohe Palmen. Dort trennt er mit seinen kräftigen Scheren Kokosnüsse ab, die er am Boden verzehrt.

---

## Gehen Krebse rückwärts?

Es ist ein altes Märchen, dass ein Krebs nur rückwärtsläuft. Natürlich kann er rückwärtsgehen, so wie andere Tiere auch. Gewöhnlich schreitet er aber vorwärts und schwimmt auch in diese Richtung. Nur wenn er erschreckt wird, weicht er zurück. Dann geht ein Krebs rückwärts. Die Krabben bewegen sich allerdings meistens seitwärts voran.

# KLEINKREBSE

## Kleinkrebse
Rund die Hälfte aller Krebstiere sind Kleinkrebse. Diese Tiere werden mit wenigen Ausnahmen nur einen Millimeter bis einen Zentimeter groß. Viele erkennt man nicht gleich als Krebse. Sie sehen oft recht absonderlich aus. Die meisten besitzen keinen Panzer oder haben nur schwache Schalen.

### Entenmuschel
🌐 Alle Meere ▶ bis 5 cm
Entenmuscheln sind Krebse „am Stiel". Sie treiben als ➜ Larven im Wasser, bis sie einen geeigneten Platz zum Niederlassen finden. Das kann ein Fels, eine Muschelschale oder ein Schiffsboden sein. Mit Hilfe ihres langen Stiels heften sie sich darauf fest. Ihre Beine verwandeln sich nun in rankenartige Gliedmaßen. Der Krebs streckt sie aus der muschelförmigen Schale hervor und strudelt damit Wasser und Nahrungsteilchen in seinen Körper.

*Entenmuscheln setzen sich wie Seepocken auch an Schiffsrümpfen fest. Da sie große ➜ Kolonien bilden, nimmt die Reibung im Wasser zu, und das Schiff wird langsamer.*

### Seepocke
🌐 Alle Meere ▶ bis 1,5 cm
Seepocken sind Rankenfußkrebse. Sie überziehen Steine und Felsen in der ➜ Brandungszone. Dort setzen sich oft Hunderttausende dieser Tiere fest und bilden eine Kruste. Jede einzelne Seepocke besteht aus einem Kalkgehäuse, das oben eine Öffnung hat. Sie kann ihr Haus mit Platten verschließen. Im Inneren sitzt der Krebs. Er ernährt sich von Schwebeteilchen, die er mit seinen Rankenfüßen einstrudelt.

*Seepocken können eine Zeit lang im Trockenen überleben. Dann schließen sie ihr Gehäuse.*

### Bachflohkrebs
🌐 Süßwasser ▶ bis 2 cm
Flohkrebse sehen wie winzige Garnelen aus. Sie leben im Salz- und Süßwasser. Dort ernähren sie sich von faulenden Stoffen. Der Bachflohkrebs kommt bei uns in fließendem Wasser vor. Er hält sich meist am Grund der Gewässer auf, kann aber auch gut schwimmen.

*Flohkrebse halten das Wasser sauber, da sie faulende Stoffe fressen.*

# KLEINKREBSE

## Wasserfloh

🌐 Alle Gewässer   ▶ bis 3 mm

Es gibt ein paar Hundert Arten von Wasserflöhen. Sie haben alle vier bis sechs Beinpaare. Die meisten Wasserflöhe leben von mikroskopisch kleinen Schwebeteilchen im Wasser. Einige sind auch Räuber, die Jagd auf winzige Tiere machen. Dabei ist ein Wasserfloh selbst nur millimetergroß. Wasserflöhe sind durchsichtig. Man kann unter dem Mikroskop sogar ihr Herz schlagen sehen. Sie haben Schwimmfüße mit Borsten und scheinen beim Schwimmen wie Flöhe zu hüpfen. Daher haben sie auch ihren Namen. Merkwürdig an den Wasserflöhen ist, dass die Weibchen auch Eier legen, ohne dass sie vorher von einem Männchen befruchtet wurden. Man nennt das ➔ Jungfernzeugung.

Wasserfloh unter dem Mikroskop

### Hüpferlinge

Hüpferlinge sind kleine, bis zu 2 mm lange Krebschen, die sich wie Wasserflöhe hüpfend durch das Wasser bewegen. Sie gehören zu den Ruderfußkrebsen. Viele machen Jagd auf Tiere, die so groß sind wie sie selbst.

## Landasseln und Wasserasseln

Fast jeder kennt die Kellerassel. Und fast jeder hält sie für einen Käfer. Das Tier ist aber ein Krebs. Man kann das schon an der Anzahl seiner Beine feststellen: Kellerasseln haben sieben Paar Beine, Käfer nur drei Paar. Die Kellerassel wird bis zu 1,4 cm lang. Sie liebt feuchte Stellen und ist unter Steinen oder in feuchten Kellern zu Hause. Asseln ernähren sich von faulenden Pflanzenteilen. Eine Art, die Rollassel, rollt sich bei Gefahr zu einer Kugel zusammen. Es gibt über 8 000 Arten von Asseln. Die größten werden bis zu 40 cm lang.

Kellerasseln

Wasserasseln leben in Tümpeln und Teichen. Die Krebse werden bis zu 1,2 cm lang und haben sehr lange Fühler. Sie ernähren sich wie die Landasseln von Pflanzenstoffen. Im Winter können die Wasserasseln sogar im Eis eingefroren sein, ohne Schaden zu nehmen.

Wasserassel

# Spinnentiere

Im Herbst fliegen junge Krabbenspinnen an einem seidenen Faden durch die Luft.

Wie viele Spinnentiere es auf der Erde gibt, weiß niemand genau. Man schätzt ihre Zahl zwischen 50 000 und 100 000 Arten. Die ersten Spinnen waren schon vor 500 Millionen Jahren Bewohner der Erde. Zu den Spinnentieren zählen auch die Skorpione und die Milben. Alle Spinnen und Skorpione sind Räuber, die sich von kleinen Tieren ernähren, vor allem von Insekten. Um diese zu fangen, haben besonders die Spinnen raffinierte Techniken entwickelt. Sie setzen bei der Jagd auch Gift ein.

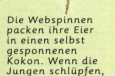

Die Webspinnen packen ihre Eier in einen selbst gesponnenen Kokon. Wenn die Jungen schlüpfen, beißen sie sich durch die Hülle.

### Vieräuglein, Sechsäuglein, Achtäuglein

Spinnen haben einen zweigeteilten Körper: Kopf und Brust sind miteinander verwachsen. Daran schließt sich der Hinterleib an. Das Kopf-Brust-Stück trägt bis zu acht Augen, zwei Paar Mundwerkzeuge und acht Beine. Trotz ihrer vielen Augen können die meisten Spinnen höchstens Hell und Dunkel unterscheiden. Nur die so genannten Jagdspinnen, die ihre Beute anspringen, sehen etwas besser. Die Waffen der Spinnen sind ihre beiden beweglichen Kieferklauen. Sie stehen mit Giftdrüsen in Verbindung. Wenn eine Spinne zubeißt, fließt gleichzeitig Gift in ihr Opfer.

Der vergrößerte Kopf der Kreuzspinne sieht aus wie der eines Ungeheuers.

Spinnenweibchen sind viel größer als die Männchen. Das wird diesen manchmal zum Verhängnis: Das Weibchen frisst das Männchen nach der Paarung kurzerhand auf.

### Am seidenen Faden

Die meisten Spinnen sind Webspinnen. Sie besitzen Spinnwarzen, aus denen sie verschiedenartige Spinnfäden pressen. Die Spinnflüssigkeit wird von Spinndrüsen im Hinterleib erzeugt. Sobald diese in die Luft geschossen wird, wird sie fest und elastisch. Der Seidenfaden einer Kreuzspinne ist viermal dünner als ein Haar. Er ist aber doppelt so reißfest wie ein gleich dünner Stahlfaden.

Es gibt etwa 100 000 Arten von Spinnentieren

**Die wichtigsten Spinnentiere sind:**

| | |
|---|---|
| Webspinnen: | rund 30 000 Arten |
| Walzenspinnen: | rund 850 Arten |
| Weberknechte: | rund 3 700 Arten |
| Skorpione: | rund 600 Arten |
| Milben: | rund 40 000 Arten |
| Größte Spinne: | Vogelspinne, bis 12 cm lang |
| Kleinste Spinne: | Zwergspinne, 1 mm lang |

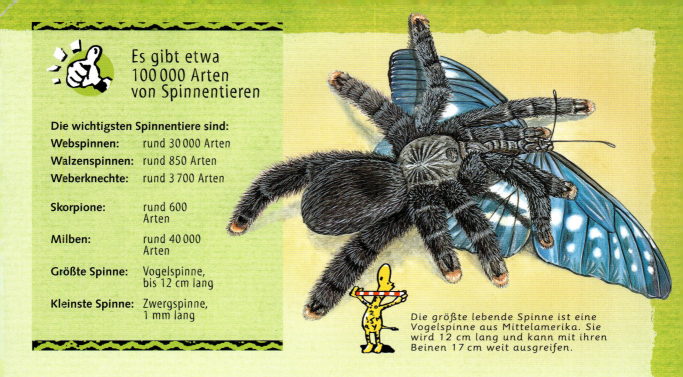

Die größte lebende Spinne ist eine Vogelspinne aus Mittelamerika. Sie wird 12 cm lang und kann mit ihren Beinen 17 cm weit ausgreifen.

Walzenspinnen erzeugen sogar tausendmal dünnere Spinnfäden. Netzspinnen weben mit den Fäden ihre Fangnetze und spinnen die Beutetiere ein. Andere Webspinnen bauen sich Wohnröhren. Fast alle spinnen einen ➔ Kokon aus Fäden um ihre Eier. Die Weberknechte besitzen keine Spinnwarzen.

## Giftige Verwandtschaft

Die größten Spinnentiere sind die Skorpione. Sie leben alle in warmen Ländern und haben kaum Ähnlichkeit mit Spinnen. Skorpione sind giftiger als die meisten Spinnen. Sie besitzen einen Giftstachel, den sie über den Körper nach vorne biegen. Im Unterschied zu den Spinnen legen sie keine Eier. Sie bringen lebende Junge zur Welt.

Weberknecht

Bevor sich Skorpione miteinander paaren, führen sie einen ausgedehnten Hochzeitstanz auf.

## Milben hausen überall

Die Milben bilden die dritte große Gruppe der Spinnentiere. Viele von ihnen sind nur unter dem Mikroskop genau zu erkennen. Sie leben im Wasser, auf der Erde und fliegen in der Luft. Man hat schon Milben in der Antarktis und in heißen Quellen gefunden. Täglich werden neue Arten entdeckt. Die Milben sind größtenteils ➔ Schmarotzer, die auf Kosten anderer Tiere leben. Aus Milbeneiern schlüpfen zuerst ➔ Larven. Diese verwandeln sich in die fertige Milbe.

SPINNEN

## Spinnen

Wer von Spinnen spricht, denkt sofort an ein Spinnennetz. Doch nicht alle Spinnen fangen ihre Beute mit Hilfe solch kunstvoller Gebilde. Nur die Webspinnen haben Spinnwarzen. Sie machen allerdings den größten Teil der Spinnen aus. Es gibt über 30 000 Arten von Webspinnen. Die meisten von ihnen spinnen ein Fangnetz.

Die Kreuzspinne erkennt man deutlich an dem hellen Kreuz auf ihrem dicken Hinterleib.

### Kreuzspinne

🌐 Europa   ▶ bis 2 cm

Die Kreuzspinne ist unsere bekannteste Spinnenart. Früh am Morgen, wenn die Tautropfen am Netz in der Sonne glitzern, entdeckt man die Spinnerin am ehesten. Sie sitzt in ihrem radförmigen Fangnetz und wartet auf Beute. Manchmal lauert sie auch in einem Mauerspalt in der Nähe. Dann hält sie einen Signalfaden an einem Vorderbein wie ein Angler seine Rute. Bei der leisesten Erschütterung eilt die Kreuzspinne herbei. Hat sich eine Fliege im klebrigen Netz gefangen, dann umspinnt sie die Beute zu einem Paket. Nun schlägt sie ihre Giftklauen in das wehrlose Opfer und tötet es. Danach spuckt sie ihren Verdauungssaft über die Beute. Sobald sich die Fliege zersetzt hat, schlürft sie diese in sich hinein. Im Anschluss daran wird das Netz für das nächste Opfer hergerichtet.

### Trichterspinne

🌐 Alle Erdteile   ▶ bis 2 cm

Trichterspinnen finden sich allerorten. Bei uns spinnt die Hausspinne in den Ecken der Zimmer ihre einfachen Segelnetze. Wir sagen dazu „Spinnweben". Auch auf Wiesen und Feldern spannen die Trichterspinnen ihre Netze aus. Die Netze haben seitlich oder unten eine trichterförmige Röhre. Hier wohnt die Spinne. Sie lauert am Röhreneingang auf Beute. Sobald sich ein Insekt im Netz gefangen hat, rennt die Spinne hin, tötet das Opfer und schleppt es in ihre Röhre. Dort saugt sie es aus.

Das Netz der Trichterspinne hat in der Mitte eine trichterförmige Öffnung mit einer Röhre. Die Spinne verlässt ihre Röhre kaum.

### Falltürspinne

🌐 Warme Erdteile   ▶ bis 3 cm

Falltürspinnen haben eine besondere Fangtechnik entwickelt: Die Spinnen bewohnen Erdröhren, die sie kunstvoll mit

# SPINNEN

SPINNEN-TIERE

Nachts hebt die Falltürspinne den Deckel auf ihrer Erdröhre leicht an und streckt ihre Klauen heraus. Sobald ein Insekt vorüberläuft, zieht sie es in die Röhre hinein.

Gespinst austapezieren. Der Eingang zur Röhre hat einen Deckel. Er kann wie eine Tür auf- und zugeklappt werden. In der Röhre lauert die Spinne auf ein Opfer. Hier sind auch ihre Jungen sicher. Der ➜ Kokon mit den Eiern befindet sich tief unten am Grund der Röhre. Wenn sich die Spinne häutet, webt sie den Deckel zuvor fest zu. Dann ist sie bei der ➜ Häutung ungestört.

**Baldachinspinne**
Baldachinspinnen leben in allen Erdteilen. Es gibt etwa 850 Arten. Das waagerechte Netz einer solchen Spinne hängt wie ein Zelt an Halte- und Stolperfäden. Die Spinne webt es in Büschen oder zwischen Gräsern. Sie hängt mit dem Bauch nach oben darunter. Verfängt sich ein Insekt in den Stolperfäden und fällt ins Netz, zieht es die Spinne zu sich hinunter.

## Wie die Kreuzspinne ihr Netz webt

Die Kreuzspinne ist eine Künstlerin. Sie webt in knapp einer Stunde ein Netz von etwa 20 cm Durchmesser. Dafür verbraucht sie rund 20 m Faden. Diesen stellt die Kreuzspinne in Spinndrüsen im Hinterleib her und presst ihn durch ihre sechs Spinnwarzen. Sie kann dicke oder dünne, klebrige oder trockene Fäden erzeugen.

Zuerst schießt die Spinne einen Faden in die Luft. Wenn er an zwei Seiten haftet, steigt sie auf das Seil.

Von der Mitte aus lässt sie sich fallen. Dabei zieht sie einen neuen Faden mit und macht ihn irgendwo fest.

Nun zieht die Spinne einen Rahmen und verbindet ihn vom Mittelpunkt aus mit Speichen.

Aus trockenen Fäden webt die Spinne eine weite Spirale, auf der sie läuft. Danach spinnt sie von außen her die Fangspirale aus klebrigen Fäden. Zum Schluss frisst sie die trockene Hilfsspirale auf.

231

# SPINNEN

## Wasserspinne

🌐 Asien, Europa ↔ bis 1,5 cm

Diese Spinne hält sich ständig unter Wasser auf. Sie zählt zu den Trichterspinnen, denn auch sie spinnt ein trichterähnliches Netz. Zunächst wird eine Decke zwischen den Wasserpflanzen gewebt. Dann taucht die Spinne an die Oberfläche, um Luft einzusammeln. Dazu nimmt sie zwischen den Haaren ihres Körpers Luftblasen auf. Damit schwimmt sie unter das Gespinst und streift die Blasen ab. Schließlich wölbt sich die Decke durch die Luft wie eine Taucherglocke hoch. Das Netz ist fertig und die Spinne zieht ein. Sie fängt von hier aus Wasserasseln und Wasserinsekten. In die Glocke hängt die Spinne auch ihre ➔ Kokons mit etwa 100 Eiern.

*Bei der Wasserspinne ist das Männchen größer als das Weibchen. Sonst ist es bei Spinnen umgekehrt.*

## Krabbenspinne

🌐 Alle Erdteile ↔ bis 1 cm

Die Krabbenspinnen bilden eine Gruppe von Spinnen mit rund 1 600 Arten. Das Auffälligste an ihnen sind ihre langen Beine. Ihren Namen haben sie daher, dass sie wie Meereskrabben seitwärtslaufen. Krabbenspinnen sind mit einigen Ausnahmen nur einen Zentimeter groß. Sie spinnen auch keine Netze. Junge Krabbenspinnen lassen sich im Spätsommer an einem Faden durch die Luft treiben. Man spricht dann vom „Altweibersommer".

*Krabbenspinnen sind oft bunt gefärbt. Sie sitzen meist gut getarnt auf gleichfarbigen Blüten und lauern dort den Insekten auf.*

## Schwarze Witwe

🌐 Amerika ↔ bis 1 cm

Die Schwarze Witwe gehört zu den so genannten Kugelspinnen. Sie webt ein Netz, das sie knapp über dem Boden ausspannt. Damit erbeutet sie vor allem Käfer, Heuschrecken und andere Insekten. Dazu sitzt sie im Netz und wirft Leimfäden wie ein Lasso nach ihren Opfern. Die Schwarze Witwe hat ihren Namen zum einen von ihrer schwarzen Farbe. „Witwe" heißt sie, weil sie das viel kleinere Männchen unmittelbar nach der Paarung verspeist. Das tun übrigens einige Spinnen. Die Schwarze Witwe trägt auf dem Hinterleib leuchtend rote Flecken. Man kann diese als Warnzeichen deuten. Die Spinne ist nämlich außerordentlich giftig.

# SPINNEN

Die Schwarze Witwe spinnt um ihre Eier einen kugeligen ➔ Kokon.

Angeblich soll ihr Gift 15-mal so stark sein wie das einer Klapperschlange. Da immer nur sehr wenig davon in das Opfer fließt, besteht für den Menschen kaum Lebensgefahr. Eine Art der Schwarzen Witwe, die Malmignatte, lebt auch in Südeuropa.

## Springspinne
🌐 Alle Erdteile   ↔ bis 2 cm

Spring- oder Hüpfspinnen bilden die größte Familie unter den Webspinnen. Sie schleichen sich an ihre Opfer heran und springen dann zu. Einige spinnen sich einen Sack, in dem sie übernachten. Wenn sie abspringen, ziehen sie zur Sicherheit immer einen Faden nach sich. Die meisten Springspinnen sind sehr farbenprächtig. Die Männchen sind häufig auffälliger und bunter gefärbt als die Weibchen.

Die Harlekinhüpfspinne ist bei uns recht häufig. Diese Springspinne lauert meist an Wänden auf ihre Opfer.

## Daddy Longleg – oder der Weberknecht

Weberknechte kommen überall auf der Erde vor. Sie sind seltsame Spinnentiere mit sehr langen Beinen. Bei manchen sind die Beine 20-mal so lang wie der Körper. Im Unterschied zu echten Spinnen besitzen Weberknechte keine Spinnwarzen. Und sie sind nicht giftig. Außerdem haben Weberknechte nur zwei Punktaugen, Spinnen meist acht. Weberknechte sind völlig harmlos. Sie laufen auf der Suche nach Nahrung wie auf Stelzen umher und fressen tote Pflanzen und Tiere. Da sie wehrlos sind, opfern sie häufig ein Bein, um sich zu retten und dem Feind zu entkommen. Manche stellen sich tot. Alle haben Drüsen, mit denen sie eine stinkende Flüssigkeit versprühen. Man nennt Weberknechte auch Kanker. Es gibt rund 3 700 Arten.

Alle Weberknechte haben einen runden oder länglichen Körper. Er ist nicht durch eine Taille eingeschnürt wie bei den echten Spinnen.

233

# SPINNEN

## Tarantel
🌐 Südeuropa  ↔ bis 3 cm

Wenn sich jemand recht wütend aufführt, sagt man, er sei von der Tarantel gebissen. Früher glaubte man, dass Menschen nach einem Biss dieser Spinne zu tanzen anfangen und schließlich tot umfallen. Das ist jedoch Aberglaube. Die Tarantel zählt zu den Wolfsspinnen. Sie hat zwar Spinndrüsen, webt aber kein Fangnetz, sondern ist eine Jagdspinne. Nur für die Eier spinnt sie einen ➔ Kokon. Diesen trägt sie mit sich herum, bis die Jungen schlüpfen.

*Die Tarantel sieht gefährlicher aus, als sie ist. Sie hat nur kleine Giftdrüsen. Ihr Biss ist für den Menschen nicht gefährlich.*

## Rotfußvogelspinne
🌐 Südamerika  ↔ bis 10 cm

Vogelspinnen gehören zu den größten lebenden Spinnen. Man nennt sie auch Buschspinnen. Die Rotfüßige Vogelspinne ist wie alle Vogelspinnen dicht behaart. Sie trägt ihre Kieferklauen drohend vor sich her. Wie die meisten Artgenossen ist sie nur schwach giftig. Einige wenige Arten besitzen aber ein starkes Gift, das auch für Menschen gefährlich sein kann. Alle großen Vogelspinnen sind Jäger, die ihre Beute im Sprung fangen. Tagsüber verstecken sie sich in selbst gegrabenen Erd-

*Die Rotfußvogelspinne jagt auf Bäumen. Sie springt einen halben Meter weit von Ast zu Ast und lässt sich auch im Gleitflug zu Boden sinken.*

röhren oder unter Steinen. Nachts jagen sie. Sie ernähren sich von Insekten. Selten überwältigen sie ein Tier von der Größe einer Maus. Vögel fressen diese Spinnen kaum. Vogelspinnen können über 15 Jahre alt werden. Sie häuten sich auch noch als erwachsene Tiere. Die ➔ Häutung dauert etwa eineinhalb Stunden.

**Walzenspinne**
Walzenspinnen leben in Wüsten und Steppen und sind meist dicht behaart. Sie werden bis zu 7 cm lang und besitzen keine Giftdrüsen. Dafür haben sie gewaltige Mundwerkzeuge, mit denen sie auch Eidechsen und Frösche töten. Meist ernähren sie sich von Käfern und Heuschrecken, die sie nachts jagen. Der Biss einer Walzenspinne ist für Menschen zwar nicht gefährlich, aber sehr schmerzhaft.

234

# SKORPIONE

## Skorpione

Die Skorpione zählen zu den urtümlichsten Landtieren. Sie lebten schon vor über 400 Millionen Jahren auf der Erde. Wie die Spinnen besitzen sie acht Beine. Am Schwanzende haben sie einen Giftstachel. Alle Skorpione biegen den Schwanz nach vorn und drohen mit ihrem Stachel wie mit einem Dolch.

### Dickschwanzskorpion
🌐 Warme Erdteile  📏 bis 8 cm

Der Dickschwanzskorpion kommt häufig in den Wüstengebieten Nordafrikas und Asiens vor. Er gehört zu einer Gruppe von Skorpionen, deren Gift auch für den

Auch der Kaiserskorpion hat einen Giftstachel. Sein Gift ist aber nicht lebensgefährlich.

Der Dickschwanzskorpion setzt seinen Giftstachel nur ein, wenn er sich bedroht fühlt.

Menschen gefährlich sein kann. Es soll so wirkungsvoll sein wie das einer Kobra und einen Hund in wenigen Minuten töten. Der Dickschwanzskorpion jagt meist Insekten. Diese sticht er nicht. Er packt sie mit den gewaltigen Scheren und zerreißt sie.

### Kaiserskorpion
🌐 Afrika  📏 bis 18 cm

Der Kaiserskorpion ist der größte Skorpion. Wie alle Skorpione bringt er lebende Junge zur Welt. Sie klettern nach der Geburt auf den Rücken der Mutter und halten sich mit Hilfe von Saugscheiben fest. Dort sitzen sie bis zur ersten ➜ Häutung. Alle Skorpione sind Einzelgänger. Sie verbergen sich tagsüber unter Steinen oder in Höhlen und kommen erst nachts hervor.

### Ein Skorpion in Büchern

Wenn man ein altes Buch aufschlägt, fällt einem vielleicht ein toter Bücherskorpion entgegen. Das Tier ist etwa 4 mm lang. Es lebt auf den bedruckten Seiten und jagt dort nach Milben und Staubläusen. Bücherskorpione können vorwärts- und rückwärtslaufen. Einen Giftstachel besitzen sie nicht.

# MILBEN

## Milben
Rund 40 000 Arten von Milben sind bisher bekannt. Wahrscheinlich gibt es aber noch viel mehr. Die meisten Milben sind so klein, dass man sie mit bloßem Auge kaum sieht. Wie alle Spinnentiere haben sie acht Beine und zwei Kieferklauen. Viele Milben sind Schmarotzer.

### Holzbock
🌐 Alle Erdteile
↔ bis 4 mm, vollgesogen 11 mm

Der Holzbock ist eine der größten Milben. Er wird auch Zecke genannt und ist ein ➜ Schmarotzer. Wer häufig in den Wald geht, hat sicher schon einmal Bekanntschaft mit dieser Milbe gemacht. Sie sitzt oft wochenlang auf einem Ast und lauert auf ein Opfer. Kommt ein Tier oder ein Mensch an ihrem Ansitz vorbei, dann lässt sich die Zecke fallen. Sie bohrt sich nun mit ihren Mundwerkzeugen in die Haut und beginnt, Blut zu saugen. Oft fällt sie erst nach Tagen ab. Dann ist die Zecke so groß wie eine Erbse. Ein Zeckenbiss juckt nicht nur, die Milbe überträgt auch gefährliche Krankheiten.

Die Hausstaubmilbe zeigt in der Vergrößerung kräftige Mundwerkzeuge.

### Hausstaubmilbe
🌐 Überall   ↔ bis 0,35 mm

Hausstaubmilben erkennt man nur unter dem Mikroskop. Viele sind kleiner als einen halben Millimeter. Sie finden sogar in engsten Ritzen noch Nahrung. Milben leben vor allem in Betten und Matratzen. Dort fressen sie die Hautschuppen, die jeder Mensch ständig abschilfert. Diese Milben sind nicht gefährlich. Ihre Ausscheidungen reizen bei empfindlichen Menschen aber die Atemwege.

*Larve*

*vor dem Saugen*

*Zecke vor und nach der Mahlzeit. Das Blut sammelt sie in ihrem dehnbaren Hautsack.*

*nach dem Saugen*

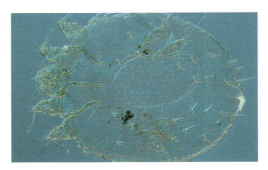

### Krätzmilbe
Die Krätzmilbe, hier ein Mikrobild, ist ein unangenehmer ➜ Schmarotzer. Sie frisst sich durch die Haut ihres Wirts. Damit beginnt sie an besonders dünnen Hautstellen, zum Beispiel zwischen den Fingern und Zehen. Die Milben graben dann Gänge in die Haut, in die sie Kot und Eier ablegen. Sobald die Jungen ausgeschlüpft sind, entsteht ein heftiger Juckreiz: Man hat dann die Krätze.

# TAUSENDFÜSSER

## Tausendfüßer
Die Tausendfüßer bilden eine eigene Tiergruppe mit rund 10 000 Arten. Sie sind mit den Insekten verwandt. Der Begriff „Tausendfüßer" ist stark übertrieben. Auf tausend Beine bringt es keine Art. Mehr als 200 Beinpaare hat kein Tausendfüßer. Auch die rund 3 000 Hundertfüßer haben keine hundert Beine. Sie sind im Gegensatz zu den Tausendfüßern Räuber.

### Riesenschnurfüßer
🌐 Afrika  ↔ bis 30 cm

Die Schnurfüßer zählen zu den Tausendfüßern. Diese haben an jedem Körperring zwei Beinpaare, weil jeweils zwei Ringe miteinander verwachsen sind. Das ist auch beim Riesenschnurfüßer der Fall. Er wird etwa daumendick und besitzt 139 Beinpaare. Wenn er angegriffen wird, rennt er nicht etwa auf seinen vielen Beinen davon. Vielmehr zieht er diese ein und rollt sich schneckenförmig zusammen. Gleichzeitig scheidet er einen Wehrsaft aus, der einen giftigen Stoff enthält. Der Riesenschnurfüßer ernährt sich von Pflanzen.

### Riesenskolopender
Riesenskolopender leben in heißen Ländern. Das abgebildete Tier kommt in Thailand vor. Es wird über 20 cm lang und hat 23 Beinpaare. Der Riesenskolopender zählt zu den Hundertfüßern, die alle räuberisch leben. Er besitzt Giftdrüsen. Das Gift bringt er mit den Kieferzangen in das Beutetier ein. Sein Biss ist auch für Menschen schmerzhaft.

### Saftkugler
🌐 Europa  ↔ bis 2 cm

Der Saftkugler zählt zu den Tausendfüßern. Er kann sich zu einer Kugel zusammenrollen. Das Tier gleicht mit seinem Panzer einer Kellerassel. Das Männchen hat 19, das Weibchen 17 Beinpaare. Saftkugler halten sich im Falllaub auf und legen ihre Eier in die Erde. Sie sind wie alle Tausendfüßer sehr lichtscheu und suchen immer eine feuchte Umgebung auf. Wenn es zu trocken ist, verdunsten sie schnell Körperflüssigkeit und gehen zugrunde.

Riesenschnurfüßer bei der Paarung. Die aus den Eiern schlüpfenden → Larven haben nur wenige Körperringe und damit wenige Beinpaare. Bei jeder → Häutung werden es aber mehr, bis die endgültige Zahl erreicht ist.

Saftkugler sind wie alle Tausendfüßer harmlose Pflanzenfresser.

# Weichtiere

Käferschnecken haben eine Rückenschale aus acht Kalkplatten. Sie leben im Meer und weiden Algen ab.

Die bekanntesten Weichtiere sind die Schnecken, Muscheln und Tintenfische. Sie gehören zu den wirbellosen Tieren. Schon vor über 550 Millionen Jahren lebten sie in den Meeren. Nach den Insekten bilden sie die größte Gruppe im Tierreich. Die meisten Weichtiere leben im Meer, einige auch im Süßwasser. Nur einer kleinen Anzahl von Schnecken ist es gelungen, das Festland zu erobern.

    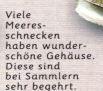

Turm-schnecke    Kreisel-schnecke    Stachel-schnecke    Nabel-schnecke    Kegel-schnecke

Viele Meeresschnecken haben wunderschöne Gehäuse. Diese sind bei Sammlern sehr begehrt.

### Weiches Fleisch

Weichtiere haben keine weicheren Körper als andere Tierarten. Sie besitzen Haut und Muskeln wie diese. Aber es fehlt ihnen ein inneres ➜ Skelett, das ihrem Körper Form und Festigkeit verleiht. Wirbeltiere haben ein Skelett aus Knochen und Knorpel. An diesem Skelett sitzen die Gliedmaßen. Da Muscheln und Schnecken kein Skelett haben, fehlen ihnen auch Arme und Beine. Ihr Körper besteht aus dem Mantel und dem Fuß. Der Mantel ist ein Hautlappen. Er umgibt die Körperhöhle mit dem Eingeweidesack. Der Fuß ist ein Muskel, an dem auch der Kopf sitzt.

### Mit dem Haus unterwegs

Fast alle Schnecken bauen aufwändige Häuser aus Kalk. Der Baustoff wird vom Mantel ausgeschieden. Das Gehäuse ist innen meist spiralig gewunden wie eine Wendeltreppe. Bei Gefahr oder wenn die Schnecke ruht, zieht sie sich in ihr Haus zurück. Im Meer leben altertümliche Schnecken, die als Haus nur eine flache Schale haben. Nacktschnecken haben gar kein Gehäuse.

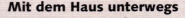

Landschnecken atmen mit „Lungen" und durch die Haut. Zu den Landschnecken zählen
**1** Hain-Bänderschnecke,
**2** Große Vielfraßschnecke,
**3** Große Egelschnecke,
**4** Eingerollte Zahnschnecke.

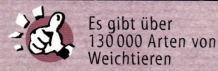

**Es gibt über 130 000 Arten von Weichtieren**

**Die wichtigsten Weichtiere sind**

| | |
|---|---|
| Muscheln: | rund 20 000 Arten |
| Schnecken: | rund 103 000 Arten |
| Tintenfische: | rund 730 Arten |
| Käferschnecken: | rund 1 000 Arten |
| Größtes Weichtier: | Riesenkalmar, 22 m lang |
| Kleinstes Weichtier: | Meeresschnecke Spiratella, 3 mm |

Viele Tintenfische sind giftig. Das Gift des kleinen Blaufleckenkraken kann sogar einen Menschen töten.

Stachelaustern sind prächtig gefärbte Muscheln. Ihr Fleisch wird wie das der echten Auster sehr geschätzt.

## Mit den Füßen voran

Tintenfische nennt man auch Kopffüßer. Bei ihnen stehen um den Mund herum acht, zehn oder mehr Gliedmaßen. Man nennt sie Füße oder Arme. Mit diesen ➔ Tentakeln jagen und greifen Tintenfische ihre Beute. Ihre Arme tragen Saugnäpfe, mit denen sie ihre Beutetiere festhalten. Ihr Kiefer sieht aus wie der Schnabel eines Papageis. Damit beißen Tintenfische etwa einem Krebs ein Loch in den Panzer und spritzen ihren giftigen Speichel ein. Dann saugen sie das Tier aus.

## Körper zwischen Schalen

Das Haus einer Muschel besteht aus zwei Schalen. Diese sind wie bei einer Tür durch ein Scharnier miteinander verbunden. Muscheln können ihre beiden Schalen mit großer Kraft zuhalten. Manche Muscheln schwimmen, indem sie die Schalen auf- und zuklappen. Gewöhnlich sitzen die Tiere aber im Sand oder heften sich mit Fäden auf Felsen an. Wenn sie sich bewegen, strecken sie ihren Fuß aus der Schale. Einige Muscheln bohren sich auch in Holz. Als Wassertiere atmen sie mit ➔ Kiemen. Damit filtern sie auch Nahrungsteilchen aus dem einströmenden Wasser.

Wenn Tintenfische wie Kalmare oder Kraken verfolgt werden, stoßen sie aus ihrem Tintenbeutel eine dunkle Farbe aus. Das Wasser wird dann so trüb, dass ein Feind nichts mehr sieht.

Kalmare

Krake

Manche Muscheln haben verlängerte Ein- und Ausströmöffnungen. Sie können sich eingraben und dennoch Nahrung einstrudeln.

# SCHNECKEN

**Schnecken** Wir sehen Schnecken meist nur im Garten oder auf der Wiese. Diese Landschnecken atmen mit lungenähnlichen Organen. Weit mehr Schnecken leben im Wasser. Sie haben Kiemen zum Atmen, ähnlich wie Fische. Landschnecken sind meist Pflanzenfresser. Unter den Meeresschnecken gibt es viele Räuber, die andere Tiere fressen. Bei den Landschnecken schlüpfen aus den Eiern junge Schnecken. Wasserschnecken entwickeln sich dagegen über Larven.

Bei Trockenheit verschließt die Gartenschnecke ihr Haus mit einem Kalkdeckel.

## Weinbergschnecke

🌐 Mittel- und Südosteuropa  ▶ bis 5 cm

Das Gehäuse der Weinbergschnecke wird etwa 5 cm groß. Die Schnecke lebt in Weinbergen, lichten Wäldern und Hecken. Tagsüber versteckt sie sich unter Laub. Nachts, wenn es feucht ist, wird sie munter und raspelt mit ihrer rauen Zunge die

## Gartenschnecke

🌐 Europa  ▶ bis 2,2 cm

Die Gartenschnecke ist die kleinere Verwandte der Weinbergschnecke. Sie kommt in verschiedenen Gehäusefarben vor. Man findet sie auch häufig in Laubwäldern, wo sie auf Bäume und Büsche klettert.

Die Weinbergschnecke legt bis zu 80 etwa 3 mm große Eier. Daraus schlüpfen die Jungschnecken.

### Große Wegschnecke

Die Große Wegschnecke kann schwarz, grün, braun oder hellrot sein. Die Nacktschnecke hat kein Haus. Wie alle Landschnecken liebt sie die Feuchtigkeit und kommt bei Regen aus ihrem Versteck. Das Schleimband, auf dem sie gleitet, rollt sie in einer Grube hinten an der Sohle wieder zusammen. Von Zeit zu Zeit frisst sie den Schleimballen auf und spart so Material. Sie ernährt sich von Pflanzen, geht aber auch an ➔ Aas und Kot. Ihre Raspelzunge hat 20 000 Zähnchen.

Pflanzen ab. Dabei stülpt sie ihre langen Fühler aus. An deren Enden sitzen die Augen. Die zwei kurzen Fühler dienen zum Riechen und Tasten. Die Schnecke kriecht mühelos auf sandigem oder rauem Boden. Dazu sondert sie ein Schleimband ab. Darauf gleitet sie im Schneckentempo vorwärts.

# SCHNECKEN

## Welches Tier ist am langsamsten?

Langsam wie eine Schnecke sagt man zu jemandem, der nicht besonders schnell ist. Doch die Schnecke steht erst auf Platz drei der Langsamkeit. Sie wird noch vom Seestern und vom Faultier übertroffen. Wie langsam oder schnell Tiere auf dem Boden sind, zeigt die Tabelle:

| | |
|---|---|
| Seestern | 0,72 m/Stunde |
| Faultier | 1,80 m/Stunde |
| Weinbergschnecke | 3,60 m/Stunde |
| Gartenschnecke | 5,80 m/Stunde |
| Regenwurm | 200 m/Stunde |
| Riesenschildkröte | 378 m/Stunde |
| Hundertfüßer | 1,8 km/Stunde |
| Maulwurf | 4,0 km/Stunde |
| Schabe | 5,0 km/Stunde |
| Mensch gehend | 5,0 km/Stunde |
| Gepard, schnellstes Landtier | 110 km/Stunde |

Die Larven der Sumpfdeckelschnecke entwickeln sich in der Leibeshöhle des Weibchens zu Jungschnecken.

## Sumpfdeckelschnecke

🌐 Europa  📏 bis 3 cm

Die Sumpfdeckelschnecke kommt in Seen und Teichen vor. Sie besitzt ➔ Kiemen, mit denen sie den Sauerstoff aus dem Wasser holt. Damit ist sie eine der wenigen Kiemenschnecken im Süßwasser. Die anderen Süßwasserschnecken besitzen meist Lungen und müssen zum Atmen auftauchen. Die Flussdeckelschnecke kann ihr Gehäuse mit einer Klappe aus hornähnlichem Stoff verschließen. Flussdeckelschnecken leben von Algen, die sie mit ihrer Raspelzunge abweiden. Sie filtern aber auch Schwebstoffe aus dem Wasser. Oft bleiben sie wochenlang an einer Stelle sitzen und fressen. Diese Wasserschnecken bringen fertige Jungschnecken mitsamt Schneckenhaus zur Welt.

## Posthornschnecke

🌐 Europa, Nordamerika  📏 bis 4 cm

Posthornschnecken leben in stehenden Gewässern. Die Form ihres flachen Hauses ähnelt einem Posthorn. Die Posthornschnecke gehört zu den Lungenschnecken. Sie kommt zum Atmen immer wieder an die Wasseroberfläche. Zudem hat sie eine Art ➔ Kieme in der Atemhöhle. So kann sie auch im Winter in einem gefrorenen See unter der Eisdecke atmen.

Die Posthornschnecke hat ein nach links gewundenes Schneckenhaus. Bei den meisten Schnecken ist das Haus rechts gewunden.

241

# SCHNECKEN

## Kaurischnecke
🌐 Pazifik, Indischer Ozean
↔ bis 2,5 cm

Kaurischnecken werden meist Kaurimuscheln genannt, doch das ist falsch. Es sind Meeresschnecken. Ihre schönen, porzellanartigen Gehäuse werden seit Jahrtausenden als Schmuck verwendet. In China, Japan, Indien und Teilen der Südsee wurden sie bis ins 19. Jahrhundert sogar als Geld benutzt.

*Die Gehäuse der Kaurischnecken erinnern an Muschelschalen.*

## Tritonshorn
🌐 Pazifik, Atlantik, Mittelmeer  ↔ bis 40 cm

Tritonshörner sind große Meeresschnecken, die als Räuber leben. Ihre Beute sind vor allem Seesterne und Seeigel. Die Gehäuse der Tritonshörner wurden früher in der Südsee als Kriegstrompeten verwendet.

*Das Tritonshorn ist so groß, dass es eine kleine Seegurke im Ganzen verschlingen kann.*

Schon die Römer setzten diese Schneckenhäuser als Signaltrompeten ein. Um Töne zu erzeugen, wurde in das Gehäuse ein Blasloch geschliffen. Das Loch musste man beim Blasen mit einem Finger zuhalten.

## Wellhornschnecke
🌐 Atlantik, Nordsee, Mittelmeer
↔ bis 11 cm

Die Wellhornschnecke kommt in Tiefen bis zu 200 Meter vor. Sie lebt auf Schlamm, Sand und Felsboden und frisst vorwiegend
→ Aas, das sie mit ihrem ausgezeichneten Geruchssinn aufspürt. Sie ist also eine Art Gesundheitspolizei des Meeres. Die Wellhornschnecke verpackt ihre Eier in gelben Kapseln. Früher benutzten Fischer die leeren Kapseln, um ihre Hände zu säubern. Das war die „Seeseife".

*Die Wellhornschnecke ist die größte und häufigste Meeresschnecke in der Nordsee.*

## Kegelschnecke
🌐 Indischer Ozean, Pazifischer Ozean, Mittelmeer  ↔ bis 12 cm

Kegelschnecken sind Jäger, die im Meer leben. Bei den meisten dieser Schnecken ist die Raspelzunge zu einer gefährlichen Waffe umgeformt: Sie trägt hohle Zähnchen, aus denen die Schnecke Gift in ihre

# SCHNECKEN

*Auch diese Landkartenkegelschnecke aus dem Indischen Ozean ist ein gefährlicher Räuber.*

Beute spritzen kann. Kegelschnecken jagen meist im Sand. Sie graben sich ein und schieben ihren langen Rüssel an das Opfer heran. Dann lähmen sie es blitzschnell mit einem Giftstich. Ihre Beute sind kleine Fische und andere Meerestiere. Das Gift einiger Arten kann sogar Menschen töten.

## Napfschnecke

🌐 Atlantik, Mittelmeer ⏵ bis 6 cm

Die Napfschnecke lebt in der rauen ➔ Brandungszone des Meeres. Ihr Gehäuse hat die Form eines flachen Kegels. Oft ätzt die Schnecke mit Säure eine Vertiefung in einen Stein oder Fels und wohnt darin. Sie weidet nachts die Algenrasen auf Steinen und Felsen ab. Dabei legt sie eine Schleimspur, auf der sie immer wieder genau zu ihrem Ausgangspunkt zurückkehrt.

*Durch ihr flaches Gehäuse wird die Napfschnecke auf dem Fels auch von starken Brandungswellen nicht losgerissen.*

## Die Farbe der Könige

Im Altertum waren purpurrote Kleider nur Königen erlaubt. Purpur war die teuerste Farbe, die es gab. Sie wurde aus Drüsen der Purpurschnecke gewonnen. Für ein Gramm dieses Farbstoffs brauchte man etwa 10 000 Schnecken. So ist es kein Wunder, dass Purpurstoffe unvorstellbar kostbar und teuer waren.

*Die Purpurschnecke ist eine Stachelschnecke. Sie ist eine Räuberin, die andere Weichtiere frisst. Purpurschnecken leben in warmen Meeren. Ihre Gehäuse werden bis zu 13 cm lang.*

### Seehase

*Der Seehase ist eine Meeresschnecke. Ihr Gehäuse ist stark zurückgebildet. Am Kopf trägt der Seehase vier Fühler. Das hintere Fühlerpaar sieht zurückgelegten Hasenohren ähnlich. Daher hat diese Schnecke auch ihren Namen. Sie frisst vor allem Algen. Seehasen sind bis zu 30 cm lang. Sie schwimmen, indem sie einen Wasserstrahl ausstoßen, der sie vorantreibt.*

# Muscheln

Die Muscheln leben im Wasser und atmen mit Kiemen. Sie stecken mit ihrem Muskelfuß im Boden des Meeres oder eines Sees. Mit dem Fuß können sie sich auch ruckartig bewegen. Muscheln haben einen Eingeweidesack ohne Kopf. Sie strudeln Wasser in ihren Körper. Dem Wasser entnehmen sie Schwebeteilchen, von denen sie sich ernähren.

## Teichmuschel

🌐 Europa  ↕ bis 26 cm

Die Teichmuschel lebt am Grund ruhiger Gewässer.

Die Teichmuschel hat große ovale Schalen. Da sie in Seen und Teichen lebt, wo es keine starken Wellen gibt, sind die Schalen nicht sehr dick. Auf der Suche nach Nahrung durchpflügt die Muschel mit ihrem Fuß den Schlamm am Teichgrund. Dabei wirbelt sie Schwebstoffe und kleine Tierchen auf, die sie aus dem Wasser filtert. Im Frühjahr gibt die Teichmuschel 200 000 bis 600 000 ➜ Larven ins Wasser ab. Diese heften sich als ➜ Schmarotzer an die Haut oder die Kiemen von Fischen, wo sie sich abkapseln. In der Hautkapsel verwandeln sich die Larven in kleine Muscheln.

**Flussperlmuschel**
Die Flussperlmuschel lebt in klaren, schnell fließenden Bächen. Sie ist heute bei uns fast ausgestorben und steht unter ➜ Naturschutz. Ihren Namen hat diese Muschel von den Perlen, die sich manchmal zwischen Körper und Schale bilden. Sie sind viel seltener als die Perlen der Meerperlmuschel und daher viel wertvoller. Nur in einer von 3 000 Flussperlmuscheln findet sich eine Perle.

## Meerperlmuschel

🌐 Indischer Ozean, Pazifik  ↕ bis 25 cm

Die Echte Perlmuschel kommt in warmen Meeren vor. Sie sitzt meist fest am Meeresgrund in bis zu 40 Meter Tiefe und kann bis zu einem Kilogramm wiegen. Die dicke Schale der Perlmuschel ist außen blättrig und rau. Innen ist sie mit glänzendem Perlmutt ausgekleidet. Die Muschel liefert schimmernde Perlen, die schon seit Jahrtausenden als Schmuck begehrt sind. Es dauert etwa zehn Jahre, bis eine natürliche Perle entstanden ist.

Auch heute noch holen Taucher die Perlmuscheln aus den Tiefen des Meeres und suchen darin nach Perlen.

# MUSCHELN

## Miesmuschel
🌐 Alle Meere   ↔ bis 10 cm

Miesmuscheln leben in der Gezeitenzone der Meere. Sie können viele Tage im Trockenen überleben. Mit Haftfäden halten sie sich an Steinen, Felsen oder Pfählen fest. Auch auf Schiffsrümpfen siedeln sie sich an. Die Miesmuschel hat ein wohlschmeckendes orangerotes Fleisch. In manchen Ländern ist sie ein wichtiges Nahrungsmittel. Heute züchtet man diese Muscheln meist in großen Muschelkulturen. In Europa werden jedes Jahr über 100 000 Tonnen Miesmuscheln gegessen.

Austern werden in Austerngärten im flachen Meerwasser gezüchtet.

Miesmuscheln sitzen manchmal sogar in mehreren Schichten übereinander.

## Europäische Auster
🌐 Europa   ↔ bis 12 cm

Die Auster kommt an allen Küsten Europas vor. Sie ist eiförmig. Ihre blättrigen Schalen sind stark gewellt. Mit einem sehr harten Kitt heftet sie sich mit der unteren Schale am Untergrund fest. Austern gelten als Delikatesse und werden roh gegessen. Man züchtet sie in Austernkulturen. Dort wachsen die ➔ Larven bis zum Alter von einem Jahr auf Ziegeln. Dann werden sie abgeschabt und in „Austerngärten" weiter aufgezogen. Das sind riesige Becken, die vom Meer durch einen Damm getrennt sind. Durch Schleusen fließt stets Meerwasser nach. Mit drei bis vier Jahren kommen die reifen Austern in den Handel.

### Wie entsteht eine Perle?

Perlen entstehen aus Fremdkörpern, die in eine Muschel eingedrungen sind, etwa einem Sandkorn. Der Muschelkörper wird dadurch gereizt, und der Mantel bildet einen Perlensack. Die äußere Hautschicht umhüllt den Fremdkörper und lagert immer mehr Perlmutter an. Nur wenn der Fremdkörper völlig vom Mantel umschlossen ist, wird daraus eine schöne runde Perle. Heute züchtet man Perlen. Dazu pflanzt man Perlmuscheln einen Fremdkörper mit Mantelgewebe zwischen Schale und Mantel. Nach drei Jahren ist die Perle reif.

## Schiffsbohrwurm

🌐 Atlantik, Nordsee, Mittelmeer ↔ bis 20 cm

Der Schiffsbohrwurm zählt zu den Bohrmuscheln. Diese Meeresmuscheln bohren Löcher in Holz oder Stein und leben darin. Einige Arten ätzen sogar Löcher mit Säure in den Fels. Der Schiffsbohrwurm hat seine Schalen zu einer Art Bohrkopf umgeformt. Zum Bohren saugt er sich fest und dreht sich langsam um die eigene Achse. Dabei raspeln seine winzigen Schalen die Bohrgänge aus. Schiffsbohrwürmer können das Holz sogar verdauen. Hauptsächlich ernähren sie sich aber von ➔ Plankton.

Ein Taucher nähert sich einer Riesen-Mördermuschel. Ihre gewellten Schalenränder ragen aus dem Grund.

Schiffsbohrwürmer richten an Schiffen und Holzpfählen beträchtliche Schäden an. Aus dem Holz ragen ihre Atemröhren ins Wasser.

## Riesen-Mördermuschel

🌐 Pazifik, Indischer Ozean ↔ bis 1,35 m

Die Mördermuscheln sind die größten Muscheln der Erde. Sie können über 200 Kilogramm wiegen. Ihre riesigen Schalen wurden früher als Wasch- und Taufbecken verwendet. Mördermuscheln sind keine Jäger, sondern filtern kleine Meerestierchen aus dem Wasser. Bei Gefahr verschließen sie blitzschnell ihre Schalen. Der Schließmuskel hat gewaltige Kraft. Gerät ein Taucher zwischen die Schalen, wird er eingeklemmt und festgehalten. Das hat schon manchem das Leben gekostet. Daher stammt auch der Name dieser Muschel.

**Jakobsmuschel**
Die handtellergroße Jakobsmuschel lebt im Mittelmeer. Sie hat zwei flache runde Schalen mit Längsrippen. Durch Auf- und Zuklappen der Schalen kann sie sogar schwimmen. Am Rand des Mantels sitzen zahlreiche kleine Augen. Die Jakobsmuschel nimmt damit Hell und Dunkel sowie Bewegungen wahr. Ihren Namen hat sie von den Pilgern zum Grab des heiligen Jakob in Spanien. Sie benutzten die Muschelschalen als Trinkgefäß.

# TINTENFISCHE

## Tintenfische

Unter den Tintenfischen finden sich die größten und höchst entwickelten Weichtiere. Man unterscheidet Tintenfische mit acht und mit zehn Armen. Achtarmige Tintenfische nennt man auch Oktopusse. Dazu zählt der Krake. Zehnarmige Tintenfische sind die Sepia und der Kalmar. Alle Tintenfische sind Räuber, die Jagd auf Krebse, Muscheln und andere Meerestiere machen.

**Perlboot**
Perlboote sind sehr altertümliche Tintenfische. Es gibt sechs Arten. Sie werden bis zu 25 cm groß. Im Gegensatz zu anderen Tintenfischen haben sie eine äußere Schale. Diese ist wie bei Schnecken gewunden. An ihrem Kopffuß sitzen bis zu 90 Arme, die aber keine Saugnäpfe tragen. Perlboote haben auch keinen Tintenbeutel. Sie jagen nachts Krebse.

### Tiefseevampir
⊕ Warme Meere ↔ bis 28 cm
Der Tiefseevampir lebt in Meerestiefen von 300 bis 3 000 Meter. Er hat acht Fangarme. Sie sind durch Häute miteinander verbunden und bilden eine Art Schirm. Seine beiden großen Augen leuchten rot. Dieser Tiefseebewohner besitzt mehrere Leuchtorgane, die Beute anlocken.

Der Krake stößt bei Gefahr eine Tintenwolke aus. In ihrem Schutz schwimmt er durch
➔ Rückstoß rasch davon.

### Krake
⊕ Warme, gemäßigte Meere ↔ bis 3 m
Der Krake wird mit seinen Fangarmen bis zu 3 Meter lang. Die acht Arme sind jeweils mit zwei Reihen von Saugnäpfen besetzt. Der Krake kriecht oder stelzt auf dem Meeresboden umher und jagt Krebse, Muscheln und Fische. Seine Beute ergreift er blitzschnell und lähmt oder tötet sie mit Gift aus den Speicheldrüsen. Der nächtliche Jäger lebt an Felsenküsten in Spalten und Höhlen. Seine Farbe passt er zur
➔ Tarnung an den Untergrund an.

Der Tiefseevampir hat außer acht Fangarmen noch zwei fadenähnliche Arme. Diese verbirgt er in Taschen.

## Gemeiner Tintenfisch

🌐 Mittelmeer, Atlantik, Nordsee
📏 bis 65 cm

Der Gemeine Tintenfisch hat acht kurze Arme mit je vier Reihen von Saugnäpfen sowie zwei lange ➔ Tentakel. Diese sind am Ende verdickt. Sie können in Taschen unter den Augen eingezogen werden. Den Antrieb zum langsamen Schwimmen liefert ein Flossensaum. Durch ➔ Rückstoß kann der Tintenfisch blitzschnell fliehen. Tagsüber gräbt er sich im Meeresboden ein. Nachts geht er auf Jagd. Zu seiner Beute zählen Muscheln, Krebse und Fische. Sein Fleisch wird in vielen Ländern geschätzt.

*Die Tinte des Gemeinen Tintenfischs liefert die Künstlermalfarbe „Sepia". Auch das Tier selbst nennt man Sepia.*

## Fliegender Kalmar

🌐 Wärmere Meere  📏 bis 1 m

Dieser Tintenfisch lebt im offenen Meer meist nahe der Wasseroberfläche. Wie alle Kalmare ist er ein ausgezeichneter Schwimmer. Wenn er verfolgt wird und schnell schwimmt, kann er wie eine Rakete aus dem Wasser schießen und bis zu 50 Meter weit durch die Luft gleiten. Der Körper des Fliegenden Kalmars ist stromlinienförmig wie bei einem Fisch. Wenn er rückwärts durch das Wasser schießt, hat er die Fangarme über dem Kopf zusammengelegt. Der Fliegende Kalmar jagt vor allem Fische.

*Der Fliegende Kalmar ist blau-rot gefärbt und heißt deshalb auch Blauer Kalmar.*

## Feuerkalmar

🌐 Südatlantik  📏 bis 11 cm

Der Feuerkalmar ist ein zehnarmiger Tintenfisch. Er lebt in der Tiefsee. Tagsüber steigt er bis auf 100 Meter empor. Der fingerlange Kalmar ist wegen seiner 22 Leuchtorgane bemerkenswert. Sie leuchten in verschiedenen Farben und können an- und ausgeknipst werden wie eine Lampe.

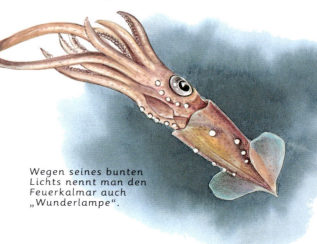

*Wegen seines bunten Lichts nennt man den Feuerkalmar auch „Wunderlampe".*

# TINTENFISCHE

## Gibt es Seeungeheuer wirklich?

Seit Jahrhunderten geistern geheimnisvolle riesige Tintenfische durch Mythen und Seefahrergeschichten. Lange sah man diese Tiere als Schiffe versenkende und Menschen verschlingende Ungeheuer an. Erst in der Mitte des 19. Jahrhunderts fand der Riesenkalmar als »Architeuthis dux« Eingang in den Katalog wissenschaftlich beschriebener Tierarten. Bis heute ist nur sehr wenig über diese seltsamen, gigantischen Lebewesen aus den Tiefen der Meere bekannt, denn alles, was man bisher über Riesenkalmare weiß, stammt von toten oder sterbenden Exemplaren, die in Fischernetzen gefangen, am Strand angespült oder in Mägen toter Pottwale gefunden wurden. 2004 gelang es japanischen Forschern erstmals den sagenumwobenen Riesentintenfisch lebendig, in seinem natürlichen Lebensraum zu fotografieren. Die Aufnahmen zeigen, dass der beobachtete Riesenkalmar ein aktiver Jäger ist, der seine Beute von der Seite attackiert und mit seinen Tentakeln fest umklammert.

### Riesenkalmar

🌐 Atlantik, Pazifik, Indischer Ozean
📏 über 20 m

Der Riesenkalmar hält drei Rekorde: Er ist der größte Tintenfisch, das größte Weichtier und das größte wirbellose Tier. Das größte je gefundene Exemplar war mit ➔ Tentakeln 22 Meter lang.
Über die Riesenkalmare

*Wie riesig der Riesenkalmar ist, zeigt dieser Vergleich mit dem Taucher.*

ist noch wenig bekannt, weil sie in der Tiefsee leben und nur ganz selten an die Meeresoberfläche kommen. Wie groß diese Tiere wirklich werden, weiß man bis heute nicht. Die Riesenkalmare haben die größten Augen im Tierreich. Mit 40 Zentimetern Durchmesser sind sie größer als ein Suppenteller. Damit können die Tiere in der lichtarmen Tiefsee noch sehen. Riesenkalmare jagen Fische und Tintenfische. Sie fangen sie mit ihren über zwölf Meter langen Tentakeln. Die Beute zerkleinern sie mit ihren scharfen Kiefern, die einem Papageienschnabel ähneln. Die Pottwale sind die ärgsten Feinde der Riesenkalmare. Sie machen in der Tiefsee Jagd auf sie. Es kommt dabei zu einem Kampf auf Leben und Tod. Der Pottwal trägt von den Saugnäpfen oft handtellergroße Narben davon.

# Stachelhäuter

Herzseeigel sind nicht kugelrund. Ihre Stacheln liegen wie bei einem echten Igel am Körper an.

Die Stachelhäuter sind Meeresbewohner. Über 6 000 Arten dieser Tiere leben auf dem Meeresgrund. Die frühesten Stachelhäuter entwickelten sich vor über 550 Millionen Jahren. Viele sind als Versteinerungen erhalten. Wir unterscheiden verschiedene Formen von Stachelhäutern. Fast alle haben eine Haut mit mehr oder weniger spitzen Stacheln. Am bekanntesten sind die Seeigel und Seesterne.

Eis-seestern

Bei Seesternen kann sich aus einem abgebrochenen Arm ein neues Tier entwickeln. Dann wachsen ihm vier kleinere Arme nach, und der neue Seestern sieht aus wie ein Komet.

### Eine Haut aus Kalk und Stacheln

Seeigel und Seesterne sind kugelrund oder sternförmig. Es ist nicht möglich, bei diesen Tieren links und rechts zu bestimmen. Der Mund liegt unten, der After oben. Auf der Haut sitzen Höcker oder Stacheln. In die Haut sind Kalkplatten eingelagert. Beim Seeigel sind diese starr und fest. Beim Seestern sind die Platten beweglich. Deshalb kann ein Seestern seine Arme verbiegen und sie einrollen.

### Auf Saugfüßchen unterwegs

Alle Stachelhäuter besitzen ein so genanntes Wassergefäßsystem. Ihr Körper ist von Kanälen durchzogen. Darin wird mit Hilfe von Druckbläschen Wasser wie in einem Pumpwerk bewegt. An den Seitenkanälen sitzen Saugfüßchen. Ziehen sich die Druckbläschen zusammen, dann strecken sich die Saugfüßchen aus. Sie haften bei vielen Stachelhäutern wie ein Gummisaugnapf am Untergrund. Wenn die Druckbläschen erschlaffen, ziehen sich die Saugfüßchen zurück. Auf diese Weise bewegen sich die meisten Seeigel und Seesterne langsam über den Boden. Manche schreiten auch mit Hilfe ihrer Stacheln voran.

Es gibt über 6000 Arten von Stachelhäutern

| | |
|---|---|
| Seesterne: | rund 1 500 Arten |
| Schlangensterne: | rund 2 000 Arten |
| Seeigel: | rund 950 Arten |
| Seelilien und Haarsterne: | rund 630 Arten |
| Seewalzen: | rund 950 Arten |

**Größter Stachelhäuter:**
Eine Seewalze, 1 m lang und 21 cm dick

**Kleinster Stachelhäuter:**
Ein Schlangenstern, 0,3 mm Durchmesser, Arme 3 mm lang

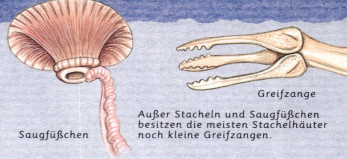

*Saugfüßchen*

*Greifzange*

Außer Stacheln und Saugfüßchen besitzen die meisten Stachelhäuter noch kleine Greifzangen.

## Stachelhäuter am Stiel

Die meisten Stachelhäuter bewegen sich frei am Meeresgrund. Einige können auch schwimmen oder lassen sich von den Wellen treiben. Es gibt aber auch Arten, die am Boden festgewachsen sind. Sie haben einen langen Stiel, an dessen Ende das sternförmige Tier sitzt. Man nennt sie Seelilien. Sie stellen eine Entwicklungsstufe der Haarsterne dar. Denn nach einiger Zeit löst sich ein ungemein zarter Stern vom Stiel und schwimmt davon. Haarsterne haben lange, dünne Arme mit feinen Stacheln. Sie können bis zu fünf Arme verlieren und diese wieder ersetzen. Eine solche ➔ Regeneration findet sich auch bei den Seesternen. So kann sich aus einem einzigen Arm ein neuer Seestern bilden. Ihm wachsen kleinere Arme nach. Man spricht dann von einem Kometenstern.

*Gehäuse eines Seeigels*

## Seewalzen

Seewalzen oder Seegurken sind besonders merkwürdige Stachelhäuter. Sie leben am Meeresboden und sehen aus wie Würste. Die Tiere besitzen keine Stacheln, sondern eine dicke, ledrige Haut. Außerdem steht um den Mund ein Kranz von ➔ Tentakeln. Die meisten Seewalzen haben fünf Reihen Saugfüßchen. Mit drei Reihen kriechen sie ähnlich wie ein Regenwurm. Zwei Reihen Füße ziehen sich über den Rücken. Damit laufen sie natürlich nicht. Einige Arten können auch schlängelnd schwimmen.

Auf dem Meeresboden leben in verschiedenen Tiefen alle Arten von Stachelhäutern:
**1** Eisseestern, Kometenform, **2** Fadenförmiger Schlangenstern, **3** Schwarzer Seeigel, **4** Seelilie, **5** Blauer Seestern, **6** Steinseeigel, **7** Schwarze Seegurke, **8** Lederseeigel, **9** Gorgonenhaupt, **10** Seegurke, **11** Riesenseegurke, **12** Gemeiner Seestern, **13** Gänsefußstern, **14** Kletterholothurie

SEEIGEL

## Seeigel

Die Seeigel besitzen ein festes Kalkskelett, das den ganzen Körper umhüllt. Darauf sitzen die Stacheln. Diese sind beweglich und dienen der Verteidigung wie der Fortbewegung. Auch mit Hilfe ihrer Saugfüßchen können sich Seeigel fortbewegen. Außerdem haben Seeigel kleine gestielte Zangen. Damit können sie Beute greifen, sich verteidigen oder sich putzen. Der Mund mit fünf kräftigen Zähnen liegt auf der Unterseite des Tieres.

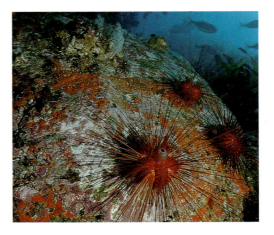

Trotz ihrer gefährlichen Stacheln werden Diademseeigel von vielen Fischen gefressen. Diese versuchen den Seeigel unten an der Mundseite zu packen. Dazu kippen sie ihn um.

### Strandseeigel

🌐 Nordsee, Ostsee, Atlantik ↔ bis 15 cm

Der Strandseeigel ist einer der häufigsten Seeigel der Nordsee. Er hält sich am Boden nahe der Küste auf und geht selten tiefer als 30 Meter. Strandseeigel haben die Angewohnheit, sich in den Untergrund zu bohren. Selbst in Steine schaben sie mit den Zähnen eine Vertiefung, in der sie sich aufhalten. Diese Seeigel sind Allesfresser und Räuber. Sie setzen sich auf Muscheln oder Schnecken, um sie zu verspeisen, und weiden auch Algen ab.

### Diademseeigel

🌐 Korallenriffe ↔ bis 9 cm ❗

Diademseeigel zeichnen sich durch besonders lange, dünne Stacheln aus. Der Seeigel kann damit gezielte Bewegungen ausführen. Er dreht sie zum Beispiel nach dem Schatten eines sich nähernden Tieres. Die bis zu 25 Zentimeter langen Stacheln brechen leicht ab. Auch Taucher fürchten diese Waffen des Diademseeigels. Die Stacheln geben außerdem Giftstoffe ab.

### Griffelseeigel

Die dicken Kalkstacheln des Griffelseeigels hat man früher als Griffel verwendet, um damit auf Schiefertafeln zu schreiben. Daher hat das Tier seinen Namen. Es kommt im Indischen und im Pazifischen Ozean vor. Der Kalkpanzer des Griffelseeigels hat etwa 8 cm Durchmesser. Seine Stacheln sind bis zu 12 cm lang und über 1 cm dick.

Wenn man den Strandseeigel umdreht, sieht man seinen Mund mit dem Kauapparat.

SEEGEL/SEEGURKEN

## Sanddollar

🌐 Pazifik, Westatlantik ▫ bis 8 cm

Der Sanddollar sieht aus wie eine Scheibe. Er wird nur etwa einen Zentimeter hoch. Seine Stacheln sind so klein und dicht, dass er sich fast samtig anfühlt. Dieser Seeigel ist eine wichtige Nahrung für Fische. Vor allem beim Kabeljau steht er auf dem Speisezettel. Sanddollars graben sich meist in den Sand ein. Daher kommt ihr Name.

Der Essbare Seeigel bewegt sich nur mit seinen Saugfüßchen über den Meeresboden.

Der Sanddollar bewegt sich mit seinen kurzen Stacheln auf der Unterseite vorwärts. Er legt dabei in der Minute 1 cm zurück.

## Essbarer Seeigel

🌐 Nordatlantik, Nordsee ▫ bis 17 cm

Der Essbare Seeigel ist rot oder grün gefärbt und hat Stacheln mit violetten Spitzen. Dieser Seeigel kommt bis in 1 200 Meter Tiefe vor. Seeigel sind getrenntgeschlechtige Tiere. Das heißt, dass es Männchen und Weibchen gibt. Die Keimdrüsen sind die größten Körperteile der Seeigel. Sie erzeugen Samen oder Eier. Die Essbaren Seeigel pflanzen sich im Frühjahr fort. Sie kommen dann in Scharen aus tieferen Wasserschichten in die flachen Küstengewässer. Die Weibchen geben ihre Eier und die Männchen ihren Samen ins Wasser. Dort werden die Eier befruchtet. In manchen Ländern gelten die Keimdrüsen des Essbaren Seeigels als Leckerbissen. Man beträufelt sie mit Zitrone und isst sie roh. Oder man röstet sie in einer Schalenhälfte.

### Seegurken oder Seewalzen

Seegurken sind keine Pflanzen. Sie heißen auch Seewalzen und sind eine eigene Gruppe der Stachelhäuter. Viele der 10 cm bis 2 m langen Tiere sehen wie Gurken aus und leben am Meeresgrund. Dort schaufeln sie Sand und Schlamm in sich hinein und durchsieben ihn nach essbaren Kleinlebewesen. Sie selbst werden von vielen Tieren gefressen. Manche Seegurken stoßen bei Bedrohung klebrige Schläuche aus. Auf diese Weise verkleben sie Seevögeln die Schnäbel.

*Seegurke*

253

**Stachelhäuter**

SCHLANGENSTERNE UND SEESTERNE

# Schlangensterne und Seesterne

Alle Seesterne haben einen scheibenförmigen Körper. An der Körperscheibe sitzen meist fünf, manchmal auch sieben Arme. Einige wenige Arten haben 15 und sogar 50 Arme. Seesterne sind Räuber. Sie fressen Muscheln, Schnecken oder andere Seesterne. Von den Seesternen unterscheiden sich die Schlangensterne. Davon gibt es 2 000 Arten.

### Zerbrechlicher Schlangenstern

🌐 Atlantik, Mittelmeer ▶ bis 22 cm
Der Zerbrechliche Schlangenstern tritt im Mittelmeer oft massenhaft auf. Er nimmt die unterschiedlichsten Farben an. An der kleinen Körperscheibe sitzen fünf bis zu 10 Zentimeter lange Arme. Damit rudert der Schlangenstern im Wasser. Wenn er am Boden kriecht, hält er sich mit einem Arm fest. Dann windet er den Arm wie eine Schlange und zieht den Körper nach.

*Schlangensterne in einem Gewirr aus Armen*

### Roter Kammseestern

🌐 Atlantik, Mittelmeer ▶ bis 55 cm
Die Arme des Roten Kammseesterns können bis zu 25 Zentimeter lang werden. An jedem Arm sitzen kleine Stacheln wie die Zähne eines Kammes. Man findet diesen Seestern oft schon einen Meter unter dem Wasserspiegel. Häufig hält er sich auf Sandboden auf. Dort gräbt er sich mit seinen Füßchen in den Sand ein. Der

*Gegen den Roten Kammseestern hat die Muschel keine Chance.*

gefräßige Räuber jagt Muscheln, Krebse, Schnecken und kleine Fische. Um eine Muschel zu fressen, setzt er sich auf sie. Dann versucht er mit seinen Armen die Schalen zu öffnen. Sobald die Muschel ihre Schalen aufmacht, stülpt der Kammseestern seinen Magen über das Weichtier. Nun wird die Beute außerhalb des Körpers verdaut und dann eingesogen.

### Sonnenstern

🌐 Atlantik, Pazifik ▶ bis 40 cm
Es gibt verschiedene Arten von Sonnensternen. Die größten können eine Spannweite von 40 Zentimetern erreichen. Viele Sonnensterne haben 8 bis 15 kurze Arme. Die Körperscheibe ist ziemlich breit, so dass die Arme wie ein Strahlenkranz der Sonne

SEESTERNE/SEELILIEN

Sonnensterne sind oft gelb oder rot. Dieser hier lebt im Pazifik vor der Küste Kaliforniens.

aussehen. Die Sonnensterne ernähren sich überwiegend von anderen Seesternen und Seeigeln und greifen auch größere Arten an.

**Dornenkrone**
🌐 Indopazifik  ↔ bis 60 cm

Die Dornenkrone lebt im Korallenriff. Sie hat bis zu 21 kurze Arme mit sechs Zentimeter langen Stacheln. Diese sind mit Giftdrüsen verbunden. Wenn man sich an den Stacheln sticht, führt das zu Erbrechen, in schlimmen Fällen zu Lähmungen. Die Dornenkrone frisst vor allem Steinkorallen. Dazu setzt sie sich auf das Korallentier und stülpt zum Verdauen ihren Magen aus.

**Kissenstern**
Die Kissensterne fallen durch ihre Farbigkeit auf. Es gibt viele verschiedene Arten. Man erkennt den fünfstrahligen Körperbau, den auch andere Seesterne und Seeigel aufweisen. Da Kissensterne keine sichtbaren Arme haben, erinnern sie auch stark an Seeigel.

Dornenkronen richten in den Korallenriffen große Schäden an. Um die Korallen zu retten, muss man diese Stachelseesterne bekämpfen.

## Seelilien und Haarsterne

Vor rund 500 Millionen Jahren bevölkerten seltsame Tiere die Meere. Sie sahen aus wie riesige Unterwasser-Staubwedel: Auf 15 m hohen Stielen saßen meterhohe Kelche mit über 1 000 Armen, die 300 000 → Tentakeln trugen. Es waren die Vorläufer der Seelilien. Die Riesengeschöpfe sind als Versteinerungen erhalten. Die Seelilien, die es heute noch gibt, sind Zwerge dagegen, obwohl die größten noch Stiele von 2 m Länge haben. Seelilien sind urtümliche Stachelhäuter, die fest am Boden sitzen. Die meisten werden im Erwachsenenalter zu Haarsternen, die frei im Meer schwimmen.

255

# Nesseltiere und Schwämme

Nesseltiere und Schwämme lebten schon vor rund 550 Millionen Jahren in allen Meeren. Einige Arten gibt es auch im Süßwasser. Die Schwämme sind wie Pflanzen am Boden festgewachsen und sehr einfach gebaut. Sie ernähren sich von Schwebeteilchen, die sie aus dem Wasser filtern. Die Nesseltiere umfassen die Quallen und Hydratiere sowie die Seerosen und Korallen. Letztere nennt man wegen ihres Aussehens und ihrer Farbenpracht auch Blumentiere.

Der aufgerollte Faden in der Nesselkapsel wird bei Berührung hervorgeschleudert.

In allen Meeren leben Blumentiere, Quallen und Schwämme.
1 Edelkoralle
2 Brotkrumenschwamm
3 Erdbeerrose
4 Aiptasie

## Nesseltiere besitzen Giftwaffen

Alle Nesseltiere haben Waffen, mit denen sie sich verteidigen oder Beute fangen. Das sind besondere Nesselkapseln. In der Kapsel ist ein dünner Schlauch aufgewickelt. Im Schlauch sitzen scharfe Stacheln wie Klappmesser oder Stilette. Stößt ein Tier an den Auslöser der Kapsel, dann springt der Kapseldeckel auf. Der Schlauch schnellt heraus, und die Stilette bohren sich in die Haut. Durch das Loch stülpt sich der Schlauch in das Opfer und es fließt Gift. Dadurch wird die Beute gelähmt. Vor allem die Feuerquallen besitzen oft so viele Nesselkapseln, dass sie damit sogar Menschen gefährlich werden können.

5 Hornschwamm
6 Orgelkoralle
7 Edelsteinrose
8 Seenelke
9 Kurzarmiger Seestern
10 Becherschwamm
11 Fächerkoralle
12 Geweihkoralle

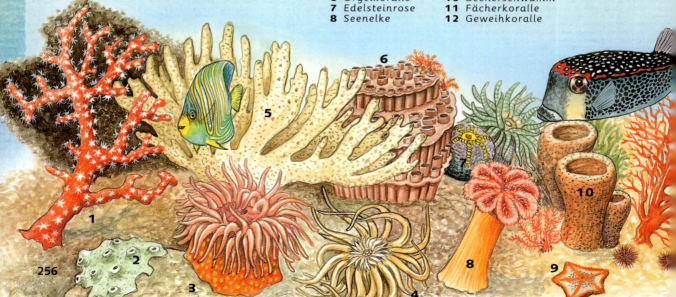

**Es gibt über 9000 Arten von Nesseltieren**

Korallen und
Seerosen: rund 6000 Arten
Quallen: rund 250 Arten
Hydratiere: rund 2800 Arten

Größtes Nesseltier:
Arktische Riesenqualle,
bis 2,50 m Schirmdurchmesser

Kleinstes Nesseltier:
Brackwasserpolyp, 1 mm Länge

Schwämme bilden eine eigene Tiergruppe mit rund 9000 Arten.

*Die Arktische Riesenqualle kann einen Schirmdurchmesser von 2,50 m erreichen. Sie streckt ihre Tentakel bis zu 20 m weit aus.*

### Seltsame Fortpflanzung

Viele Nesseltiere pflanzen sich auf zweierlei Weise fort: Sie vermehren sich ungeschlechtlich durch ➔ Knospung wie die Korallen und Seerosen. Dabei schnürt sich ein neues Tier vom Muttertier ab. Quallen vermehren sich auch noch durch befruchtete Eier. Daraus entsteht eine ➔ Larve. Sie setzt sich irgendwo fest und wächst zu einem Becherpolypen heran. Dieser teilt sich mehrmals quer und sieht schließlich wie ein Stapel Teller aus. Die Scheiben lösen sich dann ab und schwimmen als kleine neue Quallen davon. Die Nesseltiere können auch aus Teilen ihres Körpers ein vollständiges neues Tier bilden.

### Sitzend oder schwimmend

Bei den Hydratieren und Quallen unterscheidet man zwei Lebensformen: festsitzende ➔ Polypen und frei schwimmende ➔ Medusen. Die Polypen haben eine Fußscheibe, mit der sie am Boden haften. Beide Formen enthalten nur einen Hohlraum, der als Magen und Darm dient. Es gibt auch nur eine Körperöffnung. Sie ist Mund und After zugleich. Um diese Öffnung stehen die Fangarme oder ➔ Tentakel. Sie sind mit Nesselzellen bestückt.

### Schwämme brauchen Wasser

Schwämme sind nach den ➔ Einzellern die einfachsten Tiere. Sie besitzen zwar viele ➔ Zellen, haben aber keine ➔ Organe. Ihr Körpergerüst besteht aus weichem Horn oder hartem Kalk mit vielen Hohlräumen. In den Hohlräumen sitzen die Schwammzellen. Durch Poren strömt ständig Wasser in die Körperhöhlen. Der Schwamm entnimmt dem Wasser Sauerstoff und Nahrungsteilchen.

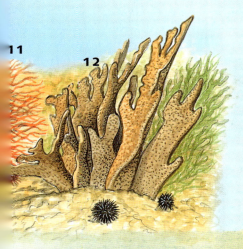

*Polypen und Quallen sind wechselnde ➔ Generationen einer Art. Die Polypen bilden durch Knospung neue Polypen oder kleine Quallen. Diese bringen Eier und Samenzellen hervor. Aus den befruchteten Eizellen entstehen wieder neue Polypen.*

# KORALLEN

## Korallen

Die Korallen bezeichnet man auch als Blumentiere. Es gibt harte und weiche Korallen. Sie sind festsitzende Polypen, die als Einzeltiere leben oder Korallenstöcke bilden. Ein Polyp setzt sich fest und scheidet Kalk aus. Er baut sich damit ein Skelett. Durch Knospung entstehen weitere Polypen, die ebenfalls Kalkgerüste bauen. So entwickeln sich Kolonien mit Millionen von Tieren.

**Seefeder**
Die Seefeder oder Federkoralle ist eine weiche Koralle aus hornartigem Stoff. Sie steckt nur lose im Sand. Auch dieses Gebilde ist ein Korallenstock und stellt eine Kolonie mit vielen ➔ Polypen dar. Durch Drehungen kann sich die Seefeder bewegen und tiefer eingraben. Es gibt verschiedene Arten, deren Stöcke bis zu einem Meter hoch werden.

*Die Edelkoralle ist stark gefährdet, da man ihre Kalkskelette aus dem Meer holt.*

## Edelkoralle

⊕ Mittelmeer   ▶ bis 40 cm

Die rote Edelkoralle lebt bis in 300 Meter Tiefe. Sie bildet auf dem Meeresboden verzweigte Bäumchen aus Kalk. Aus der Rinde des Korallenstocks ragen die schneeweißen ➔ Polypen mit ihren ➔ Tentakeln hervor. Jeder Polyp besitzt acht Fangarme. Die Tiere sind durch Kanäle miteinander verbunden. Die Korallengerüste werden von Tauchern oder mit Schleppnetzen vom Untergrund abgelöst und zu Schmuck verarbeitet.

## Seemannshand

⊕ Atlantik, Nordsee   ▶ bis 20 cm

Die Seemannshand heißt auch Tote Mannshand. Sie ist eine weiche Lederkoralle. Ihr Stock sieht aus wie eine fleischige Hand, aus der die ➔ Polypen herausragen. Die Tiere ernähren sich von Kleinkrebsen im ➔ Plankton. Die Seemannshand bläht sich bei Flut oft stark mit Wasser auf.

*Die Seemannshand setzt sich auf Felsen oder auf großen Muscheln fest.*

# KORALLEN

## Wie entsteht ein Korallenriff?

Die Steinkorallen bauen vor der Küste warmer Meere die Korallenriffe auf. Sie siedeln sich im flachen Wasser an und entnehmen ihm neben Sauerstoff den Kalk für die Korallenstöcke: Diese reichen bis kurz unter den Meeresspiegel (1). Ein Riff nimmt zwar nur wenige Zentimeter im Jahr an Höhe zu. Doch allmählich entsteht um eine Insel herum ein Korallenring (2). Wenn die Insel im Meer versinkt oder der Meeresspiegel steigt, bleiben die Korallenbauten als ringförmiges Atoll stehen. In der Mitte dieses Korallenriffs liegt eine Lagune. Das ist ein Meeressee (3).

Den Venusfächer stellen sich Fischer oft als Schmuck ins Zimmer. Diese Korallen bilden manchmal ganze Wälder unter Wasser.

hindurch und strudelt dabei winzige Lebewesen aus dem ➔ Plankton heran. Diese dienen den Polypen des Korallenstocks als Nahrung. Manche Arten dieser fächerförmigen Korallen haben recht bunte Farben. Der Venusfächer ist meist gelb oder violett. Die Farbe bleibt auch bei der abgestorbenen Koralle erhalten.

**Hirnkoralle**
Die Hirnkoralle zählt zu den so genannten Steinkorallen. Die Koralle hat ihren Namen von dem seltsam geformten Korallenstock. Er sieht aus wie ein riesiges Gehirn mit vielen Furchen. Das Furchenmuster kommt dadurch zustande, dass viele Einzelpolypen hintereinander sitzen und miteinander verschmelzen. Die einzelnen Tiere sind nicht sehr groß. Trotzdem ist die Hirnkoralle wie alle Steinkorallen am Aufbau von Korallenriffen und Atollen beteiligt. Man nennt sie deshalb auch Riffkorallen. Die meisten Steinkorallen leben in warmen, tropischen Meeren.

## Venusfächer

🌐 Warme Meere  📏 bis 2 m

Der Venusfächer ist eine Hornkoralle. Die ➔ Polypen dieser Korallen bilden eine Art Fächer aus biegsamem Material. Sie stellen den Fächer wie ein Sieb in die Meeresströmung. Das Wasser fließt so ständig

# SEEROSEN

## Seerosen

Seerosen sind sesshafte Polypen. Sie sind oft auffallend bunt und gehören zu den Korallentieren. Um ihre Mundöffnung haben sie einen Kranz von Tentakeln. Diese erinnern an die Blüten einer Blume. Daher kommt auch der Begriff Blumentiere. Es gibt über 1 000 Arten von Seerosen.

### Seerose und Einsiedlerkrebs

Seerosen setzen sich häufig auf Schneckengehäuse, die von Einsiedlerkrebsen bewohnt werden. Sie bilden mit den Krebsen eine Gemeinschaft zum gegenseitigen Nutzen. Man nennt das → Symbiose. Die Seerose hat von dem Krebs den Vorteil, dass er sie mitsamt seinem Haus umherträgt. So kommt sie an immer neue Beuteplätze, obwohl sie sich selbst nicht bewegt. Gleichzeitig fängt sie die Überreste der Krebsmahlzeiten ein. Der Vorteil für den Einsiedlerkrebs besteht darin, dass ihn die Seerose mit ihren über 700 → Tentakeln und Nesselkapseln vor Feinden schützt. Wenn der Krebs in ein anderes Haus umzieht, kommt die Seerose manchmal mit.

## Gemeine Seenelke

🌐 Nord- und Ostsee   ↔ bis 30 cm

Die Seenelke hat ihren Namen nach ihren etwa tausend → Tentakeln. Diese sind sehr kurz und stehen in 20 Reihen um die Mundscheibe. Das sieht aus wie ein Nelkenstrauß. Seenelken können verschieden gefärbt sein, rot oder gelb oder auch blau. Sie sitzen meistens in seichtem Wasser auf festem Untergrund. Manchmal siedeln sie sich aber auch auf Strandgut wie Balken oder Brettern an, die im Meer treiben. Seenelken fressen nur kleine Teilchen aus dem → Plankton. Sobald diese an ihre Fangarme stoßen, strudeln sie die Nahrung in ihre Mundöffnung.

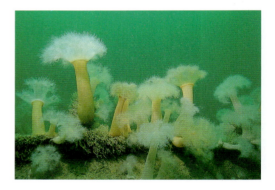

*Seenelken gibt es in vielen Farben. Die Tentakel sind meist viel heller als der Fuß.*

## Riesenanemone

🌐 Indischer, Pazifischer Ozean   ↔ bis 50 cm

Riesenanemonen leben vor allem in den warmen Korallenmeeren. Einige werden bis zu 50 Zentimeter hoch. Sie können sich bei Berührung bis auf fünf Zentimeter zusammenziehen. Zwischen den Fangarmen halten sich ständig kleine Korallenfische auf. Seltsamerweise werden sie von den Riesenanemonen nicht mit Nesselfäden betäubt und gefressen. Jede

# SEEROSEN

*Riesenanemonen lagern oft Algen in ihrem Körper ein. Dadurch erscheinen sie grün.*

Anemone erkennt „ihren" Fisch und beschützt ihn mit ihren ➔ Tentakeln. Diese Anemonenfische entfernen sich auch nie weit von ihrem Blumentier. Die Seerose scheint ihren Fisch zu dulden, weil er ihr mit den Flossen ständig frisches Wasser zuwedelt.

## Purpurrose

⊕ Atlantik, Mittelmeer ▶ bis 7 cm
Die Purpurrose ist in allen nördlichen Meeren verbreitet. Wegen ihrer hellroten Farbe wird sie auch Erdbeerrose genannt. Es gibt aber auch braune und grüne Tiere dieser Art. Diese Seerose hat 192 Fangarme. Sie stehen in sechs Kreisen um die Mundscheibe. Unter den äußeren Fangarmen sitzen 24 Nesselkapseln. Die Seerose ergreift die von den Nesselfäden getroffenen Beutetiere mit den Fangarmen und führt sie zum Mund. Kleine Krebse und kleine Fische, die in die Nähe der Fangarme geraten, werden ein leichtes

Opfer der Purpurrose. Purpurrosen können sehr alt werden. Man hat sie im Aquarium schon über 60 Jahre lang gehalten.

*Purpurrosen leben in der ➔ Brandungszone. Bei Ebbe ziehen sie sich zusammen.*

**Zylinderrose**
*Die Zylinderrose lebt vorwiegend in warmen Meeren. Eine Art kommt auch im Mittelmeer vor und eine in der Nordsee. Diese Tiere bilden eine eigene Gruppe und zählen nicht zu den üblichen Seerosen. Die größten Zylinderrosen können 70 cm hoch werden. Sie bauen sich eine bis zu 1 m lange Wohnröhre in den Sand. Bei Gefahr ziehen sie sich blitzschnell in ihre Röhre zurück. Meist schauen nur ihre langen ➔ Tentakel, mit denen sie ihre Beute fangen und lähmen, aus der Röhre heraus. Die Tentakel breiten sie fangbereit auf dem Untergrund aus. Vorbeischwimmende Tiere, etwa kleine Fische, werden mit mehreren Fangarmen gegriffen.*

# QUALLEN

**Quallen** Die Quallen bilden neben den Blumentieren und den Hydratieren eine weitere Gruppe der Nesseltiere. Es gibt etwa 250 Arten. Fast alle haben die Form eines aufgespannten Regenschirms. Sie werden deshalb auch Schirmquallen genannt. Wie die meisten anderen Nesseltiere besitzen sie Fangfäden mit Nesselkapseln.

## Ohrenqualle

🌐 Nord- und Ostsee ▶ bis 40 cm

Die Ohrenqualle tritt in der Nord- und Ostsee oft in Massen auf. Bei einem Sturm werden die durchsichtigen, wabbeligen Quallen zu Hunderten an den Strand gespült. Sie bestehen mit Ausnahme eines papierdünnen Häutchens ganz aus Wasser. Im Meer hat das Tier eine glockenförmige Gestalt. Von dem Schirm hängen vier Fangarme herab. Am Rand des Schirms sitzt ein Kranz von ➔ Tentakeln mit Nesselkapseln. Damit betäubt die Qualle kleine Tiere, die sie mit den Fangarmen in den Magenstiel stopft.

*Würfelquallen schwimmen wie alle Quallen durch ➔ Rückstoß. Dazu pressen sie das Wasser aus der Glocke.*

## Würfelqualle

🌐 Warme Meere ▶ bis 25 cm

Der würfelförmige Schirm dieser Quallen hat einen Durchmesser von 10 bis 25 Zentimetern. Einige Arten in tropischen Meeren besitzen außerordentlich giftige Nesselkapseln. Das hat ihnen den Namen „Feuerquallen" oder „Seewespen" eingetragen. Das Gift kann sogar Menschen töten. An manchen Stränden sind Würfelquallen recht häufig und sehr gefürchtet. Wo sie auftreten, werden die Strände gesperrt.

*Durch den Schirm sieht man vier ohrenförmige Gebilde. Das sind die Keimdrüsen der Ohrenqualle mit den Eizellen oder Samenzellen.*

### Portugiesische Galeere
Die Portugiesische Galeere ist ein Hydratier und keine Qualle. Sie stellt einen im Meer schwimmenden Tierstaat dar, der sich aus Hunderten von Einzelpolypen aufbaut. Alle ➔ Polypen stammen von einem Tier ab und sind durch ➔ Knospung entstanden. Sie sitzen an einem gemeinsamen Stamm und erfüllen verschiedene Aufgaben: Fresspolypen mit Fangarmen sorgen für Nahrung. Geschlechtspolypen erzeugen Ei- und Samenzellen. Wehrpolypen haben über 30 m lange Nesselfäden.

# SCHWÄMME

**Schwämme** Die Schwämme sind sehr einfach gebaute Tiere. Ihr Skelett aus Kalk, Quarz oder Horn hat viele Hohlräume mit porenförmigen Öffnungen. Durch die Poren dringt Wasser in den Schwamm. Mitgeschwemmte winzige Nahrungsteilchen werden verdaut.

Badeschwämme sitzen meist auf felsigem Untergrund. Man findet sie manchmal auch auf Pflanzen.

Skelett

lebendes Tier

### Badeschwamm

🌐 Alle warmen Meere  📏 bis 30 cm

Der Badeschwamm zählt zu den so genannten Hornschwämmen. Er besitzt ein ➔ Skelett aus biegsamen Hornfasern. Dieser Schwamm ähnelt eher einer Pflanze als einem Tier. Badeschwämme benötigen für ihre Entwicklung nicht zu kaltes Wasser. Sie kommen auch im Mittelmeer vor.

**Gitterkalkschwamm**
Kalkschwämme sind die einfachsten Formen der Schwämme. Sie haben alle ein Skelett aus harten Kalknadeln. Als Badeschwämme sind sie natürlich nicht geeignet, da ihre Oberfläche außerordentlich rau ist. Die meisten Gitterkalkschwämme werden nur wenige Zentimeter groß. Manche haben bunte Farben und leuchten gelb, orange oder violett. Sie kommen in seichten Küstengewässern vor und siedeln bis in etwa 70 m Tiefe.

## Tauchen nach Schwämmen

Als es noch keine Schwämme aus Schaumstoff gab, waren echte Badeschwämme sehr begehrt. Sie werden von Schwammtauchern aus etwa 50 Metern Tiefe aus dem Meer geholt. Die Taucher sammeln sie vom Untergrund. Sitzt der Schwamm nicht sehr tief, holen ihn Schwammfischer mit langen dreizinkigen Speeren aus dem Meer. Das Schwammtier besteht aus einem dunkelbraunen Weichkörper, der das Skelett umgibt. Zunächst wird der Weichkörper mit der Haut entfernt. Dazu lässt man die Tiere an der Luft faulen. Dann werden die Schwämme ausgewrungen und in Wasser gespült, bis nur noch das Skelett übrigbleibt. Dieses wird an der Luft getrocknet und gebleicht. Das ergibt den Badeschwamm.

**Gießkannenschwamm**
Der Gießkannenschwamm wird etwa 30 cm lang. Er zählt zu den Glasschwämmen. Sein Skelett besteht aus festen Kieselnadeln, die ein netzartiges Geflecht bilden. Diese Schwämme leben im Pazifischen und Indischen Ozean und siedeln bis in einer Tiefe von 5000 m. Ihren Namen haben sie von einem gitterartigen Verschluss ihrer Körperöffnung. Er erinnert an die Brause einer Gießkanne. In Ostasien stellt man die getrockneten Schwämme als Zierde auf.

# Würmer

Die Seemaus sieht einem Wurm kaum ähnlich. Sie ist aber ein Ringelwurm.

Die Würmer erinnern an Schlangen, denn wie diese haben sie keine Beine. Da Würmer kein Skelett besitzen, zählen sie zu den wirbellosen Tieren. Es gibt etwa 50 000 Arten von Würmern, die sich in ihrer Gestalt unterscheiden. Die ersten Würmer lebten schon vor 700 Millionen Jahren im Wasser. Viele von ihnen waren Schmarotzer und fielen über Fische her. Erst später gingen Würmer an Land und entwickelten dort verschiedene Arten.

Australische Regenwürmer können 3 m lang und armdick werden.

Regenwürmer haben keine Beine. Sie bewegen sich fort, indem sie sich zusammenziehen und wieder ausstrecken.

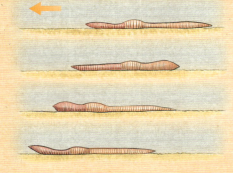

## Was sind Würmer?

Würmer sind niedere Tiere. Dennoch sind sie höher entwickelt als zum Beispiel eine Seeanemone oder eine Qualle. Sie besitzen im Unterschied zu diesen Hohltieren zwei Körperöffnungen, den Mund und den After. Sie haben auch einen Blutkreislauf und eine Art Nervensystem wie die höheren Tiere. So verfügen sie über verschiedene Sinne, mit denen sie sich in ihrer Umwelt zurechtfinden: Würmer können zum Beispiel Temperaturunterschiede wahrnehmen. Die meisten haben einen ausgeprägten Tastsinn. Sie können riechen und schmecken. Und sie besitzen Sinneszellen in der Haut, mit denen sie auf Licht ansprechen.

Regenwürmer lockern und durchmischen die obere Erdschicht.

Der 40 cm lange Palolowurm lebt vor den Südseeinseln am Meeresgrund. Einmal im Jahr pflanzt er sich fort. Auf die Stunde genau beim letzten Mondwechsel trennt er seinen Hinterleib mit den Eiern und Samenzellen ab. Danach treiben die Teile zu Tausenden von Würmern zur Meeresoberfläche. Die Inselbewohner schätzen die Wurmteile als eine Delikatesse.

## Rund oder platt

Man kann die Würmer nach ihrer Körperform unterscheiden: Am bekanntesten sind die Ringelwürmer, die wie Schlangen aussehen. Ihr Körper besteht aus einzelnen Ringen oder Gliedern. Zu ihnen gehört unser Regenwurm. Rundwürmer bestehen aus einem Schlauch. Zu ihnen zählen die dünnen Fadenwürmer. Sie sind weit verbreitet. Fadenwürmer findet man in der Laubstreu im Wald, im Boden und im Wasser. Viele von ihnen leben als ➔ Parasiten. Sie schmarotzen in Pflanzen und Tieren und auch im Menschen und fügen ihrem Wirt Schaden zu. Die dritte große Gruppe sind die Plattwürmer. Unter ihnen finden sich sehr viele ➔ Schmarotzer wie die Saugwürmer und die Bandwürmer. Auch die räuberischen Strudelwürmer sind Plattwürmer.

## Männchen, Weibchen oder Zwitter

Würmer pflanzen sich recht seltsam fort. Die meisten sind sowohl Männchen als auch Weibchen. Solche Tiere nennt man ➔ Zwitter. Nun könnte man meinen, sie bräuchten keine Geschlechtspartner, um sich zu paaren. Sie erzeugen ja gleichzeitig Eier und Samen. Tatsächlich paaren sich aber auch Zwitter und tauschen untereinander Samenpakete aus. Damit werden die Eier beider Tiere befruchtet. Es gibt aber auch Arten von Würmern, die sowohl Männchen als auch Weibchen hervorbringen. Bei ihnen vollzieht sich eine normale Paarung wie bei anderen Tieren auch.

### Es gibt über 50 000 Arten von Würmern

| | |
|---|---|
| **Ringelwürmer:** | rund 17 000 Arten |
| **Rundwürmer:** | rund 23 000 Arten |
| **Plattwürmer:** | rund 16 000 Arten |
| **Schnurwürmer:** | rund 850 Arten |
| **Längster Wurm:** | Schnurwurm Lineus, longissimus, bis 30 m |
| **Kleinster Wurm:** | Schlauchwurm, Ascomorpha minima 0,04 mm |

Zu den längsten Würmern gehört der Schweinebandwurm. Er kann bis zu 8 m lang werden.

# Ringelwürmer

**Ringelwürmer** Von allen Würmern sind uns die Ringelwürmer am vertrautesten. Man nennt sie auch Gliederwürmer, weil ihr Körper aus vielen Gliedern besteht. Sie haben unterschiedlich viele Borsten. Zu den Wenigborstern zählen der Regenwurm und der Blutegel. Man bezeichnet sie auch als Gürtelwürmer, weil sie im vorderen Körperabschnitt eine gürtelartige Verdickung haben. Diese sondert bei der Paarung Schleim ab, in den die Eier eingebettet werden.

### Regenwurm

🌐 Alle Erdteile   ↔ bis 30 cm

Es gibt über 3 000 Arten von Regenwürmern auf der Erde. Bei uns leben etwa 30 Arten. Die längsten davon werden 30 Zentimeter lang. Die Regenwürmer graben dicht unter der Erde waagerechte Gänge. Bis zu fünf Meter tief führen senkrechte Gänge nach unten. Dorthin ziehen sich die Würmer zurück, wenn es zu trocken oder zu kalt wird. Die Regenwürmer sind auf Feuchtigkeit angewiesen, da diese ihre nackte Haut vor dem Austrocknen schützt. Sie kommen nur nachts aus ihren Gängen, denn Sonnenlicht ist für sie tödlich. In der Dunkelheit ziehen sie verwelkte Pflanzen in den Boden, um diese zu verdauen. Dazu fressen sie auch Erde in sich hinein. Da in einem Wiesenstück von ein mal einem Meter Größe bis zu 2 000 Regenwürmer leben, wandert viel Erde durch ihren Darm. Die Würmer schaffen durch ihre Verdauung neuen ➜ Humus. Der Boden wird dadurch verbessert. Gleichzeitig durchlüften die Gänge der Regenwürmer das Erdreich.

### Blutegel

🌐 Afrika, Asien, Europa   ↔ bis 15 cm

*Blutegel spucken ihrem Opfer einen Saft in die Bisswunde, der das Gerinnen des Blutes verhindert. Dann saugen sie sich voll und speichern das Blut im Magen.*

Der Blutegel hat keine Borsten. Er lebt in Teichen und Seen, ist aber heute in Europa recht selten. Früher lauerte er an Tränken dem Vieh auf, um Blut zu saugen. Dazu schnitt er mit seinem Hornkiefer eine Wunde in das Opfer. Dann setzte er seinen Saugrüssel an. Blutegel können so viel Blut saugen, dass sich ihr Körperumfang vervierfacht. Früher hat man Blutegel gefangen und in der Apotheke im Aquarium gehalten. Wenn die Ärzte einem Kranken einen Aderlass verschrieben, wurde ihm ein Blutegel angesetzt.

*Regenwürmer sind ➜ Zwitter. Wenn sie sich paaren, legen sie sich aneinander. Sie tauschen dann gegenseitig Samenzellen aus.*

# RINGELWÜRMER

Im Watt leben Millionen von Pierwürmern. Sie besitzen Fußstummel mit Borsten und Kiemenbüschel. Auf dem Sand hinterlassen sie Kothäufchen.

### Pierwurm
🌐 Atlantik, Nordsee   📏 bis 35 cm

Wer an der Nordsee im Watt wandert, der findet immer wieder kleine Häufchen auf dem Schlickboden. Das sind Kothäufchen des Pierwurms. Er sitzt in einer U-förmigen Röhre im Schlick. Die Fischer graben den Wurm bei Ebbe aus, um ihn als Köder beim Angeln zu verwenden.

Der Seeringelwurm windet sich mit seinen Stummelfüßen durch den Sand.

### Seeringelwurm
🌐 Atlantik   📏 bis 70 cm

Der Seeringelwurm ist an der Nordsee im Watt recht häufig. Man findet ihn bei Ebbe in Wasserlachen auf dem Sand. Er ähnelt einem Tausendfüßer. Seeringelwürmer gehören zu den Vielborstern. Sie sind Räuber, die Jagd auf Kleintiere machen. Dafür haben sie kräftige Kiefer. Sie schwimmen auch sehr gut.

## Wir beobachten Regenwürmer

Der Regenwurm frisst vermodernde Pflanzenteile und auch Erde. Das lässt sich leicht beweisen: Wir brauchen dazu ein Einmachglas, das wir zu einem Drittel mit feuchter, dunkler Erde füllen. Darüber schütten wir zwei Finger hoch Sand auf. Nun stecken wir einige grüne Blätter in den Sand. Inzwischen sammeln wir in einem Gartenbeet zehn bis zwölf Regenwürmer und setzen sie in das Glas. Das Glas stellen wir an einen kühlen Ort und bedecken es mit einem Tuch. Nach ein paar Tagen sehen wir nach. Die Würmer haben ganze Arbeit geleistet: Der Sand ist mit dunkler Erde vermischt. Jetzt lassen wir die Würmer wieder frei.

### Röhrenwurm
Es gibt auch festsitzende Ringelwürmer im Meer, die Röhrenwürmer. Sie bauen sich kunstvolle Wohnröhren, die aufrecht im Sand stecken. Der Wurm besitzt am Kopf ➔ Tentakel, mit denen er, ähnlich wie eine Seerose, Nahrungsteilchen in den Mund strudelt.

# WÜRMER — RUNDWÜRMER

**Rundwürmer** Die Rundwürmer erinnern an einen gedrehten Faden. Sie heißen deshalb auch Fadenwürmer. Bei ihnen gibt es Männchen und Weibchen und keine Zwitter. Unter den Rundwürmern finden sich viele Schmarotzer, die auch dem Menschen gefährlich werden können.

### Trichine
🌐 Alle Erdteile  ▶ bis 3 mm

Die Trichine ist ein ➜ Schmarotzer im Körper von Tieren und Menschen. Die Würmer gelangen mit Fleischnahrung in den Darm. Dort stoßen die Weibchen etwa 1 500 lebendige ➜ Larven aus. Die Jungwürmer wandern durch den Darm und werden vom Blut in alle Körperteile

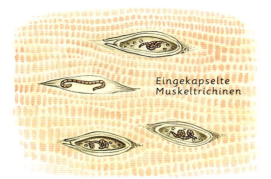

Eingekapselte Muskeltrichinen

geschwemmt. In den Muskeln scheiden die heranwachsenden Trichinen lebensgefährliche Stoffe aus. Nach ein paar Wochen schließt sie der Körper in Kapseln aus Kalk ein. Die Trichinen können sich erst vermehren, wenn ihr Kalkgehäuse im Darm eines Fleischessers aufgelöst wird. Früher war vor allem Schweinefleisch von Trichinen befallen. Die Würmer wurden durch rohes Fleisch auf Menschen übertragen. Heute untersuchen Tierärzte das Fleisch bei der Fleischbeschau im Schlachthof genau.

Madenwürmer sind harmlos, aber lästig. Vor allem Kinder werden von ihnen befallen.

### Madenwurm
🌐 Alle Erdteile  ▶ bis 5 mm

Die Madenwürmer sind lästige ➜ Parasiten im Darm. Man bekommt sie leicht von ungewaschenem Obst. Oder man atmet Wurmeier ein, die in den Darm gelangen. Dort reifen die Weibchen. Sie wandern aus dem After und setzen bis zu 12 000 Eier ab.

## Ein Wurm wie eine Schnur

Es gibt rund 850 Arten von Schnurwürmern. Die meisten von ihnen leben im Meer und sind Räuber. Manche sind nur wenige Millimeter groß, andere werden einige Meter lang. Der Riesenschnurwurm erreicht eine Länge von 10 m. Viele dieser Würmer sind bunt gefärbt und haben eine auffallende Form.

Schnurwurm

# PLATTWÜRMER

**Plattwürmer** Die Plattwürmer sind sehr einfach gebaute Würmer. Sie haben weder Blutgefäße noch Organe zum Atmen. Die Atmung erfolgt durch die Haut. Nur frei lebende Plattwürmer wie die Strudelwürmer besitzen einfache Augen. Bei den Schmarotzern beschränken sich die Sinnesorgane auf Tasten, Riechen und Schmecken. Fast alle Plattwürmer sind Zwitter.

### Rinderbandwurm

🌐 Alle Erdteile   📏 bis 10 m

Der Rinderbandwurm zählt zu den größten Würmern. Er lebt im Darm des Menschen und wird von ihm miternährt. Der → Schmarotzer besteht aus dem stecknadelkopfgroßen Kopf und vielen Körpergliedern. Beim erwachsenen Rinderbandwurm sind es bis zu 2 000 Glieder. Jedes reife Glied enthält rund 100 000 Eier. Ein ausgewachsener Bandwurm bringt also nach und nach 200 Millionen Eier hervor! Da Bandwürmer über 20 Jahre alt werden können, erzeugen sie Milliarden von Eiern. Aber nur wenn ein Ei in ein Rind gelangt, kann sich ein neuer Bandwurm bilden.

Im Darm des Rindes schlüpft aus dem Bandwurmei eine → Larve. Diese setzt sich im Muskelfleisch fest. Es entsteht eine Finnblase. In ihr befindet sich der Kopf des neuen Bandwurms. Gelangt die Finnblase durch den Genuss von rohem Rindfleisch in den menschlichen Darm, dann stülpt der Wurm seinen Kopf aus und wächst und wächst und wächst ... Zum Glück kommt das nur selten vor. Eine Finnblase geht beim Einfrieren oder Kochen des Fleisches zugrunde. Außerdem wird jedes geschlachtete Rind vom Tierarzt genau untersucht, bevor das Fleisch verkauft werden darf.

Der Mund der Planarie sitzt in der Körpermitte. Dort befindet sich ein Schlundrohr.

### Strudelwurm

🌐 Alle Erdteile   📏 bis 60 cm

Strudelwürmer sind Plattwürmer. Sie sind keine → Schmarotzer. Die meisten leben im Meer oder im Süßwasser. Manche könnte man für winzige Nacktschnecken halten. Am bekanntesten sind die Planarien. Die meisten von ihnen werden höchstens einen Zentimeter lang. Diese seltsamen Würmer fallen im Wasser andere Würmer und auch Schnecken an. Planarien können aus kleinen Teilen ihres Körpers vollständig neue Tiere bilden.

Der Rinderbandwurm hat vier Saugnäpfe am Kopf. Damit hält er sich im Darm fest.

# Ausgestorbene Tiere
## ... vor 65 000 000 Jahren

Vor etwa 4,6 Milliarden Jahren ist die Erde aus einer Gas- und Staubwolke im Weltall entstanden. Es dauerte noch rund 500 Millionen Jahre, bis sich Wasser bildete und die ersten Bakterien und Algen erschienen. Es vergingen noch einmal Milliarden Jahre, bis sich die ersten vielzelligen Tiere entwickelten, Schwämme, Nesseltiere und Würmer. Im Erdaltertum, das vor rund 600 Millionen Jahren begann, kamen andere Tierarten hinzu. Die Säugetiere erschienen erst spät auf unserem Planeten. Mit ihrem Aufstieg begann vor 65 Millionen Jahren die Erdneuzeit. Menschen lebten damals noch nicht auf der Welt. Sie traten erst vor sechs bis acht Millionen Jahren auf.

### Die Geschichte der Tiere

Die Geschichte der Erde begann vor etwa 4,6 Milliarden – 4 600 000 000 – Jahren. Die Geschichte der Tiere umfasst gerade einmal 700 Millionen Jahre. Die Geschichte der Menschheit wiederum beträgt nur einen winzigen Bruchteil der Erdgeschichte, nämlich sechs bis acht Millionen Jahre. Tiere leben also schon hundertmal so lang auf der Erde wie der Mensch. Wir wissen nicht, wie viele Tierarten es in dieser langen Zeit schon gegeben hat. Wissenschaftler schätzen, dass es bisher etwa 500 Millionen Tierarten auf der Erde gab. Rund 1,5 Millionen Tierarten sind bis heute erfasst und beschrieben. Wo aber sind die anderen Hunderte von Millionen Tierarten geblieben? Sie sind ausgestorben. Dieses Aussterben erfolgte nicht auf einmal, sondern ganz allmählich. Sehr langsam verschwand eine Tierart von der Erde, weil es für sie nicht mehr genug zu fressen gab. Oder sie starb aus, weil eine neue Tierart entstanden war, die sie jagte und ausrottete. Es gibt viele Gründe, weshalb Tiere aussterben.

*Der Tyrannosaurus war eine fürchterliche Echse. Der Raubsaurier wurde 14 m hoch und jagte Artgenossen. Er starb vor etwa 65 Millionen Jahren aus.*

Der Ankylosaurus lebte bis vor 65 Millionen Jahren in Nordamerika und Ostasien. Er wurde 5,50 m lang und war schwer gepanzert.

## Arten kommen und gehen

Nicht immer verschwinden Arten durch Nahrungsmangel oder ➔ Ausrottung. Im Laufe der ➔ Evolution haben sich Tierarten verändert. Sie haben sich ihrer veränderten Umwelt angepasst und zu neuen Arten entwickelt. Zum Beispiel verloren Fische, die an Land gingen, ihre ➔ Kiemen. Sie bildeten Lungen aus und wurden allmählich zu Amphibien. Können sich Tiere an ihre veränderte Umwelt nicht anpassen, dann sterben sie aus. Das ist auch heute noch so. Gleichzeitig entstehen aber auch neue Arten. Manchmal sterben Tiere durch eine Naturkatastrophe aus. Das war vielleicht bei den Dinosauriern der Fall. Sie herrschten 150 Millionen Jahre lang auf der Erde und entwickelten immer größere Formen. Gegen Ende der Kreidezeit vor rund 65 Millionen Jahren verschwanden die Dinosaurier plötzlich von der Erde. Manche Wissenschaftler vermuten, dass vielleicht ein Meteorit explodierte und auf die Erde fiel. Sie verdunkelte sich durch Unmengen von aufgewirbeltem Staub und kühlte dabei stark ab. Wir wissen aber nicht genau, warum die Saurier untergegangen sind. Wir wissen nur, dass sich nach ihnen die bis dahin meist kleinen Säugetiere zu großen Tieren entwickelten. Sie waren den neuen Umweltbedingungen besser angepasst.

Der Pteranodon war ein fliegender Saurier. Er besaß eine Flügelspannweite von 7 m. Pteranodons fingen Fische aus dem Meer.

Der Saltasaurus war ein Pflanzenfresser. Er wurde 12 m lang, hatte einen sehr langen Hals und einen kleinen Kopf. Der Saltasaurus lebte in Südamerika und starb vor 65 Millionen Jahren aus.

Der Triceratops oder Dreihorngesicht war ein Pflanzenfresser. Dieser Saurier wog fast 10 t. Er war 8 m lang und 2,50 m hoch.

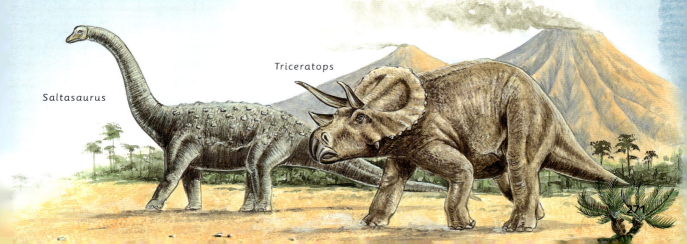

Saltasaurus

Triceratops

AUSGESTORBENE TIERE

# ... vor 10 000 Jahren

Vor 600 000 Jahren herrschte auf der nördlichen Erdhälfte eine Eiszeit. Damals waren große Gebiete mit Gletschern bedeckt. Im Laufe der Erdgeschichte wechselten immer wieder Kaltzeiten mit Warmzeiten ab. Viele Tiere, die sich nicht an die Änderungen des Klimas anpassen konnten, starben aus. Vor rund 70 000 Jahren begann die letzte große Eiszeit auf der Nordhalbkugel der Erde. Mehrmals schoben sich gewaltige Gletscher vor und zogen sich wieder zurück. Diese letzte Eiszeit ging erst vor etwa 10 000 Jahren zu Ende.

In Nord- und Südamerika lebten bis zum Ende der letzten Eiszeit Riesenfaultiere. Sie wurden so groß wie Elefanten und konnten sich wie Bären auf den Hinterbeinen aufrichten, um Blätter von den Bäumen zu fressen.

Das schrecklichste Raubtier der Eiszeit war der Säbelzahntiger. Er besaß lange, dolchartige Zähne und jagte sogar Mammuts.

## Tiere der Eiszeit

Während der Eiszeiten waren gewaltige Mengen an Wasser gefroren. Dies hatte zur Folge, dass die Meeresspiegel sanken. Flache Meere trockneten aus. Die Tiere konnten nun von einem Erdteil zum anderen ziehen. So wanderten zum Beispiel Urpferde aus Nordamerika nach Asien ein. Aus Asien wiederum gelangten die Mammuts nach Amerika. Die Lebensräume der Tiere änderten sich im Abstand von einigen Tausend Jahren ständig. Riesige Gletscher bildeten oft unüberwindliche Hindernisse. In den abgeschlossenen Gebieten entstanden auch viele neue Tierarten. Es entwickelten sich Riesenformen von Säugetieren.

Riesenfaultier
Säbelzahntiger

Am größten war das Mastodon. Dieses Riesenmammut hatte gewaltige Stoßzähne und lebte in Amerika. Das europäische Mammut war kaum kleiner. Das Riesenfaultier war schwerer als ein Elefant. Es lebte am Boden, da es nicht mehr auf Bäume steigen konnte. Die Biber wurden damals so groß wie heute die Bären. Und der Höhlenbär war verglichen mit einem Grisli ein wahrer Koloss. In Europa lebte auch das Wollnashorn. Das gefährlichste Raubtier aber war der Säbelzahntiger. Er besaß ein schreckliches Gebiss mit bleistiftlangen Dolchzähnen.

## Das große Sterben

Mit dem Ende der Eiszeit vor 10 000 Jahren starben fast alle Säugetierriesen aus. Sie konnten sich den veränderten Lebensbedingungen nicht anpassen. Nur die Moschusochsen, die es damals schon gab, überlebten bis heute in der ➔ Arktis. Als das Eis schmolz und es wärmer wurde, versanken manche Säugetierriesen im Morast. In dem dauernd gefrorenen Boden der ➔ Tundra werden immer wieder gut erhaltene Mammuts und vor allem ihre riesigen Stoßzähne gefunden. Viele Tiere wurden auch von den Jägern der Steinzeit ausgerottet. Die Menschen jagten damals nicht nur das Mammut, sondern auch den Höhlenbären und das Wollnashorn. Die großen Säugetiere wie Elefanten, Kamele und Nashörner waren einst über die ganze Erde verbreitet. Heute leben sie nur noch in Teilen Afrikas und Asiens und sind vom Aussterben bedroht.

Der Höhlenbär starb nach der Eiszeit aus. Er war fast doppelt so groß wie der Grisli und lebte in Europa und Nordafrika. Seinen Bau hatte der Höhlenbär in Höhlen.

Das Wollmammut lebte auf der nördlichen Erdhälfte. Es war durch seinen dichten Pelz der Eiszeit gut angepasst. Als es wieder wärmer wurde, starb das Wollmammut aus. Die kleineren Afrikanischen und Asiatischen Elefanten konnten bis heute überleben.

Das Wollnashorn hatte ein dichtes Haarkleid. Das Tier wurde 1,50 m lang und hatte zwei Hörner. Man fand in Sibirien im Dauerfrostboden vollständig erhaltene Wollnashörner. Nach der Eiszeit starben die Tiere aus.

Wollnashorn

Wollmammut

AUSGESTORBENE TIERE

# ... seit 500 Jahren

Die meisten Tiere, die wir heute kennen, gab es schon in der Eiszeit oder noch viel früher. Sie überlebten in einer veränderten Umwelt, weil sie sich anpassen konnten. Bis vor etwa 10 000 Jahren verschwanden Tierarten gewöhnlich durch natürliche Auslese. Sie starben aus, weil sie nicht mehr lebenstüchtig waren. Seit immer mehr Menschen mit immer wirkungsvolleren Waffen Jagd auf Tiere machen, werden Tierarten ausgerottet. Viele Tiere verschwinden auch von der Erde, weil ihre Lebensräume zerstört werden.

Der Ur oder Auerochse gilt als Vorfahre unserer Rinder. Dieses Urrind lebte einst in großer Zahl in den Wäldern Europas und Nordasiens. Durch die Jagd ist es bereits im Jahr 1627 ausgerottet worden.

Die Dronte oder der Dodo war ein flugunfähiger Vogel auf der Insel Mauritius im Indischen Ozean. Er verschwand schon im 18. Jahrhundert von der Erde.

## Kein Platz für Tiere

Jede Stunde verschwinden etwa drei Tierarten von der Erde. In den letzten 500 Jahren sind Hunderte von Tierarten ausgestorben. Die meisten wurden von den Menschen ausgerottet. Als diese begannen, die Erde zu erobern, waren ihnen die Tiere oft im Weg. Die Menschen rodeten Wälder, um Felder anzulegen. Sie veränderten Landschaften und bauten Städte und Straßen. Viele Tiere verloren dadurch ihren Lebensraum. Sie kamen um oder retteten sich in unzugängliche Gebiete. Doch bald folgte ihnen der Mensch auch dorthin. Wenn der Lebensraum für eine Tierart zu klein wird, droht diese auszusterben. Die Tiere finden dann nicht mehr genug zu fressen und können sich nicht mehr fortpflanzen. Macht der Mensch zusätzlich noch Jagd auf diese Tiere, dann sind sie rasch vom Aussterben bedroht. Auch vom Menschen verschleppte Tiere wie Hunde, Katzen und Ratten tragen zum Aussterben vieler Tierarten bei.

Auerochse

Dronte

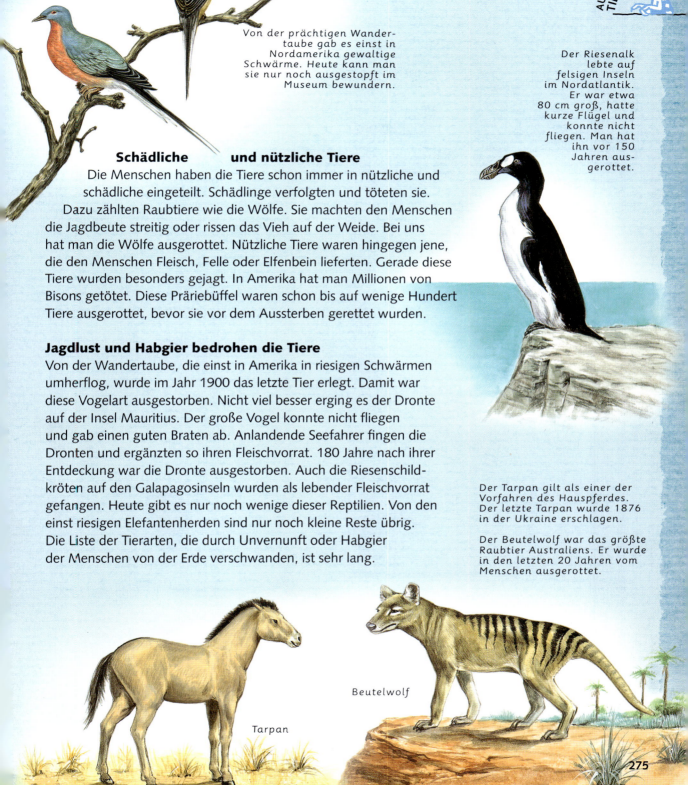

Von der prächtigen Wandertaube gab es einst in Nordamerika gewaltige Schwärme. Heute kann man sie nur noch ausgestopft im Museum bewundern.

Der Riesenalk lebte auf felsigen Inseln im Nordatlantik. Er war etwa 80 cm groß, hatte kurze Flügel und konnte nicht fliegen. Man hat ihn vor 150 Jahren ausgerottet.

## Schädliche und nützliche Tiere

Die Menschen haben die Tiere schon immer in nützliche und schädliche eingeteilt. Schädlinge verfolgten und töteten sie. Dazu zählten Raubtiere wie die Wölfe. Sie machten den Menschen die Jagdbeute streitig oder rissen das Vieh auf der Weide. Bei uns hat man die Wölfe ausgerottet. Nützliche Tiere waren hingegen jene, die den Menschen Fleisch, Felle oder Elfenbein lieferten. Gerade diese Tiere wurden besonders gejagt. In Amerika hat man Millionen von Bisons getötet. Diese Präriebüffel waren schon bis auf wenige Hundert Tiere ausgerottet, bevor sie vor dem Aussterben gerettet wurden.

## Jagdlust und Habgier bedrohen die Tiere

Von der Wandertaube, die einst in Amerika in riesigen Schwärmen umherflog, wurde im Jahr 1900 das letzte Tier erlegt. Damit war diese Vogelart ausgestorben. Nicht viel besser erging es der Dronte auf der Insel Mauritius. Der große Vogel konnte nicht fliegen und gab einen guten Braten ab. Anlandende Seefahrer fingen die Dronten und ergänzten so ihren Fleischvorrat. 180 Jahre nach ihrer Entdeckung war die Dronte ausgestorben. Auch die Riesenschildkröten auf den Galapagosinseln wurden als lebender Fleischvorrat gefangen. Heute gibt es nur noch wenige dieser Reptilien. Von den einst riesigen Elefantenherden sind nur noch kleine Reste übrig. Die Liste der Tierarten, die durch Unvernunft oder Habgier der Menschen von der Erde verschwanden, ist sehr lang.

Der Tarpan gilt als einer der Vorfahren des Hauspferdes. Der letzte Tarpan wurde 1876 in der Ukraine erschlagen.

Der Beutelwolf war das größte Raubtier Australiens. Er wurde in den letzten 20 Jahren vom Menschen ausgerottet.

Beutelwolf

Tarpan

# Fachbegriffe

Die hier aufgeführten Stichwörter findest du in den Texten des Tierlexikons. Sie tragen dort einen Pfeil: →

**Aas** Totes Tier; man sagt auch Kadaver dazu. Aasfresser beseitigen Kadaver. Zu den Aasfressern gehören zum Beispiel Geier und Hyänen. Auch viele Käfer fressen Aas.

**Arktis** Das Gebiet um den Nordpol. Der Erdteil am Südpol ist die Antarktis. Beide Polargebiete sind eisbedeckt. Am Rande des nördlichen Eismeers leben Eisbären, Robben und Eisfüchse. In der Antarktis gibt es Robben und Pinguine.

**Artenschutz** Gesetzliche Maßnahmen zum Schutz der vom Aussterben bedrohten Tier- und Pflanzenarten. Dazu gehören der Schutz des Lebensraumes und das Verbot, bedrohte Tierarten zu jagen. Auch der Handel mit bedrohten Tieren oder deren Fellen ist verboten.

**Ausrottung** Durch den Menschen verursachtes Aussterben einer Tierart. Entweder hat der Mensch die Tierart bis zum letzten Exemplar gejagt und getötet, oder er hat die Lebensräume von Tieren zerstört. Die Tiere pflanzen sich nicht mehr fort und sterben aus.

**Balz** Vorspiel beim Paarungsverhalten, vor allem bei Vögeln und Fischen. Bei Säugetieren spricht man von Brunft. Vor der Paarung werben meist die Männchen um die Weibchen. Bei Vögeln tragen die Männchen in der Balz oft ein buntes Federkleid und vollführen kunstvolle Flüge. Auch viele Fischmännchen zeigen in der Balz bunte Farben, zum Beispiel der Stichling.

**begatten** Paarung von Tieren. Dabei werden die Samenzellen der Männchen auf die Eizellen der Weibchen übertragen.

**Brackwasser** Mischung von Salzwasser und Süßwasser. Es entsteht an der Mündung eines Flusses in das Meer. Brackwasser ist weniger salzig als Meerwasser. Viele Meerestiere können wegen des geringeren Salzgehaltes nicht im Brackwasser leben. Andere wiederum, vor allem kleine Krebse, Würmer und Schnecken, halten sich hier bevorzugt auf.

**Brandungszone** Küstenabschnitt, an dem die Meereswellen auflaufen. Die Wellen überschlagen sich an der Küste. Das Wasser fließt am Boden wieder ins Meer zurück. In dieser Brandungszone leben viele kleine Tiere wie die Seepocken oder Napfschnecken. Sie sitzen am Grund oder auf Felsen und werden so nicht weggespült.

**Brunft** Paarungszeit. Hirsche und Rehböcke führen in der Brunft oder Brunst Kämpfe um die Weibchen aus, mit denen sie sich paaren wollen. Viele Säugetiere zeigen in der Brunftzeit ein auffälliges Verhalten.

**Brutfürsorge** Vorsorge für die Brut. Viele Tiere betreiben Brutfürsorge, indem sie etwa ihre Eier an besonders günstigen Orten ablegen. Die Schlupfwespe wählt dafür zum Beispiel eine Raupe. Die ausschlüpfenden Jungen fressen diese dann auf. Diese Vorsorge endet mit der Eiablage.

**Brutpflege** Betreuung der Nachkommen. Die Brutpflege geht viel weiter als die Brutfürsorge. Tiere mit Brutpflege kümmern sich auch um ihre Jungen,  wenn diese ausgeschlüpft oder geboren sind. Säugetiere betreiben Brutpflege, indem sie die Jungen mit Milch ernähren. Vögel bauen Nester und füttern ihre Jungen. Manche Tiere tragen ihre Jungen mit sich herum, bis diese selbständig sind.

**Bürzel** Schwanzwurzel des Vogels. Oberhalb sitzt die Bürzeldrüse. Sie enthält ein Öl, mit dem der Vogel sein Gefieder Wasser abstoßend macht.

**Chitin** Hornähnlicher Stoff. Aus Chitin besteht das Außenskelett von Insekten, Krebsen, Spinnen und Tausenfüßern. Der Stoff ist anfangs weich und wird dann hart. Da er nicht mitwächst, häuten sich Tiere mit einem Außenskelett während ihres Wachstums mehrmals.

**Delfinarium** Großes Becken mit Wasser, in dem man Delfine hält. Delfinarien, in denen Delfine oft Kunststücke zeigen, gibt es in manchen Zoos und in Freizeitparks.

# FACHBEGRIFFE

**Echopeilung** Ortung mit Hilfe von Schallwellen. Manche Tiere senden Schallwellen aus, die von Beutetieren oder Hindernissen zurückgeworfen werden. Fledermäuse stoßen Ultraschallschreie aus und fangen das Echo mit den Ohren auf. Wale und Delfine benutzen die Echopeilung unter Wasser. Man spricht dabei von einem Sonarsystem.

**Einzeller** Lebewesen aus einer einzigen Zelle. Pflanzen, Pilze und Tiere stammen von Einzellern ab. Diese leben vorwiegend im Wasser. Bekannte Einzeller sind die Amöbe und das Pantoffeltierchen.

**Embryo** Aus einer befruchteten Eizelle entstehendes Lebewesen. Bei Säugetieren wächst der Embryo in der Gebärmutter zum fertigen Tier heran. Nur bei den Beuteltieren entwickelt sich der Embryo in der Gebärmutter nicht ganz bis zum fertigen Tier. Beim Schnabeltier und dem Ameisenigel schlüpfen die Jungen außerhalb des Mutterleibs aus Eiern.

**Evolution** Entwicklung der Lebewesen von einfachen zu höheren Formen. Ein Ergebnis der Evolution ist auch der Mensch als das am höchsten entwickelte Lebewesen. Die Evolution geht ständig weiter.

**Fossilien** Reste früherer Lebewesen. Sie sind meist als Versteinerungen in den Erdschichten erhalten. Als lebende Fossilien bezeichnet man Tiere, die es schon seit langem auf der Erde gibt und die sich seither kaum verändert haben. Dazu zählen die Brückenechse und das Perlboot, ein altertümlicher Tintenfisch.

**Generation** Alle etwa gleichaltrigen Einzelwesen einer Art. Die Eltern bilden eine Generation, die Jungen die nächste. Bei manchen einfachen Tieren wie den Polypen gibt es den so genannten Generationswechsel. Darunter versteht man, dass sich die Tiere von Generation zu Generation einmal geschlechtlich, einmal ungeschlechtlich fortpflanzen. Bei Polypen entstehen zum Beispiel durch die ungeschlechtliche Knospung Quallen. Diese vermehren sich wieder geschlechtlich durch Eier.

**Gliederfüßer** Tiergruppe, in der Insekten, Krebse, Spinnen und Tausendfüßer zusammengefasst werden. Die Gliederfüßer haben einen in Kopf, Brust und Hinterleib gegliederten Körper sowie gegliederte Beine.

**Harem** Mehrere Weibchen, die ein Männchen um sich sammelt und mit denen es sich paart. Der Hahn begattet zum Beispiel mehrere Hühner. Ein Elefantenbulle hat einen Harem aus mehreren Elefantenkühen. Ein starker Seeelefantenbulle kann bis zu 20 Weibchen in seinem Harem haben.

**Häutung** Abstoßung der Haut als Ganzes. Schlangen schlüpfen von Zeit zu Zeit aus ihrer Haut, wenn sie ihnen zu eng geworden ist. Auch Krebse häuten sich mehrmals, da ihr Außenskelett nicht mitwächst. Das gilt auch für Insekten, Spinnen und Tausendfüßer.

**Heimtier** Kleine Tiere, die als Hausgenossen gehalten werden. Man unterscheidet Haustiere und Heimtiere. Zu den Haustieren zählen alle Nutztiere des Menschen wie Pferde, Kühe, Schweine und Geflügel sowie Hunde und Katzen. Heimtiere sind zum Beispiel Goldhamster, Meerschweinchen und Wellensittiche.

**Horst** Nest der Greifvögel, Eulen und Stelzvögel. Ein Horst ist meist flach und ausladend. Als Nistmaterial verwenden die Vögel dickere Äste und Zweige.

**Humus** Fruchtbarer Boden. Er entsteht aus abgestorbenen Tieren und Pflanzen, die verrotten. In dieser Bodenschicht leben besonders viele Kleinlebewesen. Sie wirken als Zersetzer und stellen so Nährstoffe für Pflanzen her.

**Imponiergehabe** Verhalten, durch das Tiermännchen Rivalen einschüchtern. Sie machen sich größer oder stolzieren aufgebläht umher. Der Gegner bekommt dann meist Angst und ergreift die Flucht, bevor es zu einem Kampf kommt. Männchen wollen häufig auch einem Weibchen durch ihr Gehabe imponieren.

**Insektenstaat** Gemeinschaft von Insekten. Insektenstaaten sind die größten Tiergemeinschaften mit bis zu einer Million Tieren. Zu den Staaten bildenden Insekten zählen Bienen, Wespen, Ameisen und Termiten.

**Jungfernzeugung** Entwicklung von Nachkommen aus unbefruchteten Eiern. Blattläuse oder Stabheuschrecken zum Beispiel können

# FACHBEGRIFFE

sich durch Jungfernzeugung vermehren. Zur Fortpflanzung sind keine Männchen nötig.

**Kältestarre** Ruhezustand von wechselwarmen Tieren im Winter. Die Körpertemperatur wechselwarmer Tiere hängt von der Umgebung ab. Insekten, Schnecken und Frösche fallen im Winter in Kältestarre. Dann stellt der Körper seine Tätigkeit weitgehend ein. Die Tiere werden stockstarr. So überwintern sie, ohne zu viele Nährstoffe zu verbrauchen.

**Kiemen** Atmungsorgane der meisten Wassertiere. Alle Fische haben Kiemen. Sie nehmen damit den im Wasser gelösten Sauerstoff auf. Mit Kiemen atmen auch Krebse, Kaulquappen und viele Weichtiere wie Tintenfische, Schnecken und Muscheln.

**Knorpel** Stützgewebe bei Wirbeltieren und beim Menschen. Die Jungen kommen mit einem knorpeligen Skelett zur Welt. Dieses verknöchert mit zunehmendem Alter. Haie und Rochen besitzen nur ein Skelett aus Knorpel. Darin unterscheiden sie sich von den Knochenfischen.

**Knospung** Ungeschlechtliche Form der Fortpflanzung bei niederen Tieren. Das Tier schnürt eine Knospe ab und daraus entsteht ein Tochtertier.

**Kokon** Schutzhülle, mit der vor allem Insekten und Spinnen ihre Eier umschließen. Der Kokon besteht meist aus einem feinen Gespinst oder aus Schaum. Viele Insektenlarven spinnen auch selbst einen Kokon, in dem sie als Puppe ruhen.

**Kolonie** Ansammlung von Tieren. Zum Beispiel bilden Robben an den Küsten große Brutkolonien. Sie bringen dort ihre Jungen zur Welt und ziehen sie auf. Solche Brutkolonien kennt man auch von Seevögeln, etwa den Pinguinen.

**Konkurrenz** Wettbewerb um begrenzt vorhandene Dinge. Alle Tiere einer Art sind untereinander Konkurrenten. Sie konkurrieren um die besten Nahrungsbedingungen, um die Weibchen oder um die besten Brutplätze. Nahrungskonkurrenz entsteht auch unter verschiedenen Arten.

**Korallenriff** Kolonien von Korallen. Korallenriffe entstehen in lichtdurchfluteten Zonen warmer Meere. Die Korallen scheiden Kalk aus und bauen ihre Gerüste bis unter den Meeresspiegel. Aus dem Korallenkalk bilden sich Wälle und Atolle, wenn sich der Meeresboden hebt.

**Kulturfolger** Wildtiere, die die Nähe des Menschen suchen. Sie leben in Gärten und auf Feldern. Die Amsel ist ein Beispiel. Sie war einst ein scheuer Waldvogel und kommt heute in allen Gärten und Parks vor. Die meisten Tiere meiden aber die Nähe des Menschen und werden durch Straßen, Siedlungen und Ackerbau vertrieben. Man nennt sie Kulturflüchter. Ein Beispiel dafür ist der Biber. Er kam früher in vielen Flüssen vor. Erst seit man ihn bei uns wieder eingeführt hat, breitet er sich wieder aus.

**Laich** Die Eier von Fischen, Fröschen und Kröten. Wenn diese Tiere ihre Eier ablegen und besamen, spricht man vom Laichen.

**Larve** Zwischenform bei der Entwicklung eines Tieres. Vor allem bei den Insekten, aber auch bei Fröschen treten Larven auf. Die meisten Larven sehen anders aus als die Elterntiere. Die Larve des Maikäfers zum Beispiel ist der wurmartige Engerling. Raupen sind die Larvenform der Schmetterlinge, Kaulquappen die der Frösche. Sie alle verwandeln sich im Laufe der Entwicklung in fertige Tiere.

**Mangrovensumpf** Sumpfgebiet an Meeresküsten. An den Küsten warmer Meere wachsen häufig Mangroven. Diese Bäume haben Stelzwurzeln, mit denen sie teilweise im Salzwasser stehen. Zwischen den Mangrovenwurzeln sammelt sich der Schlick an. So bilden sich ausgedehnte Sumpfgebiete. Hier leben viele Tiere.

**Mauser** Federwechsel bei Vögeln. Die Mauser erfolgt zu bestimmten Zeiten im Jahr. Die Federn werden dabei nach und nach gegen neue ausgetauscht. Einige Vögel verlieren bei der Mauser auf einmal so viele Federn, dass sie eine Zeit lang nicht fliegen können.

**Meduse** Frei schwimmende Form eines Nesseltieres. Man bezeichnet sie auch als Qualle. Die festsitzende Form nennt man Polyp.

# FACHBEGRIFFE

**Mimikry** Tarnung durch Täuschung. Ein harmloses Tier ahmt dabei ein anderes gefährliches oder ein giftiges Tier nach. Auf diese Weise schreckt es Feinde ab. So sieht zum Beispiel der Hornissenschwärmer, ein Schmetterling, wie eine Hornisse mit Giftstachel aus.

**nachtaktiv** Bezeichnung für alle Tiere, die erst in der Dämmerung auf Nahrungssuche gehen. Dazu zählen zum Beispiel Hyänen oder auch Eulen. Buschbabys, die nur nachts jagen, haben auffällig große Augen. Tiere, die tagsüber unterwegs sind und nachts ruhen, nennt man tagaktiv.

**Nahrungskette** Eine Reihe von Lebewesen, bei der eine Art der anderen als Futter dient. Pflanzenfresser ernähren sich von Pflanzen. Die Pflanzenfresser wiederum werden von Fleischfressern verzehrt. Kleine Fleisch fressende Tiere fallen größeren zum Opfer. Am Ende dieser Nahrungskette stehen die größten Raubtiere. Man kann für jedes Tier eine solche Kette aufstellen: In einem See ernährt sich ein Friedfisch von Algen und Wasserflöhen. Der Friedfisch wird vom Hecht gejagt und gefressen. Den Hecht fängt ein Angler, und der Raubfisch wird vom Menschen verspeist.

**Naturschutz** Alle Bemühungen, die Natur zu erhalten und die Pflanzen und Tiere vor dem Aussterben zu bewahren. Dazu gibt es Naturschutzgesetze. Sie schreiben vor, was erlaubt oder verboten ist. So dürfen Tiere, die unter Naturschutz stehen, nicht gejagt und getötet werden.

**Nektar** Zuckerhaltiger Saft der Blüten. Er dient vor allem vielen Insekten als Nahrung. Die Blüten werden beim Insektenbesuch bestäubt. Auch Kolibris saugen Nektar.

**Nestflüchter** Tierjunge, die nach der Geburt sofort das Nest verlassen. Dazu zählen nicht nur Hühnervögel, sondern auch Huftiere wie Rehe oder Antilopen sowie Feldhasen. Es sind vor allem Tiere, die keinen Bau haben und sich durch die Flucht vor Feinden retten.

**Nesthocker** Tierjunge, die nackt und blind zur Welt kommen und auf die Pflege ihrer Eltern angewiesen sind. Solche Tiere bleiben lange im Nest und werden von den Eltern gefüttert. Dazu gehören die meisten Vögel, aber auch Hunde, Katzen und andere Tiere.

**Organ** Körperteil. Alle Tiere mit Ausnahme der Einzeller, Schwämme und Nesseltiere haben Organe. Dazu zählen zum Beispiel Herz und Lunge oder Kiemen. Organe werden aus besonderen Zellen gebildet und übernehmen bestimmte Aufgaben im Körper. Das Herz pumpt das Blut durch die Adern. Lunge und Kiemen besorgen die Atmung.

**Parasit** Lebewesen, das auf Kosten anderer lebt. Zu den tierischen Parasiten oder Schmarotzern zählen viele Würmer und Insekten. Darunter sind Blutsauger wie Blutegel, Wanzen und Flöhe. Das Tier, von dem die Parasiten leben, nennt man Wirt.

**Plankton** Winzige Lebewesen, die im Wasser schweben. Es sind Pflanzen und Tiere. Die meisten sind Einzeller. Zum tierischen Plankton gehören aber auch kleine Krebschen, winzige Tintenfische und Schnecken. Das Plankton dient vielen Fischen, aber auch den Bartenwalen als Nahrung.

**Pollen** Blütenstaub. Er sorgt für die Bestäubung der Blüten. Schmetterlingen und Bienen dient er als Nahrung.

**Polyp** Festsitzende Form eines Nesseltieres. Polypen pflanzen sich durch Knospung auf ungeschlechtlichem Weg fort.

**Puppe** Vorletzte Stufe der Entwicklung bei vielen Insekten. Alle Insekten mit vollständiger Verwandlung ruhen eine Zeit lang als Puppe. Während der Puppenruhe verwandelt sich die Larve in das fertige Insekt.

**Rangordnung** Stellung von Tieren untereinander. Tiere in Tiergemeinschaften halten eine strenge Rangordnung ein. Sie legt fest, welche Vorrechte und Pflichten ein Tier innerhalb der Gruppe hat. Vorrechte sind zum Beispiel, als Erster fressen zu dürfen oder den besten Schlafplatz zu bekommen. Rangniedere Tiere stehen zurück. Das ranghöchste Tier verschafft sich durch Kämpfe und Drohgebärden Achtung und Anerkennung.

**Rasse** Unterart einer Art. Vom Hund kennt man über 400 Rassen. Sie unterscheiden sich in Größe, Farbe und anderen Merkmalen. Alle können sich untereinander paaren und fruchtbare Nachkommen haben. Das heißt, dass diese wieder Junge bekommen können.

# FACHBEGRIFFE

**Regeneration** Wiederherstellen verlorener Körperteile. Einem Seestern wächst ein abgefressener Arm wieder nach. Die Eidechse kann ihren Schwanz verlieren und wieder ersetzen. Je einfacher ein Tier gebaut ist, desto größer ist seine Fähigkeit zur Regeneration.

**Regenwald** Urwald am Äquator. Dort gibt es keinen Winter wie bei uns. Die Sonne scheint das ganze Jahr, und es regnet fast täglich einmal. Durch die Wärme und das Wasser gedeihen die Pflanzen wie in einem Treibhaus. Die Tiere finden hier viel mehr Nahrung als anderswo auf der Erde. Deshalb leben in den Regenwäldern auch mehr als die Hälfte aller Tierarten der Erde.

**Revier** Das Gebiet, in dem ein Tier ständig lebt. Man nennt es auch Territorium. Tiere verteidigen ihr Revier gegen Eindringlinge.

**Rivale** Gegner. Im Tierreich sehen Männchen in einem anderen Männchen einen Rivalen, der ihnen ihr Revier und die Weibchen streitig macht. Sie bekämpfen deshalb den Rivalen. Besonders heftig sind diese Kämpfe während der Paarungszeit.

**Rotte** Mehrere Wildschweine, die in einer Gruppe zusammenleben.

**Rückstoß** Eine Art der Fortbewegung. Raketen fliegen durch Rückstoß: Das nach hinten ausgestoßene Gas treibt die Rakete vorwärts. Auf die gleiche Weise schwimmen Tintenfische: Sie stoßen Wasser aus ihrer Körperöffnung und werden dadurch vorwärts getrieben.

**Rudel** Eine Gruppe von Tieren. Der Jäger verwendet das Wort anstelle von Herde und bezeichnet damit vor allem eine Gruppe von Hirschen oder Wölfen. Man spricht zum Beispiel von einem Hirsch- oder Wolfsrudel.

**Savanne** Tockenes Grasland, in dem einzelne Bäume wachsen. Die ausgedehnteste Savanne gibt es in Afrika. Hier leben noch große Herden von Antilopen, Zebras, Giraffen und Elefanten. Bewohner der Savanne sind auch Löwen, Nashörner, Hyänen und Strauße. In der afrikanischen Savanne liegt der Serengeti-Nationalpark, das größte Tierschutzgebiet der Erde.

**Schelfmeer** Die Meere über dem Schelf. Der Schelf ist der Rand der Erdteile. Dieser Festlandsockel fällt langsam in die Tiefe ab. Die Meere darüber sind bis zu 200 m tief.

**Schmarotzer** Tiere und Pflanzen, die auf Kosten anderer leben. Man nennt sie auf Lateinisch Parasiten.

**Schule** Ein gemeinsam handelnder Schwarm von Fischen oder Delfinen.

**Skelett** Körpergerüst. Es besteht bei Wirbeltieren aus Knochen und liegt im Körper. Man spricht deshalb auch von einem Innenskelett. Insekten und Krebse haben ein äußeres Skelett. Es besteht aus einem hornähnlichen Stoff, dem Chitin.

**Symbiose** Partnerschaft zwischen unterschiedlichen Tieren. Beide Tiere leben dabei zu gegenseitigem Nutzen zusammen. Eine solche Nutzgemeinschaft kennt man zum Beispiel von Putzerfischen. Sie leben im Korallenriff und säubern gefährlichen Raubfischen die Haut von Parasiten. Der Putzerfisch frisst die Parasiten und ist dabei durch den Raubfisch vor Feinden geschützt.

**Taiga** Das größte Nadelwaldgebiet der Erde. Die Taiga liegt im Norden Europas und Asiens. Die größten Tiere der Taiga sind Bär, Elch und Vielfraß.

**Tarnung**

Schutzeinrichtung von Tieren. Viele Tiere, die sich nicht durch Stärke, einen Panzer, Gift oder Schnelligkeit vor Feinden schützen können, tarnen sich. Die meisten passen sich durch ihre Farbe der Umgebung an. Man nennt das eine Tarntracht. Schneehasen zum Beispiel bekommen im Winter ein weißes Fell als Tarntracht. Viele Bodenfische tarnen sich, indem sie ihre Haut der Farbe des Untergrunds anpassen.

**Tentakel** Die Fangarme von Tintenfischen, Quallen und Blumentieren. Bei Tintenfischen sind die Tentakel mit Saugnäpfen besetzt. Die Tentakel der Quallen und Blumentiere tragen Nesselkapseln.

**Tollwut** Lebensgefährliche Krankheit, die auch Menschen befallen kann. Sie tritt bei warmblütigen Tieren auf, häufig bei Füchsen, Mardern und Eichhörnchen. Erkrankte Tiere

# FACHBEGRIFFE

zeigen ein auffälliges Verhalten. Sie werden beißlustig und sind gegenüber dem Menschen sehr zutraulich. Deshalb ist es sehr gefährlich, solche Tiere anzufassen oder zu streicheln. Wer von einem tollwütigen Tier gebissen wird, muss sofort einen Arzt aufsuchen. Vor Tollwut schützt eine Tollwutimpfung.

**Tundra** Baumlose Steppe im nördlichen Polargebiet. Hier wachsen nur Moose und Flechten. Der Sommer dauert in der Tundra nur zwei Monate. Danach ist sie wieder von Eis und Schnee bedeckt. In der Tundra leben Rentiere und Moschusochsen, Lemminge, Schneehasen und Eisfüchse. Im kurzen Sommer brüten hier auch viele Vögel.

**Verwandlung** Veränderung der Körperform während der Entwicklung. Viele Tiere ändern während des Wachstums vom befruchteten Ei zum fertigen Tier ihr Aussehen. Aus dem Ei wird zuerst eine Larve. Viele Larven häuten sich mehrmals während des Wachstums. Dabei werden sie dem fertigen Tier immer ähnlicher. Man nennt das unvollkommene Verwandlung. Man findet sie zum Beispiel bei Krebsen. Bei der vollkommenen Verwandlung verpuppt sich die Larve und ruht eine Zeit lang. Käfer und Schmetterlinge schlüpfen aus einer Puppe. Mit einem griechischen Wort nennt man die Verwandlung auch Metamorphose.

**wechselwarm** Bezeichnung der Körperwärme. Wechselwarme Tiere haben keine gleichmäßige Körpertemperatur. Sie richtet sich nach der Außentemperatur. Ist es kalt, dann sinkt auch ihre Körperwärme ab. Wechselwarm sind alle Tiere mit Ausnahme der Säugtiere und der Vögel. Diese haben stets die gleiche Körpertemperatur.

**Wiederkäuer** Paarhufer mit einem Magen aus vier Kammern. Dazu zählen Rinder, Schafe, Hirsche, Antilopen und andere Huftiere. Sie würgen nach dem Fressen ihr Futter wieder hoch, um es noch einmal durchzukauen, bevor sie es verdauen. Auf diese Weise wird das Futter besser ausgewertet. Pferde, die keinen Wiederkäuermagen haben, müssen sehr viel mehr Futter fressen.

**Winterruhe** Unterbrochener Ruhezustand vieler Tiere in kalten Gebieten. Viele Säugetiere halten keinen durchgehenden Winterschlaf. Sie wachen von Zeit zu Zeit auf, um von ihren Vorräten zu fressen. In der kältesten Zeit schlafen sie aber fest. Allerdings senken sie ihre Körpertemperatur nicht ab wie echte Winterschläfer. Zu den Winterruhern zählen das Eichhörnchen und der Hamster. Sie tragen für den Winter große Mengen an Vorräten ein.

**Winterschlaf** Fester Ruhezustand vieler Tiere in kalten Gebieten. Winterschläfer fressen sich bis zum Herbst eine dicke Fettschicht an und fallen dann in einen tiefen Schlaf. Sie zehren während ihres Schlafs von den Fettreserven. Dabei sinkt ihre Körpertemperatur ab, die Atmung verringert sich, und das Herz schlägt langsamer. Wenn im Frühjahr die Sonne die Erde erwärmt, wachen die Tiere aus ihrem Winterschlaf auf. Siebenschläfer und Murmeltiere schlafen über ein halbes Jahr.

**WWF** Abkürzung für *World Wide Fund for Nature*. Das ist die größte Naturschutzorganisation der Welt.

**Zelle** Der kleinste Baustein aller Lebewesen. Einfache Lebewesen bestehen nur aus einer einzigen Zelle und werden deshalb Einzeller genannt. Bei mehrzelligen Lebewesen übernehmen die Zellen im Körper verschiedene Aufgaben. Muskelzellen sehen deshalb anders aus als Nervenzellen oder Blutzellen.

**Zugvogel** Vögel, die im Herbst ihr Brutgebiet verlassen, um in wärmeren Ländern zu überwintern. Sie finden dort genügend Nahrung. Viele unserer Singvögel sind Zugvögel. Sie fliegen zum Teil bis nach Südafrika und kehren im Frühjahr wieder zurück. Vögel, die das ganze Jahr über bei uns bleiben, nennt man Standvögel. Dazu zählt zum Beispiel die Amsel. So genannte Strichvögel legen keine so weiten Flüge wie die Zugvögel zurück. Sie weichen aber der Kälte aus. Der Star, der manchmal in warmen Wintern bei uns bleibt, ist ein Teilzieher.

**Zwitter** Tiere, die sowohl weibliche als auch männliche Geschlechtsorgane haben. Dazu zählen zum Beispiel Schnecken und Regenwürmer. Die zweigeschlechtigen Tiere paaren sich aber trotzdem untereinander.

# REGISTER

## A

Aalfische 176
Abendpfauenauge 206
Abendsegler, Großer 80
Abgottschlange (Boa constrictor,
   Königsschlange) 153
Adler 99, 110
Affen 14, 18, 20
Ährenfischartige 185
Aiptasie 256
Albatros 102
Algen 12
Alken 118
Alligator 142
Alpaka 29
Alpenbock 200
Alpendohle 139
Alpensalamander 167
Alpenschneehase 78
Alpenschneehuhn 116
Amazonenameise 208
Ameisen 194, 195, 208
Ameisenbär, Großer 91
Ameisenigel 15, 17, 89
Ammenhai 172
Amsel 130
Anakonda 153
Anemonenfisch (Clownfisch) 190
Anglerfische 182
Ankylosaurus 271
Antilopen 17, 36
Apollofalter 202
Apothekerskink 145
Arakanga 123
Aras 123
Archaeopteryx 98
Asseln 227
Auerhuhn 115
Auerochse (Ur) 42, 274
Auster, Europäische 245
Axolotl 161, 168

## B

Bachflohkrebs 226
Bachforelle 180
Bachstelze 135
Badeschwamm 263
Bakterien 12, 270
Baldachinspinne 231
Bambusbär (Großer Panda) 50
Bandwurm 265, 269
Bankivahuhn 115
Bären 48
Bärenkrebs 223
Bärenmarder (Vielfraß, Järv) 64
Baribal (Schwarzbär) 49
Barrakuda (Pfeilhecht) 189
Barschartige 188
Bartenwale 96
Basilisk 147
Basstölpel 103

Baumkänguru 86
Baummarder 62
Baumsteigerfrosch 164
Becherschwamm 256
Bekassine (Sumpfschnepfe) 119
Beluga (Weißwal) 92
Bergeidechse 145
Berglemming 73
Bergmolch 169
Bettwanze 217
Beutelmarder 87
Beutelmeise 132
Beutelteufel 87
Beuteltiere 15, 86
Beutelwolf 275
Bezoarziege 38
Bharal (Blauschaf) 41
Biber 16, 75, 273
Bienen 195, 210
Bienenelfe, Kubanische 99
Birkhuhn 114
Bisamratte 72
Bison 42, 275
Blatthühnchen 119
Blattlaus 216
Blattschneiderbiene 211
Blaufleckenkrake 239
Blauhai 172
Blaukehlchen 131
Bläuling 205
Blaumaulmeerkatze 21
Blaumeise 132
Blauschaf (Bharal) 41
Blaustirn-Blatthühnchen 119
Blauwal 97
Blauwangenlori 122
Blauzungenskink 145
Blindschleiche 144
Blindwühlen 160, 161
Blumentiere 256, 258
Blutegel 266
Blutströpfchen (Widderchen) 205
Boa constrictor (Abgottschlange,
   Königsschlange) 153
Bockkäfer 200
Boomslang 155
Borstenigel (Tanrek) 84
Brackwasserpolyp 257
Braunbär 48
Brautente 105
Breitmaulnashorn 44
Bremse 214
Brillenbär 49
Brillenschlange (Kobra) 156
Brotkrumenschwamm 256
Brückenechse 141, 152
Brüllaffe, Roter 22
Brüllaffe, Schwarzer 22
Buchdrucker 201
Bücherskorpion 235
Buchfink 99, 131
Buckelwal 96

Bulldog-Fledermaus 81
Buntbarsche 187
Buntspecht 128
Buschbaby (Galago) 25
Bussard 111

## C

Cairn-Vogelfalter 203
Capybara (Wasserschwein) 76
Chamäleon 148
Chinchilla 77
Clownfisch (Anemonenfisch) 190

## D

Dachs 62
Davidshirsch 33
Delfin, Gemeiner 94
Delfine 14, 15, 94
Diademseeigel 252
Diamantklapperschlange 156
Dickhornschaf 40
Dickschwanzskorpion 235
Dinosaurier 12, 140, 271
Distelfalter 206
Dodo (Dronte) 274, 275
Dögling (Entenwal) 93
Dohle 98, 139
Doktorfisch 191
Dompfaff (Gimpel) 130
Doppelschleiche 141, 151
Dorfweber, Afrikanischer 99
Dornenkrone 255
Dornteufel 148
Dorschfische 179
Dosenschildkröte 158
Dreifingerfaultier 90
Dreihornchamäleon 148
Dreistachliger Stichling 186
Dromedar 29
Dronte (Dodo) 274, 275
Drückerfisch, Gebänderter 170
Ducker 36
Dugong 27

## E

Echsen 140, 141, 144
Edelfasan 114
Edelkoralle 256, 258
Edelsteinrose 256
Edelziege, Deutsche 39
Egelschnecke, Große 238
Eichelhäher 139
Eichenbock (Heldbock) 200
Eichhörnchen 68
Eidechse 140, 144
Eierschlange 155
Einsiedlerkolibri 99
Einsiedlerkrebs 225, 260
Eintagsfliege 194
Eisbär 50
Eisfuchs (Polarfuchs) 54
Eisseestern 250

282

# REGISTER

Eisvogel 127
Elch 34
Elefant, Afrikanischer 26
Elefant, Asiatischer 26
Elefanten 16, 26, 273, 275
Elfenkauz 125
Elster 138
Emu 106
Engelhai (Meerengel) 173
Engerling 194, 198
Ente 104, 105
Entenmuschel 226
Entenwal (Dögling) 93
Erdbeerrose 256
Erdkröte 165
Erdkuckuck 120
Erdmännchen 56
Erdwolf 55
Esel 47
Eselshase 79
Eselspinguin 100
Etruskerspitzmaus 15
Eulenfalter 206
Eulenpapageien 123
Eulenvögel 124

## F

Fächerfisch 192
Fächerkoralle 256
Fächertaube 113
Falbkatze 61
Falke 99, 111
Falltürspinne 230
Fasan 114
Faultier 90, 241, 272
Federkoralle 258
Feenseeschwalbe 118
Feldhamster 73
Feldhase 78
Feldmaus 72
Feldsperling 137
Felsenpinguin 101
Felsentaube 113
Fennek (Wüstenfuchs) 54
Fetzenfisch 186
Feuerkalmar (Wunderlampe) 248
Feuerqualle (Würfelqualle) 256, 262
Feuersalamander 161
Feuerwanze 217
Fink 131
Fischfledermaus 81
Fischkatze 61
Fischotter 64
Fischreiher (Graureiher) 109
Flamingo 108
Fleckenhyäne (Tüpfelhyäne) 55
Fledermäuse 81
Fledermausfisch 191
Fledertiere 80
Fliegen 195, 214
Fliegende Fische 185

Flöhe 195, 216
Flohkrebs 218, 226
Florida-Doppelschleiche 151
Flugdrache 149
Flugfrosch 163
Flughund (Kalong) 14
Flughund, Hammerkopf- 83
Flughund, Indischer 82
Flussaal 176
Flussbarsch 188
Flusskrebs 219, 222
Flussperlmuschel 244
Flusspferde 28
Flussregenpfeifer 98
Flusswels (Waller) 177
Forelle 180
Forleule (Kieferneule) 207
Fransenschildkröte 159
Fratzenkuckuck 120
Fregattvogel 103
Frettchen (zahmer Iltis) 63
Frösche 160, 162
Fuchs, Kleiner 206
Füchse 54

## G

Gabelschwanz 207
Galago (Buschbaby) 25
Galapagospinguin 101
Galapagosschildkröte 158
Gämse 39
Gangesdelfin 94
Gangesgavial 142, 143
Gans 104
Gänsefußstern 251
Gänsegeier 112
Gänsevögel 104
Garnelen 219, 224
Gartenrotschwanz 130
Gartenschnecke 240, 241
Gaur (Gayal) 43
Gavial 142, 143
Gayal (Gaur) 43
Gazelle 17, 37
Geburtshelferkröte 166
Gecko 141, 146
Geier 112
Gelbbauchunke 166
Gelbhaubenkakadu 123
Gelbrandkäfer 197
Gelbschnabeltoko 127
Gepard 17, 59, 241
Gespenstschrecke 195
Geweihkoralle 256
Gibbon, Weißhand- 18
Gießkannenschwamm 263
Gila-Krustenechse 151
Gimpel (Dompfaff) 130
Ginsterkatze 56
Giraffe 17, 35
Giraffengazelle 37
Gitterkalkschwamm 263

Glattnatter 154
Gleithörnchen 68
Gnu 36
Goldbutt (Scholle) 175
Goldfröschchen 163
Goldhähnchen 133
Goldschmied 196
Goliathfrosch 161
Gorgonenhaupt 251
Gorilla 18
Gottesanbeterin 212
Goulds Waran 150
Grasfrosch 160, 162
Graugans 104
Graureiher (Fischreiher) 109
Grauwal 96
Greifvögel 110
Griffelseeigel 252
Grisli 48
Grönlandwal 14
Großtrappe 109
Grottenolm 169
Grünspecht 128
Grüntrogon 121
Grunzochse (Yak) 42
Guanako 29
Guppy 185
Gürteltier 91

## H

Haarsterne 251, 255
Habicht 110
Haie 170, 171, 172
Hain-Bänderschnecke 238
Halbaffen 24
Halbesel 47
Halfterfisch 170
Halsbandpekari 30
Hammerhai 173
Hammerkopfflughund 83
Hamster 73
Handwühle 151
Harlekinhüpfspinne 233
Haselmaus 74
Hasen 78
Haubenlerche 133
Haubentaucher 105
Hausente 104
Hausgans 104
Haushuhn 115
Hauskatze 61
Hausmaus 70
Hausratte 70
Hausschwein 31
Haussperling 136
Hausstaubmilbe 236
Hecht 179, 181
Hechtbarsch (Zander) 188
Heilbutt, Weißer 175
Heldbock (Eichenbock) 200
Helmkasuar 106
Hering, Atlantischer 178

283

# REGISTER

Heringsfische 178
Herkuleskäfer 195
Hermelin (Großes Wiesel) 63
Herzseeigel 250
Heupferd, Grünes 213
Heuschrecken 194, 195, 213
Himmelsgucker 189
Hirnkoralle 259
Hirsche 17, 32
Hirscheber 30
Hirschkäfer 199
Hoatzin (Schopfhuhn) 117
Höckerschwan 104
Höhlenbär 273
Holzbock (Zecke) 236
Honigbiene 210
Hörnchen 68
Hornisse 209
Hornissenschwärmer 206
Hornschwamm 256
Hufeisennase, Große 80
Hühnervögel 114
Hummel 211
Hummer (Lobster) 219, 222
Hunde 17, 52
Hundertfüßer 237, 241
Hüpferling 227
Hüpfspinne 233
Hyänen 17, 55
Hydratiere 256, 257, 262

## I, J

Ibis 107
Igel 84
Igelfisch 171, 193
Iltis 63
Indri 24
Insektenfresser 84
Jaguar 60
Jakobsmuschel 246
Jarogua sphaero 141
Järv (Vielfraß, Bärenmarder) 64
Java-Flugfrosch 163

## K

Kabeljau 179
Käfer 194, 196
Käferschnecke 238
Kaffernbüffel 43
Kaiman 143
Kaiserfisch 171
Kaiserpinguin 100
Kaiserschnurrbarttamarin 23
Kaiserskorpion 235
Kakadu 123
Kakapo 123
Kalmar, Fliegender 248
Kalmare 239, 248, 249
Kalong 14
Kamele 16, 29, 273
Kammmolch 168
Kammseestern, Roter 254

Känguru 86
Kaninchen 78, 79
Kanincheneule 125
Kanker (Weberknecht) 229, 233
Kapuzineräffchen 22
Karausche 184
Karettschildkröte, Echte 159
Karibu 34
Karpfen 184
Karpfenfische 184
Kartoffelkäfer 198
Kasuar 106
Katta 24
Katzen 14, 58
Katzenbär (Kleiner Panda) 50
Katzenhai 172
Kaulquappen 160
Kaurischnecke 242
Kegelschnecke 238, 242
Kellerassel 227
Kernbeißer 99
Kiebitz 119
Kieferneule (Forleule) 207
Kinnbartel-Flugfisch 185
Kissenstern 255
Kiwi (Schnepfenstrauß) 106
Klapperschlange 156
Kleidermotte 195
Kleinkrebse 219, 226
Kletterholothurie 251
Knochenfische 170, 171
Knorpelfische 170, 171
Koala 88
Kobra (Brillenschlange) 156
Kofferfisch 170, 193
Kofferfisch, Blauer 170
Kohlmeise 132
Kohlweißling 205
Kojote (Präriewolf) 53
Kolibris 126
Kolkrabe 138
Kometenstern 250, 251
Komodowaran 141, 150
Kondor 108
Kongowels 177
Königin-Alexandra-Falter 203
Königslibelle, Große 215
Königsschlange (Boa constrictor, Abgottschlange) 153
Kopflaus 216
Korallen 256, 257, 258
Kormoran 103
Kornkäfer 201
Krabben 219, 220
Krabbenspinne 228, 232
Kragenbär 49
Kragenechse 140, 149
Krähe 138
Krake 239, 247
Krallenaffen 23
Kranich 107, 109
Krätzmilbe 236

Kreiselschnecke 238
Kreuzkröte 165
Kreuzotter 157
Kreuzspinne 228, 230, 231
Krill 224
Krokodile 140, 141, 142
Kronenducker 36
Kronenkranich 109
Kröten 160, 165
Krustenechse 151
Küchenschabe 212
Kuckuck, Europäischer 120
Kuckucke 120
Kugelfische 183, 193
Kühe 16
Kurzkopffrosch 164
Kuskus 88

## L

Lachmöwe 118
Lachs, Lachsfische 180
Lama 29
Landasseln 227
Landkartenkegelschnecke 243
Landschildkröte, Griechische 158
Langschnabeligel 89
Langschwanzkrebse 219, 222
Languste 218, 223
Lappentaucher 105
Laternenangler 176
Laubenvögel 129
Laubfrosch 162
Laufvögel 106
Läuse 195, 216
Lederschildkröte 140
Lederseeigel 250
Leguan, Grüner 147
Leistenkrokodil 141, 143
Lemming 73
Lemuren 25
Leopard 17, 59
Lerche 133
Leuchtsardine 181
Libellen 194, 195, 215
Lindenprachtkäfer 196
Lippfisch 171, 190
Lobster (Hummer) 222
Lori 122
Löwe 15, 16, 58
Löwenäffchen 23
Luchs 60
Lurche 160

## M

Madagaskarfröschchen 161
Madenwurm 268
Mähnenschaf 40
Maikäfer 194, 198
Makak 20
Makrele, Japanische 192
Malmignatte (Schwarze Witwe) 232

284

# REGISTER

Mamba, Schwarze 156
Mammut 272, 273
Manati 27
Manta 174
Mantelpavian 20
Marder 17, 62
Marienkäfer 197
Markhor (Schraubenziege) 38
Mastodon (Riesenmammut) 273
Matschie-Baumkänguru 86
Mauerbiene 211
Mauersegler 98, 134
Maulwurf 85, 241
Maulwurfsgrille 213
Mäuse, Echte 70
Mäuseartige 72
Mäusebussard 99, 111
Mausohr 80
Medusen 257
Meerechse 147
Meerengel (Engelhai) 173
Meerkatze 21
Meerperlmuschel 244
Meerschwalbe 190
Meerschweinchen 76, 77
Meerspinne (Teufelskrabbe) 220
Mehlschwalbe 134
Meisen 132
Mellers Chamäleon 148
Mensch 13, 241, 270
Menschenaffen 18
Menschenfloh 216
Merinoschaf 41
Miesmuschel 245
Milben 228, 229, 236
Mississippi-Alligator 142
Mistkäfer 195
Mittelkrebse 219, 225
Mohr-Mauerbiene 211
Mohrenkaiman 143
Molche 161, 167
Monarch 204
Mondfisch 193
Mördermuschel 246
Morphofalter 203
Mosaikjungfer, Blaugrüne 215
Moschusbock 200
Moschusochse 43
Moschustier 34
Motten 195
Möwen 118
Mücken 195, 214
Mufflon 40
Mungo, Indischer 57
Muräne 176, 190
Murmeltier 69
Muscheln 238, 239, 244

## N

Nabelschnecke 238
Nachtigall 131
Nachtpfauenauge, Großes 207

Nandu 106
Napfschnecke 243
Narwal 93
Nasenaffe 21
Nasenbär 51
Nasenfrosch 164
Nashörner 16, 17, 44, 273
Nashornkäfer 199
Nattern 154
Nebelkrähe 138
Nebengelenktiere 90
Nerz 64
Netzpython 141
Nilkrokodil 142
Nordseegarnele 224

## O, P, Q

Ochsenfrosch 163
Ohrenqualle 262
Okapi 35
Olme 161, 167
Onager 47
Opossum 88
Orangenfleck-Lippfisch 171
Orang-Utan 18
Orgelkoralle 256
Orka (Schwertwal) 95
Oryx, Weiße 36
Otter 64, 65, 157
Palmendieb 225
Palolowurm 265
Panda, Großer 50
Panda, Kleiner 50
Panzernashorn, Indisches 44
Panzerwangen 183
Papageien 122
Papageitaucher 118
Pavian 20
Pekari 30
Pelikan 103
Pelikanaal 176
Perlboot 247
Perlhuhn 117
Perlmuschel 244
Pfau 116
Pfeiffrosch 165
Pfeilhecht (Barrakuda) 189
Pferde 17, 46, 272
Picasso-Drückerfisch 170
Pierwurm 267
Pilchard (Sardine) 178
Pillendreher 198
Pinguine 98, 100
Pinselohrschwein 31
Pinzettfisch 170
Pinzettfisch, Langschnäuziger 170
Piranha (Sägesalmler) 184
Pirol 136
Planarie (Strudelwurm) 269
Plattfische 175
Plattwürmer 265, 269
Plumplori 25

Polarfuchs (Eisfuchs) 54
Portugiesische Galeere 262
Posthornschnecke 241
Pottwal 92, 249
Prachtkäfer 196
Prachtleierschwanz 129
Prachtlibelle, Gebänderte 215
Prachttaube 113
Präriehund 69
Präriewolf (Kojote) 53
Prschewalskipferd 46
Pteranodon 271
Pudu 34
Puffotter 157
Puma 60
Puppenräuber 196
Purpurrose 261
Purpurschnecke 243
Putzerfische 190
Putzergarnele 224
Python 153
Quallen 256, 257, 262
Quastenflosser 170
Quetzal 121

## R

Rabe (Kolkrabe) 138
Rabenkrähe 138
Rackenvögel 127
Rappenantilope 37
Ratten 70, 71
Raubwürger 99
Rauchschwalbe 134
Regenwurm 241, 264, 266
Regenwurm, Australischer 264
Reh 32
Reiher 109
Ren 34
Rennmaus 74
Rhesusaffe 21
Riesenalk 275
Riesenanemone 260
Riesenfaultier 272, 273
Riesenfischuhu 125
Riesenkalmar 239, 249
Riesenkänguru 86
Riesenkrabbe, Japanische 219
Riesenmammut (Mastodon) 273
Riesenmanta 174
Riesen-Mördermuschel 246
Riesenqualle, Arktische 257
Riesensalamander 161, 167
Riesenschildkröte 241
Riesenschnurfüßer 237
Riesenschnurwurm 268
Riesenschuppentier 91
Riesenseegurke 251
Riesenskolopender 237
Riesentukan 128
Riesenwels 177
Riesenzackenbarsch 188
Rinder 17, 42

285

# REGISTER

Rinderbandwurm 269
Rinderbremse 214
Ringelnatter 154
Ringelwürmer 265, 266
Ritterfisch 171
Robben 17, 66
Rochen 170, 171, 174
Rohrdommel 108
Röhrenwurm 267
Rosapelikan 103
Rotbauchunke 166
Rote Waldameise 208
Rotfeuerfisch 183
Rotfuchs 54
Rotfußvogelspinne 234
Rotgesichtsmakak 20
Rothirsch 32
Ruderfüßer 103
Ruderschlange,
 Blaugebänderte 157
Rundwürmer 265, 268

## S

Saatkrähe 138
Säbelschnäbler 99
Säbelzahntiger 272, 273
Saftkugler 237
Sägefisch (Sägerochen) 174
Sägesalmler (Piranha) 184
Salamander 161, 167, 169
Salangane 126
Salmler 184
Saltasaurus 271
Sanddollar 253
Sardine 178
Sattelrobbe 66
Saurier 270
Schaben 212, 241
Schabrackenschakal 53
Schabrackentapir 45
Schafe 14, 17, 40
Schakal 53
Schellfisch 179
Schermaus (Wasserratte) 72
Schiffsbohrwurm 246
Schildkröten 140, 141, 158, 275
Schillerfalter 204
Schimpanse 19
Schlammspringer 189
Schlangen 140, 141, 153
Schlangenstern, Faden-
 förmiger 251
Schlangenstern, Zerbrech-
 licher 254
Schlauchwurm 265
Schleichkatzen 17, 56
Schleie 184
Schleiereule 124
Schlupfwespe 209
Schmeißfliege, Blaue 214
Schmetterlinge 194, 202

Schmetterlingsfisch 171
Schmutzgeier 112
Schnabeltier 15, 89
Schnecken 238, 239, 240
Schneehase 78
Schneehuhn 116
Schneeleopard 59
Schneeziege 38
Schnepfenstrauß (Kiwi) 106
Schnurfüßer 237
Schnurwurm 268
Scholle (Goldbutt) 175
Schraubenziege (Markhor) 38
Schuhschnabel 107
Schuppentiere 91
Schützenfisch 190
Schwalben 134
Schwalbenschwanz 202
Schwämme 257, 263
Schwan 104
Schwanzlurche 160, 161
Schwarzbär (Baribal) 49
Schwarzpunkt-Kofferfisch 170
Schwarzstorch 107
Schweine 16, 30
Schweinebandwurm 265
Schwertfisch 192
Schwertschnabelkolibri 126
Schwertträger 185
Schwertwal (Orka) 95
Seeadler (Weißkopf-) 110
Seebär 66
Seeelefant 17, 67
Seefeder 258
Seefledermaus 182
Seegurke, Schwarze 250
Seegurken 250, 253
Seehase 243
Seehecht 179
Seehund, Gemeiner 67
Seeigel 250, 252, 253
Seeigel, Essbarer 253
Seeigel, Schwarzer 250
Seekühe 15, 27, 249
Seelilien 250, 255
Seelöwe 67
Seemannshand 258
Seemaus 264
Seenelke 256, 260
Seeotter 65
Seepferdchen 186
Seepocke 226
Seeringelwurm 267
Seerosen 256, 257, 260
Seeschlangen 249
Seeschwalbe 118
Seestern, Blauer 250
Seestern, Gemeiner 251

Seestern, Kurzarmiger 256
Seesterne 241, 250, 251, 254, 256
Seeteufel 182
Seewalzen 251, 253
Seewespe (Würfelqualle) 262
Seezunge 175
Segelflosser 187
Seglervögel 126
Seidenlaubenvogel 129
Seidenschwanz 136
Seidenspinner 195
Sekretär 112
Sepia (Tintenfisch) 248
Sichler, Weißer 107
Siebenschläfer 74
Siedelweber 137
Silbermöwe 118
Singdrossel 99
Singvögel 129
Skarabäus 199
Skink 145
Skolopender 237
Skorpione 228, 229, 235
Skunk (Stinktier) 65
Smaragdeidechse 144
Soldatenkrabbe 219
Sommergoldhähnchen 133
Sonnenstern 254
Spanische Fliege 201
Spatz (Haussperling) 136
Spechte 128
Sperling 136, 137
Sperlingsvögel 129
Spießblattnase, Große 82
Spinnenaffe 22
Spiratella 239
Spitzmaulnashorn 44
Spitzmaus, Etrusker- 15
Spitzmaus, Wald- 85
Springfrosch 163
Springspinne 233
Stabschrecke 195
Stachelauster 239
Stachelschnecke 238
Stachelschwein, Europäisches 76
Star 135
Stechmücke, Gemeine 214
Steinadler 99, 110
Steinbock 39
Steinfisch 183
Steinmarder 62
Steinseeigel 250
Stelzvögel 107
Sternmull 85
Stichlinge 186
Stinktier (Skunk) 65
Stirnlappenbasilisk 147
Stockente 105
Stör 171
Storch 107
Strandkrabbe 219, 220

286

# REGISTER

Strandseeigel 252
Strauß 99, 106
Streifenskunk 65
Strudelwurm (Planarie) 269
Stuberfliege 195, 214
Sturmschwalbe 102
Sturmvögel 102
Sumatranashorn 45
Sumpfdeckelschnecke 241
Sumpfschnepfe (Bekassine) 119

## T

Taggecko 146
Tagpfauenauge 204, 206
Tamarin 23
Tanrek (Borstenigel) 84
Tapire 17, 45
Tarantel 234
Tarpan 275
Taschenkrebs 220
Tauben 113
Tausendfüßer 237
Teichfrosch 160
Teichhuhn 98
Teichmuschel 244
Termiten 195, 212
Teufelskrabbe (Meerspinne) 220
Thermometerhuhn 117
Thunfisch 192
Tiefseeangler 182
Tiefseevampir 247
Tiger 17, 58
Tigerpython 153
Tigerquerzahnmolch 169
Tintenfisch, Gemeiner 248
Tintenfische 238, 239, 247
Tokee 146
Toko 127
Tölpel 103
Töpfervogel 129
Tote Mannshand 258
Totengräber 197
Totenkopfschwärmer 206
Trampeltier 29
Trauermantel 204
Trauerschwan 104
Treiberameise 208
Triceratops 271
Trichine 268
Trichterspinne 230
Tritonshorn 242
Trogons 121
Truthuhn 116
Tukan 128
Tümmler, Großer 94
Tüpfelbeutelmarder 87
Tüpfelhyäne (Fleckenhyäne) 55
Tüpfelkuskus 88
Türkisbuntbarsch 187
Turmschnecke 238
Tyrannosaurus 270

## U, V

Uhu 124
Unken 160, 166
Ur (Auerochse) 42, 274
Urson 76
Vampir, Gemeiner 82
Venusfächer 259
Vielfraß (Järv, Bärenmarder) 64
Vielfraßschnecke, Große 238
Vieraugen-Schmetterlings-
 fisch 171
Vikunja 29
Viperfisch 176, 181
Vipern 154
Vogelfalter 203
Vogelspinne 229, 234

## W

Wabenkröte 161
Wachtel 114
Waldameise, Rote 208
Waldhund 53
Waldkauz 124
Waldspitzmaus 85
Wale 14, 15, 92, 249
Walhai 171
Wallaby 15
Waller (Flusswels) 177
Walross 66
Walzenspinne 234
Wandelndes Blatt 195
Wanderalbatros 102
Wanderfalke 111
Wanderheuschrecke 213
Wanderratte 71
Wandertaube 275
Wanzen 194, 195, 217
Warane 141, 150
Warzenschwein 30
Waschbär 51
Wasserassel 227
Wasserfloh 219, 227
Wasserläufer 217
Wassermolch, Grünlicher 168
Wasserratte (Schermaus) 72
Wasserschleichkatze 56
Wasserschwein (Capybara) 76
Wasserspinne 232
Watvögel 119
Weberknecht (Kanker) 229, 233
Wechselkröte 165
Wegschnecke, Große 240
Weinbergschnecke 240, 241
Weißborstengürteltier 91
Weißhai 173
Weißhandgibbon 18
Weißkehlseebader 171
Weißkopfseeadler 110
Weißstirnkapuziner 22
Weißstorch 107

Weißwal (Beluga) 92
Weißwedelhirsch 33
Wellensittich 122
Wellhornschnecke 242
Welse 177
Wespe, Deutsche 209
Wespen 195, 209
Widderchen (Blutströpfchen) 205
Wiedehopf 127
Wiesel, Großes (Hermelin) 63
Wildesel 47
Wildhund, Afrikanischer 52
Wildkaninchen 78
Wildkatze 61
Wildschwein 31
Winkerkrabbe 221
Wintergoldhähnchen 133
Witwe, Schwarze
 (Malmignatte) 232
Wolf 17, 52
Wollhandkrabbe 221
Wollmammut 273
Wollnashorn 273
Wombat 87
Wunderlampe (Feuerkalmar) 248
Wundersylphe 126
Würfelqualle (Seewespe) 262
Wüstenfuchs (Fennek) 54

## X, Y, Z

Yak (Grunzochse) 42
Zackenbarsch 188
Zahnschnecke, Eingerollte 238
Zahnwale 92
Zander (Hechtbarsch) 188
Zauneidechse 144
Zaunkönig 133
Zebra 47
Zecke (Holzbock) 236
Zibetkatze 57
Ziegen 14, 17, 38
Zitterrochen 174
Zivette 57
Zweifingerfaultier 90
Zwergfledermaus 81
Zwergflusspferd 28
Zwerggalago 25
Zwerggleithörnchen 68
Zwerggrundel 171
Zwergkaninchen 79
Zwergmaus 71
Zwergpinguin 101
Zwergspinne 229
Zwergwal 97
Zwergwespe 195
Zylinderrose 261

287

# ABBILDUNGSNACHWEIS

aisa, Barcelona: 37 l., 51 r.o., 60 l., 76 r.o., 86 l., 111 u.r., 136 l., 143 o.l., 164 r.u., 213 l.; **Toni Angermayer, Holzkirchen:** 39 o.l., 100 r., 109 r.o./Lange, 126 r.o./Ziesler, 199 r.o./Pfletschinger, 199 r.u./Pfletschinger, 231 u.l./Pfletschinger, 235 l./Pfletschinger, 258 l./Kösters, 261 r.o./Ziesler, 269 r./Pfletschinger; **ARDEA, London:** 95 r./Parker + Parker-Cook; **Biofotos Heather Angel, Farnham:** 50 r.o.; **Bruce Coleman Coll., Uxbridge:** 25 u.l./Cubitt, 33 o.l./Jordan, 44 u./Wegner, 55 u./Fredriksson, 64 l./Maier, 67 u.r./Johnson, 88 l./Cubitt, 94 r./Foott, 106 r.o./Wegner, 114 r.o./Cancalosi, 114 r.u./Maier, 116 l.u./Maier, 139 r.u./Wegner, 172 o./Purcell, 175 l./Burton, 176 r.o./Hood, 183 l./Baufi, 185 r.u./Taylor, 188 r.u./Stock, 189 o.l./Banfi, 220 l./Burton, 221 r.u./Burton, 223 l./Watt, 225 u.l./Burton, 230 l./Burton, 233 r.u./Burton, 237 l.u./Burton, 242 u.r./Purcell, 247 r.u./Karacsonyi, 255 u.l./Watt, 260 r./Hood; **Corbis UK Ltd., London/Picture Press Hamburg:** 53 u.r./Schafer; **Document-Vortragsring e.V., München:** 46 u.l./Göhler, 216 r.u./Göhler, **IFA-Bilderteam GmbH, Ottobrunn:** 88 u .r.; © **Il mondo degli Animali, RCS Libri & Grandi Opere SpA, Milano:** 41 o.l., 47 o.r., 47 o.l., 62 u.r., 91 r., 148 r., 158 r., 162 o.r., 180 l., 185 o.l., 187 r.o., 198 r.o., 266 r.; **Sybille Kalas, Pöndorf:** 104; **Volker Kess, Lübeck:** 146 l., 148 l.; **Aldo Margiocco, Campomorone:** 174 u.r., 217 r.o.; **Mauritius, Mittenwald:** 21 o.l./Ausloos, 41 o.r./Raga, 106 u.r./Vidler, 165 u.r./Wilson, 173 o.l./AGE, 177 l./Frei, 184 r.o./Reinhard, 186 r.u./Lange, 186 r.u./Zimmermann, 189 r.u./Frei, 245 o.r./Rossenbach, 247 l./Grafica; **Dr. Giuseppe Mazza, Monte Carlo:** 179 l., 192 r.; **NHPA, Ardingly:** 57 o.r., 83 l./Dalton, 103 r.o./Schafer, 112 r.o./Pfister, 117 o.l./Pickford, 121 u.r./Pfister, 123 o.l./Heuclin, 178 r.o./Jones & Shimlock, 191 r.o./Pitkin, 193 r.u./Lacz; **Okapia KG, Frankfurt:** 20 u., 22 u./NAS/Lynn, 23 l./Brakefield, 24 l., 26 o./Grzimek, 28 u./Denis-Huot/BIOS, 29 u.l./Reinhard, 36 l./Kelley, 36 r./Denis-Huot/BIOS, 38 r.u./Franz, 41 u./NAS/McHugh, 48 r./Holdsworth/Wildlife, 49 o.l./Barber, 54 u.r./NAS/McHugh, 61 o.l./Danegger, 65 u.r./Quinton, 67 l./Newman, 68 u.r./Bergkessel/NAS, 71 o.l./Middleton/FLPA, 74 r.u./Danegger, 74 o.l./Maier, 75 r.u./Hubacher, 76 u.l./Franz/Wildlife, 76 r.u./Gohier, 79 o.r./Bauer, 81 u.l./Willner, 81 u.r., 85 r.u./Specker, 92 o./Fleetham/OSF, 96 o./Sound, 102 r./BIOS/LeMoigne, 102 l./Thomas/BIOS, 107 r.o./Stefanovic, 109 l./Wothe, 110 l./Holdsworth/Wildlife, 111 u.l./Thielscher, 118 o.r./Schweiger, 120 u.r./Meinzer, 122 r., 129 r.u./Klein & Hubert/BIOS, 138 r./Hamblin/OSF, 142 u./Deeble&Stone/OSF, 147 l./McDonald, 155 l.u./Myers, 156 l./Grzimek, 163 u.l./Layer, 164 r.o./Cubitt, 167 r.u./Pieschel, 169 u.l./Staffan, 175 r.u./Sauer, 175 r.o./McHugh, 178 l.u./Cramm, 182 l./Glendell, 184 r.u./Martyn, 200 l./Wothe, 200 r.o./Hagemann, 205 l.o./Schacke/Naturbild, 205 l.M./Cyron, 208 r.u./Fogden/OSF, 211 r.u./Shepherd/OSF, 213 r.o./Nomachi/NAS, 214 r.u./Cabrero i Roura, 214 r.M.u./Harstrick, 214 r.M./Fürst, 215 r.o./Hagemann, 220 r./Wanecek, 223 r.u./Fleetham/OSF, 227 r.o./Vock, 227 r.u./Hecker, 230 r./Northcott, 232 r./Pelka, 233 l.o./Ramage/OSF, 234 l./Cancalosi, 234 r.u./Hagen, 235 r.o./NAS/McHugh, 236 r.o./Kage, 236 r.u./Macewen, 237 r.o./NAS/McHugh, 240 r.o./Maier, 240 r.u./Reinhard, 242 l.u./NAS/McHugh, 243 u.r./Bernard, 245 l./Pott, 248 r.o./Fleetham, 252 u.l./Maier, 252 u.r./Schmid, 252 r.o./Westerskov, 253 l./NAS/Martinez, 255 l.o./NAS/McDaniel, 258 r.o./Freund, 259 r.u./NAS/Martinez, 262 r.u./Atkinson/OSF, 262 l./NAS/Faulkner, 262 r.o./Aitken/P. Arnold Inc., 267 l.o./Maywald, 267 r.u./Pölzer, 268 r.o./Gaugler, 268 r./Atkinson; **Hans Reinhard, Heiligkreuzsteinach-Eiterbach:** 63 o.l.; **Heinz Sielmann Stiftung:** 3, Einband Rückseite; **Ivars Silis, Qaqortoq/Grönland:** 50 l.; **Silvestris Fotoservice, Kastl:** 18 u./Lacz, 18 o./Lacz, 23 r./Hubacher, 26 u./Lacz, 27 r.o./Fleetham, 29 o.l./Lacz, 30 u.l./FLPA, 30 u.r./J.&C. Sohns, 31 r./Janes, 32 r./Meyers, 33 r./Lane, 34 r./Meyers, 34 r.u./J.&C. Sohns, 35 l./Meyers, 35 r.u./Sunset, 38 r.o./Gross, 39 r.o./Martinez, 42 u.l./Wothe, 42 u.r./Lange, 43 u.l./Bertrand, 44 o.r./Sycholt, 45 u.r./Lacz, 49 r./FLPA, 50 r.u./Schulte, 51 r.o./Lacz, 53 u.l./Fischer, 53 r.o./J.&C. Sohns, 56 l./Lacz, 58 u./Bertrand, 59 u.l./Pölking, 60 r.o./Lacz, 60 r.u./Usher, 63 r./Lacz, 64 r./Lacz, 65 u.l./Coleman, 67 r.o./FLPA, 69 u.r./Danegger, 71 o.r./NHPA, 72 r./Wilmshurst, 78 r./Danegger, 84 r.u./Lane, 84 l./Lenz, 86 r.u./Hubacher, 86 r.o./ANT, 87 r.o./ANT, 90 l./Fogden, 91 u.l./Jeske, 94 l./Lacz, 101 o./Aitken, 101 u.l./Brehm, 103 u.l./Walz, 103 o.l./Brehm, 105 u.r./Wisniewski, 107 r.u./Lacz/SUNSET, 108 l., 111 l.o., 113 o./ANT, 114 l./Danegger, 116 l.o./Hüttenmoser, 119 r.o./Wilmshurst, 119 r.u./Wernicke, 120 l./Lane, 124 l./Lacz, 126 r.u./FLPA, 127 r.u., 127 o.l./Gross, 128 r./Walz, 129 o.l./ANT, 131 r./Nill, 132 r./Thielscher, 133 r.o., 133 r.u./Nill, 134 l./Nill, 134 r.o./Danegger, 135 r.u./Partsch, 137 r.u./Brandl, 137 o.l./Sohns, 143 r.u./Lacz, 144 r./Pelka, 145 l.u./NHPA/Dalton, 145 r.o./Cramm, 146 o./Layer, 147 r.u./Jeske, 147 l./J.&C. Sohns, 149 u.l./Breiter, 152 o./Prenzel, 153 r.u./Cramm, 155 l.o./Nill, 156 r.o./Angermayer, 157 r.u./ANT, 158 u./Wothe, 159 o.r./Aitken, 163 u.r./Lacz, 165 o.l./Willner, 166 o.l./Willner, 166 o.r./Cramm, 169 o.l./Weinzierl, 173 o.r./Aitken, 185 o.r./Lacz, 188 r.o./Lacz, 190 r.u./Riepl, 193 r.o./Fleetham, 196 r.o./Weinzierl, 200 r.u./Brockhaus, 201 r.o./Hagen, 203 o.r./Brockhaus, 203 o.l./Brockhaus, 204 o.r./Stolterfaut, 204 l.u./Willner, 206 o.l./Willner, 206 l.u./Willner, 209 r.u./Martinez, 221 l./Rohdich, 224 l./Hecker, 225 r.o./ANT, 226 u.l./Lindenburger/Quedens, 227 o.l./Wothe, 241 r.u./Hecker, 243 o.l./Fleetham, 246 l./Hecker, 246 r.o./Fleetham, 247 r.o./Aitken, 248 l./Wothe, 252 u.M./Hecker, 254 l./Hecker, 255 r.o./Cramm, 261 r.u./Robba; **VCG Deutschland GmbH – Bavaria, Gauting:** 19 o.r./APFC, 21 u./Weimann, 27 r.u./TCL, 40 l./TCL, 73 o.l./Lee Rue, 81 o.l./Brem, 87 r.u./Bibikow, 118 u.r./Essler, 131 r.u./Fischer, 163 o.l./PP, 204 l.o./Lederer, 215 r.u./Kaiser; **ZEFA, Düsseldorf:** 209 r.o.

288